瑶湖行吟

梅国平 著

人民出版社

2012 年 2 月拍摄于瑶湖办公室

2012 年 10 月学校成为全国第 2 所省部共建的地方师范大学，此为省部共建协议签约现场

2011 年 5 月访问台湾中正大学时与吴志扬校长共植榉树

2013 年 11 月出席学校与美国伊利诺伊大学香槟分校共建孔子学院揭牌仪式

2014 年 9 月在新生开学典礼上致辞

2016 年 5 月毕业生集体合影前与留学生交流

2012 年 3 月在全国政协十一届五次会议现场

2016 年 3 月十二届全国人大四次会议留影

目　录

二　大学治理

三　寄语学子

四　经济管理

前　言

　　"瑶湖"：是我国最大的淡水湖——鄱阳湖泊水系的组成部分；是鄱阳湖畔一个美丽的湖泊与绿地，坐落在国家级南昌高新技术产业开发区内；是江西师范大学的新校区，拥有三千亩的绿地与水面。

　　江西师大，其前身是被誉为"民国三中——国立中山大学、中正大学、中央大学"之一的国立中正大学，具有悠久的办学历史、较强的综合实力和无限的发展可能。2011年2月，本人受组织委派回母校担任校长，不觉间时已六年。

　　六年来，本人始终以敬畏之心努力工作，敬畏什么呢，主要是"三敬三畏"。一是敬业，畏懒庸。敬业是敬学校的发展大业，唯恐自己的懒庸耽误了学校的发展大计。二是敬老，畏怠慢。敬老是敬学校的优良传统和前哲先贤，唯恐自己的怠慢阻隔了学统文脉的延续，遮蔽了前哲先贤的光辉。三是敬天，畏惩戒。政以民为天，敬天就是把学校和师生的利益放在第一位，做到公字当先、干事当先，学校当先、师生当先，否则难逃天谴。扪心自问，本人在师大校长岗位上不敢说是焚膏继晷，但确是尽了心力。

　　在为学校担当尽职的同时，本人也未敢忘却一位全国人大代表、全国政协委员和学者教师的职责，时刻关注经济社会发展和学界前沿动态，并在力所能及的范围内开展了一些教学科研活动。

"瑶湖行吟"，汇编了本人 2011—2016 年在江西师大工作期间的部分讲话致辞，以及部分公开发表的研究成果（含合著）。具体包括四个部分，共 47 篇。一是区域发展，共 9 篇；二是大学治理，共 26 篇；三是寄语学子，共 7 篇；四是经济管理，共 5 篇。

以上文稿除部分删减外，基本忠于原文。是为昨日的纪念，更为明天更好地出发。恳请大家不吝赐教！

梅国平

2017 年 2 月 6 日于瑶湖师大

一 区域发展

借鉴新西兰农业发展经验
推进江西农业供给侧改革*

（2016 年 3 月 2 日）

今年春节前夕，习近平总书记对江西提出了新的希望和"三个着力、四个坚持"的总体要求。随后，省委、省政府出台了一号文件《关于落实发展新理念加快农业现代化实现全面小康目标的实施意见》（以下简称《实施意见》）。《实施意见》指出，江西省经济发展进入新常态，农业农村发展的外部环境条件和内在动因正在发生深刻变化，有利条件和困难挑战并存。如何解决江西省农业现代化中出现的种种问题，是我们当前面临的重要任务。应该看到，一些农业强国发展经验，为江西省农业改革提供了有益思路。其中，新西兰农业发展经验尤为值得借鉴。原因之一，新西兰是一个农业强国，积累了丰富的特色农业发展和管理经验。另外，新西兰是一个小国家，无论是 GDP 还是土地面积都比较接近中国省域情况。江西是农业大省，拥有许多特色农业产业。在某种意义上，江西省与新西兰具有很多相同点。

---

* 本文作者为梅国平、张明林，刊发于《江西发展研究》2016 年第 5 期，获时任江西省委书记强卫、省长鹿心社批示。

一、新西兰部分特色农业"雄冠全球"

　　新西兰地处南半球，由南岛、北岛及一些小岛组成，气候属温带海洋性气候，多雨湿润。由于地形多山，各地区气候相差较大，年均降水量从 380 毫米到 8000 毫米不等。新西兰全境多山，山地和陡坡地占全国面积的 2/3，但土壤差异大，只有 3% 的土地属于肥沃的精华土地。新西兰农业用地面积 4.7 万平方公里，有 8 万多个农场。其中，牧草用地 1.1 万平方公里，农作物种植用地 1.6 平方公里，园艺用地 0.1 万平方公里，其他用地 1.9 万平方公里；46% 的农用地主要饲养羊和肉牛，18% 的主要饲养奶牛。

　　江西省国土面积 16.69 万平方公里，新西兰面积约 26 万平方公里，约为 1.5 个江西省国土面积；新西兰人口约 460 万，约为江西省人口的 1/10；2014 年新西兰人均 GDP4.3 万美元，总 GDP 约 3000 亿美元，约 2 万亿元人民币。其农牧原料及加工产值约占国民收入的 3/4，是典型的骑在"牛羊"背上的国家。新西兰牛排和肉用小牛出口占其产量的 80%、牛奶及其制品出口量占其产量的 96%，出口量全球第一。新西兰羔羊出口占其总产量的 92%、羊肉出口占其总产量的 94%，出口量全球第一，且质量上乘。此外，新西兰羊毛出口占总产量的 91%，全球第二。猕猴桃出口量已经超过苹果而高居第一位，约占园艺类产品出口值的 31%。新西兰是世界上猕猴桃销量最大的出口国之一，每年大量销往世界上的 60 多个国家和地区，年出口量近 20 万吨，价值 4 亿多新西兰元。新西兰已形成了以奶牛养殖为主，绵羊、鹿养殖等为补充的畜牧业主导产业，以猕猴桃、葡萄种植为主的果品产业，奶制品、猕猴桃、白葡萄酒成为新西兰出口的标志性产品，增长势头不减。

二、行业委员会是促进新西兰 农业经济发展的"核武器"

新西兰农产品低成本、高效率，且质量安全水平高，并有效地保护了环境。1984年后，新西兰取消了农业补贴，但其农产品的国际竞争力反而更强。新西兰是世界上唯一一个没有进行农业直接补贴的发达国家，其许多农产品竞争力雄冠全球。

为什么新西兰农业能够取得如此大的成就？除了得天独厚的气候和资源环境条件外，更得益政府对农业经济非常出色的管理模式，其核心要点是，政府引导成立行业委员会，形成产业联盟，应对"恶性竞争"。因为，任何一个产业发展到一定阶段，就会形成众多微观经济组织，为获取更多的市场份额，可能会陷入"恶性价格竞争"，如果没有政府协调，这种"市场失灵"将长期存在。新西兰政府处理政府与市场关系的经验就是，一旦某产业发育到一定阶段，并出现"价格战"苗头，政府就开始涉入解决该问题。首先，政府引导行业成立行业委员会，行业委员会独立于政府机构之外，但它们都是依法成立、代表公众利益的机构，并代替了政府的有关职能。行业委员会成立后就开始整合产业组织，促进企业与企业、合作社与合作社进行兼并重组，并不断形成一个大型产业联盟。一方面，由于产业集中度提高，"恶性价格战"就得到有效遏制；另一方面，产业联盟负责协调政策、组织生产、提供信息、开拓市场、开展科研、引进技术等，起到保护和发展本行业生产的作用。

目前，新西兰有牛奶、羊毛、肉类、水产、苹果、猕猴桃等 8 个行业委员会。以下，我们对牛奶、羊毛和猕猴桃三个具有普遍意义的行业委员会运行情况进行简要介绍。

1. 奶制品委员会

奶制品委员会由 15 个牛奶加工合作社联合组成。董事会成员 13 人，其中 11 人是由 15 个合作社按各自合作社牛奶产量的多少所定的投票数选举产生，这些董事都是奶农代表，董事长也是奶农代表；另外 2 人是由政府任命的专家，不是政府官员。新西兰所有的奶农都参加这 15 个合作社。合作社的产品在国内市场上是互相竞争的，但出口产品都由奶制品委员会作为一个企业统一出口。新西兰的奶制品占世界奶制品市场的 1/4，都由一个企业经营，所以新西兰的奶制品委员会是世界上最大的奶制品出口企业。新西兰奶制品出口中也有竞争，如黄油主要有三个牌子，互相竞争。外国的奶制品尽管可以自由进入新西兰市场，且没有关税，但都竞争不过新西兰生产的奶制品。新西兰每年出口大约 80 万吨奶制品，99% 的产品由该委员会经营。奶制品委员会把销售所获利润返给各合作社，再返还给奶农。

2. 羊毛委员会

1944 年由养羊牧民出资成立的新西兰羊毛局在羊毛产业发展中发挥了重要作用。羊毛局的最高领导机构是董事会，由农场主代表和政府部门指派的人员组织，董事会 10 个席位中前 6 名是农场主代表，第 7 名是农业部秘书长，第 8、9 名由政府委派，第 10 名由前 9 名选举产生。新西兰羊毛生产和销售均由羊毛局统一管理和经营，及时向政府反映农场主的意见与要求，并协助调节国家有关羊毛方面的各种政策，贯彻执行政府有关政策，其宗旨是协助新西兰养殖户获得长期的经济利益。为增强羊毛产业的竞争力，

2003 年，广大养羊农场主投票解散了羊毛局，成立商业实体（羊毛股份有限公司），以赋予农场主更大的投资、生产和发展决策自由度及灵活性。新西兰美利奴有限公司是一个由新西兰羊毛养殖户（通过其控股的美利奴羊养殖户投资有限公司）和赖特森有限公司（Wrightson Ltd.）合资的羊毛服务公司。该公司经管了新西兰大部分的美利奴羊毛，而且开发了许多直销供应链，即养殖户与某些加工商签订合同为其提供指定种类或规格的羊毛。

3. 猕猴桃委员会

新西兰猕猴桃产业的发展也见证了行业委员会的重要性。1970 年，由于新西兰猕猴桃管理和面向全球的营销还处于初期阶段，猕猴桃出口量占产量的份额为 60%。1977 年，新西兰成立了猕猴桃管理局，该机构成立的主要目的是对出口商进行许可证管理，设定质量、分级和包装的标准，促进猕猴桃的出口，并保证生产者利益。新西兰猕猴桃产业获得高额回报之后，由于面临智利、意大利等后起的猕猴桃生产国的激烈竞争，生产者利润不断下降，迫切需要对营销体系加以战略性变革。1998 年，猕猴桃管理局被改组为新西兰猕猴桃行销局，颁布了新西兰猕猴桃营销法规，宣布新西兰猕猴桃行销局为新西兰唯一的猕猴桃出口商，对新西兰猕猴桃实行全球统一销售。2000 年，新西兰猕猴桃行销局改名为"Zespri"国际有限公司，由公司对猕猴桃生产者发行股票，股票在生产者之间可自由交换。果农成为公司的股东，可从"Zespri"公司得到两次付款，即公司为产品支付的款项以及公司商业利润的分红。通过果农从生产者向生产者兼股东角色的转换，"Zespri"公司与果农之间结成了紧密的利益联结机制。"Zespri"公司与果农签订生产合同，对签约果农从种植、采摘、分拣、包装到运输和贮藏的整个过程实施极为严格的产品质量跟踪检测和现场管理。今天新西兰猕猴桃无论出口数量还是品质都成为世界第一。

三、产业委员会是解决江西省农业产业发展中诸多问题的"重要抓手"

江西省生态环境非常好，以丘陵山地为主，具有亚热带温暖湿润季风气候。依托独特的农业环境资源，江西省逐渐培育出油茶、茶叶、毛竹、蜜橘、脐橙等地方特色农业产业，但当前这些特色农业面临着恶性竞争和产业升级系列难题。

1. 柑橘产业问题

江西省是柑橘主产区之一，以鲜果销售为主。柑橘鲜果上市时间短而集中，糖分高，不宜长时间保存。柑橘一上市，内部就产生竞争，"价格战"硝烟弥漫，农户很容易陷入"增产不增收、减产畅销"的被动局面。江西省柑橘出口区大多集中在东南亚、中亚、俄罗斯等地，少量出口至欧盟、加拿大、北美、南美和中东地区。美、日等发达国家对入境的农产品实行近乎苛刻的检疫防疫制度，至今未对我国完全开放柑橘市场。当前江西省柑橘出口自营出口企业相对较少，大多作为沿海大型包装厂的供货基地或以沿海城市外贸企业代理贴牌出口为主，出口销路和价格处处受限。

2. 茶叶产业问题

江西茶叶产业发展过程中存在不少问题。首先是产业规模不大。2014年，全国茶叶种植面积4113万亩，江西茶园面积仅占全国的3%，相当于贵州的19%、云南的21%；全国茶叶总产量215.8万吨，江西产量仅占全国的2.16%，相当于福建的13%、云南的14%。其次是知名品牌不多。江西省有近700个茶叶品牌，有的一个县就有 50 多个品牌，生产分散、各自为政、自产自销，没有形成合力，没有一个在国内乃至国外叫得响的品牌。江西茶叶品牌的知名度远不如浙江西湖龙井、福建武夷山金骏眉、云南普洱茶。为进一步推动江西省茶叶优势品牌整合，省政府办公厅下发了《关于推进全省茶叶品牌整合的实施意见》（赣府厅发〔2015〕22 号文），力争通过五年努力打造 1—3 个全国茶叶知名品牌。全省将每年整合 1 亿元专项资金，集中力量打造狗牯脑、庐山云雾、婺源绿茶、浮梁茶、宁红功夫茶 5 张名片。然而，江西茶叶品牌整合进展不快，遇到许多阻力。

3. 油茶产业问题

江西省是油茶的原生区，总面积达 1120 万亩，占全省林业用地面积的 7.14%、占经济林总面积的 77.5%，油茶林面积居全国第二位，茶油产量居全国第一位。但依然存在如下几个问题：（1）种植方法杂乱、缺少现代化的管理。在育苗方面，由于各地造林势头的不断发展，油茶苗一度成为抢手货，育苗企业和个人雨后春笋般地出现，但因缺少科学管理，育苗品种的选择上非常杂乱。（2）资源不足、加工重复产能建设多。我国目前平均年产茶油 20 多万吨，但除开当地农民土榨自用之外，流入市场深加工资源不到 4 万吨。江西省现有上规模的加工企业 35 家，年加工能力近 10 万吨，江西省实际现有产量仅 1.5 万吨左右，产能严重过剩。（3）油茶加工技术水平良莠不齐、影响食品安全。传统的土榨法（液压式榨油方法），杂质含量高，水分含量高。一些企业产品连国家标准都难以达到，离欧洲、美国标准的距离就更远，前一段时间还出现了"苯并芘"事件。（4）茶油产业综合开发进展缓慢。茶皂素是一种天然非离子型表面活性剂，可广泛用于农药、化工、纤维、医药和涂料等行业。在日本市场上有成品的茶皂素胶囊出售，主要用于心脑血管病治疗与防治。但由于盲目建设，恶性竞争，使油茶企业绝大部分处于负债经营的状态，缺少人力物力财力去对深加工产品进行开发。

江西省现有特色农业产业发展中遇到的种种问题，本质上是产业升级过程中遇到的问题，如何抽丝剥茧，找到解决问题的抓手，是摆在我们面前的重要任务，也是推进江西省农业供给侧改革的核心内容之一。我们认为，新西兰农业经济发展经验——建立行业委员会或产业联盟是解决当前农业产业升级的一把重要的钥匙。建立行业委员会是政府之手和市场之手有机结合的重要方式。行业委员会既可以调控产品供给，避免"恶性价格竞争"，又可以谋划行业发展、引导技术革新、增加产业附加值、保障农产品安全生产。这种行业委员会这有别于江西省传统行业协会，传统行业协会往往是一个中介机构，会员企业或合作社之间利益关系并不紧密，因此行业协会往往难以达到组织和协调生产者的目的。行业委员会本质上是产业联盟，或者大公司，是具有独立决策能力的经济利益合作体，同时肩负着协调政策、组织生产、提供信息、开拓市场、品牌管理、开展科研、引进技术等职能。

四、推进江西省组建农业产业 委员会的支持措施的建议

1. 省农业厅牵头，尽快出台相关文件和方案，推进柑橘、油茶和茶叶等产业委员会试点工作

组建产业委员会是一项创新工作，涉及许多层面。建议省农业厅在调研、考察和研究新西兰农业产业委员会运行模式基础上，结

合江西省实际情况，选取柑橘、油茶和茶叶等优势产业进行试点组建产业委员会，并尽快出台相关文件，将一部分生产性补贴转为对产业委员会的补贴。过去，一些农业财政直补效果并不好，虽然促进了总供给的增加，但不利于促进产业升级。同时，由省农业厅牵头，出台组建江西省农业产业委员会的工作方案，狠抓落实。

2. 省人大尽快出台法规制度，保证产业委员会独立法人地位和充分的决策权，厘清其与政府之间的关系

政府要正确处理好与产业委员会关系，既不能"越位"，也不能"虚位"。省人大可出台法规制度，明确产业委员会与政府之间的关系。首先，政府不要凌驾于产业委员会之上，要保证产业联盟经营方面绝对独立；其次，当产业委员会组建和运营出现困难，产业联盟求助于政府时，政府应给予帮助，甚至授予产业委员会对行业标准、行业管理制度、产品销售、品牌管理的部分权限。

3. 省财政划拨专项资金，推进组建产业委员会试点工作的开展

由于该项工作的推进，会涉及部分利益主体，同时工作推进过程需要对生产者进行宣传、策划和组织费用等，并且可能借助"外脑"。因此，建议省财政厅下拨专项资金，支持组建产业委员会工作。省农业厅制定政策，确定各产业委员会组建标准，对试点组建过程中出现的问题进行研究，对成功之处进行总结。

4. 省金融办出台政策，联系金融机构或风险投资公司优先支持产业委员会的发展，并给予上市优先权

由于产业委员会为实现农业产业升级需要大量前期资金用于科技研发和生产，融资问题将成为产业联盟遇到的重要问题。因此，可由省金融办牵头，联系金融机构和风险投资公司，优先支持产业委员会获得贷款，或者让其在上市时获得优先权，也可以依托产业委员会，建立产业发展基金，促进产业委员会持续发展。

江西省新型工业化进程中服务业"发力"的判断与对策[*]

（2015 年 2 月 3 日）

　　著名经济学家吴敬琏曾指出，发展服务业尤其是生产性服务业，是中国推进新型工业化的必由之路。2013 年，中国第三产业占 GDP 的比重（46.1%）首次超过第二产业（43.9%），进入了服务业发展的"快车道"，今年一季度超过了 50%。江西省第三产业的发展一直"不温不火"，始终在 35% 左右徘徊，大大低于全国平均水平。在经济发展进入新常态，江西正在向工业化后期冲刺阶段，服务业是否应该"发力"？如何"发力"？就值得我们认真研究。为了解决这些问题，课题组于 2015 年 3 月至 4 月深入江西省发改委、工信委、商务厅等部门调研，并且举行了专题讨论会，对接了相关处室，整理了统计数据和政策文件。通过调研认为，江西省服务业可以充分利用自身资源优势，借助"一带一路""中三角城市群"等国家战略，推进重点产业发展，实现超常规提升。

---

[*] 本文作者为梅国平、徐斌、黄小勇、唐天伟，刊发于《江西发展研究》2015 年第 3 期，获时任江西省委书记强卫、省长鹿心社、副省长谢茹批示。

一、江西省服务业发力的理论判断

服务业发力或者说经济服务化是工业化发展到一定阶段产业结构不断优化的过程，表现为经济发展的重心由工业逐渐移到服务业或者说工业化走向服务化。诺贝尔经济学奖得主库兹涅茨专门分析了工业化和服务化问题，通过研究 57 个国家的人均 GDP 与产业结构变化的关系，得出了表 1。

表 1　库兹涅茨人均 GDP 与产业结构变动的关系

人均 GDP（美元）	1958 年美元	经济由低向高发展阶段的人均 GDP				
		70	150	300	500	1000
	2014 年美元 *	420	900	1800	3000	6000
劳动力比重（%）	第一产业	80.3	63.7	46.0	31.4	17.7
	第二产业	9.2	17.0	26.9	36.2	45.3
	第三产业	10.5	19.3	27.1	32.4	37.0
增加值比重（%）	第一产业	48.4	36.8	26.4	18.7	11.7
	第二产业	20.6	26.3	33.0	40.9	48.4
	第三产业	31.0	36.9	40.6	40.4	39.9

*2014 年美元是利用 GDP 平减指数进行估算而得的。
资料来源：库兹涅茨：《各国的经济增长总产值和生产结构》，商务印书馆 1985 年版。

如表 2 所示，2014 年江西省人均 GDP 为 34661 元，折算成美元为 5645 美元，按照库兹涅茨的推论，江西省第三产业的劳动力比重应该接近 36.5%，增加值比重应该接近 40%。这两个数值江西省分别为 36.5%（2013 年）和 35.9%（2014 年），可见，江西省第三产业的增加值比重比理论预期的低了约 4 个百分点。从这个角度说，江西省服务业发展滞后了。另外，根据库兹涅茨的人均

GDP 与产业结构变动的关系，一国或地区第二产业的比重不需超过 50%，服务业就应该"发力"，而且是在工业化进程中持续"发力"。为此，可以做出服务业应该"发力"的理论判断：服务业发展是工业化进程的重要任务，服务业与工业具有相互促进的关系，服务业发力点贯穿于工业化始终，只不过具体的行业有所侧重。

表 2　江西省人均 GDP 与产业结构变动的关系

人均 GDP（美元）	2014 年美元		5645	
第一产业占比	劳动力比重（%）	理论值		19.3
		实际值		31.7
	增加值比重（%）	理论值		12.5
		实际值		10.7
第二产业占比	劳动力比重（%）	理论值		44.2
		实际值		31.8
	增加值比重（%）	理论值		47.5
		实际值		53.4
第三产业占比	劳动力比重（%）	理论值		36.5
		实际值		36.5
	增加值比重（%）	理论值		40
		实际值		35.9

注：增加值数据来自 2014 年《江西省国民经济和社会发展统计公报》，劳动力数据来自 2014 年《江西省统计年鉴》。

二、江西省服务业发力的经验判断

从世界银行的统计数据库选取 1960 年以来典型工业化国家，如美国、法国、韩国、巴西及中国的人均 GDP（调整为 2005 年美元）和服务业比重，探究工业化过程中服务业发展的变动趋势（见图1），从世界典型工业化国家来看，人均GDP与服务业比重之间存在一定的正相关性，但不同阶段服务业提升程度不同，在人均GDP1500美元以下服务业比重的上升趋势明显，而在人均GDP1500美元以上这种势头有所放缓。从中国的服务业发展来看，其和其他典型工业化国家的趋势大体相同，这说明我国的服务业发展遵循了产业结构演变的普遍规律，这也预示着在进入服务业为主导的发展阶段，我国服务业的发展速度反而会放缓，重心逐渐转向提升服务业内涵与质量。因此，服务业的"发力"不是在服务业占GDP的比重超过工业之后，而应该在进入服务业主导时代之前。

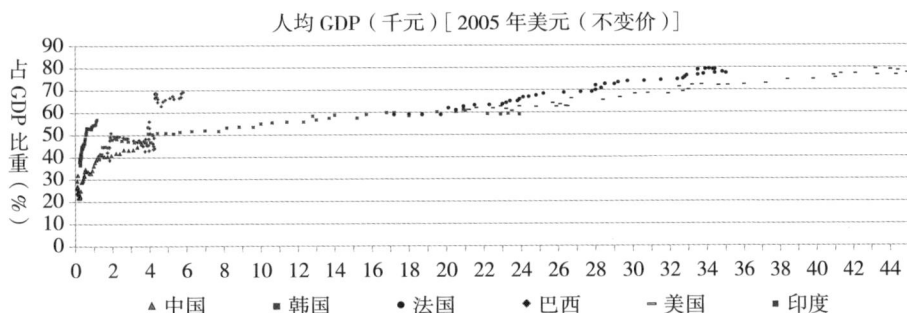

图1 典型工业化国家人均GDP与服务业比重的演变关系

这两点结论对江西省服务业的发展具有明显启示：第一，相对于全国的服务业发展，江西省的服务业发展较缓，不符合世界典型工业化国家的服务业发展规律，这固有工业化进程滞后问题，但离开服务业的发展，工业发展将后劲不足，并且质量也会不高，要使得新型工业化能够健康持续地推进，必须加快服务业的发展，加快服务业与工业的融合。第二，当经济呈现"服务化"，而不是经济已经"服务化"，才是服务业"发力"的良好时机。这个时候的服务业发展不仅有利于优化三次产业结构，并且对工业化的促进作用是明显的，必须加快生产性服务业的发展，促进工业转型升级。

三、江西省服务业发展存在的问题

（一）比重偏低

从全国看，2014 年我国服务业占 GDP 比重为 48.2%，2013 年是 46.1%，提高了 2.1 个百分点，而 2014 年江西服务业占 GDP 比重为 35.9%，2013 年是 35.1%，提高了 0.8 个百分点，无论是比重还是增速与全国平均水平相比均存在较大差异。从中部六省看（见表 3），2014 年江西省第三产业增加值和占 GDP 比重在中部六省中均为倒数第二。

表 3　2014 年中部六省服务业发展规模

指标 省份	GDP（亿元）	第三产业增加值 （亿元）	第三产业占 GDP 比重	比重 排名
山西省	12759.44	6150.05	48.20%	1
湖南省	27048.50	11417.80	42.21%	2
湖北省	27367.04	11349.93	41.47%	3
河南省	34939.38	12875.90	36.85%	4
江西省	15708.59	5636.61	35.88%	5
安徽省	20848.80	7252.40	34.79%	6

（二）经济贡献小

2014 年，江西省服务业对 GDP 的贡献率为 53.35%，在中部地区排名倒数第二，且低于全国平均水平（65.86%）；2013 年，江西省服务业与全国服务业的经济贡献相比不容乐观，其经济贡献各项指标都低于全国平均水平（如表4所示）。

表4　江西省服务业与全国服务业的经济贡献比较情况

指标 区域	2014年服务业对经济的贡献率	2013年服务业人均创造的增加值（万元）	2013年服务业税收占财政收入的比例	2013年服务业从业人员占全社会从业人员比重
全国	65.86%	8.85	53.5%	38.5%
江西省	53.35%	5.33	44.3%	36.5%

（三）结构不合理

从产业结构看，2013年，江西省交通运输、仓储和邮政业，批发和零售业，住宿和餐饮业三大传统服务业占服务业的40.8%，全国平均水平为36%，占比高于全国4.8个百分点；而江西省金融业只占服务业的9.8%，全国平均水平为12.8%，明显低于全国平均水平。从投资结构看，2013年，江西省房地产业与水利、环境和公共设施管理业投资分别占服务业全社会固定资产投资额的39.4%和19.4%，其他服务业行业仅占41.2%，其中信息传输、软件和计算机服务业投资比重同比下降。从区域结构看，2014年规模以上服务业增加值，南昌市为136.2亿元，占全省总值的29.1%，远高于其他设区市，呈现出"一枝独秀"的发展格局，服务业发展区域不均衡。

（四）企业规模小

与其他省份相比，江西服务业企业不仅数量少，规模小、竞争力也不强。2014年中国服务业500强企业中，湖北14家、湖南13家、安徽17家、山西10家、河南5家，江西仅3家，在中部六省中垫底，而 2010 年江西入围的企业有 7 家，2011 年下降到 4 家，2012 年再降到 2 家。这说明江西省服务业企业不仅在发展水平上相差甚远，发展速度上也相对"开倒车"。同时，服务业中上市公司数量较少，对服务业缺乏带动作用。从中部六省来看，湖北有 19 家，湖南和安徽各有 14 家，河南有 8 家，江西省和山西皆有 7 家，并列倒数第一。

（五）集聚不显著

从 2012 年开始，江西已连续公布三批江西省"省级现代服务业集聚区"共 54 家，省级服务业龙头企业 100 家。2014 年，江西省 54 家"省级现代服务业聚集区"实现主营业务收入 2395 亿元，占全省服务业增加值的 42%。而江苏 2014 年达到 113 家，百家服务业集聚区主导产业营业收入占全部营收的 83%，31 家科技和软件信息服务类集聚区营收占全省该产业收入的 40%，产业布局呈现集聚化。

（六）与工业融合度不高

江西省生产性服务业与制造业融合度也不高，如图 2 所示，我们以工业代表制造业，以交通运输、仓储业和金融业代表生产性服务业（因统计数据限制），观察 1978—2013 年生产性服务业产值与工业增加值所占 GDP 的比重，发现江西省制造业与生产性服务业发展"背道而驰"，当制造业比重提高，生产性服务业比重就降低，当制造业比重降低，生产性服务业比重就提高，据此，可在一定程度上说明两者之间没有形成共生共进的局面。

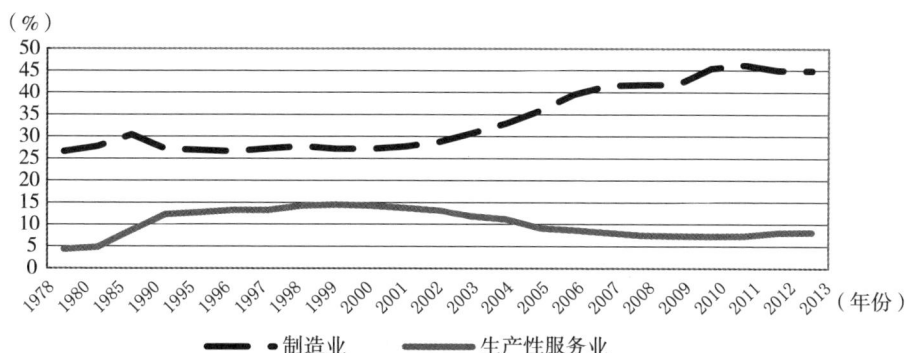

图2　1978—2013年江西省制造业与生产性服务业发展趋势图

四、国内外典型区域发展服务业的经验启示

(一) 立足资源禀赋，选择重点产业

比如纽约、香港本身的制造业比较薄弱，在产业结构演变过程中服务业逐步取代制造业，在推动经济发展中"一马当先"。又比如，东京、新加坡的制造业比较发达，与服务业相互促进，相互融合，呈现"双轮驱动"格局。

(二) 借助技术创新，培育新兴业态

比如互联网金融，在欧美国家已形成互联网支付、P2P网络借贷、众筹融资、互联网银行、互联网证券以及互联网保险六大模式，而我国还在探索阶段。又比如，浙江省很早就实施"100家电子商务试点企业"工程、举办"工业品网上交易会"、认定奖励一批电子商务重点企业，培育了如阿里巴巴等全球知名电商。

（三）依托区位优势，促进集聚发展

美国的硅谷是世界上著名的 IT 服务产业集群，集聚了一大批如微饮、网景、英特尔、雅虎等世界知名企业，而英国伦敦是全球著名金融中心，法国巴黎是国际知名时尚之都。在国内，上海建成了我国最大的金融贸易中心，北京形成了我国最大的服务外包产业集群。

（四）提升生产服务，促进产业融合

香港实施了"前店后厂"式发展战略，专注于运输、仓储、金融、商业、咨询等生产性服务业的发展，辐射内地的制造业。上海通过"优二进三"抢跑生产性服务业，引导生产性服务业与制造业实现协同发展。广东提出补短板、建载体、设资金、创平台，促进生产性服务业与制造业的融合发展。

五、江西省服务业"发力"的对策

（一）确定分管省领导，强抓服务业发展

服务业是一项跨行业、跨地区、跨部门的综合性工作，涉及面广、政策性强，需要省委、省政府的大力支持。一是明确省政府分管领导。目前，工业和农业都有分管省领导，建议按谁分工、谁负责，谁分管、谁协调原则，确定一位省领导亲自挂帅，主抓服务业，综合协调和总体指导，研究服务业发展中的重大问题。二是建立专门的服务业处。目前，浙江、江苏、湖南、湖北等许多省份的发改委都设立了专门的服务业处。为切实加强江西省服务业发展工作的组织领导，建议在省发改委设立专门的服务业处，负责全省服务业的规划、协调和指导工作。三是尽快编制《江西省"十三五"服务业发展规划》。在对"十二五"江西省服务业全面摸底的基础上仔细研究"十三五"服务业发展的方向、重点及着力点。四是深入落实《江西省服务业发展提速三年行动计划》。一方面，要建立江西省服务业统计监测制度，跟踪分析服务业发展情况；另一方面，要修改江西省服务业发展目标任务考核暂行办法，提高服务业发展质量的考核比重，提高生产性服务业的考核比重，提高新型服务业态的考核比重。

（二）发展生产性服务业，促进工业转型升级

生产性服务业的发展对工业转型升级起到十分重要的支撑作用，2014年国务院发布了《关于加快发展生产性服务业，促进产业结构调整升级的指导意见》，深刻指出了发展物流、金融、信息服务业的重要性。一是在加快物流产业发展的同时着力推进电子商务。打造"立体物流网络体系"，在南昌、九江、赣州3个区域中心城市建设一批起点高、规模大、辐射力强的商业物流中心，带动省内其他沿线城市、结点城镇物流产业的发展。此外，以汽车、化工、有色金属、农产品交易为重点，打造一批"立得住，叫得响"的大型综合电子商务平台。二是在发展多层次资本市场的同时积极推动互联网金融。支持种子基金、风险投资基金、私募股权基金、并购基金、产业互助基金的发展；支持小额贷款公司、金融租赁公司、消费金融公司、财务公司等新型金融机构的发展；支持支付清算服务、社会信用服务、外汇综合服务、金融信息服务等服务平台的建设。积极打造区域股权转让平台、农村产权交易平台、技

术产权交易平台、排放权交易平台、涉诉资产交易平台，文化产权交易平台和陶瓷交易平台。此外，上海、深圳、广州等地都出台了互联网金融产业发展意见，江西省应及时出台相应的指导意见，发展在线支付平台、P2P网贷机构及众筹平台。三是在发展信息服务业的同时重点推进数字信息服务。围绕信息服务领域实施"宽带江西""信息惠民"等六大工程，一方面要推进智能终端产品创新发展，壮大南昌、吉安等电子信息产业集聚区；另一方面要推广"软件即服务"应用模式，促进各类新兴数字内容增值服务业发展。此外，要推进信息服务业的高端化发展，加快引入"气象云""教育云""商旅云""检测云"等信息服务资源。

（三）拓展生活性服务业，推动三大重点产业

目前，国务院主推扩大信息消费、促进绿色消费、稳定住房消费、升级旅游休闲消费、提升教育文体消费、鼓励养老健康家政消费六大领域消费。江西省应实施六大消费工程，增加多层次、多样化产品供给。一是促进环保、节能产业发展。落实"节能环保二十条"，支持重点事业单位和公共机构采取合同能源管理方式实施节能改造，开展"节能审计""节能诊断"等专业服务，建设"一站式"合同能源管理综合服务平台。加快发展生态环境修复、环境风险与损害评价、排污权交易等新兴环保服务业。二是推进文化、体育产业发展。研究出台《关于加快江西省体育文化产业发展的意见》，指明体育文化产业发展目标和重点，推动体育与养老服务、创意设计服务、教育培训等融合，促进体育旅游、体育传媒、体育会展、体育广告、体育影视等相关业态的发展。三是推动健康、养老产业发展。鼓励医养结合发展养老服务业，探索集医疗、养老、康复、健康管理、生活照料于一体，机构养老与社区养老、家庭养

老相衔接的健康养老服务模式，不让"最后一公里"成为保障老年人权益的"短板"。

（四）优化区域布局，推进服务业集群式发展

《江西省服务业发展提速三年行动计划》提出了"一核七带、百点支撑"的服务业发展格局。一方面，应强化"一核七带"战略架构，围绕重点制造业，配套发展生产性服务业功能带。例如，南昌、九江等地区重点发展汽车、航空等生产性服务业功能带；上饶、鹰潭、景德镇等地区重点发展新材料、新能源等生产性服务业功能带、新余、宜春、萍乡等地区重点发展医药、环保等生产性服务业功能带。另一方面，在推进七大生产性服务业功能带的同时，在 11 个设区市着力打造具有标志性的生活性服务业品牌功能区，形成生产性服务业功能带促进新型工业化，生活性服务业功能区支撑新型城镇化的局面。同时，要努力培育 100 个有特色、高水平、能辐射的现代服务业聚集区。研究编制《江西省现代服务业集聚区发展规划》，积极引领物流园区、总部基地、科技创业园、软件与服务外包基地、文化商旅综合体、新型专业市场、综合性生产服务集聚区等的发展，重点打造知识密集的信息服务、科技服务、创意设计等高端服务业集聚区。

（五）积极对接"一带一路"，推动服务业"走出去"

随着经济增长速度的减缓和经营成本的上升，服务业特别是传统服务业面临产能过剩问题，因此，"十三五"时期要积极推动江西省服务业实施"走出去"战略。一是鼓励有条件的服务企业为建立海外矿产资源生产基地，多元化参股控股海外矿产资源，构筑跨国营销服务体系。二是鼓励有优势的服务企业为大型基础设施、工

程建设提供境外勘测、施工、设计及工程技术承包服务。三是鼓励有能力的服务企业加强与"一带一路"沿线国家的经贸合作，积极承接国际服务外包，融入全球服务贸易链。四是要积极开展劳务输出，设立对外劳务援助基金，建立对外劳务合作平台，开展对外劳务工作培训。五是要积极推动跨境电商、跨境金融、跨境法律服务等领域的发展，为服务业"人、财、物""走出去"提供坚实的基础。六是要积极谋划对接项目，利用对接"一带一路"的战略机遇，积极谋划和建设昌九新区，重振陶瓷、茶叶等传统丝绸之路货物贸易。七是要积极发挥世界低碳生态经济博览会的影响力，宣传江西生态优势、低碳优势和文化优势，从而促成更多的国际合作。

（六）依托中三角城市群，合力打造跨省旅游产业共同体

《长江中游城市群发展规划》的批复为中三角旅游产业的协同发展带来了新契机。一是可以发挥滕王阁、岳阳楼、黄鹤楼等标志性景区的独特优势，推进江南三大名楼三日游的开发和推介。二是整合宗教文化旅游资源，联合打造宗教旅游精品。江西有龙虎山、三清山，湖北有武当山等道教名山；江西有真如禅寺、百丈禅寺，湖南有福严寺、同庆寺等禅宗祖庭，应积极探索佛（道）教探寻之旅。三是宣扬红色文化，传播正能量。江西有井冈山、瑞金，湖南有韶山、宁乡，湖北有大别山、洪湖，要充分挖掘红色资源的丰富内涵和文化价值，共同打造具有特色的红色旅游线路。四是加快发展高铁旅游，开发"走马观花"旅游项目，依托高铁，将三省各地的樱花节、杜鹃花节、油菜花节等各种花节串珠成线，实现规模化发展。

（七）争取中央财政资金和引进社会资本，多元化投资公共服务

江西在全国率先出台《关于鼓励社会资本进入社会事业领域的意见》，鼓励社会资本参与公共服务业发展。一是鼓励社会资本参与国家服务业综合改革试点，支持民间资本进入医疗、教育、养老、文化、娱乐、出版和金融等服务领域。二是进一步减少生产性服务业重点领域前置审批和资质认定项目，推行工商注册制度便利化，加快落实注册资本认缴登记制。探索对外商投资实行准入前国民待遇加负面清单的管理模式，逐步取消银行、保险、证券等服务业领域准入限制。三是巧用红色摇篮、绿色家园、古色胜地的资源优势，善借鄱阳湖生态区建设、振兴赣南等原中央苏区、"一带一路"、长江经济带、中三角城市群等国家战略，积极争取更多的中央财政资金，在更大的范围内推进公益性服务建设。

研究展望：加快服务业发展将成为江西省"十三五"经济升级的"重心"，任务重、影响深。而服务业既包括商贸、餐饮、住宿等传统服务业，又涉及金融、信息、文化等现代服务业，内容广泛、复杂、多变，需要深入持续地进行研究。课题组将进一步分析"四个全面"的战略背景，把握江西省服务业的发展状况，跟踪现代服务业的发展动态，借鉴国内外典型的经验做法，全面提出江西省服务业发展的思路、重点及产业政策、贸易政策、财政政策、金融政策，技术政策、人才政策等诸多方面的对策建议，助推江西省经济服务化与工业新型化、农业现代化相互交融，协调并进，不断提升江西省服务业的质量与水平。

促进江西省互联网金融健康
发展的思路与对策*

(2016 年 1 月 1 日)

2015 年 3 月，李克强总理在《政府工作报告》中提出，要"促进电子商务、互联网金融的健康发展"。7 月，央行等十部委出台《关于促进互联网金融健康发展的指导意见》，鼓励金融创新，促进互联网金融健康发展。紧接着，9 月，江西省出台《关于加快推进"互联网＋"行动的实施方案》，省委、省政府将"互联网＋普惠金融"列入实施方案中，从扶持融资优惠、人才培训引进和信用体系建设等方面，引导和推动互联网金融的健康成长。

在江西，互联网金融已成为经济社会发展的新动力。但由于起步晚、条件差、根基薄，在发展过程中遭遇不小的困难。为了对江西互联网金融早日走出困境提供思路，课题组于 2015 年 9 月至 10 月深入江西省工信委、银监会、人民银行以及网贷之家（中国首家 P2P 网贷理财行业门户网站）进行调研，收集和整理了江西互联网金融发展的相关数据。调研表明，现阶段江西互联网金融存在规模

---

* 本文作者为梅国平、陈运平、黄小勇、钟程琳，刊发于《江西发展研究》2016 年第 1 期，获时任江西省委书记强卫、副省长谢茹批示。

小、实力弱、监管效率低、获客成本高等问题。课题组通过研究，提出了相应的思路和对策，供领导决策。

一、江西省互联网金融发展的现状与问题

按照官方权威的说法，互联网金融指的是传统金融机构与互联网企业利用互联网技术和信息通信技术实现资金融通、支付、投资和信息中介服务的新型金融业务模式。互联网金融之所以成为新型模式，关键在于它的平台效应：一是平台带来的"鲇鱼效应"；二是平台带来的"长尾效应"；三是平台带来的"虹吸效应"；四是平台带来的"蝴蝶效应"；五是平台带来的"蓝海效应"。现阶段，我国互联网金融发展过程中涌现了第三方支付、P2P网络借贷、众筹等多种模式。目前，江西省最主要的互联网金融业务就是P2P网络借贷，且正处于初级发展阶段。因此，本文以P2P网络借贷为代表分析江西省互联网金融的现状及问题。

1. 平台数量少，交易规模小

江西省P2P网贷的总体水平，在全国还是处于较落后的地位。从平台数量来看，截至2015年11月，全国累计P2P网贷平台3769家，11月运营上线的平台数量为2612家。江西P2P网贷公司始于2012年，累计P2P网贷平台45家，11月运营平台38家。从网贷交易规模来看，2015年11月江西网贷交易额为5.3亿元，在全国排第16名。相对于全国发展态势，江西的P2P平台数量和成交额分别只占到了全国份额的1.72%和0.4%，如图1和表1所示。而我国互联网金融较发达的省市，如广东、山东、浙江、北京四省市P2P网贷平台总数超过全国的50%；北京、广东、上海、浙

江四省市网贷成交额超过全国的 80%。相比之下，江西的 P2P 网贷规模与这些省份相差甚远，平台发展还有很大的上升空间。

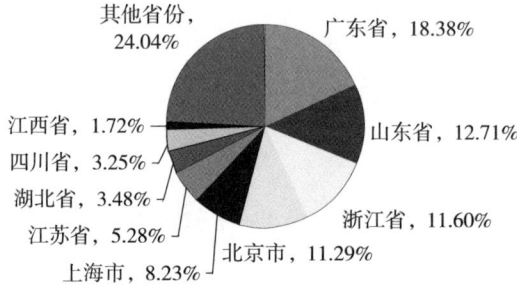

图1 2015 年 11 月各省市网贷平台数量比重

资料来源：网贷之家。

表1 部分省份 2015 年 11 月网贷成交量及占全国比

地区	11 月成交量（亿元）	占比
全国	1331.24	100.00%
北京	454.19	34.12%
广东	419.27	31.49%
上海	143.9	10.81%
浙江	140.56	10.56%
江苏	27.28	2.05%
四川	25.87	1.94%
山东	25.65	1.93%
湖北	16.14	1.21%
江西（16 名）	5.3	0.40%

资料来源：网贷之家。

2. 行业实力弱，平台名气小

地区 P2P 网贷综合发展竞争力指数是基于网贷之家数据库中样本数据，对描述各地区网贷生态环境、网贷规模、网贷人气、网贷安全度、资本认可度的二十多个维度指标进行综合赋权，展示全国（除港澳台外）31 个省（自治区、直辖市）的网贷发展综合竞争力，如表 2 所示，江西综合得分排名全国第 13 位，数据显示，江西网贷实力不高，得分较低，不仅远落后于广东、江苏等发达省份，也落后于湖北、安徽等中部省份。

表 2　地区网贷综合发展竞争力指数（2015 年 10 月）

省份	网贷生态环境（16%）	网贷规模（38%）	网贷人气（18%）	网贷安全度（10%）	资本认可度（18%）	综合竞争力	10 月排名
北京	82.75	97.57	87.38	63.85	74.78	85.89	1
广东	86.04	98.08	94.49	36.85	39.78	78.89	2
上海	81.68	86.69	85.31	58.34	37.56	73.96	3
浙江	81.65	87.06	80.15	56.06	13.00	68.52	4
江苏	81.07	71.09	76.62	63.43	10.67	62.04	5
山东	76.38	73.27	78.96	30.98	6.00	58.45	6
四川	63.83	65.08	71.57	66.80	10.56	56.41	7
湖北	63.93	62.84	69.13	71.81	6.67	54.93	8
重庆	50.55	62.99	58.94	76.34	8.00	51.71	9
安徽	45.67	57.69	65.14	59.76	9.44	48.63	10
福建	56.10	52.08	63.69	63.26	1.33	46.80	11
河南	49.61	50.55	65.67	72.29	1.11	46.40	12
江西	41.18	49.50	71.67	74.77	2.22	46.18	13

资料来源：网贷之家。

在全国 2500 多家 P2P 网贷平台中，江西的 P2P 网贷平台以民营草根平台为主，平台竞争力较差。从代表 P2P 平台的运营能力和风险把控能力的待收余额来看，2015 年 11 月，全国待收过亿的平台有 166 家，而江西只有 3 家，分别为博金贷（4.26 亿元，90名）、融通资产（1.3 亿元，149 名）、黑火金融（1 亿元，166 名）；从代表平台阶段性成果的交易额来看，只有博金贷 11 月的交易额达到了 2.73 亿元，在全国排 50 名，占到江西网贷交易总额的 54.15%，其他绝大部分平台的交易额还处于 1000 万元左右（见图 2），而广东的红岭创投平台一天的交易额就达到 2.57 亿元，直逼博金贷的月交易额；在全国 309 家指数级平台中，江西只有 6 家平台上榜，分别是博金贷、融通资产、惠众金融、壹心贷、凤凰金融、联豪创投。

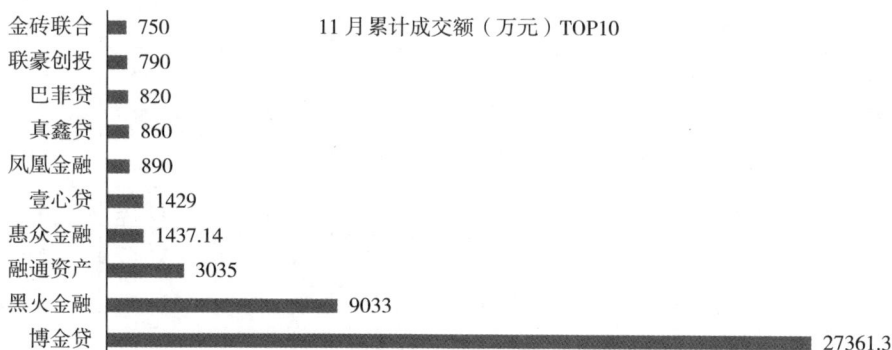

11 月累计成交额（万元）TOP10

平台	金额
金砖联合	750
联豪创投	790
巴菲贷	820
真鑫贷	860
凤凰金融	890
壹心贷	1429
惠众金融	1437.14
融通资产	3035
黑火金融	9033
博金贷	27361.3

图 2　江西 2015 年 11 月累计成交额 TOP10 平台

资料来源：网贷之家。

3. 监管法规空白，问题平台频现

如表 3 所示，截至 2015 年 11 月底，江西累计有 P2P 网贷平台 45 家，有 13 家公司相继出现了平台失联、提现困难、跑路、诈骗、停业等问题，其中不乏一些江西本地较知名的平台，如警安财富和南瓜 P2P。从时间来看，2013 年开始，江西每年都出现问题平台，并且呈递增的趋势。2013 年出现了 2 家，2014 年出现了 4 家，2015 年甚至出现了 7 家，4 月和 11 月更是在一个月内就出现了 2 家。从地域来看，南昌市的问题平台数量最多，13 家问题平台中南昌就有 6 家，占了问题平台总数的近 50%。其余的问题平台分布在赣州、九江、新余等地区。同时，在监管方面，江西省关于互

联网金融的立法几乎空白，新法规的出台还要一定的时间。除此之外，互联网金融行业具有虚拟和复杂的特性，法规对于它的监管在制定和操作方面也较难把握，加上互联网金融行业更新换代，行情变幻莫测，监管存在极大的困难。尽管 2015 年底银监会会同工信部、公安部等研究起草了《网络借贷信息中介机构业务活动管理暂行办法（征求意见稿）》，意味着 P2P 平台将进入国家监管时代。但对于江西互联网金融来说，还没有具体配套细则，甚至没有相关指导意见，亟待政府加快出台相应的指导意见及细则对江西省互联网金融行业进行规范。

表 3　江西累计问题平台

平台名称	问题发生时间	所在地区	问题类型
乐点贷	2015 年 11 月 11 日	南昌市	平台失联
胜达投资	2015 年 11 月 10 日	南昌市	平台失联
坤玺金融	2015 年 6 月 19 日	南昌市	提现困难
宝翔投资	2015 年 5 月 23 日	九江市	平台失联
尊荣财富	2015 年 4 月 30 日	九江市	提现困难
惠金创投	2015 年 4 月 15 日	南昌市	平台失联
警安财富	2015 年 2 月 20 日	南昌市	平台失联
虔诚贷	2014 年 12 月 31 日	赣州市	跑路
南瓜 P2P	2014 年 10 月 13 日	南昌市	提现困难
御帮贷	2014 年 10 月 7 日	赣州市	平台诈骗
金瑞投资	2014 年 8 月 3 日	新余市	平台失联
华生贷	2013 年 12 月 29 日	赣州市	提现困难
瑞贷通	2013 年 5 月 3 日	宜春市	停业

资料来源：网贷天眼。

4. 获客成本高，本土投资少

如图 3 所示，截至 2015 年 11 月，全国网贷的平均年利率为

12.25%，江西网贷利率排在全国第 17 位，为 16.41%，比全国网贷年利率高出 4 个百分点，比北京和上海等发达城市高出近 6 个点。对投资者来说，过高的年化收益虽然有利于吸引投资人进驻平台，但是同时也带来较高的投资风险，不利于保障投资者的本息安全。对借贷者来说，活跃于网贷平台的借贷者普遍都是传统金融机构筛选后的"淘汰者"，低信用级的客户需要承担更高的借款成本，过高的借贷利率只能使借贷者望而却步，无法满足江西省小微企业融资的需求。

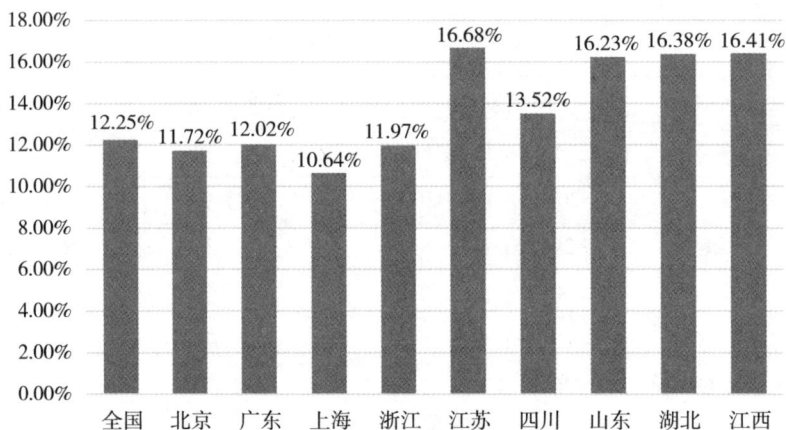

图 3 部分省份网贷综合利率（2015）

资料来源：网贷之家。

除此之外，江西是内陆省份，市场经济意识不强，投资比较保守，民间资本活跃度与发达地区有较大的差距。很多江西人不敢投资甚至排斥网贷投资这种新兴的投资方式，导致江西网贷筹资渠道少，优质借款资源不断缩水。

二、省外发达地区互联网金融发展的经验借鉴

省外发达地区对互联网金融高度敏锐，纷纷"闻风而动""推陈出新"，试图"先行一步"，以博取"政策红利"，根据课题组对网贷之家调研收集的资料进行梳理，现将有关典型经验与做法进行陈述，以供江西参考。

1. 政策先行，助力互联网金融发展

在北京，石景山区政府早在 2013 年 8 月 30 日就发布了《石景山区支持互联网金融产业发展办法（试行）》，该办法提出在中关村科技园区石景山园建设互联网金融产业基地，鼓励互联网金融企业在石景山区设立和发展。在广东，深圳市政府也在 2014 年的一号文件中就率先提出对互联网金融发展的指导意见，明确要求出台专项政策，统筹规划互联网金融的发展。在上海，2014 年 8 月初，上海市政府发布《促进本市互联网金融产业健康发展若干意见》，这是全国首个地方版互联网金融的规范指导意见。2014 年 12 月，黄浦区委、区政府发布《黄浦区关于进一步促进互联网金融发展的若干意见》，即"新十条"。

2. 依托优势，打造互联网金融基地

北京市互联网金融基地建设走在了全国前列。2013 年 8 月 30 日，石景山区政府成立了全国第一家互联网金融产业基地，区政府投入了大量的专项资金来吸引互联网金融企业以及人才来基地落户；海淀区也紧随其后，2013 年 12 月 13 日，中关村成立了全国第一个互联网金融产业园，出台了诸多的优惠政策支持产业园的发展。作为全国的金融中心城市，上海市也不甘落后。2014 年 12 月

17 日，上海市金融办、市经信委与浦东、黄浦、长宁、嘉定四区区政府联合推出五家互联网金融产业基地。陆家嘴金融贸易区拥有国内最为完备的金融市场体系、金融基础设施和金融生态环境，是国内唯一一家以"金融贸易"命名的国家级开发区。继北京、上海形成互联网金融产业集聚后，2015 年 11 月 12 日，广东省以"互联网＋"众创、众包、众扶、众筹为理念，创办了中国首家"互联网＋"众创金融示范区。

3. 行业自律，成立互联网金融协会

为了促进各地互联网金融行业健康发展，发达省市已陆续建立行业协会，实现抱团自律。2015 年 3 月 31 日，武汉市成立互联网金融行业协会，这是湖北省首家市级互联网金融自律组织。2015 年 4 月 27 日，广州互联网金融协会成立，这是广东省第二家市级互联网金融协会，第一家为深圳互联网协会。2015 年 6 月 26 日，北京互联网金融专业委员会正式成立。委员会由首都金融服务商会发起成立，如今已有首金网、网贷之家、人人贷等 20 多家互联网金融公司成为其会员。2015 年 8 月 6 日，上海互联网金融行业协会正式成立，协会主管单位为上海市政府金融服务办公室，业务指导单位为中国人民银行上海总部。

4. 协同创新，深化互联网金融合作

互联网金融是互联网与金融相互渗透形成的新行业，它的发展离不开互联网科技的进步，也离不开传统金融的支持。跨行业、跨地区的合作是互联网金融发展的必然选择。2014 年 2 月，北京银行与小米公司在移动支付、产品定制、便捷信贷、渠道拓展等方面展开合作，使两家公司在资本市场获得了巨大的收获。2015 年 4 月 28 日，中信银行与顺丰集团签订协议，整合金融和物流线上线下资源，实现 O2O 闭环、社区金融跨界合作。2015 年 7 月，招财

宝平台在"私募债"等金融资产的打包、拆分销售及后期具有流转性质的变现业务中与重庆金融资产交易所等 17 家区域性股权及金融资产交易平台深度合作。2015 年 11 月，互联网金融服务平台恒昌公司与利宝保险公司在信用风险评估与管理、信用数据整合服务等方面达成合作。据初步统计，全国已有 40 余家互联网金融平台与保险公司合作。除了与保险行业的合作，互联网金融平台资金进行银行托管也成为业内潮流。2015 年 8 月 21 日，首金网、投哪网、银湖网、搜易贷、翼龙贷、博金贷、人人聚财、e 路同心、道口贷、海银会等十家互联网金融平台与民生银行签订网贷资金托管战略合作协议，2015 年 11 月 18 日，道口贷与上海银行又达成资金托管合作协议。

三、加快江西省互联网金融发展的思路与对策

1. 设立机构，制定政策，促进互联网金融壮大

一是合理设立省市级互联网金融管理中心，由省市级金融办领导亲自挂帅。作为互联网金融的专业管理机构，分析确定江西互联网金融发展的重点领域，跟踪研究江西互联网金融发展的新情况、新问题，协调解决江西互联网金融发展遇到的重大难题，建立完善江西互联网金融风险防控机制。二是积极落实《关于促进全省互联网金融业发展的若干意见》，并在此基础上制定《实施细则》。以持续引进省外著名互联网第三方支付机构、金融电商、互联网金融门户等互联网金融机构，对来赣注册的互联网金融企业给予政策、税费、资金等方面的支持。鼓励省内有条件的企业发展互联网金融业务、申请有关业务许可或经营资质。对符合条件的企业给予高新技

术企业、技术先进型企业的认定，按照《若干意见》相应的财税政策享受税费减免。

2. 打造基地，培育品牌，提升互联网金融实力

一是加快建设江西互联网金融产业园和基地，鼓励互联网金融企业合理集聚。合理布局江西省互联网金融发展空间，以南昌为试点打造全省互联网金融中心，形成互联网金融产业聚集态势。积极支持赣州、九江等有条件的地区结合自身产业定位，建设有特色的互联网金融产业园区，打造有特色的互联网金融集聚区。选取当地实力较强的互联网产业基地（园区）作为重点培养对象，政府在政策上给予适当倾斜。二是加大对本土 P2P 平台品牌建设的扶持力度，打造江西行业本土品牌。选取"博金贷""融通资产"等在江西具有较大影响力的龙头企业为对象进行重点扶持，了解这些企业的需求和特点，提供专业服务，实行"一企一策"，按照规定享受相关财税优惠政策。打造互联网金融媒体圈，通过江西日报、江西卫视和网络等媒体加强本土 P2P 平台的宣传推介，举办互联网金融峰会等活动，引导投资者正确投资，为江西互联网金融树立坚实可靠的品牌形象。

3. 深化合作，深入对接，创新互联网金融模式

一是加大互联网金融平台与传统金融机构的合作。鼓励传统金融机构与互联网金融平台在客户资金存管、渠道营销、风控外包等方面开展深度合作，为互联网金融企业提供配套设施服务。构建互联网金融产业联盟，整合互联网金融产业资源，促进互联网技术与金融业务的融合运用。二是加大互联网金融机构与高校、科研机构的合作。大力支持有条件的高校设立互联网金融研究院，对互联网金融发展具有重大影响的问题进行产学研合作研究，对互联网金融创新有杰出贡献的科研机构和人才给予奖励。鼓励高校及科研机构对云计算、大数据等互联网技术进行研究，及时与金融工具融合运用，提高互联网金融的技术创新力和产品竞争力。三是加大互联网金融企业与电商、物流企业的合作。利用互联网技术实现服务创新，提升金融服务广度、深度和能级，积极发展更加个性化、实时化、社交化、精准化的终端服务平台，支持互联网金融平台与电商、物流企业深入对接，拓宽金融服务覆盖面，为中小微企业扩宽融资渠道，为消费者提供更多的创新金融服务。

4. 信用建设，网络监测，降低互联网金融成本

一是成立省级互联网金融征信公司。在征信公司下设专业统计部门，采集、客观记录企业或个人的信用信息，联合人民银行、商业银行、网贷平台等金融机构，建立江西省信用档案库，实现资信透明。并且，由政府组织，在省内较权威的商业银行、民间资信评级机构、会计师事务所等机构，选取业内优秀人才，组建一支全省最专业的信用评级队伍，定期向征信公司反馈评级情况。二是设立互联网金融监测系统。专门针对江西互联网金融，设立第三方评估机构或依托国内权威评估机构，统计网贷平台的成交额、借贷利率、还款期限，分析行业利率浮动、平台运营数量、问题平台数量、盈利能力等指标。省银监会结合统计分析数据，建立互联网金融监测系统，为交易者提供更高效的网络安全保障，提高交易双方的投融资效率，降低互联网金融的交易成本。

5. 法律监管，行业自律，规范互联网金融发展

一是加快出台省内规范互联网金融的法律法规，填补监管漏洞。在省级政府权限内健全和规范互联网金融制度和市场秩序，加大对互联网金融企业专利、软件、品牌等知识产权的保护力度。鉴于互联网金融跨行跨业经营，需要省银监会会同工信委、公安厅等部门共同协调监管，明确经营"底线"、政策"红线"，对互联网金融领域中洗黑钱、非法融资、骗贷、违规交易等违法犯罪行为必须严惩不贷。建立信息披露制度，明确要求各互联网金融企业及时公布本公司的交易数据、盈利情况等信息。要结合大数据、信用评估工具、人脸识别技术等完善监管和风控手段，对互联网金融风险进行把控。二是充分发挥江西互联网金融行业协会的作用，强化行业自律。发布江西互联网金融行业准入标准，对互联网金融企业的成立设定最低注册资本，对互联网金融从业人员设定从业资质要求。加强与金融办的对接交流，协助政府制定江西互联网金融行业发展规划。明确内控及风险指标系数等具体指标，为行业提供监管指导性标准。设计纠纷解决机制和求偿机制，加大对投资者的保障力度。定期对从业人员进行职业道德教育，提高行业整体的职业素养。

江西农产品电商发展：现实条件、问题与对策[*]

（2015 年 1 月 1 日）

农产品电商是农业发展的新业态。江西省是全国开展电子商务进农村综合示范省份，为了解江西省农产品电商发展状况和发展中面临的突出问题，课题组于 2014 年 8 月至 10 月深入江西上饶、抚州、新余、九江及浙江永康等地调研。通过调研，课题组认为，江西省先天条件非常优越，农产品电子商务具有广阔的发展空间，大力发展农产品电商是实现农业领域发展升级、推进农业现代化进程，从而促进江西省与全国同步建成全面小康社会的现实可行路径。

一、发展农产品电商的重要意义

农产品电商以信息技术为依托，将线上购物与线下体验、农业生产与乡村旅游、农产品供给与农产品需求相结合，延伸了产业链

---

* 本文作者为梅国平、李晓园、李文娟，刊发于《江西发展研究》2015 年第 1 期，获时任江西省委书记强卫批示。

条，增加了新的价值链，并且带动了物流业等多个产业的发展。

1. 促进农业产业升级

农产品电商能够有效促进农业产业转型升级。首先，将农产品线上销售与线下生产过程体验以及乡村休闲旅游有机地结合，为农村发展提供了新的经济增长点，提高了农村资源的投入产出效益。如江西香檀山茶业有限公司今年3月中旬将通过微店、公众微信等平台，在线众筹白茶产品生产，以认领茶树等经营模式，给客户乡村生活体验，吸引客户休闲旅游，该项目已纳入资溪县旅游产业发展规划。其次，使供需双方更方便、更直观地进行沟通交流，减少了农业生产的盲目性。都昌县鄱湖三宝农业科技示范园生产荞头出口到日本，通过电子商务平台线上洽谈，线下签约，根据需要计划生产，规避了生产和交易风险。再次，打破了交易双方的时空限制，有利于农业经济发展冲破条块分割的市场格局，摆脱市场区域限制，有利于以农产品为原料的加工工业的发展。星子县横塘镇红星村只有821户人家，从事羽绒加工的企业多达420家，羽绒产业年销售额达25亿元，其中通过电子商务平台的销售额达10亿元以上。

2. 促进全民创业

农产品电商改变传统的农业生产与销售方式，既有大规模企业，也催生星罗棋布于县、乡和村的微商企业，微商经营模式所需资金少、员工少、场地小，因此适合各类具有一定的电子商务知识的人自己创业。在江西省黎川等许多县的电子商务企业规模不大，但数量不少，提高了创业就业率。以黎川县为例，该县现有农产品电商经营户近千人，经营范围包括竹笋干、茶树菇、灌心糖等。黎川东鑫电子商务园为年轻人特别是大学生提供了自主创业平台，在该园就业的90%是80后。该园通过电商平台，带动传统企业发展，令10万农户致富。园内利康茶树菇绿色农业公司，是黎川县最大的茶树菇合作社对接企业，公司下属合作社有1万多农户，全年的茶树菇产量占到全县的70%以上，仅合作一年时间，公司通过电商平台销售的茶树菇总额就达到2000多万元，占全年总销售额的三分之一。

3. 促进农民增收

江西省农产品通过电子商务平台销售的数量增长迅速，为农民带来了可观的效益。新余双林镇有600多农民借助网络开店卖服装，销售的服装夺得全国男装领域五分之一的天下。据不完全统计，2013年该镇开设网店的年销售总额逾20亿元，年盈利近3亿元，直接带动千余人实现就业。

中国电子商务研究中心（www.100EC.cn）的监测数据显示，2013年全国农产品电子商务销售额突破500亿元。在淘宝网（含天猫）平台上，农产品的包裹数量达到1.26亿件，增长106.16%，各省（区、市）农产品在淘宝（含天猫）的销售总量都实现了绝对增长。其中农产品销售居前5位的依次为广东、浙江、江苏、福建和山东。这与我国区域经济发展走势和分布格局基本一致。

二、江西发展农产品电商的现实条件

1. 互联网入乡进户为农产品电商发展奠定了技术条件

2007年，江西省成立全国首个省级电子商务网上支付中心，标志着江西电子商务迈向了一个新的发展平台。2013年，江西省移动电话年末用户2806.9万户，农村宽带接入用户103.9万户，城市宽带接入用户306.2万户，农村投递路线9.9768万公里，互联网拨号用户为 2.8 万户。这为江西农业迈向电子商务时代提供了较好的技术设施条件。

2. 相关支持政策出台为农产品电商发展提供了制度保障

近几年，各级政府都很重视农产品电商：2013 年至 2015 年中央一号文件都强调要大力发展农产品网上交易、连锁分销和农民网店、加强农产品电子商务平台建设，今年一号文件则明确提出支持电商、物流、商贸、金融等企业参与涉农电子商务平台建设，开展电子商务进农村综合示范。国家商务部也出台了《商务部关于促进商贸物流发展的实施意见》等多个促进电子商务发展的文件。江西省从 2005 年起特别是近几年非常重视电子商务对经济发展升级的促进作用，今年的《江西省政府工作报告》明确提出要支持建设电子商务等公共服务平台，要大力发展电子商务，加快推进南昌、赣州国家电子商务示范城市建设，打造一批特色电商产业集聚区，搭建中小电商孵化器平台，力争电子商务交易额新增 1000 亿元以上。已出台了《关于加快电子商务发展的若干意见》《江西省电子商务产业发展规划（2014—2020 年）》《江西省商务厅、江西省财政厅关于江西省开展电子商务进农村综合示范的通知》等相关政策文件，进贤县、莲花县、宁都县、于都县、玉山县、广丰县、新干县已被列为江西省创建国家电子商务进农村综合示范县。这些政策和举措将有力地推动农产品电商的发展。

3. 农特产品丰富为农产品电商发展提供了资源支持

2013 年，江西省绿色食品数 916 个，居全国前列。有机食品数 415 个，居全国之首。农业产业化水平不断提升，拥有省级以上农业产业化龙头企业 273 家，其中国家级 14 家。此外，还有庐山云雾茶、赣南脐橙、南安板鸭、泰和乌鸡等农产品被评为中国驰名商标。江西省农业经济受困于传统分散式、区域化发展模式，供求矛盾渐显，70%—80% 的农产品需通过长途运输实现流通，农业电子商务已成大势所趋。

三、江西农产品电商发展中的突出问题

近年来，江西省农产品正快速步入电商时代，据中国电子商务研究中心报告，2013 年，农产品在淘宝（含天猫）的销售总量从增速变化来看，江西位于全国第三。全省各地农业生产企业和农产品加工企业纷纷借助电商平台进行商品流通。如新余市建立全城电商、新余购菜网、菜小二、村上天空、分宜云中云 5 家大型农产品电子商务企业，40 余家农业龙头企业、合作社、种植大户与全城电商进行了商务推广平台的对接；九江开发区绿冬丝科公司建立"绿冬丝绸文化创意·电子商务产业园"，南昌市的江西三联融创投资有限公司"江西农产品综合产业链电子商务交易平台"和江西新海传媒科技有限公司"畜产品活体在线交易平台"入选国家电子商务集成创新试点工程。

但是，也存在以下突出问题：

1. 农产品电商发展水平低

主要体现在以下三个方面：一是销售额低、平台少。2013 年，从农产品卖家分布数量来看，江西省居全国第 19 位。从农产品电子商务平台来看，全国涉农电子商务平台已超 3 万家，其中农产品电子商务平台已达 3000 家。江西省真正具有独立电子商务平台的企业不到 100 家，而且整体规模都较小。缺乏能够引领江西省电子商务发展的龙头企业和广泛的商务平台。二是经营方式单一。目前江西农产品电商主要是销售土特产，在网上洽谈业务、接订单、销售产品,而将农产品销售与农业生产过程体验相结合、将农业与乡村旅游业相结合做得很不够,虽然也出现了一些农业 O2O 体验馆,但质量不高;虽然企业也开始注重将农产品加工过程拍摄下来,放入网站,但与消费者的互动不够。从受调研企业来看,涉农企业通过电子商务流通的农产品平均仅 1% 左右。三是规模小、盈利少。目前江西省农产品电商主要是以单个农业企业为主,甚至有些只是个体农户,规模小,因此无论是进入第三方交易平台,还是与物流企业合作,都没有谈判优势,没有话语权,运营成本较高。江西省农产品电子商务主要依赖淘宝、天猫、阿里巴巴、京东、我买网,以及一些小微生鲜电商实现第三方交易平台的搭建。调研中不少企业反映,一些第三方交易平台如天猫平台的起点设置高,先期投入也较大,而且强制企业参与宣传,增加了运营成本。德兴市某山茶油公司 2013 年 9 月进入天猫后 7 天花费 20 万元,但仅销售 80 万元产品,经济效益不佳。

2. 农产品电商人才严重短缺

农产品电商发展需要懂网页制作、网站建设、网站维护等的 IT 人才,需要懂拍照、图片处理等的美工人才,需要懂采购、销售、推广等的经营管理人才,还要了解农业,因此农产品电商发展需要复合型人才。但是调研中了解到,目前江西省农产品电商人才相当缺乏,农村里的电商人才更是少。受调研企业普遍反映农产品电商人才难招,高端人才大量地涌向经济发达地区。在缺乏农产品电商人才的情况下,许多农业生产经营者不懂得如何运用电子商务进行农产品销售。而且,农产品电商人才培养也相对滞后,政府财政资助的培训项目中,大多数是针对技工的技能培训,针对农业生产经营者的电商知识培训相当少。

3. 农村物流体系比较落后

农产品电商集信息流、资金流、农产品物流"三流合一"，缺一不行。调研发现，江西省农村物流体系严重滞后于农产品电子商务发展的客观需要，农村物流网点铺设存在大量空白，网点覆盖率、产品通达率、商业诚信度等物流因素严重制约了农产品电子商务的快速发展。甚至，有些地方对物流管理体系建设重视不够，从政府到企业都程度不等存在着重产品推广、轻物流等内涵建设的不正确的运营理念，花费不少的资金，进行铺天盖地、花里胡哨的推广促销。物流滞后又导致运营成本居高，在农产品价值有限和其他成本不变的条件下，物流成本成为农产品电商成本的大头。一些信用好的快递公司费用高，价格由发货量决定，导致小规模农业企业或经营户的物流成本居高不下。例如，黎川特色山茶油，产品物流成本极高，占成本的8%—10%。

生鲜农产品的物流配套核心是冷链物流。数据显示，生鲜电商一个订单的平均物流成本在50元以上，即便是物流成本控制较好的沱沱工社，一个订单也在48元左右。本来生活、顺丰优选等生鲜电商的配送加仓储成本一般占运营成本的20%—25%。但是冷链连续的资产投入、投资回报周期长、订单季节的不稳定性使得一般的农产品电商企业望而却步，因此社会化的冷链物流队伍，集约化、专业化的管理成为整个农产品电商急需的资源。

4. 区域品牌支撑乏力

农产品质量安全和品牌认证是发展农产品电商的关键问题。调查显示，具有区域品牌的农产品销路好，附加值高。比如赣南脐橙，2014年寻乌县有1000多名果农参与电子商务销售，在淘宝、天猫等网站注册网络店铺60个，全县20%的脐橙通过网络平台售出。这与赣南脐橙的品牌建设分不开，赣南脐橙被列入国家11

大优势农产品区域规划，获得中国驰名商标，国家地理标志产品保护、证明商标，中华名果等荣誉。但是，像赣南脐橙这样的农产品品牌在江西省的数量却不多，或者说江西省是农产品大省却不是农产品品牌大省。数据显示，认定为"三品一标"（无公害农产品、绿色食品、有机食品和农产品地理标志）的农产品数量占全国比重不高。无公害农产品 2012—2014 年全国审批 39434 个，江西为 1259 个，占比 3.19%；绿色食品三年全国认证 26772 个，江西为 682 个，占比 2.55%；地理标志全国超过 3000 个，江西为 90 个，占比 3.00%。此外，获得中国驰名商标的农产品更是少之又少。

5.政府公共服务供给不足

目前，对于农产品电商这种新业态，政府相关部门的公共服务存在供给不足现象，一些县乡政府领导和工作人员对农产品电商缺乏认识。调研中，某县农产品电商企业提到了该地区质监局和食品制药监督管理局在监管体制改革后出现的职能不清问题，影响产品上市。也有受调查企业反映，通过电商平台流通的农产品，生产日期、保质期、初加工生产许可证、是否含添加剂等事项监督缺位，价格市场无序竞争，一些企业降低包装成本甚至产品质量，以低价占领市场份额，既影响优质产品的销售，更影响消费者信任度，从而影响了农产品电商的发展。

此外，缺乏有影响力的大型农产品电子商务平台，许多企业争做电商平台，但是平台却缺商家少流量、没有规模效益，制约着农产品电商的发展。

四、政策建议

1. 组建省级农产品电商平台

可由省商务主管部门牵头，整合农产品电商平台资源，组建一至两家省级大型农产品交易平台。利用农产品电商平台与用户充分互动，从而考虑顾客的个性化消费需求的特点，帮助企业进行市场细分，集中为客户提供农业产品与农业服务，并且可以将零散的需求有效积聚加总，既可以扩大流量，降低配送成本，亦有利于产品的监管和服务，以及江西省农产品电商品牌的培育。

2. 培育农产品区域品牌

建立好农村土地流转服务中心，集中土地，推进农业生产及农产品加工的规模化、品牌化建设，以龙头企业促进农业产业集群发展，构建区域品牌，提高农产品附加值和规模化效益。品牌培育要打破地方保护主义，提倡政府横向合作，行业合作；要开阔思维，将农业生产与农业休闲旅游结合，线上产品销售与线下产品生产体验结合，引导、指导品牌体验店建设，让品牌以最快速度打入市场；要发挥政府部门和行业协会的监管作用，保证产品质量，维护品牌声誉。

3. 完善农产品质量标准

完善农产品质量标准体系，加强第三方农产品质量检测检验及评估机构的建设，对农产品质量进行评估认证，消除消费者的顾虑，增强消费者对网上销售农产品的安全感，畅通电子商务流通。

4. 优化农产品电商发展环境

一是为农产品电商企业提供基础设施及产业配套服务。推进全省农村的信息化基础设施建设，努力实现网络村村通，同时在基本网络建设、资费等方面给予一定的补贴或优惠。以 PPP 模式推进有条件的县建设电子商务物流园，出台优惠政策鼓励企业入驻农产品电子商务园，为其提供相应的基础设施配套服务，提供免费场地、仓储和物流补助，降低农产品电商企业的物流成本。吸引服务于农产品电商的人才进驻园区，如 IT、美工、摄影及经营管理等团队，如给予其场地一定年限的租金免单等。

二是税收与金融支持。对达成销售额的农产品电商企业实行与招商引资企业同等的税收返还奖励政策。开发农村电子商务发展的信贷产品，给农产品电商创业企业提供政府贴息创业贷款，同时在办理手续等方面给予优惠和方便。

三是发挥行业协会作用，制定物流联盟制度，快递统一低价。

四是完善农产品电商物流体系建设。加强县、乡、村道路建设，特别是消除农村"最后一公里"现象，变路网为商网。完善物流网点布局，出台优惠政策吸引物流企业进驻县、乡、村。推进冷链物流集约化、专业化、社会化发展。

五是加强市场监管力度。强化用户身份认证制度，严格核实注册资料。加强日常监管，既重事前管理，也重事中、事后的管理；既对电子商务交易主体给予法律约束，又能够保证消费者权益，通过规范网络购物行业发展，规范市场秩序，推动电子商务健康有序发展。

六是推进网络审批制度。将一些审批权下放到市甚至县，明确时限。能在网上办理审批的，尽量在网上办事，方便群众办理如产品条形码申请与发证、产品质量认证等事务，减少其往返省城的时间和经济成本。

5. 建设农产品电商人才队伍

一是将农产品电商人才培训纳入政府公益培训项目。整合已有的政府培训项目，每年在农村电子商务引导资金中安排培训经费，对于小微企业参加电子商务培训班的培训费用按比例给予补助。积极鼓励培训机构派员参加电子商务师资培训，在获得相应证书后给予培训费用一定比例的补助。加强培训的针对性和有效性，根据需求不同对涉农企业经营人员和电子商务专业技术人员进行分类培训。

二是出台农产品电商人才引进和培养的激励政策。推动大学生特别是电子商务专业毕业生投身农产品电商事业，缓解县乡农产品电商人才不足与大学生就业难的矛盾，可以参照选拔村官模式，选拔农产品电商发展紧缺人才到县乡服务，推动农业现代化发展。充分发挥大学生村官熟悉网络知识的优势，发挥其在引导、服务当地农产品电商发展的作用。引入和培育信息化高端人才，为农产品电商发展提供技术和智力支持。

推动江西省旅游产业集聚化发展的思考和建议 *

（2016 年 1 月 6 日）

　　旅游产业作为第三产业中重要的支柱产业之一，随着经济服务化水平的不断提高和居民休闲消费的指数型增长，其在国民经济中占有越来越重要的地位。据调查报告显示，2014 年江西省旅游产业对 GDP 的贡献率达四分之一强，这点从国庆等节日各地旅游景点的火爆程度也能窥斑见豹。然而，江西省旅游产业虽然取得了显著的成就，但要推进其持续深入发展依然任重道远。由典型省份的发展经验可知，旅游产业要想取得重大突破，有必要推动集群化发展，建设旅游产业集聚区，实现"食住行游购娱"一条龙服务。本研究报告不仅基于全省，还将站在全国的角度来审视江西省旅游产业集聚发展水平，同时探究各类旅游产业集聚化发展模式的选择，以对"十三五"江西省旅游产业转型升级、提升旅游产业的发展水平提供重要参考。

---

　　* 本文作者为梅国平、徐斌、徐志红、张佩佩，刊发于《江西发展研究》2016 年第 3 期，获时任江西省委书记强卫、副省长殷美根批示。

一、江西省旅游产业集聚发展现状

（一）全国旅游产业集聚发展分析

本报告选取了综合区位熵指数来量化旅游产业的集聚情况，下设四个指标：产业集聚基础条件（用旅游资源区位熵表示）、产业集聚服务水平（用星级饭店区位熵和旅行社区位熵表示）、产业集聚经济效果（用旅游收入区位熵表示）。如表1所示，按照综合区位熵的大小将全国分为三大区域，产业集聚尚未形成区域（0≤综合区位熵≤1）：宁夏、湖北、内蒙古、四川、黑龙江、山东、江苏、湖南、上海、河北、河南、天津、福建、广东共14个省（区、市）；产业集聚初显的区域（1<综合区位熵≤1.5）：北京、吉林、陕西、辽宁、广西、山西、江西、浙江、重庆共9个省（市）；产业集聚趋于成熟的区域（综合区位熵>1.5）：西藏、青海、新疆、甘肃、海南、贵州、安徽、云南共8个省（区）。

表1　2013年全国各地区旅游产业集聚整体量化情况

地区	产业集聚					
	旅游产业集聚基础条件	旅游产业集聚服务水平		旅游产业集聚经济效果	综合区位熵	位次
	旅游景区区位熵	星级饭店区位熵	旅行社区位熵	旅游收入区位熵		
西藏	4.84	7.28	3.05	1.57	3.86	1
青海	2.54	3.21	2.50	0.58	1.99	2
新疆	3.27	2.48	1.20	0.62	1.91	3

续表

地区	产业集聚				综合区位熵	位次
	旅游产业集聚基础条件	旅游产业集聚服务水平		旅游产业集聚经济效果		
	旅游景区区位熵	星级饭店区位熵	旅行社区位熵	旅游收入区位熵		
甘肃	2.79	2.61	1.66	0.76	1.89	4
海南	1.24	2.57	2.71	1.04	1.64	5
贵州	1.20	2.05	0.82	2.27	1.64	6
安徽	2.22	1.07	1.32	1.21	1.54	7
云南	1.23	2.59	1.28	1.38	1.52	8
北京	0.99	1.60	1.42	1.56	1.35	9
吉林	1.81	0.78	1.03	0.87	1.20	10
陕西	1.46	1.12	1.02	1.02	1.18	11
辽宁	1.29	0.84	1.04	1.32	1.18	12
广西	1.27	1.43	0.86	1.10	1.17	13
山西	0.76	1.16	1.51	1.40	1.17	14
江西	1.03	1.28	1.30	1.01	1.11	15
浙江	0.83	1.19	1.28	1.13	1.07	16
重庆	1.05	1.00	0.96	1.07	1.03	17
宁夏	1.26	1.77	0.90	0.38	0.99	18
湖北	1.04	0.83	1.04	1.00	0.99	19
内蒙古	1.22	0.86	1.28	0.64	0.98	20
四川	0.93	0.95	0.54	1.13	0.93	21
黑龙江	0.93	0.84	1.12	0.74	0.88	22
山东	1.05	0.78	0.88	0.73	0.87	23
江苏	0.87	0.67	0.85	0.92	0.85	24
湖南	0.83	0.91	0.76	0.84	0.84	25
上海	0.37	0.64	1.27	1.17	0.83	26
河北	1.01	0.78	1.09	0.54	0.83	27
河南	0.76	0.61	0.85	0.92	0.81	28
天津	0.60	0.35	0.64	1.14	0.75	29

地区	产业集聚				综合区位熵	位次
	旅游产业集聚基础条件	旅游产业集聚服务水平		旅游产业集聚经济效果		
	旅游景区区位熵	星级饭店区位熵	旅行社区位熵	旅游收入区位熵		
福建	0.49	0.99	0.87	0.81	0.74	30
广东	0.34	0.80	0.64	1.02	0.69	31

资料来源：我国各省、自治区、直辖市 2013 年国民经济和社会发展统计公报，2014 年各地区统计年鉴，《中国旅游统计年鉴》（2014 年），相关网站等。

江西省旅游产业综合区位熵为 1.11，属于产业集聚初显的区域，其中旅游景区区位熵、星级饭店区位熵、旅行社区位熵以及旅游收入区位熵分别为 1.03、1.28、1.30、1.01，区位熵指数均大于 1，表明江西省旅游景区、星级饭店、旅行社均出现了集聚，旅游产业集聚水平排名全国第 15 位，位于中等水平。

（二）全省旅游产业集聚发展分析

如表 2 所示，按照综合区位熵[①] 的大小将全省分为三大区域，产业集聚尚未形成区域（0≤综合区位熵≤1）：宜春、鹰潭、萍乡、新余、南昌共 5 个市；产业集聚初显的区域（1＜综合区位熵≤1.5）：赣州、上饶、九江、景德镇、抚州共 5 个市；产业集聚趋于成熟的区域（综合区位熵＞1.5）：吉安 1 个市。从各项指标来看，旅游资源区位熵大于 1 的设区市有九江、赣州、吉安、宜春、抚州、上饶；星级饭店区位熵大于 1 的设区市有景德镇、九江、赣

---

① 在全国旅游产业集聚发展分析中，区位熵以某省旅游产业的产值、收入和人数占全国的比重来衡量省旅游产业的集聚程度，而在全省旅游产业集聚发展分析中，区位熵以某市旅游产业的产值、收入和人数占全省的比重来衡量市旅游产业的集聚程度。

州、吉安、宜春、抚州、上饶；旅游收入区位熵大于 1 的设区市有景德镇、萍乡、九江、鹰潭、吉安、上饶；综合区位熵大于 1 的设区市有景德镇、九江、赣州、吉安、抚州、上饶。概括起来：全省仅 3 个设区市的 4 个区位熵均大于 1，即位于第 1 位的吉安市、位于第 3 位的上饶市、位于第 4 位的九江市，也即是吉安、上饶、九江旅游产业集聚各项指标发展较为均衡，且产业集聚水平位于全省前列。就综合区位熵而言，省内集聚水平差异大，吉安市的综合区位熵指数是南昌市的 3.47 倍、新余市的 3.25 倍，因而南昌市、新余市的旅游产业还有待于进一步集聚。

表 2　2014 年江西省各设区市旅游产业集聚整体量化情况

地区	产业集聚基础条件	产业集聚服务水平	产业集聚经济效果	综合区位熵	位次
	旅游资源区位熵	星级饭店区位熵	旅游收入区位熵		
吉安市	1.91	1.31	1.46	1.56	1
赣州市	2.01	1.33	0.89	1.41	2
上饶市	1.38	1.31	1.50	1.40	3
九江市	1.00	1.47	1.32	1.26	4
景德镇市	0.67	1.26	1.72	1.22	5
抚州市	1.71	1.07	0.78	1.18	6
宜春市	1.15	1.07	0.70	0.97	7
鹰潭市	0.55	0.97	1.38	0.97	8
萍乡市	0.41	0.44	1.08	0.65	9
新余市	0.33	0.50	0.61	0.48	10
南昌市	0.19	0.52	0.63	0.45	11

资料来源：《江西省统计年鉴》（2015 年），中国统计局、江西省统计局等相关网站。

　　再深入地看，2011—2014 年，吉安、上饶、九江的 4 个区位熵指数连续四年均大于 1，即 3 市的旅游产业呈现明显的集聚趋势，产业集聚基础条件、产业集聚服务水平、产业集聚经济效果均较理想，而新余、南昌连续三年的综合区位熵均低于 0.5，旅游产业整体集聚情况有待加强（见表 3）。

表 3　2011—2014 年江西省各设区市旅游产业集聚整体量化情况

	吉安市				赣州市			
	旅游资源区位熵	星级饭店区位熵	旅游收入区位熵	综合区位熵	旅游资源区位熵	星级饭店区位熵	旅游收入区位熵	综合区位熵
2011	1.9800	2.1321	1.6976	1.9366	2.0356	1.1140	1.0552	1.4016
2012	1.9438	1.6573	1.5467	1.7159	2.0260	1.1256	1.0094	1.3870
2013	1.9277	1.4178	1.4380	1.5945	2.0231	1.1705	0.9358	1.3765
2014	1.9113	1.3069	1.4604	1.5595	2.0121	1.3301	0.8855	1.4092
	上饶市				九江市			
	旅游资源区位熵	星级饭店区位熵	旅游收入区位熵	综合区位熵	旅游资源区位熵	星级饭店区位熵	旅游收入区位熵	综合区位熵
2011	1.4171	1.1664	1.3060	1.2965	1.0341	1.7550	1.4352	1.4081
2012	1.3977	1.2221	1.2229	1.2809	1.0282	1.7081	1.4255	1.3873
2013	1.3980	1.1608	1.4671	1.3419	1.0097	1.7202	1.2724	1.3341
2014	1.3847	1.3145	1.4970	1.3987	1.0000	1.4747	1.3210	1.2638
	景德镇市				抚州市			
	旅游资源区位熵	星级饭店区位熵	旅游收入区位熵	综合区位熵	旅游资源区位熵	星级饭店区位熵	旅游收入区位熵	综合区位熵
2011	0.6415	1.2690	1.5433	1.1512	1.7493	0.5568	0.8315	1.0459
2012	0.6480	1.3514	1.8945	1.2979	1.7692	0.9188	0.7771	1.1550
2013	0.6628	1.3664	1.8029	1.2774	1.7188	0.9176	0.8161	1.1508
2014	0.6693	1.2632	1.7222	1.2182	1.7088	1.0660	0.7772	1.1840
	宜春市				鹰潭市			
	旅游资源区位熵	星级饭店区位熵	旅游收入区位熵	综合区位熵	旅游资源区位熵	星级饭店区位熵	旅游收入区位熵	综合区位熵
2011	1.1954	0.9716	0.6013	0.9228	0.5742	1.0314	1.4322	1.0126
2012	1.1607	0.9721	0.5805	0.9045	0.5722	1.0062	1.4546	1.0110
2013	1.1564	1.0291	0.6681	0.9512	0.5521	0.9597	1.3130	0.9416
2014	1.1541	1.0658	0.6968	0.9722	0.5517	0.9673	1.3783	0.9658

	萍乡市				新余市			
	旅游资源区位熵	星级饭店区位熵	旅游收入区位熵	综合区位熵	旅游资源区位熵	星级饭店区位熵	旅游收入区位熵	综合区位熵
2011	0.3987	0.5025	1.0325	0.6446	0.2815	0.3537	0.5383	0.3912
2012	0.4023	0.4550	1.0261	0.6278	0.2969	0.3287	0.5263	0.3840
2013	0.4092	0.4990	0.9905	0.6329	0.3231	0.4714	0.6394	0.4780
2014	0.4138	0.4392	1.0828	0.6453	0.3324	0.4987	0.6075	0.4795

	南昌市							
	旅游资源区位熵	星级饭店区位熵	旅游收入区位熵	综合区位熵				
2011	0.1900	0.5330	0.5641	0.4291				
2012	0.1914	0.5659	0.6166	0.4580				
2013	0.1907	0.5573	0.6255	0.4578				
2014	0.1900	0.5179	0.6297	0.4459				

资料来源:《江西省统计年鉴》(2012—2015 年),江西省统计局等相关网站。

综上,江西省旅游产业集聚整体水平呈现稳步上升趋势,在全省 11 个设区市中,吉安、上饶、九江 3 市的旅游产业集聚水平位于全省前列,发展较为良好,萍乡、新余、南昌 3 市的旅游产业集聚水平位于全省末尾,有待提高。

同时,在实地调研过程中还发现以下几个问题:(1)旅游产业集聚发展水平不均衡。2014 年,吉安、上饶、九江、景德镇 4 市旅游总收入占全省旅游总收入的 53.83%,接待国内外游客总数占全省的 53.59%,剩余 7 个市旅游总收入占全省的 46.17%,接待国内外游客总数占全省的 46.41%。景德镇、九江、吉安、上饶 4 市在江西省旅游发展中占据重要地位,与其交通区位优势、高品位的旅游资源和多年培育形成的旅游品牌密切相关。(2)旅游产业区域资源整合力度不足。由于行政地域的划分,江西省各设区市在旅游资源和景区(点)的开发上各自为政,全省 11 个设区市之间旅游产业整体联系不够密切，旅游产业链条难以有效延长。全省旅游市场存在较为严重的无序竞争和过度竞争，造成旅游产品的雷同，严重阻碍了区域旅游圈的构建，提高了产业协同发展的成本。（3）旅游产业集聚创新能力较弱。江西省旅游产业新产品开发能力弱，往往是老产品、模仿产品多，新产品、特色产品少，难以将当地文化特色融入产品的研发中。传统的旅游六要素，如今已经发展为七要素，即"行、游、住、食、购、娱、信息"，江西省由于地处我国中部，再加上缺乏足够的精品旅游景点和创意娱乐项目，导致旅游产业链发育不完善。

二、江西省旅游产业集聚化发展模式选择

（一）城市核心型集聚化模式

主要是以城市作为旅游吸引力，在城市内部实现旅游产业要素的聚集以及与其他产业的融合发展，带动地区经济的发展。我们分析得出，南昌市适合发展城市核心型集聚化模式，应充分利用南昌在全国游客心中的独特魅力以及便利的交通条件，借鉴国内外成功经验，尤其是典型城市建造主题公园的经验，如武汉华侨城欢乐谷、株洲方特欢乐世界，争取打造中部最大的主题公园，提升全省旅游业发展格调。

（二）景区主体型集聚化模式

主要是以当地某个或几个著名旅游区为基础和核心，吸引旅游产业要素的集聚，形成旅游产业聚集区。发展景区主体型集聚化模

式的关键在于，在发挥核心景区吸引力的基础上，继续拓展复合功能，延长旅游产业链，形成具有当地特色的休闲生活娱乐方式，实现旅游产业的健康发展。我们分析得出，萍乡、九江、鹰潭、吉安、宜春、上饶、新余适合发展景区主体型集聚化模式，可以分别以武功山、庐山、龙虎山、井冈山、明月山、三清山、仙女湖等享誉国内外的名山胜景为依托，吸引旅游要素的集聚，加强旅游产业链建设，改善旅游业发展效益。

（三）产业依托型集聚化模式

主要是以特色产业为依托，形成具有创新型核心资源，吸引旅游要素集聚，引导旅游产业集群化发展。我们分析得出，景德镇、赣州、宜春适合发展产业依托型集聚化模式，可利用当地的陶瓷产业、脐橙产业、中药产业，借鉴义乌商贸城、横店影视城、瑞丽玉石城产业整合发展的经验，通过开展产业高峰论坛、产业大型会展、产业观摩活动等内容，推动江西省工农贸旅整合式发展。例如，景德镇可在为游客提供有价值的瓷器之外，鼓励游客亲自参与到制作瓷器的全过程中来提升体验型旅游的比重；赣州通过举办脐橙旅游节，以脐橙为媒、旅游搭台、经贸唱戏，通过举办经贸活动、推动招商引资，拉动旅游消费；等等。

（四）资源依附型集聚化模式

主要是以某一特色旅游资源为核心，吸引多家直接相关企业的集聚，形成一定的规模，进而带动间接相关企业的聚集，促进专业人才、专业技术、专业配套设施的集中，形成该类专业化旅游业态的规模发展。我们分析得出，九江、宜春适合发展资源依附型集聚化模式，以本市温泉为核心吸引物，推动龙湾温泉度假村、温汤镇温泉旅游名镇的发展，顺应国民注重养生的潮流，加大温泉市场的宣传力度，推动温泉旅游产业发展。

（五）环城游憩型集聚化模式

主要指发生在一些大城市郊区，包括城市居民光顾的游憩设施、场所和公共空间，特定的情况下还包括外来旅游者经常光顾的各级旅城郊游目的地，从而共同形成环城游憩活动频发地带。我们分析得出，考虑到抚州旅游景点不多、知名度相对不高，且接连省会城市南昌，尤其以宜黄小红楼休闲农庄、南丰南湾农庄、广昌驿前高虎脑苏区小镇为主，可以考虑打造抚州环城游憩带。

综上，本报告根据《江西省旅游重点产业集群发展规划》中提出的 35 个旅游重点产业集群，根据各设区市旅游产业实际发展情况，探讨江西省 11 个设区市应该选择的旅游产业集聚化发展模式（见表 4）。

表 4　江西省 35 个旅游重点产业集群发展模式选择

地区	重点旅游产业集群	旅游产业发展情况	集聚化发展模式选择
吉安市	井冈山红色旅游产业集群 吉安城市旅游产业集群 武功山安福旅游产业集群	市内旅游景区不多、知名度高	景区主体型集聚化模式
赣州市	赣州城市文化旅游产业集群 瑞金市旅游产业集群 石城县旅游产业集群 三百山旅游产业集群 龙南县旅游产业集群	市内旅游景区不多、知名度不高；脐橙产业知名度高、发展好	产业依托型集聚化模式
上饶市	三清山旅游产业集群 婺源旅游产业集群 鄱阳县鄱阳湖国家湿地公园产业集群 龟峰旅游产业集群 铅山旅游产业集群	市内旅游景区多、知名度高	景区主体型集聚化模式

地区	重点旅游产业集群	旅游产业发展情况	集聚化发展模式选择
九江市	庐山旅游产业集群 庐山西海旅游产业集群 浔阳古城文化旅游产业集群 星子县旅游产业集群 共青城旅游产业集群	市内旅游景区多、知名度高；温泉市场知名度高、发展好	景区主体型集聚化模式与资源依附型集聚化模式同时开展
景德镇市	景德镇陶瓷文化旅游产业集群 浮梁县文化生态旅游产业集群	市内旅游景区不多、知名度不高，陶瓷产业知名度高、发展好	产业依托型集聚化模式
抚州市	资溪生态旅游产业集群 临川文化旅游产业集群	市内旅游景区不多、知名度不高，与南昌毗邻	环城游憩型集聚化模式
宜春市	靖安旅游产业集群 樟树旅游产业集群 明月山旅游产业集群 宜春禅宗文化旅游产业集群	市内旅游景区多、知名度高；温泉市场知名度高、发展好；中药市场发展较好	景区主体型集聚化模式与资源依附型集聚化模式为主，产业依托型集聚化模式为辅同时开展
鹰潭市	龙虎山旅游产业集群 月湖滨江长廊旅游产业集群	市内旅游景区不多、知名度高	景区主体型集聚化模式
萍乡市	武功山萍乡旅游产业集群 安源旅游产业集群	市内旅游景区不多、知名度高	景区主体型集聚化模式
新余市	仙女湖旅游产业集群	市内旅游景区不多、知名度一般	景区主体型集聚化模式
南昌市	南昌中心城区旅游产业集群 梅岭旅游产业集群 南昌城郊乡村旅游产业集群 南昌万达文化旅游城产业集群	江西省的政治、经济、文化、商业、教育、科技和交通中心，市内旅游景区不多、知名度一般	城市核心型集聚化模式

三、推动江西省旅游产业集群发展的政策建议

（一）规划引领

江西是旅游资源大省，旅游产业集群呈现"点多面广"的特点。因此建议由政府牵头，召集旅游地、行业协会、旅游专家、企事业单位代表等，制定全省及各地区旅游产业集群发展规划，根据上文提到的五大旅游产业集聚化发展模式，首先确定几个优先发展的旅游产业集群示范区。如以庐山为中心的景区主体型集群和以南昌为中心的城市核心型集群，借助旅游产业集群示范区的先导效应和带动作用，推动全省范围内旅游产业集群的发展。

（二）资源整合

资源整合是旅游产业集群发展的前提，旅游产业能否集群、集群的好坏关键看资源整合的合理性、综合性。在进行旅游资源整合时，首先要充分利用好现有旅游资源，并在各景点、景区实现优势资源的优化配置，实现各种旅游资源的融合与互补，形成各具特色、协调发展的区域旅游产业一体化。比如，宜春市旅游资源较分散，应整合明月山、三爪仑与周围各市县的旅游资源，联合推广和捆绑销售旅游产品，共同开发合理的旅游精品线路，打造统一的旅游发展圈。

（三）分类推进

基于不同的集聚化模式在旅游产业发展中扮演不同的角色，江

西省应当扬长避短，最大程度地发挥本省旅游资源优势，以发展景区主体型集聚化模式为主，城市核心型集聚化模式、产业依托型集聚化模式、资源依附型集聚化模式、环城游憩型集聚化模式为辅。因为景区主体型集群是区域旅游产业发展的动力源，是吸引区域外入境旅游者和国内旅游者的最主要吸引地，要采取"由点连线，以线布面"的方式，逐步放开和共享游客市场，推动全省旅游业的大发展、大繁荣。

（四）多方合作

旅游业是一个综合性强、关联度高、带动能力足的产业，旅游产业的发展势必涉及多方面的利益主体，如政府、居民、企业、游客等。因此，要加强政府引导，利用行之有效的财税金融政策，形成对旅游产业集群强有力的推动。要大力培育和发展行业协会，充分发挥它们的职能、作用和影响力，创新并完善多方协调机制。要充分考虑并尊重当地居民的意见和需要，通过完善公众参与机制来达成各方共同参与、共同受益的目标，实现旅游和谐统一发展。

（五）链式延伸

旅游产业集聚区如果缺乏完整的产业链而集中于某些环节，就会出现同质产品重复建设而导致恶性竞争、效益下滑等问题。所以，发展旅游产业集聚区必须依托关键资源进行产业链延伸，提供多层次、高价值的产品，以集聚效应、范围经济获得最大经济效益。同时，为避免或减少旅游集聚区竞争内耗，还必须优化集聚区内各利益主体的专业化分工、复合化协作，努力实现从"点式扩张"向"链式发展"的转变，从而促进旅游产业链整体效益的不断提升。

（六）品牌驱动

品牌驱动是打造旅游产业集聚区的关键手段。在建设旅游产业集群过程中，一定要注意发挥特色，打造品牌。在对旅游消费市场大量调研和旅游消费水平充分研究的基础上，进行旅游产品的深层次开发，从品牌设计、品牌塑造、品牌培育、品牌推广、品牌延伸等方面着力打造江西省重点旅游集聚区，推进特色旅游集群发展战略。同时，应根据新常态下旅游市场变化趋势，对江西省旅游产品进行不断的改进、完善和更新，以创新来永葆旅游品牌生命力。

江西文化产业发展评价及发展路径研究 *

（2014 年 11 月 15 日）

　　我国经济发展和改革的实践表明，文化产业作为新时期新经济增长点在区域性经济发展战略的实施与推进上扮演了重要的角色。近年来江西省文化产业继续保持快速增长势头，产业规模持续扩大、产业结构呈现新的变化，截至 2012 年底，江西省实现文化产业增加值 407 亿元，同比增长 20.1%，增幅比全国平均水平高 3.6 个百分点；文化产业法人单位增加值占全省 GDP 的比重首次突破 3%，达 3.15%，主营业务收入突破 1400 亿元。年末从业人员数达到 47 万，增幅比全社会二、三产业从业人员数高出近 10 个百分点。文化产业是推动区域经济结构调整，提升江西文化软实力的重要手段。如何采用科学的测度方法度量文化产业与三次产业的发展关联强度及科学地评价江西文化产业的发展效率，是本文研究的问题。

---

　*　本文作者为梅国平、甘敬义、朱清贞，刊发于《江西社会科学》2014 年第 11 期。

一、江西文化产业与三次产业
部门间的技术经济联系

根据国家文化及相关产业分类（2012）的标准，文化及相关产业是指为社会公众提供文化产品和文化相关产品的生产活动的集合。文化及相关产业包括了四个方面的内容，即文化产品的生产活动、文化产品生产的辅助生产活动、文化用品的生产活动和文化专用设备的生产活动。其中文化产品的生产活动构成文化及相关产业的主体，其他三个方面是文化及相关产业的补充。文化产业的10大类分别是：新闻出版发行服务、广播电视电影服务、文化艺术服务、文化信息传输服务、文化创意和设计服务、文化休闲娱乐服务、工艺美术品的生产、文化产品生产的辅助生产、文化用品的生产、文化专用设备的生产。根据江西省统计局发布的2007年135部门投入产出表，按照国家统计局对文化产业的界定选出属于文化产业的9个部门，将其合并为文化产品的制造和文化服务两个部分进行分析。其中属于文化产品的制造的部门有文化、办公用机械制造业，工艺品及其他制造业，印刷业和记录媒介的复制业，文教体育用品制造业4个行业部门，属于文化服务的部门有新闻出版业，广播、电视、电影和音像业，文化艺术业，娱乐业，专业技术服务业5个行业部门。

本文通过分析文化产业的投入结构和产出结构对文化产业与三次产业的技术经济联系强度进行分析，其中投入结构以中间产品的投入形式反映着各个产业部门之间的生产技术上的联系，用直接消耗系数和完全消耗系数来表示；产出结构是指各产业部门产品的分配去向，通过各产业部门产品的分配系数来度量。

文化产业对三次产业部门之间的技术经济联系的作用强度采用直接消耗系数和完全消耗系数来衡量。直接消耗系数是指某一产品部门在生产经营过程中单位总产出直接消耗的各产品部门的产品或服务的数量。其计算方法是依据投入产出表的数据，用 j 产品部门的总投入 x_j 去除该部门生产经营中所直接耗的第 i 产品部门的产品或服务的数量 X_{ij}。完全消耗系数是全部直接消耗系数和全部间接消耗系数之和，完全消耗系数更全面地揭示了部门之间的直接和间接的联系，从而能更全面更深刻反映部门之间相互依存的数量关系。完全消耗系数矩阵在直接消耗系数矩阵的基础上计算得到，利用单位阵和直接消耗系数矩阵相减的逆矩阵再减去单位阵 I 计算得到。文化产业的产出结构用文化产业部门产品的分配系数 d_{ij} 来度量，d_{ij} 表示第 i 部门的产品 X_i 分配使用在第 j 产业部门生产用途上的比重，X_{ij} 表示第 j 部门购入第 i 部门的产品量，反映了各产业部门对文化产业产品的需求情况。

根据计算，江西省文化产业与三次产业间的技术经济联系强度用直接消耗系数、完全消耗系数和分配系数表示，结果如表 1 所示。

由表 1 文化产业及相关产业直接消耗系数可知，江西省文化产业每生产 1 万元的产品，需要直接消耗农林牧渔业等第一产业部门、第二产业部门、第三产业部门（不含文化业）、文化产业部门的产值分别为 184.7 元、3125.1 元、1523.6 元、386.6 元，分别占该产业直接消耗总量的 3.53%、59.86%、29.19%、7.41%。可见，文化产业的生产对以制造业和工业为代表的第二产业依赖程度最高，其次是第三产业部门的依赖，然后是文化产业本身，对农林牧渔业为代表的第一产业的依赖程度最低。从 135 部门投入产出表的直接消耗系数分析江西省文化产业与各产业的依赖程度排名前 12 位的产业部门如表 2 所示，江西省文化产业之际消耗系数排名前 12 位的产业部门中，排在第 1、4、5 位的为造纸及纸制品业，木材加工及木、竹、藤、棕、草制品业，林业等纸类上游产业部门，文化产业对其依赖程度较高，第二产业部门中的仪器仪表制造业，钢压延加工业，电子计算机制造业，电力、热力的生产和供应业分别排在第 2、6、8、10 位。

由表 1 文化产业及相关产业完全消耗系数可知，2007 年江西省文化产业每生产 1 万元的产品，需要完全消耗第一产业、第二产业、第三产业、文化产业部门的产值分别为 735.6 元、8523.6 元、4104.8 元、611.3 元，各占该产业完全消耗总量的 5.26%、60.99%、29.37%、4.37%。其中文化产业生产消耗最大的产业部门依次是第二产业部门、第三产业部门、第一产业部门、文化产业部门，从间接消耗作用上看，文化产业与各产业部门的完全消耗系数和直接消耗系数除值的比值分别为：3.982、2.727、2.694、1.581，从间接作用上看，文化产业对第一产业部门的间接作用消耗最大，其次是第二产业部门和第三产业部门，对文化产业部门本身的间接作用程度较小，这说明江西文化产业的发展主要依赖于其他产业部门提供的支持。

表 1　江西省文化产业与三次产业的技术经济联系

部门	第一产业			第二产业			第三产业			文化产业		
	直接消耗	完全消耗	分配系数	直接消耗	完全消耗	分配系数	直接消耗	完全消耗	分配系数	直接消耗	完全消耗	分配系数
第一产业	0.117	0.176	0.133	0.061	0.107	0.033	0.054	0.076	0.029	0.004	0.018	0.074
第二产业	0.136	0.399	0.015	0.468	1.209	0.325	0.233	0.468	0.206	0.018	0.313	0.852

部门	第一产业			第二产业			第三产业			文化产业		
	直接消耗	完全消耗	分配系数	直接消耗	完全消耗	分配系数	直接消耗	完全消耗	分配系数	直接消耗	完全消耗	分配系数
第三产业	0.094	0.233	0.016	0.014	0.414	0.071	0.246	0.603	0.191	0.052	0.152	0.410
文化产业	0.014	0.011	0.009	0.012	0.030	0.095	0.138	0.055	0.012	0.024	0.039	0.061

说明：第二产业不包含文化品制造业，第三产业不含文化产业部门。

由表1文化产业及相关产业分配系数可知，对文化产业分配系数最高的产业部门是第三产业和文化产业部门，其次是第二产业和第一产业部门，江西各产业部门生产万元产品需要文化产业产品的中间投入分别为：41.6元、184.1元、524.2元、244.6元，江西第三产业部门和文化产业部门的发展对文化产业产品的需求较大，占文化产业所提供产品的77.3%。

二、江西文化产业发展的效率评价

本文利用边界效率分析方法对江西文化产业的发展效率状况进行估计，数据包络分析方法（DEA）是评价决策单元有效性的常用方法，从生产函数角度看，DEA模型是用来研究具有多个输入、输出的"决策单元"，由于不需要权重假设和不必明确输入输出间的函数关系，以及非参数统计的特性，有效避免了主观因素可能对结果造成的影响，降低了误差。我们选取C2 R模型来研究评价江西省2004—2012年的文化产业的发展效率，将每一个年份作为一个决策单元，通过对研究样本的投入、产出指标数据的分析，从而确定有效生产前沿面，并根据各决策单元与有效生产前沿面的距离变化状况，最终确定该年度文化产业发展是否为 DEA 有效。DEA 通过把每一个决策单元和样本内最佳的个体进行比较，从而确定样本中的有效决策单元，计算得出 DEA 效率值。

假设有 n 个决策单元，每个决策单元都有 m 种类型的投入 x 和 s 种类型产出 y，投入指标的权向量 $v=（D_1，\cdots，D_m）T$，产出指标的权向量 $u=（u_1，\cdots，u_s）T$，则第 k 个决策单元的 DEA 相对效率值 hk 可以通过求解式（1）来计算：

$$\min[\theta - \in \left(\sum_{r=1}^{s} s_r^+ + \sum_{i=1}^{m} s_i^- \right)]$$

$$s.t. \quad \sum_{j=1}^{n} \lambda_i x_{ij} + s_i^- = \theta x_{ik} \tag{1}$$

$$\sum_{j=1}^{n} \lambda_i y_{rj} - s_r^+ = y_{rk}, r = 1, 2, \cdots, s$$

$$\lambda_i, s_r^+, s_i^- \geqslant 0, \forall i, r, j$$

其中，x_{ij} 代表第 j 个公司的第 i 个投入值；y_{rj} 代表第 j 个公司的第 r 个产出值，θ，λ_i，s_r^+，s_I^- 为松弛变量。该模型用于评价决策单元的技术和规模的综合效率。θ 是各决策单元的有效值，D_1 表示第 j_1 个决策单元投入向量，U_1 表示第 j_1 个决策单元产出向量，s_r^+，s_1^- 为松弛变量。令 θ^*，λ^*，s^{+*}，s^{-*} 是式（1）的最优解，则：

（1）若 $\theta^*=1$ 且 $s^+=s^-=0$ 则称该决策单元绩效相对其他公司是 DEA 有效。（2）若 $\theta^*=1$ 且 s^+、s^- 不等于 0 时则称该决策单元为弱 DEA 有效，此时在 n 个决策单元系统中，对于投入 D_1 可减少 s^+ 而保持原产量 u_1 不变。（3）若 $\theta^*<1$，则称该决策单元绩效相对其他公司是 DEA 无效的。总技术效率 θ^* 是在假设决策单元规模收益不变情况下的综合技术效率，它可以分解为纯技术效率和

规模效率，即综合技术效率（TE）＝纯技术效率（PTE）× 规模效率（SE）。

本研究利用《江西省统计年鉴》和江西统计局公布的统计数据，将 2004—2012 年的九个年份作为评价决策单元 DMU，构建投入产出指标体系，采用江西省文化产业法人单位资产、文化产业法人单位从业人数、文化企业机构数作为投入指标，采用主营业务收入、文化产业增加值作为产出指标，进而测度江西省文化产业的综合发展效率，测算结果如表 2 所示。

表 2　2004—2012 年江西文化产业投入与产出综合效率评价

年份	综合效率	纯技术效率	规模效率	评价结论
2004	0.899246	1	0.899246	非 DEA 有效，规模收益递增
2005	0.899463	0.97872	0.91902	非 DEA 有效，规模收益递增
2006	0.88131	0.959199	0.918798	非 DEA 有效，规模收益递增
2007	0.906706	0.969742	0.934997	非 DEA 有效，规模收益递增
2008	1	1	1	DEA 有效，规模收益不变
2009	1	1	1	DEA 有效，规模收益不变
2010	1	1	1	DEA 有效，规模收益不变
2011	1	1	1	DEA 有效，规模收益不变
2012	1	1	1	DEA 有效，规模收益不变

从表 2 的测算结果可以看出，非 DEA 有效的年份是 2004—2007 年，其中 2004 年的纯技术效率为 1，但规模效率小于 1，其余三个年份纯技术效率和规模效率均小于 1，为无效率状态。总体上来说，2004—2007 年，江西省文化产业综合技术效率值不断提升，规模收益呈递增趋势，技术效率不断趋近于最优前沿面，并在 2008 年后达到了最优技术效率，表明此时江西文化产业部门规模和技术投入达到了最优状态，处于生产前沿面上，综合效率水平的

提升主要源于纯技术效率和规模效率的提升，这表明江西文化产业依靠技术投入，强化资源优化配置，保持了合理的发展规模，有效避免了投入不足与产出冗余等问题，达到了相对较好的投入与产出状态。

规模效率反映了文化产业发展规模的质量效率，江西文化产业部门的规模效率从 2007 年的 0.9439 增长到 2008 年的 1，拐点出现在 2008 年这主要是因为当年逆势上扬，发展速度增加，当年主营业务收入突破 740 亿元，增加值增速高出 GDP 增速达 8.9 个百分点，同时江西省文化产业结构逐步得到优化，以文化艺术、新闻出版、广播影视为主体的传统意义上的文化产业"核心层"和旅游、休闲、度假、红色文化、广告车展、经纪代理等新兴文化服务业为主体的文化产业"外围层"得到深化发展，文化产业成为江西经济发展中最具活力、未来发展潜力最大的重要产业之一。

三、江西文化产业存在的不足

近年来，虽然江西文化产业有了长足的发展，文化产业发展增速较快，但与沿海及周边省市相比较，江西依然存在文化服务发展相对滞后、文化企业单位规模偏小、文化产业部门对经济拉动辐射力较弱等问题，其中文化产业发展滞后突出表现在文化艺术和新闻出版等文化服务部门和创意产业发展滞后，大多数文化项目依然处于开发建设和摸索阶段。而湖南、湖北等省文化产业发展较快。近年来湖南文化产业年均增长 20% 左右，2013 年文化产业总产出突破 1300 亿元，成为重要的支柱产业，其文化产业重在广电、出版、动漫、演艺四个方面，四大体系共同推动了文化产业的发展。相比之下，江西省目前尚缺乏完整的文化产业体系，文化产业在总量和规模上虽然有了很大提升，但总体处于初级阶段，具有一定规模、水平的领头文化企业偏少，骨干企业和自主品牌不多。从文化产业内部协作机制和产业链上看，江西文化产业自身关联程度远低于东部沿海地区，通过对江西省文化产业部门分配系数的测算，江西文化产业对自身的部门分配比例为 0.0246，同期上海文化产业部门分配系数为 0.2671，江苏为 0.0599，浙江为 0.0753，由于文化产业部门分配系数反映了各产业部门对文化产品的需求情况，江西分配系数值的偏低说明了江西文化产业内部协作机制和产业链还未形成完善，文化产业内部和产业链上下游之间的融合发展存在一定的滞后，文化产业集聚区的发展落后于沿海甚至周边省份，当前浙江、江苏、湖南等省已形成了一定的优势文化产业聚集。从文化产业的人均消费上看，江西省城镇居民人均文化娱乐用品及服务支出和农村居民家庭人均文化娱乐用品及服务支出等指标都远低于沿海省份甚至周边省份，同时还存在投资渠道单一、消费动力不足、社会资本较少进入等问题。从实收资本占比看，江西目前文化产业的主体仍是国有企业，占 50% 左右，而社会等私营经济投资不足 30%。

四、江西文化产业发展的路径及政策建议

（一）构建多维文化产业体系，提升文化产业发展规模

加快发展江西文化产业，需要在保持江西文化产业综合效率较高，文化产业规模和技术投入较为优化状态的基础上，重点提升文化产业的规模化经营，进一步对国有控股单位进行资源优化整合，

从文化企业规模化视角突破江西文化产业发展的瓶颈，构建集红色旅游、文化创意、动漫创意于一体的文化产业体系，继续保持文化产业部门规模效率呈递增趋势，进一步探索建立文化产业企业的规模化、市场化的新型运行机制，重点发展以新闻出版业，文化艺术业，广播、电视、电影和音像业为代表的文化服务业部门，加大对江西省出版集团、江西日报报业集团、巴士在线传媒有限公司、江西省广播电视网络传输有限公司等大型企业集团的扶持力度，推动江西教育期刊社等一批文化事业单位的企业市场化转型，活跃文化市场，推动企业规模化发展，最终提升文化产业的发展质量和效率。

（二）促进文化产业内部协作，从上下游完善文化产业链

考虑到江西文化产业自身关联程度与周边省市和东部沿海地区相比较低的现实，未来应重点提升江西文化产业内部协作机制并完善文化产业上下游之间的产业链，构筑具有江西本土特色的涵盖影视、动漫、旅游等众多产业的文化产业链，从而使上下游产业与其延伸更好地协作发展，重点在于将南昌印刷业、文化用品制造业、景德镇的陶瓷文化业、赣南的红色文化旅游业等能反映江西本土特色的上下游产业及企业融合在一起，推动产业融合及分工协作，加强对文化产业部门和文化长下游产业链的投资和开发，增强文化产业自身的产业带动和影响能力，同时学习湖南经验，加大对大型文化产业园区建设和扶持的力度，促进区域文化产业集聚与融合，促使文化产业部门的集聚化、规模化、专业化发展。

（三）培育繁荣有序的文化产品消费市场，提高居民文化消费能力

文化产品消费市场的繁荣是文化产业发展的直接动力，应发挥

技术、人才、资金的密集优势，通过加大对社区、文化基础设施、文化设备等文化媒介平台、公益性文化展览和演出的投资，进一步完善市县文化消费设施，提高居民的文化消费能力和意识，培养文化产品消费市场和消费群体，提高文化产业各主体的竞争力。同时各地方政府主管部门应加快文化产业标准化基础建设进程，建立健全完善的文化产业行业标准规范和管理制度，通过构建公平有序的市场体系，引导保障居民的文化消费，丰富社会文化娱乐氛围，促进居民文化消费需求引导和释放，促进地区文化产业发展的繁荣。

　　总体上说，江西文化产业在发展过程中具有较好的技术及资源配置效率，文化产业发展的综合效率水平也处于较优的状态。在建设文化大省的背景下，应当构建多维的文化产业体系，完善从文化产品材料生产到面对居民消费终端的上下游文化产业链，通过建设以文化产业园为代表的文化创意产业终端聚集区，提升文化产业的规模效率和产业融合水平，同时创新体制机制，规范保障文化消费行为，引导释放居民的文化消费热情，最终推动地区文化产业的发展和经济发展方式的转型，实现文化产业发展的跨越前进。

生态文明建设中公众参与机制探索*

——以江西鄱阳湖生态经济区为例

(2013 年 8 月 15 日)

　　2009 年 12 月 12 日，国务院批复《鄱阳湖生态经济区规划》，鄱阳湖生态经济区建设上升为国家战略。这是党中央、国务院立足全国发展大局、着眼统筹区域发展、深入推进中部地区崛起的一项重大战略举措，对全国其他地区探索生态环境与经济协调发展具有很强的典型性和示范性。在批复中国务院要求，要以生态和经济协调发展为主线，努力把鄱阳湖地区建设成为全国生态文明与经济社会发展协调统一、人与自然和谐相处的生态经济示范区。

　　生态文明（ecological civilization）是指人类遵循自然与社会和谐发展而取得的物质与精神成果的总和，是以人与自然、人与人、人与社会和谐共生、良性循环、持续繁荣为宗旨的文明形态。目前大多数省区明确提出未来五年生态文明建设的思路和重点，强调以生态文明的理念指导新型工业化、新型城镇化和农业现代化。鄱阳湖生态经济区建设与生态文明建设互为因果、互为条件、互相促进，并且都以公众参与为前提，亟待公众参与机制强化与完善。

---

　　* 本文作者为梅国平、甘敬义、朱四荣，刊发于《江西社会科学》2013 年第 8 期。

一、公众参与机制的内涵

所谓公众参与机制，是指用来实现公众参与的各种手段组成的整个系统。公众参与机制不是一个静态稳定的概念，而是将各种公众参与的手段、途径、方式集合后作为一个整体系统加以研究，以运动的形态来反映并分析研究各种手段，从而综合评价公众参与的过程、能力和效果。

公众参与机制包括政治机制、法律机制、社会机制三大体系。政治机制是人民权利的体现，从制度层面规范、强化了公众参与方式，使公众能作为一种监督力量参与环境问题和污染减排，实现公众全程参与。法律机制将公众参与生态文明建设的方式、途径、程序以法律的形式加以确定和保证，具有国家的强制力，这包括了环境的参与权、受益权和出现问题的追索权。社会机制是指一个公众多方参与的社会系统，是社会关系、手段的集成系统，这个社会关系系统通过新闻媒体、群众组织、社区等多种手段强化了公众参与生态文明的意识。生态文明建设中各方利益冲突的平衡与调整、经济利益与环境保护的协调，传统上是由行政指令性完成，是计划经济下的产物。随着鄱阳湖生态经济区的建设和生态文明体系的构建，由公众参与组成的混合调节机制已经浮出水面，这种调节机制中公众参与机制是其中的关键。

二、国内外公众参与机制的分析

公众参与机制对于生态文明建设与环境保护意义深远。公民参与理论的先驱 Sherry Arn-stein 认为：公众参与是一种公民权利的运用，是一种权力的再分配，这种权力的再分配赋予了当前政治经济活动中没有发言权的民众能有计划地参与并发表意义的权利，并且其意见能有计划地被列入考虑。理论上，公众参与机制有助于增强公众自身的环境意识，发挥公众的监督作用，提高行政效率。公众参与机制具有权力平衡功能，其运作的效率直接影响到"控权"作用的发挥，为使其有效实施，必须进行改革。

公众参与机制途径包括：构建政府、企业、公众协调耦合机制；完善污染减排公众参与的信息机制；完善污染减排公众参与环境司法制度；建立污染减排公众参与问责机制；充分发挥鼓励非政府环保组织的参与；进一步提高公众的污染减排意识。

公众参与环保在中国的历史还不长，但从公众参与成长模式来看，公众参与主体的范围在不断扩大，环保专家、非政府环境组织、居民大众逐渐加入其中，方式和途径也日趋多样，公众听证会业已成为主要形式，但在程度上仍然处于萌芽阶段。

但是中国公众参与机制存在着很大的缺陷：一是公众参与机制实施的低效率，这主要源于公众环境意识"政府依赖型"与政府环境权力的过度包揽。公众参与理论就应该给予公众更多的参与决策权，政府要在更大的范围和层面上实现公众参与决策和管理。公众参与是现代民主的重要表征之一，但是公众参与机制的有效运作需要公众树立积极良好的环境意识，公众参与机制的先决条件就在于公众环境意识的强度，较强的公众环境意识可以推动公众参与机制的发展，使公众参与机制在生态文明建设中发挥积极的推动作用，最终形成公众参与机制与公众环境意识的互动发展。但国内学者发现，由于中国公众环境意识较低，中国公众环境意识的低下与公众参与机制运作的低效率却表现出双向制约关系。二是公众参与机制中的"义务本位"。如果说公众环境意识的强化是公众参与机制运作的前提，那么对公众的环境权要求就是公众参与机制的实施的基础。三是公众参与形式的限制和欠缺，导致居民对于环境权的主张仅仅停留在原则性规定。学者们提出环境保护应该由"义务本位"向"权利本位"转变，同时在转变中确定公众参与的法律地位，使公众环境权得到保障和落实，完善公众参与的程序立法，保障公众参与的具体实施，进一步加大执法力度，使公众参与落到实处，提高公民素质，强化其参与意识和参与能力。

可以说上述关于生态文明建设公众参与机制的研究围绕实施途径、政策措施以及政策建议展开，为后续研究提供了很好的研究基础。本文在过去研究的基础上结合心理资本—人力资本—社会资本的协同作用进行分析，通过进一步深入揭示公众参与机制加速生态文明建设的机理，分析公众参与不足的深层次原因，据此为鄱阳湖生态经济区生态文明建设提供行之有效、可操作性强的政策建议。

三、鄱阳湖生态经济区生态文明建设的发展现状与问题

鄱阳湖生态经济区战略规划是江西"山江湖工程"的延续和发展，是对生态立省、绿色发展战略的继承和提升，对江西未来的战

略格局及区域定位都将产生积极的影响，对实现江西崛起新跨越具有重大而深远的意义。鄱阳湖生态经济区国土面积5.12万平方公里，占江西30%的国土面积，承载江西省近50%的人口。其发展定位是：全国大湖流域综合开发示范区、建设长江中下游水生态安全保障区、加快中部地区崛起的重要带动区、国际生态经济合作重要平台、连接长三角和珠三角的重要经济增长极、世界级生态经济协调发展示范区。因此鄱阳湖生态经济区拥有建设生态文明、实现绿色发展的前期基础和自然条件，但是当前鄱阳湖生态经济区生态文明建设还存在一些问题。

一是动员、宣传工作还存在不足。现阶段需要将鄱阳湖生态经济区建设进一步扩展到全省、全流域中来引导各地各部门主动融入、积极参与，进一步在全社会推进"绿色创建"活动。生态文明建设的公众参与是群众路线的体现，公众参与是"三个代表"重要思想的内在要求，也是科学发展观的内在需求，"以人为本"决定了公众参与的必要性，公众参与是和谐社会和生态文明建设的重要手段。公众参与环保是社会进步的重要体现，因此要积极鼓励、引导公众与企业参与生态文明建设并承担环境责任，树立全社会的生态、环保、文明的环境消费理念。

二是生态文明建设中的规章制度需要进一步完善。当前江西省生态文明建设的促进机制，包括科学的决策机制还未形成，在鄱阳湖生态文明建设中需要完善的法律制度、严格的环境标准、专业的执法队伍和切实可行的执法手段、灵活的部门协作机制、健全的公众参与及社会监督机制以及低碳化、生态化生产和消费的激励与约束机制，需要各级政府和部门进一步在完善规划、把好原则、突出重点、形成机制、抓好考核的基础上改进完善。

三是生态文明建设离不开科学、低碳的经济增长和消费方式。

当前江西经济发展方式依然处于转型期，这需要江西进一步转变经济发展方式，构建协调发展的生态经济体系，引导居民绿色消费、生态消费，避免消费结构导致的产业和产品结构的不合理问题，在经济区生态文明建设中坚持经济文明与生态文明的统一，遵循绿色经济、循环经济的发展理念，紧紧围绕"特色是生态，核心是发展，关键是转变经济发展方式，目标是走出一条生态与经济协调发展路子"的要求，加快发展以战略性新兴产业、生态农业、现代服务业为支撑的环境友好型产业及先进高效的生态产业集群。

四是鄱阳湖经济区生态文明建设中公众总体的环保意识和参与程度还很低。主要表现在：第一，国家和省内关于保障公众参与的相关法律法规还不健全，公众的环境参与权、环境知情权、环境监督权等还需进一步落实到位，公众监督反馈、举报机制还需进一步完善；第二，公众参与程度低，公众参与鄱阳湖生态经济区生态文明建设和环境保护的范围和深度还不够，形式较为单一，还没有形成较大的作用力。

公众参与是建设生态文明的基本要求和发展关键，没有公众的积极参与根本无法推动生态文明建设的发展，因此生态文明建设关系到每个公众参与主体。其次，公众参与是生态文明建设目标得以实现的基本保障，中国人口众多、人均环境资源不足，因此决定了公众参与的必要性。江西作为一个经济尚不发达的地区，经济技术水平还不高，经济发展方式粗放、资源利用率低，这都加剧了资源短缺与经济建设和发展的矛盾，自然生态环境问题日趋严峻，因此生态文明建设对于缓解江西环境资源压力，促进生态与经济协调稳定发展有现实的意义。而生态文明作为全社会性活动，仅仅依靠政府或者企事业单位是很难取得成效的，因此需要作为社会的经济和法律主体的公众在生态文明建设中发挥基础、关键的作用，积极推动鄱阳湖生态文明建设与经济建设和谐发展、互相促进。

四、推进生态文明建设中公众参与的思路

（一）以生态的眼光把握鄱阳湖特有的生态文明特质

生态文明同时强调生态环境和传统文明的生态化。生态文明中的"生态"具有两方面含义，一方面为"生态环境"；另一方面为"物质文明、政治文明、精神文明的生态化"。鄱阳湖生态经济区生态文明建设是以生态保护为基础，经济发展为核心，遵循绿色崛起、循环发展的理念，将经济发展与环境保护相统一，将生态优势转化为经济优势，将人与人、人与自然、人与社会的和谐共生发展融于经济发展、环境保护中，在全社会树立新的生态文明观念，鼓励推动公众积极参与生态文明建设，践行科学发展观的要求，努力构建生态与经济发展的耦合系统，构建物质文明、政治文明、精神文明、生态文明"四位一体"的国家级经济区。

（二）建立强化生态文明内生资本积累机制

生态文明中的人力资本、心理资本和社会资本是一种内生资本，基于内生经济增长理论，有三大资本内生积累机制——人力资本的教育培训机制、社会资本的"传染—示范效应"机制、心理资本的"社会支持与缓冲效应"机制。

人力资本主要指通过教育、培训、保健、劳动力迁移、就业信息等获得的凝结在劳动者身上的技能、学识、健康状况和水平的总和，由于人是社会经济活动的主体，因此人的认知能力、实践能力

直接影响并决定经济社会发展和生态文明建设，同时人口的规模大小、素质高低也影响着自然资源和生态环境的保护，因此通过教育培训提升社会总体人力资本，是改善环境质量、推动生态文明建设的重要途径。

社会资本作为一种社会关系集成系统，指个体或团体之间的关联——社会网络、互惠性规范和由此产生的信任度，是人们在社会结构中所处的位置给他们带来的资源，社会资本作为潜在经济增长的源泉发挥重要的作用。普特南等（1993）证实，与社会资本存量低的地区相比，社会资本存量相对高的地区，容易实现更高的增长水平。与此同时，自然环境的改善与社会资本密切相关，世界银行（2006）报告证实了社会资本对于可持续发展的贡献。社会资本的传染—示范效应指组织中某个或某些成员在环境保护、生态文明建设中的关系形态影响其他成员同类关系形态的过程，是社会资本的一种扩散现象，成员在进行某种活动时会不自觉地将自己与其他成员进行比较，从而不断调整自己的行为方式，示范效应在扩散中得以加强，更容易推动全社会的生态文明建设发展。

心理资本能确定四个因素：自信、乐观、希望和康复力。通过心理资本多角度、多范围地传染示范作用于社会资本、激励鼓励作用于人力资本，通过心理资本对人力资本及社会资本的激励和传染效应，从而构建了协同的公众参与机制。

在公众参与机制构建过程中心理资本会作用于人力资本、社会资本，社会资本、人力资本再作为内生经济增长点促进鄱阳湖生态区生态文明建设，人力资本和社会资本激励环境技术改进、能源高效利用和污染排放降低，在这个机制和循环中人—自然—社会和谐共生的潜能因为心理资本的激励而转为现实，生态文明建设得以形成。

在这个过程中需要培育面向群众的生态文化，这是内生积累机制发挥作用的基础，也是实现人力资本、社会资本、心理资本协同开发的首要条件。生态文化不是一般意义上的环境保护，是文化与生态的结合，强调人与自然之间的和谐发展，它要求人与自然、人与人之间的和谐。在工业化发展的背景下，区域经济发展的不平衡、污染的转移、财富的分配等社会经济问题需要公众参与人之间和谐文明，公众参与人的和谐文明是社会和谐文明的先决条件，生态文化追求社会发展，但这种发展是有限度的发展，而不是无限度的发展。

（三）构建政府、企业、公众多方参与的耦合协同机制，从机制上保证生态文明建设

首先政府需要为公民参与环境保护提供法律支持，确认公民的法律地位，保障公民的法律权利。因此国家需要在立法、执法等层面上明确规定、保障公民的环境保护权利，才能使公众参与得以贯彻实施，这包括环境的依法使用权、知情权、参与权、受到侵害后的救济权。同时加大信息公开力度，使公众了解环境保护的相关信息。发达国家在公众参与环境保护中将公众的知情权放在第一位，在了解相关信息后，公众可以更好地行使参与决策权，针对具体的情况和问题提出自己的意见和看法。有了公众的参与，可以在更大程度上防止环境污染事件的发生和环境问题的恶化。其次政府需要加大对企业、公众的环境教育宣传，提高其环保意识，构建企业组织层面上的生态文明。中国的环境问题大部分是由于企业自身的生态文明建设的缺失导致的，部分企业不能正确处理经济环境问题，这就要通过加强生态文明观念教育，提升企业的社会责任意识和可持续发展观念，引导企业走全面、健康、协调、可持续发展

的道路。

五、结　语

建设鄱阳湖生态经济区，要坚持以科学发展观为指导，按照建设生态文明的要求，确立生态文明观，改变传统生产方式和消费方式，明确公众参与是生态文明建设的基石，是生态文明建设的保障。创新公众参与体制机制，合理利用生态资源，发展生态经济，坚持科学发展，按照生态文明建设的要求，确立生态文明观念，完善环境保护中的公众参与，充分发挥公众在环境保护过程中的重要作用，促进中国生态文明建设的大力发展，实现人与自然的和谐相处与经济社会的可持续发展。

全面提升区域发展质量
推进原中央苏区经济腾飞[*]

（2012 年 9 月 21 日）

《国务院关于支持赣南等原中央苏区振兴发展的若干意见》的正式出台，使赣南等原中央苏区跃升为国家战略层面的投资洼地和发展高地，掀开了原中央苏区地区经济、社会和生态等全面振兴的新篇章。赣南等原中央苏区要在中央的深切关怀和省委、省政府的坚强领导下，牢牢抓住这一重大历史机遇，立足当前、着眼长远，坚持发展为核心、生态为特色，积极推进以"两化发展"为重点，以"两动推进"为平台，以"一心两翼三纵"为布局，全面提升区域发展质量的欠发达地区加快发展、转型发展、跨越发展的新路子，尽快实现赣南等原中央苏区的振兴崛起。

一、推进"产业生态化、生态产业化"，
培育经济与生态融合发展方式

赣南是赣江、抚河、闽江、东江的源头地区，素有世界钨都、

＊ 本文作者为梅国平、赵波，刊发于《光明日报》2012 年 9 月 21 日。

稀土王国之称，特色和生态资源丰富。《意见》提出了打造全国稀有金属产业基地、先进制造业基地和特色农产品深加工基地、我国南方地区重要生态屏障的战略定位。我们要依托现有资源优势和产业基础，推进"产业生态化、生态产业化"建设，着力解决发展不足、粗放式发展等问题，培育壮大循环经济和生态工业，促进区域产业向资源节约型、环境友好型转变。

产业生态化。牢固树立绿色发展理念，在发展中保护、在保护中发展，用先进适用技术和节能减排手段改造提升传统优势产业，以市场为导向培育壮大战略性新兴产业，以生产服务为重点积极发展现代服务业。大力发展生态型工业，严格控制"三高"及产能过剩行业新上项目，把工业园区的生态化改造作为产业转型升级的重点内容来抓，全面铺开生态工业园区建设工作。依托赣南矿产资源优势，发挥骨干企业和国内外科研力量，加快技术改造，突破一批引领未来发展的关键技术，促进稀土、钨等精深加工。以"减量化、再利用、资源化"为原则，加快循环经济实施步伐，积极参与国家循环经济"十百千示范行动"，支持和推动赣州铜铝有色金属循环经济产业园建设，推进资源再生利用产业化。积极开展共伴生矿、尾矿和大宗工业固体废弃物综合利用，发展稀土综合回收利用产业。

生态产业化。赣州森林覆盖率高达76.5%，主要河流国控、省控、市控监测断面水质达标率均超过90%，环境空气质量优良率和集中式饮用水源地水质达标率更是达到100%，为生态文明建设和绿色崛起奠定了坚实的基础。在加快赣南等原中央苏区振兴发展的实践中，我们要更加注重环境容量资源的价格属性，体现生态保护的合理回报、体现生态投资的资本收益，逐步建立环境要素资源市场平台，围绕构建我国南部地区重要生态屏障的目标定位，加大水源保护和流域污染治理力度，进行东江、赣江源头生态补偿、生态保护与修复试点，加快完善生态补偿机制。优化配置环境资源，壮大绿色生态经济，促进生态优势转化为产业优势和经济优势。加快新能源开发，支持发展风电、太阳能、生物质发电，提高清洁能源与非化石能源比重。依托文化旅游资源，积极探索旅游发展的新理念、新模式，深化赣南与井冈山、闽西、粤东北的旅游合作，推动红色旅游与生态旅游、休闲旅游、历史文化旅游融合发展。

二、加快"南北互动、内外联动"，构筑开放合作发展平台

赣南等原中央苏区是珠三角、厦漳泉地区的直接腹地和内地通向东南沿海的重要通道，处于海峡西岸经济区、珠三角经济区、鄱阳湖生态经济区、长株潭城市群的连接中心。《意见》提出了建设综合交通枢纽、承接沿海地区产业转移，推动面向沿海地区和台港澳地区开放合作、建设赣闽粤湘边际区域性金融中心的目标定位。我们要通过体制机制创新，加大对外开放力度，多方合作，整合资源，实现区域发展战略对接，加速形成我省重要的战略高地和中部崛起的新增长极。

省内"南北互动"共同发展。江西生产力呈现"北重南轻"的空间布局，南部地区集中了相对更多的贫困人口和贫困地区。江西原中央苏区所辖区域涉及赣州、抚州、吉安。三市应加强互动合作，周边县市积极策应，在基础设施、现代产业发展、生态保护等方面搭建发展平台，统筹协调，快速推进。《意见》的启动实施将消除连片贫困地区，缩小南北经济发展差距，促使全省经济发展均

衡化,为实现全面小康创造基础性条件,成为我省南部兴起的一颗璀璨之星。而《鄱阳湖生态经济规划》的全面实施,通过将南昌打造成为全省核心增长极,支持推进九江沿江开放开发,也必将成为龙头昂起、辐射赣鄱大地的北部之星。"南北双星"互成倚重之势,构成江西独特的发展优势,缔造南北互动,以北带南、以南促北的共同发展平台。

省际"内外联动"协调推进。江西具有要素成本较低、市场潜力巨大的后发优势,围绕共同发展的目标任务,我们要主动融入、积极作为,密切与海西经济区、珠三角、长三角等区域的联系,强化与广东、福建等沿海省份的沟通合作。鼓励支持赣南等原中央苏区与深圳合作共建"深圳特区与赣南苏区产业园",与香港合作共建"香港产业转移承接区"。推进与沿海地区铁海联运合作,深化与台港澳地区在农业、制造业、电子信息、环保及对外贸易等领域的合作交流,打造区域性劳动力市场,构建区域多边和双边合作新机制。立足赣南等原中央苏区的产业特色,全方位、多层次承接国内和国际产业转移,鼓励引导高端制造业、战略性新兴产业和现代服务业等相关产业向赣南等原中央苏区整体转移,形成一批特色产业集群。

三、构建"一心两翼三纵", 打造区域协调发展布局

赣南等原中央苏区的振兴发展对江西省乃至全国具有重要战略意义,进一步优化区域发展布局,促进产业与城市协调发展是其又一主要任务。按照集中集约集群的原则,以沿江沿线为主轴,着力

构建"一心两翼三纵",加快推进江西打造"龙头昂起、两翼齐飞、苏区振兴、绿色崛起"的总体发展格局。

打造发展核心。以赣州中心城市为主体,瑞金、龙南为次中心,调整赣州中心城市区划,支持赣州建设省域副中心城市,推动赣县、南康、上犹与赣州中心城区同城化发展,不断完善城市功能,促进产业集聚集群,形成赣粤闽三省通衢的特大型、区域性、现代化的中心城市群。打造发展核心,形成对接周边发达区域的重要支撑点和承接点。以开发区和工业园区为核心承载平台,推动赣州开发区扩区增容,强化赣南等原中央苏区的工业园区、出口加工区、特色产业基地建设。支持和推动瑞金、龙南省级开发区加快发展,条件成熟时升级设立国家级经济技术开发区。

实现两翼驱动。以赣州"三南"至广东河源、瑞金兴国至福建龙岩产业走廊为两翼。加快产业承接转移步伐,支持建设赣粤、赣闽产业合作区。通过两翼延伸侧动,将赣南等原中央苏区城市建设成连接闽东南、珠三角的重要节点。加快吉泰工业走廊开放开发,打造重要的经济增长带。

构筑三条纵贯线。以现有和规划建设的交通要道为轴心,沿赣龙铁路、泉南高速、夏蓉高速构建赣州—瑞金—龙岩发展纵贯线,东延至厦门、泉州等海西经济区重点城市,西延至长株潭和北部湾国际区域经济合作区,着力打通西南大通道。沿京九铁路、赣韶铁路、大广及赣粤高速、赣吉峡航道构建吉安—赣州—龙南发展纵贯线,着力打通广州、深圳等粤东沿海通道。沿鹰瑞梅铁路、济广高速构建抚州—瑞金—梅州发展纵贯线,打通鄱阳湖生态经济区和珠三角经济区通道。

加快赣南等原中央苏区振兴发展是牢记党的光辉历史、增进苏区人民福祉的迫切要求,是加快苏区脱贫致富、与全国同步进入全面小康的迫切要求，是打造江西发展战略支点、建设富裕和谐秀美江西的迫切要求。全省上下应齐心协力、同心同德、合力攻坚，正确处理好加快发展与转型发展、量的扩张与质的飞跃、增强内力与开放搞活、国家支持与自身努力之间的关系，努力实现"一年一变样、三年大变样、五年上台阶、八年大跨越"，共同创造赣南等原中央苏区全面振兴的美好未来。

关于设立粮食主产区专项发展基金及将江西省作为粮食主产区新型扶持政策试点省的建议*

（2014 年 3 月 10 日）

2014 年中央一号文《关于全面深化农村改革加快推进农业现代化的若干意见》第一条就是完善国家粮食安全保障体系。我国粮食产量实现"十连增"，但保证粮食自给率 95% 的目标，仍然面临严峻挑战。把饭碗牢牢端在自己手上，是治国理政必须长期坚持的基本方针和头等大事。

我国现有粮食支持政策可以归纳为"一个支持、一项奖励、四种补贴"，即最低收购价支持政策、产粮大县财政奖励政策和良种推广补贴、农机购置补贴、粮食直接补贴、农资综合补贴四种粮食补贴政策。其中，产粮大县奖励政策可看作是针对粮食主产区政府的补贴，其他可以看作是针对农民的补贴。这些扶持政策一定程度提升了农民种粮积极性，增加了农民收入，促进了粮食供给安全。

但在调研中发现，由于生产成本上升，许多种粮大户利润不断

＊　这是梅国平在 2014 年全国两会上的人大代表建议，被作为江西代表团议案。

降低，稍遇天灾就要亏本，部分种粮大户准备改行或出去打工。分析其原因，现行的粮食扶持政策还存在如下两点不足：

一、最低保护价政策存在不足

一方面，存在收购"压价"现象。在对种粮大户调研中发现，国家对早稻收购价 1.32 元，晚稻收购价 1.35 元，但有的地方实际收购价为 1.26 元和 1.28 元，其中还要扣除运输成本。另一方面，存在"收购"滞后问题。南方一季稻在 7 月份收割，但许多粮站要到 9 月份开库收购，导致部分种粮大户需要增加储粮成本或者粮食损耗。

二、补贴政策存在不足

一是补贴标准仍然偏低。我国粮食补贴资金总量虽然逐年增加，但亩均粮食补贴标准仍然偏低。以 2012 年为例，直接直补、良种补贴、农机具购置补贴、农资综合直补以及产粮大县奖励等各项补贴资金总额是 1606 亿元，但按全国 18.2 亿亩耕地计算，亩均补贴却只有 88 元。这与欧美、日本等一些发达国家数百元甚至上千元的亩均补贴相比，额度明显偏低。二是补贴缺乏重点。现行粮食补贴类似于"普惠制"的补贴模式，实际上是把对粮食的补贴扩大为对全国农业的补贴，越来越接近于社会保障计划，有悖于粮食补贴政策的设计初衷。其中，良种推广补贴、粮食直接补贴、农资综合补贴实际上补贴到农民手中，包括未从事粮食种植的农民，而真正从事粮食生产的种粮大户只有在购置农机时获得补贴，这降低了他们的种粮积极性。三是补贴未涉及对粮食生产风险的规避。农业生产自然风险非常大，我国虽然推出粮食生产保险政策，但参保的粮食生产者不多，覆盖面不广，保障标准也不高，导致种粮大户抵御天灾能力较弱。应该通过财政补贴方式对粮食主产区广大的粮食生产者实行半强制性参保，确保农民在灾年有保障。四是补贴缺乏对粮食综合生产能力的长远考虑。当前的粮食补贴政策对农民短期行为产生较大激励效果，但缺乏对粮食综合生产能力的长远考虑。实际上，粮食主产区专业化生产组织和社会化服务体系建设非常重要，这是我国农业由传统农业向现代农业转型的关键所在。

随着工业化和城镇化不断向前推进，农村青年劳动力大多数向往城市生活，不愿从事农业生产活动，我国每年新增 1000 万农村人口流入城市。农村留守劳动力年龄偏大、知识和技术水平不高，劳动能力也逐年下降，此外，农资生产成本不断递增，劳动力价格不断提高，由此导致许多地方存在着不同程度的农地抛荒现象。总体来说，我国粮食生产劳动力供给呈现不足局面，中国正面临着谁来种粮食的难题，这将是影响到我国粮食供给的安全重要隐患。

实际上，许多发达国家农业生产者也多为"老人"。这些"老人"之所以能肩负起粮食生产任务，是因为发达国家的农业社会化服务体系非常强大。粮食生产中的耕田、育秧、插秧、打药、施肥、收割等环节可由专业服务组织来完成。这些专业服务组织利用机械替代劳动力，用工业化、标准化生产方式来替代粗放式生产方式，极大地提高了粮食生产效率。中国要解决粮食安全问题，本质是要提高粮食生产效率，其根本出路是创新粮食生产方式，其关键点是培育新型经营主体、专业化服务组织和构建新型社会化服务模式。为此，提出两点具体建议如下：

一、建立粮食主产区专项发展基金，
促进新型扶持政策体系建设

一方面，粮食主产区肩负着粮食供给安全重任，为保障国家粮食安全作出了重要贡献，也付出了更高的成本，因此，中央应该增加对粮食主产区的转移支付和各项支持，促进粮食主产区加快经济社会发展。另一方面，大部分粮食主产区是农业大省，经济发展相对落后，依靠自身财政资金来支持粮食生产往往力不从心，迫切需要中央财政支持。因此，也有必要在国家层面设立粮食主产区专项发展基金，建立新型的扶持政策体系，对粮食主产区实行切实的倾斜性政策扶持，确保粮食主产区得到合理的利益补偿。

具体来说，可以在国家主体功能区划的基础上，进一步界定粮食核心产区的范围，一方面加大粮食主产区"一个支持、一项奖励、四种补贴"政策支持力度，尤其是要稳步提高粮食保护价格，严查粮站压价收购行为，实行随时收购制度，提高粮食收购服务水平；另一方面围绕着提高粮食生产效率和降低农业生产风险来设计新的扶持政策。新型粮食扶持政策体系还应增加粮食生产土地流转专项补贴、粮食种植大户或家庭农场专项补贴、粮食专业生产服务组织专项补贴、粮食生产保险财政支持政策。

二、建议将江西省作为粮食主产区
新型扶持政策试点省

其一，江西在全国粮食生产中具有重要地位。江西是全国 13 个粮食主产区之一，是长江以南水稻主产区，也是全国第二大水稻输出省份，年输出 100 亿吨，是解放以来，从未间断向国家提供商品粮源的省份之一，江西省近邻浙江、广东、福建省粮食自给率不足 40%，均为粮食调入省。江西省每年为国家调出大量的粮食，为保障国家粮食安全提供了有力支持，为国家的粮食安全作了突出的贡献。

其二，江西具有特殊的历史背景和地域条件。由于区域经济社会发展水平的不平衡，中西部地区和东部沿海地区在经济社会发展方面存在较大的差距。为了支持当年为中国革命建设事业作出重大贡献的中央苏区经济社会发展，国家已经正式出台了支持赣南等中央苏区振兴发展的意见。而早在 2009 年 12 月，鄱阳湖生态经济区就已经上升为国家战略。同时，江西作为正在加速发展的长江中游经济带、长江中游城市群的重要一环，将很快成长为全国经济增长的重要一极。江西作为鄱阳湖生态经济区、中央苏区振兴、长江中游经济带、长江中游城市群四个重大战略行为的集聚之地和叠加区域，具有广阔的发展前景和无限的发展潜力，也极其需要国家提供强力的支持。作为中国革命、人民军队和人民共和国摇篮的江西老区，虽然近年经济社会得到快速发展，但目前仍然属于欠发达地区，这与江西在中国革命建设事业中作出的牺牲和贡献是不相称的，与江西的经济发展水平和人口资源数量等是不相符的，与国家探索开展生态经济区建设实践，振兴中央苏区等革命老区，谋求实现中部地区崛起的战略目标也是不相适应的，迫切需要国家和农业部加强对江西老区的倾斜和支持，帮助江西老区的农业事业发展。因此，将江西省作为粮食主产区新型扶持政策试点省既是策应这些规划项目和国家意志，均衡我国经济社会区域发展的一个重要支点和良好载体，也是支持江西老区绿色崛起、维护国家粮食安全的必然要求，具有十分重要的现实和深远意义。

其三，江西省委、省政府非常重视粮食生产，对家庭农场与粮食生产服务组织尽力进行补贴，但力不从心。近年来，江西积极鼓励引导土地承包经营权依法有序流转，着力培育农民专业合作社、种粮大户、家庭农场、联户经营等新型粮食生产经营主体。2013年，江西省还选定 10 个产粮大县对粮食家庭农场和粮食生产服务组织的经营活动进行政策扶持，积极探索以市场为导向，以公平竞争为原则，对粮食家庭农场与粮食生产服务组织固定设备购买、经营成本进行补贴，充分体现了江西老区对国家粮食安全工作的高度重视，但由于经济基础差，往往心有余而力不足，迫切希望得到国家的政策支持。

综上三点，强烈建议将江西省作为粮食主产区新型扶持政策试点省。如果粮食主产区新型扶持政策一时难以出台，建议让江西省水稻生产享受黑龙江"两江平原"现代农业综合配套改革的优惠政策，帮助江西省开展中低产农田改造、高标准农田建设，加大对江西农田水利设施的投入，同时支持江西省对各部门涉农资金进行整合以发挥其对粮食生产的更大效能作用。

二 大学治理

让大学办大学 *

（2014 年 4 月 22 日）

在举国上下全面深化改革的当下，我国高等教育如何通过改革来促进发展是摆在高教管理者面前的一个历史性课题。这其中的关键，我认为是要按照党的十八届三中全会对我国高等教育改革的部署，认真做好管办评分离工作，切实推进我国高等教育治理体系和治理能力现代化。

高等教育怎么"管"——"无序和有序"理论与高等教育管理思路转变。目前全球高等教育最为发达和先进的无疑是美国。美国高等教育研究专家伯顿·克拉克（Burton Clark）通过对美国大学和欧洲大学的管理模式进行比较分析研究，得出了著名的"无序和有序"理论，即看似有序的高等教育集权管理方式导致无序结果的产生，而看似无序的高等教育分权管理方式却导致有序结果的产生。不说庞大而独立的私立高教系统，美国的公立高教系统也缺乏完善的发展规划和有效的管理控制。而恰恰得益于美国高教管理的市场主导，美国高校在高等教育由精英教育进入大众教育阶段时，能够对社会、学生的变化以及多样化需求作出及时的反应，从而更

---

* 本文刊发于《江西日报》2014 年 4 月 22 日。

好适应并争取结构性的优势。在全面深化高等教育改革进程中，更多地将高等教育管理思路由传统的"有形之手"主导向"无形之手"主导适度转变，政府将教育管理的重心转到建立办学标准、规范教育督导、强化办学评估、提供政策服务上，有效扩大高校办学的自主权，使办学资源由政府计划分配改为大学自主竞争获取，让大学真正以法人身份立足自身求发展，立足市场谋发展，立足竞争促发展，无疑是有助于增强我国高校的核心竞争力的。

现代大学怎么"办"——"陀螺、不倒翁"与大学内部治理方式转变。陀螺只有快速旋转才能站稳，否则就会摔倒，而不倒翁很难被推倒，即使推倒了还能自己站起来，区别的关键在于重心的高低。受全球化、国际化和市场化深刻影响着的现代大学，承担着人才培养、科学研究和社会服务等多项社会功能，内部设有多个学院、学科和专业，并具有各自的发展要求和专业特点，已然成为一个复杂的社会组织，下移管理重心，下放办学权力，采取分权甚至授权的校院两级管理方式是必然的选择。推进实现高等教育治理体系和治理能力现代化，还需要高校自身在内部治理结构上进行优化改革，建立更加完善的自我发展、自我约束机制，赋予学院充分的办学自主权，使学院不仅统筹管理本学院的教学、科研和社会服务工作，而且具有现代大学基本的学科建设权力，真正成为充满生机活力的办学主体。

大学办学怎么"评"——"楚王好细腰"典故与教育评价标准转变。《战国策》《墨子》中都讲到了因为楚灵王喜欢他的臣子有纤细的腰身，导致楚国的士大夫们因为节食，导致站起来都要扶着墙壁的典故。虽然好的大学不是评出来的，但教育行政部门的教学评估、学科评估等评估工作，却在很大程度上发挥着"指挥棒"的作用，影响着大学的办学和高等教育的发展。在推进管办评分离中，将大学教育评价从当前的行政部门主导转移到社会进行，充分发挥独立专业机构的力量，使"评"在"管"与"办"的互动中既保持相对独立性，又起到重要的耦合和导向作用，有效促进各个高校能够竞相发展自己的特色，提高我国大学的办学水平。

会挽雕弓如满月*

（2011 年 2 月 18 日）

　　毕业 28 年、离开母校 26 年后，我接受组织的委托，担任江西师范大学校长职务，再次效力母校，心情颇为忐忑，既有"少小离家老大回"的情结，又有"会挽雕弓如满月"的情怀。

　　此时此刻，我要感谢母校对我的培养和关爱，是母校赋予我兢兢业业、自强不息的发展基因；感谢傅修延书记和各位领导、师生员工的支持和关心，是你们给予我积极进取、共创辉煌的激情和力量；感谢江西省委、省政府领导，省委组织部、省委统战部、省委教育工委领导对我的信任和关怀，是组织给了我回报母校、干事创业的舞台和机会。千言万语道不完我的感激之情，在感激之余，我想的更多的是责任和使命。

　　我一定不辱使命，竭尽全力，认真履行校长的职责；乐于奉献，勇于开拓，努力开创学校事业的新局面。

　　第一，要认真贯彻落实科学发展观，把广大师生员工的利益放在首位，把学校的事业放在首位，全力做好校长该做的事，让广大师生满意。

---

* 这是梅国平在就任江西师范大学校长时的发言。

102

第二，要尽快适应角色，找准定位，贯彻好党委领导下的校长负责制，始终突出以傅修延同志为班长的党委决策中心地位，维护党委的权威。同时，敢于承担责任，履行校长职责，科学地把学校的重大决策转化为各项具体工作，并带领干部职工创造性地完成各项任务，确保执行力和创造力。

第三，要像爱护眼睛一样爱护学校的团结，团结就是力量，团结就是学校事业发展的保证，一定要在团结中充分调动班子成员的工作积极性和主动性，在团结中推进学校各项事业的蓬勃发展。

第四，要廉洁自律，视名节重于泰山，视利欲轻于鸿毛。思师生员工之所想，顾师生员工之所虑，急师生员工之所需，乐师生员工之所得，勤勤恳恳做事，干干净净做人，作勤政廉政的表率。

第五，要真抓实干，少讲空话、套话，务求每一件事都落到实处，严格遵循"静思笃行，持中秉正"的校训，认真弘扬"爱校荣校、民主和谐、求真务实、开放创新"的师大精神。

同志们，母校事业正处在新一轮发展的关键时期，机遇和挑战并存。经过 70 年几代师大人的艰辛付出，母校得到了长足的发展，实现了一个个"零"的突破，实力大大增强，知名度不断攀升。身为师大的一员，我感到非常的骄傲和自豪，同时我也在深深的思考：我们与一流高校差距到底有多大？21 世纪世界和全国一流的高校在做什么，我们该做什么？作为校长，我想谈五点基本认识：

第一，大学应该始终把人才培养作为根本使命，"传道、授业、解惑"，使人成才成器是大学区别于其他社会组织的独特使命，而最大的道是做人之道，最大的业是发展之能，最大的惑是如何幸福。因此大学要将"教人做人之道，育人发展之能，授人幸福之资"成为新民的摇篮。

第二，大学应该始终把学术创新作为重要标志，学术创新能力的高低是大学综合实力的反映，也关系到人才培养质量。能够进行学术原创的大学，才可能是一流大学；毫无创新能力的大学便是三流或三流以下的大学。

第三，大学应该始终把社会服务作为重要职责，在国家和经济社会发展中的参与度和发言权是大学声望的重要体现。助推社会发展靠科技，而引领社会前进靠思想。大学既应是社会进步的发动机，亦应是把握社会发展方向的思想库。

上述三条既是大学的三大基本功能，也是大学最重要的责任和使命，其次序不可颠倒，其分量不是半斤八两、平分秋色。

第四，大学应该始终把师资队伍作为发展关键。去年全国教育工作会议系统总结了新中国成立 60 周年教育发展的五个方面的基本结论，其中之一就是：教育事业发展的关键在教师。高水平师资是学校的核心要素，必须把加强教师队伍建设作为学校工作的重中之重。当然，一流师资队伍的形成离不开良好的"尊师重教"的环境，还必须全面提升管理队伍和服务队伍的素质，使"三支队伍"相得益彰。

第五，校长与教授的关系是服务与被服务的关系。作为大学的主要管理者之一，校长既非知识的代表，亦非真理的化身，他主要是为改善学术活动而存在、为服务师生而存在。教授才真正代表知识，代表大学水平。换言之，教授就是大学，校长是服务知识与学术的人，校长和教授的关系是服务与被服务的关系。我们要不断把权威还给教师，让教师更有尊严、更有地位、更加幸福。

同志们，今年我国的各行各业都在意气风发地走进"十二五"，我坚信，我们大家一定能够在省委、省政府和校党委的坚强领导下，精诚团结，携手并进，开拓创新，努力把江西师大办成服务江西、面向全国的高层次人才培养和教师教育的重要基地，知识创新和科技创新的重要基地，人文社会科学和高层次决策咨询的重要基地，国际学术交流与合作的重要基地，办成全国一流的师范大学。

紧扣主题主线，推动转变提升，
做好重点工作*

（2011 年 2 月 25 日）

　　2011 年是非常重要、关键而又特殊的一年，今年的工作，有三大背景：第一个，全国的背景。今年是国家"十二五"开局之年，也是实施"十二五"规划的起步之年；是建党 90 周年，也是创先争优活动深入推进之年。第二个，江西的背景。今年是鄱阳湖生态经济区建设全面推进之年，也是省里确定的"发展提升年"。第三个，学校的背景。今年是 70 周年校庆之后的第一年，步入了后校庆时代，也是全力转入内涵建设的重要一年，是工作重心转移之年。在这样的背景下，学校党委、行政综合分析学校面临的形势，提出了今年的工作思路。概括地讲，就是："一个主题""一条主线""三大转变、三大提升"和"十项重点工作"。

＊　这是梅国平在全校中层干部会议上的讲话摘选。

一、"一个主题"，是指以内涵建设为主题

当前，江西师大正处在一个新的历史起点上。全国高等教育又迎来一个大发展的"春天"，高校发展都面临很好的环境。但是，大学之间的竞争也愈演愈烈，而且非常残酷无情。今后五年既是重要的机遇期，又是严峻的挑战期。相比较而言，这种形势总体上非常有利于我们师大发展，是师大必须紧紧抓住并且可以大有作为的黄金发展期。我们必须充分利用好这个时机，及时地把工作重心从基本建设、规模拓展转向内涵建设。去年年底，在校庆结束后两个月，学校召开了全校教学工作会议，已经吹响了全力转入内涵建设的响亮号角。

何谓内涵建设？内涵建设就是反映学校核心竞争力的质量建设。有人把大学核心竞争力概括为"四力"：人才生产能力、学术生产能力、管理能力、文化力。北大光华管理学院的张维迎教授说，这些才是"偷不去、买不来、拆不开、带不走、溜不掉的东西"。内涵建设也可以说是这四种能力的建设。"内涵建设"的目的，就是通过提高质量和优化结构，全面提高办学水平和办学效益；就是在适度控制学生规模的基础上形成"六个提高"：提高人才培养质量，提高科学研究水平，提高学科和师资队伍实力，提高服务社会能力，提高内部管理水平，提高师生幸福指数。所以，我们要从事关学校核心竞争力、有显示度的标志性指标入手，全面加强教学科研、人才队伍、学科建设以及社会服务等工作，提升学校的核心竞争力，提高师大品牌的"含金量"。

全校各职能部门、各学院都要紧紧抓住内涵建设这个主题，奏

响这个全校乐章的"主旋律"，做到集中力量，心无旁骛，避免"跑调"和分散精力。记得当时在学校读书的时候，胡克教授给我们讲怎么样做科研，就讲了一个打兔子和打野鸡的故事。说的是一个猎手在追兔子，碰到了一只野鸡，这时候打不打？可以有两种态度，一种是打了野鸡再去追兔子；另一种是不顾野鸡，只追兔子。当时，他是提示我们：科研要凝聚方向。如果我们把兔子比作内涵建设，把野鸡比作外延拓展。那么，我们希望大家做一个穷追兔子的猎手，紧紧抓住主题。

学校抓内涵建设的着力点就是刚才所说的人才队伍、教学科研和学科建设等，而工作面是在学院一线。各学院要随着学校工作重心的转移，把更多的精力投入到内涵建设当中。在适当的时候，学校要召开内涵建设的推进会、经验交流会，看一看、比一比各个学院内涵建设的成效。各个职能部门、教辅单位要从改善工作作风入手，不断提高自身的管理水平，切实做好为学院和师生的服务工作。

二、"一条主线"，是指编制实施"十二五"规划

现在从中央到地方，包括各个大学都在编制"十二五"规划。去年，学校前后用了一年的时间进行"十二五"规划编制的调研和征求意见，年底召开了动员大会，最近基本形成了总规划的初稿，这些基础性工作很扎实、很有意义。编制和实施"十二五"规划仍然是今年全校工作的主线。

为什么要把编制和实施规划作为今年工作的主线呢？我以为，从时间上来讲，这项工作要贯穿于今年全年。上半年重点在编制，

初稿形成后，先在校内组织一部分教职工代表征求意见，基本成熟以后，提交 4 月份的教职工代表大会审议通过。然后再根据定稿进行任务分解，明确牵头单位和相关责任单位。下半年重点在启动实施，各责任单位要排出时间表，制定具体措施，逐一抓落实。规划最怕挂在墙上，美好图景绘制以后，必须有一整套考量机制，要有专门部门进行督查，要坚决防止写一套、做一套，编制规划轰轰烈烈，落实规划冷冷清清。从内容上来讲，"十二五"规划既包括发展战略规划，也包括学科建设规划、师资队伍建设规划、文化建设规划、教师教育规划等子规划，涉及内涵建设的主要方面。抓住了这些就抓住了内涵建设的主要方面。从意义上来讲，"十二五"规划实际上是未来五年内涵建设的指南和行动纲领，编制规划就是谋划内涵建设，实施规划就是推进内涵建设，这项工作是关系学校未来发展的战略性工程，对于保证学校事业科学发展有非常重要的作用。总之，无论是从时间上、内容上，还是从意义上来说，我们都应该把编制和实施好"十二五"规划作为今年工作主线，并使之与内涵建设有机结合起来。

学校总体规划确定之后，各职能部门和各学院也要根据职能分工和学科特点编制发展规划，使全校的规划上下呼应，相互衔接，形成体系；同时抓紧实施，创造性地完成今年的阶段性目标。

三、"三大转变、三大提升"，分别是指转变工作重心，提升办学实力；转变管理模式，提升管理水平；转变办学理念，提升幸福指数

一是完成工作重心战略转移，强力推进内涵建设，不断提升学

校综合办学实力和核心竞争力。学校要努力完成工作重心从外延拓展向内涵建设的重大战略转移，力争使反映学校核心竞争力的关键指标取得新的重大突破，学校总体办学实力明显提升。反映大学办学水平的方面很多，有的是显性的、有的是隐性的，有的容易评价、有的不便评价。反映学校核心竞争力的关键指标包括学科点特别是博士点和国家重点学科数量、人才培养质量（例如录取分数线、国家重大学科竞赛成绩、就业质量、质量工程项目立项数等）、高水平人才队伍状况、科研成果及课题经费，还有社会影响等等。我们要瞄准这些方面，力争取得新的重大突破，让这些指标比全国同类学校多一点、好一点、强一点，领先一些、独特一些，缩小与部属师范大学和发达地区师范大学的差距。

有人说核心竞争力建设有"四不"原则，别人轻易能做的事不做，撞墙的事不做，没有显示度的事不做，无资源的事不做，这也是提高核心竞争力的智慧。我们要借鉴这"四不"智慧，以最大的决心、最大的恒心、最大的匠心来推进内涵建设。

二是实施管理模式转型，积极推行精细化管理，大力提升制度创新和管理现代化水平。转变管理模式首先要确立管理即服务的意识，大学管理有"四种价值"：第一，管理是给大学确立方向；第二，管理是为大学提供秩序；第三，管理是为科学研究、人才培养等中心工作提供条件和保障；这三种价值最后都表现为第四种意义——为中心工作提供服务。服务主要表现在"三个方面"：校领导带领校部机关为教学科研单位服务；校领导、校部机关、院长书记、系主任、所长共同为教师服务；校领导、校部机关、院长书记、系主任、所长、教师共同为学生服务。当这"三个方面"的服务都完成时，学生就会有充分的自豪感，教师就会有充分的尊严感，干部就会有充分的成就感。转变管理模式其次要破除制约学校发展的体制和机制障碍，突破传统管理的惰性和路径依赖，实现管理模式由经验型向科学型、粗放式向精细化的根本转变。从今年开始，我们要加快制度创新的步伐，稳步推进学院管理制度改革、学生管理改革、后勤和校产管理改革、人事制度改革、收入分配制度改革等等，通过改革激发内在活力，充分调动和发挥校内各类因素的积极性，提升学校管理的现代化水平。

三是加快办学理念转变，扎实推进民生工程，努力提升师生生命质量和幸福指数。现在从中央到地方都强调增长人民的幸福指数，各级政府工作报告中都特别强调要让人民群众真正得到更多实惠，不断提高人民群众的幸福感和满意度。最近，白岩松写了一本书，题名就是《幸福了吗》，写得很不错，大家可以看看。主持人崔永元接受记者采访，自己给自己打了个 60 分幸福指数，刚刚及格。他说，现在的幸福是个复杂的概念和体系，不像上个世纪 80 年代幸福得很简单，买一辆自行车、买一件新羽绒服就会很幸福。现在不同了，刚刚还很高兴，一会儿就不高兴了。我认为，这也不奇怪，有位哲学家曾说过，当温饱没有解决的时候，人只有一个烦恼；当温饱解决以后，有无数个烦恼。解决一个烦恼靠物质，解决无数个烦恼靠文化、靠教育。教育的真正目的在于促进个体获得幸福体验，提高幸福意识，发展幸福能力。只有我们的老师有了真正的幸福感，才能更好地教导学生去感受幸福。在国家化解高校债务和提高生均拨款后，学校就有更多的条件为师生谋福祉，我们要千方百计让我们的师生更加幸福。

四、"十项重点工作"，是指学校在全面推进各个方面工作的同时，要注意突出重点，以点带面，力争在十个方面取得显著成效

一是加大教学改革和教学基本建设力度，落实育人中心地位，着力做好质量工程项目和国家教学成果奖培育和申报工作，力争学校质量工程获批项目居全省高校前列。

大学的根本任务是人才培养，教学工作始终是大学的中心工作，教学是一所大学的基石。在开学的第一天，校领导去教学楼看望教师，检查教学秩序，就是要传递这样一个信号。

大学教学最致命的有两个问题，一个是教师照本宣科满堂灌。满堂灌不是最坏的事，大家都知道《百家讲坛》就是满堂灌，方志远教授在百家讲坛上就很受欢迎，因为他可以让听众心动思动。但是照本宣科和满堂灌结合起来那就是大坏事。另一个问题是学生马虎了事混及格。教学最怕出现这两个问题，而这两个问题在全国高校都不同程度地存在。谁解决得比较好，谁就是比较好的大学。比如说，教师照本宣科满堂灌这一问题能否解决，取决于教师教学态度的好坏和教学水平的高低。师大教师的教学水平应该没问题，500多个博士，还有许多教授、副教授，关键是教师的教学态度。解决态度的问题靠两手，激励和约束。激励措施可以有很多，例如师德师风教育、十佳百优评选、教学型教授评聘等，这些激励措施就是要让教师觉得教学光荣、教学投入有所值。怎么样去约束呢？去年我去了上海大学，觉得他们有些做法很好。他们教务处每年搞一本学院教学质量报告，其中一个重要指标就是所有学院课堂教学

效果排序，怎么排呢，他们的办法是从每个学院随机选择相同比例的教授、副教授、讲师上课，然后督导组去听课打分，再排序。他们有个理念就是教务处只打学院不打老师的板子，让学院去调动教师的积极性搞好教学。现在提倡大学进行教学质量的常态监控，上海的许多大学都在做。总之，要注意激励和约束相结合才能解决教师的教学态度问题。教学水平方面有个问题值得思考，就是怎么样进行探究式教学，西南财经大学在这方面做得比较好，在全校推进课程教学范式改革，这是教学改革的深层次问题，是教学改革的深水区。学生方面的马虎了事混及格问题，怎么样激励和约束相结合予以解决，请教务处、学工部门和各学院去积极探索。总之，我们要在全校确立教学的中心地位。

在抓好教学改革的同时，要以最大的决心，下最大的力气，用最大的智慧抓好一些国家级项目的申报立项，如国家教学质量工程项目、国家教学成果奖等，这也是关系学校核心竞争力的关键性指标。我们师大的国家质量工程项目立项数在省内高校排名第5，这个排名和师大的地位很不相称。所以，教务处要精心组织，各个学院要全力配合，力争今年学校在国家质量工程的立项数上居全省高校前列。

二是以学科建设为龙头，加强学科发展和高层次人才队伍建设顶层设计，加大经费投入，实施政策倾斜，抓好新批学科点内涵建设，遴选培育国家重点学科和新一轮博士点申报学科。

学科是大学的立校之本、发展之基、力量之源，是大学兴衰成败的关键。高水平的大学，必须有高水平的学科。作为一所老校，师大经过多年的发展，特别是近些年的努力，有一些实力较强的学科获得了博士点。2月12日国务院学位委员会正式开会审批新增学位点，江西省申报新增的14个一级学科博士点全部获得通

过，其中包括我们师大的中国语言文学、马克思主义理论、化学 3
个点，这标志着我校学科建设取得了重大突破。3 个一级博士点下
来，我校二级学科博士点就可以达到 20 个左右，非常了不起。但
是，在看到成绩的同时，也要清醒地认识到学校与全国同类师范大
学相比还有一定差距，我们在学科建设方面还有许多困难和问题，
比如标志性学科的建设水平和提升力度不够明显，在国内同类学科
中的学术影响力仍显不足，缺乏在国内外同行中有影响的学科带头
人，高水平、标志性科研成果相对较少，等等。

接下来，我们还面临着三大任务，第一是新批点的内涵建设。
有的一级学科下面有 8 个二级学科博士点，这就需要一批博导，所
以要抓紧培养和引进高层次人才，迫在眉睫。第二是下一轮博士点
的培育工作。从现在开始，研究生院就得抓遴选和培育，遴选以后
学校给钱、给政策，相关学院要抓紧组队伍、凝方向、出成果，尽
管学校还有点债务，但砸锅卖铁也得干这个事。第三个任务就是下
一轮国家重点学科申报学科的培育工作。学校有四个省里的高水平
学科，有的有冲击下一次国家重点学科的实力，但是现在就得开始
建设，省里面会拨一些钱，我们要配套，无非是少盖一两栋房子。

同志们，学科建设由三个要素构成，一是主体要素，就是从事
学科工作的高水平师资队伍；二是客体要素，就是要有原创性、创
新性的科研成果；三是主体和客体结合过程中的教育要素，就是培
养高层次的人才，三者结合起来就是学科建设。所以，我们要紧紧
围绕这三大要素，早谋划，早启动，努力实现学科建设新的更大的
突破。

三是围绕立大项目、出大成果、获大奖励的科研工作目标，扎
实培育高水平创新团队和科研成果，实现国家级科研平台"保一争
二"、国家级项目立项数、科研总经费和科研成果转化率的新突破。

去年，学校科研工作取得了很大的成绩，国家自然科学基金和社科基金项目都创下历史新高，获得了国家科技进步二等奖，在全省高校率先实现"863"计划重点项目、国家自然科学基金重大国际合作研究项目和专项经费超过 500 万元的国家国际合作重大项目"零"的突破，首次获批国家社会科学基金重大招标项目，这些成绩非常鼓舞人心。

今年，要分步骤有计划地组织申报国家工程技术研究中心和国家重点实验室，努力实现学校申报国家级科研平台"保一争二"的目标。要加大科技投入，落实配套政策，通过政策引导，抓好国家重点科研项目、国家自然科学基金项目、国家社科基金项目和国际合作项目的申报立项和管理工作，推进校管重大培育计划，培育高水平创新团队和科研成果，强化科研成果转化平台建设，促进产学研结合，努力实现科研立项总经费突破 5000 万元；要做好校、院两级学术委员会换届选举工作，修订、完善学校科研成果管理条例、学术期刊分类办法、科研工作量计算办法、专利管理和专利资助办法等科研管理制度。通过这些措施，激发广大老师的科研热情，提高科研管理的科学化水平。

四是实施生源质量提升工程，深化省内招生一本批次改革，调整招生计划和结构，加大招生宣传力度，塑造师大品牌形象，提升学校社会声誉，力争一本招生一志愿录取率、毕业生初次就业率、录取研究生和公务员的比例均有较大提高。

生源就是生命，生源质量影响学校未来。目前，全国有超过一半的省份高考报名人数在减少，今年江西报考人数跌破了 30 万人，只有 28.8 万人，同比减少 7.39%。在报名人数减少的同时，招生计划呈逐年递增趋势，今年的招生录取率会超过 80%，生源之战将会愈演愈烈。在生源竞争如此紧张的时期，学校再也不能经受这样的事情。开学前，学校已经召开一次招生工作务虚会，今年的招生工作只能勇往直前、只准胜利、不容失败，一定要打个漂亮的翻身仗，所以今年学校将推出生源质量提升工程。提升生源质量是一项综合工程，受到学校人才培养质量、社会声誉、国家政策调整等诸多因素的影响，靠招生部门一个单位不能完成，全校各单位、各部门要统一配合、协同作战，把这项工作做好。

鉴于今年招生工作的迫切性，学校将采取一些必要的措施。首先，学校将深化省内招生一本批次改革，调整招生计划和结构。包括对一些专业设置进行必要的调整，对一些招生不好的学院将减少招生指标。另外，学院生源质量与分配挂钩等措施也将会出台。其次，要加大宣传力度，扩大学校影响。一要有组织、有计划、有目标地在主流媒体上就学校发展进行报道，让考生、家长和社会加深对学校的印象；二要充分挖掘校外的学者、专家、校友、政府部门和合作单位等资源，他们的舆论宣传更能深入社会各个阶层，特别是考生家长的心里。学校将在合适的时候举办"校友返校日"等活动，借助校友等力量扩大学校影响；三要充分发挥好校园网的宣传作用。学校网站是学校的脸面，更是考生接触学校的重要渠道。尤其是招生网站更要建设好，一定要美观大方、内容丰富、信息及时，充分展示学校的优势。再次，要加强就业指导工作，力争毕业生初次就业率、录取研究生和公务员的比例均有较大提高。毕业生就业状况不仅是考生、家长和社会共同关注的热点，也是选择高校的一项重要参考指标。学校应在不断提高人才培养质量的前提下，加大就业工作力度，广开择业渠道、提高就业层次，努力构建"就业、培养、招生"三者良性互动、协调运作的长效工作机制。

五是加快教育国际化进程，申报接受中国政府奖学金来华留学生院校，筹办第二所孔子学院，拓展中外合作办学项目，提高师生的国际交流和合作能力，扩大来华和赴外留学生规模。

教育国际化是高等教育办学大势所趋，高水平大学一定是国际化大学，对外交流既有利于培养国际化大视野，又能够拓展学校的发展空间。在国际交流与合作方面，我们学校有着良好的发展基础，也取得了骄人的成绩。去年，在全球96个国家和地区的322所孔子学院和369个孔子课堂中，我校与马达加斯加塔那那利佛大学共建的孔子学院被评为先进孔子学院，并在30所获奖孔子学院中排名第10位，这是非常不容易的。我们要充分利用好这一良好基础，加速教育国际化进程，进一步拓展办学空间。今年力争申报成为接受中国政府奖学金来华留学生院校，筹办第二所孔子学院。

国际化办学除了留学生的交流、人员的国际交流、项目的国际合作、办孔子学院之外，我觉得还要特别注意两个方面：一是提高教师的国际交流与合作能力，我们的教师要有这种能力。办大学，靠老师。出国进修提高对老师的发展是非常有好处的。第二要特别重视落实国际化办学的学院主体地位，只靠国际教育管理部门，国际化办学做不大，也做不深入。只有调动学院来参与，国际化办学才能做大，才能持久，才有生命力。

六是制定《江西师范大学章程》，推进管理制度创新，加快建立健全与地方一流大学相适应的现代大学制度。

大学章程作为学校的"根本大法"，是提高学校内部管理科学性与规范性，推进现代大学制度建立的重要抓手。如果从制度供给的角度去分析目前我国大学发展中出现的一些不和谐现象，就会发现深层原因是制度供给的缺位，大学章程作为现代大学制度的重要载体，它的缺失或"虚位"可以说是当前我国存在的诸多大学问题的重要根源之一。《高教法》、中长期教育发展纲要对高校制定章程都有明确的要求，教育部也正在推进高校建立健全大学章程改革试点。目前国内许多高校已经制定了大学章程，我们师大前几年也在这方面进行了一些探索，有一个很好的基础，各方面条件都比较成熟。

制定大学章程，是推进学校现代大学制度建设的重要内容，能够为形成正常有序的教育秩序提供制度保障，为今后学校改革提供依据和保障，为学校的事业发展注入生机活力。而且，制定章程的过程本来就是对学校办学理念、运行机制以及各项规章制度，进行认真梳理和明晰的过程，就是全体成员充分参与、充分酝酿和充分宣传的过程。相信当我们有了科学合理的大学章程并付诸实践的时候，我们就会有一个更为和谐有序的校园环境，能够充分迸发出广大师生的工作热情和创业激情，从而诞生"大师"，形成"大气"，早日建设成为地方一流师范大学。

七是深化学院管理体制改革，逐步实施学院目标管理，探索校、院两级收入分配体制改革，下移管理重心，强化学院管理主体地位。

学院是学校教学、科研和学科建设的依托，也是实现学校科学发展的主要力量。只有学院都鲜活有力，学校才能生机勃勃。随着学校事业的发展，现在学院的规模、功能都与以前发生了翻天覆地的变化。前几年，学校实施校院两级管理体制改革，有力地促进了各个学院的改革发展，但是落实得还不够到位，比如研究生的管理、人财物的使用等，都还没有完全到位。我们要抓内涵建设，就必须按照学科发展规律，不断深化学院管理体制改革，逐步实施学院目标管理。学校给学院在人、财、物方面充分的自主权，但是也根据学院的情况确定发展目标，根据发展目标对各个学院、院长进行考核，以此来调动和发挥学院的积极性和创造力。今年，学校准备在学院的资源配置方面进行一些探索和调整，改变传统的资源配置方式，对招生多、贡献大的单位就要通过以奖代补等方式进行补偿。

学院管理要树立三个意识，一是标杆意识。一个学院要盯住同类大学的同类学院，要找一个目标学院，紧紧盯住。一年下来、五年下来，看看学院的关键性指标与人家接近了多少。再发展下去，我们还要盯国外的同类学院。现在学校考核学院主要是依靠三个评价主体，学院之间互相评、机关评学院、校领导评学院。下一步，对学院的考核要考虑对反映关键性指标的项目加分，拿一个博士点加多少分，拿一个国家级课题加多少分，引进了一个学科带头人加多少分。二是人才意识。办学院最怕的是武大郎开店。比我强的，要么赶走，要么气走；比我行的，挡住不进，那这个学院的发展就一定会有危机。所以，各个学院要结合下一轮博硕士点申报，早谋划建哪个学科，进什么人，培养什么人，一定要以时不我待的紧迫感、三顾茅庐的诚意延揽一流人才。三是主体意识。几万人的大学，要逐步给学院放权，让学院真正成为一个办学目标明确、自主权较大、相对独立的办学实体，这是我们的目标，可以先试点。

八是完善大学工管理体制和运行机制，积极探索学生管理模式改革，重点推进学生公寓管理模式改革，着力提高学生工作精细化水平，增强学生教育管理的实效性。

学生是学校的主体，学生工作是学校的一项重要工作，学校必须坚持以"学生为本"的思想，想尽一切办法、创造更好的条件让学生能够安心地学习。当前，学生工作面临新的形势，大学生群体的特点也有了许多新的变化，学生工作的体制机制、方式方法面临着许多不适应的问题。今后，要进一步形成"大学工"的管理格局，以党委学工部为纽带，建立健全学生工作运行机制，理顺学生管理的体制，形成全校共同抓学工的合力，提高包括辅导员在内的学工干部的执行力，提高学生管理精细化的水平。

　　学生公寓是学生集中、服务集中、矛盾集中的地方，是学生教育、管理、服务的重要阵地，学生课余绝大部分时间都在学生公寓。但是，现在学生公寓基本条件相对比较简陋，特别是一期工程公寓条件比较差，而学生公寓的管理又面对"九龙治水"的局面，非常不利于学生的教育、管理和服务。学生公寓不是单纯住宿的场所，更是一个是学生日常生活与学习的重要场所，学生中的很多问题都出自学生公寓，或者因为学生的衣食住行等生活问题引发出来的（比如罢餐事件），要引起学校足够的重视。从全国的形势来看，有比较多的高校实行了学生公寓归口统一管理，集中由一个部门负责管理、维修、教育、服务等工作。今年，我们要在这方面进行积极探索，加强学生公寓党团组织建设、文化载体建设、学生活动阵地建设，加大学生公寓内的环境和条件建设，把学生公寓建成"思想教育、行为指导、生活服务、文化活动"的区域。对于学生呼声很高的改建、整修建议，学校要认真予以考虑，只要有可行性，就要尽快实施。探索学生公寓管理模式改革已经势在必行，千万不要等出了乱子再亡羊补牢，那就为时已晚。

　　九是加强校内建筑消防设施硬件建设，完善校园治安防控体系和应急管理体制，提高校园综合管理和应对突发事件能力，创建平安和谐校园。

　　校园安全关系到千万师生的幸福安宁，容不得半点疏忽，来不得半点马虎。我们学校里面就是个小社会，如何加强校园管理也是摆在我们面前的一个现实课题。今年，学校准备从加强校内建筑的消防设施硬件建设入手，建立完善的校园技防和人防体系，完善校园治安防控体系和应急管理体制，提高校园综合管理和应对突发事件能力，创建平安和谐校园。

十是大力实施民生工程，开工建设海外楼、留学生楼、教师周转房和南区综合楼，完成研究生公寓建设，进一步提高后勤管理服务水平。

民生最关情，民生工程关系到全校教职员工的切身利益，直接影响到师生的生命质量，是学校一项重要的工作。涉及民生无小事，凡是关系师生利益的事，学校就要认真对待，要让全体师生在学校感受到温暖，有家的感觉。今年像往年一样，仍将民生工程列为十大重点工作，着力改善广大师生的工作和生活条件，提高教师的福利待遇和保障水平，就是希望老师在师大能够感觉生活的美好和工作的快乐。

落实五大战略要求，
建设"五个未来师大"*

(2011 年 5 月 6 日)

一、"十二五"时期的形势与任务

当前，高等教育和师范院校的发展背景与内外环境都在发生深刻变化。

从全国来看，国家实施人才强国战略，提出建设创新型国家、进入人力资源强国的战略目标，并把师范教育提升到突出重要的战略地位，给我们带来了新的发展机遇。特别是全国教育工作会议召开和中长期教育规划纲要颁布以后，国家出台化解高校债务、提高生均拨款的政策，明确财政性教育经费要达到 GDP 的 4% 的目标，高校办学资源短缺的局面将得到根本扭转，高等教育事业将进入一个以提高教育质量为核心的新的发展阶段。

从江西来看，我省提出未来十年要与全国同步基本实现教育现代化，这就需要重点培育一批在全国具有较高知名度和较强竞争力

---

* 这是梅国平在学校七届一次"双代会"上的工作报告摘选。

的高校，提升整个高等教育的实力，作为被省政府确定为优先发展的省属重点大学，我校具有学科覆盖面较宽、综合性较强和整体实力居前的优势。发展江西高等教育事业，优化全省高校层次布局，建设良好高教生态体系，也给我校创造了很大的发展空间。而且今后几年是我省建设鄱阳湖生态经济区的关键时期，是加快转变经济发展方式的攻坚时期，实现江西科学发展、进位赶超、绿色崛起的重大战略任务，必须依靠高校培养高素质人才，产出高水平科研成果，提供高质量社会服务，这为我校创造了极好的发展机会。

但是，我们也要清醒地认识到，国家正在倡导实施高校分类管理，政策扶持和财政投入的校际差异将越来越明显，高校竞争分化的趋势将不断加剧。省内兄弟院校近些年来发展势头很猛，有些重要的办学指标比肩甚至赶超我们。

从学校来看，虽然"十一五"时期得到了较快发展，但是办学实力明显偏弱的校情没有根本改变，我校仍然属于一所"发展中大学"，纵向比进步很大，横向比差距不小，标兵是越来越远，追兵却越来越近，还有许多问题需要我们正视和解决，概括地说：一是学科结构不平衡的问题，直接面向经济社会发展的应用学科偏少偏弱，服务社会无处着力；二是人才队伍建设滞后的问题，优秀拔尖人才和团队严重缺乏，抓学科建设和教学科研后续乏力；三是制度设计创新不足的问题，在提高资源效益上力不从心。

站在新起点，面对高等教育快速发展，高校竞争日趋激烈的严峻形势，我们能否抓住用好"十二五"时期，推动学校事业快速发展，乘势而上，将直接影响到学校的声誉和地位，甚至将决定学校的前途命运。为了抓住用好这一历史机遇，明确学校发展的目标任务，在学校党委的领导下，学校集中全体教职工的智慧，历时一年时间，编制了《"十二五"时期学校事业发展规划纲要（草案）》。

这一《规划纲要（草案）》既全面分析了高等教育发展的形势与背景，又准确把握了学校事业发展的现实基础和主要矛盾，重点回答了"建设一个什么样的江西师范大学"和"如何建设这样的江西师范大学"的重大问题，为学校在新一轮的高等教育大发展、大调整中找准了方向，指明了道路，体现了系统性、科学性、前瞻性，具有较强的指导性、可行性、操作性。等一下张艳国同志将专门作《规划纲要（草案）》的编制说明，请各位代表认真审议。

"十二五"时期，我们要高举中国特色社会主义伟大旗帜，以邓小平理论和"三个代表"重要思想为指导，深入贯彻落实科学发展观，全面贯彻全国教育工作会议、国家中长期教育规划纲要精神，不断解放思想，坚持改革创新，探索和遵循高等教育办学规律，创新办学思路和发展战略，全力加强内涵建设，切实提高人才培养、科学研究和社会服务质量，在新的起点上实现赶超发展，为提升全省基础教育发展水平，建设鄱阳湖生态经济区，实现江西科学发展、进位赶超、绿色崛起作出新的更大的贡献，这是我们必须始终坚持的指导思想。

"十二五"时期，我们要以内涵建设为主题，以师德引领教师教育和生态引领绿色大学为特色，紧紧围绕培养质量、学科建设、人才队伍、科研成果四大内涵要素，以学科建设为龙头，以教学科研为中心，以人才队伍为支撑，以改革开放为动力，以师德师风为引领，实施非均衡发展战略、实体强院战略、进位赶超战略、管理创新战略、开放办学战略，努力提高办学质量，优化办学结构，彰显办学特色，提升办学实力，这是我们必须始终坚持的发展思路。

"十二五"时期，我们要建设地方一流、特色鲜明的教学研究型师范大学，构建较为完善的人才培养体系、学科结构体系、科技创新体系和社会服务体系，综合实力、核心竞争力和社会影响力显著提升，人才培养、科学研究、社会服务、国际交流等方面主要指标保持省内高校第二，进入全国地方师范大学第一方阵，这是我们必须始终坚持的办学定位和发展目标。

未来师大，要成为办学实力一流的地方师大。师大曾经有过辉煌的历史和显赫的地位，首任校长胡先骕就提出"办一模范大学"的理想，我们肩负着弘扬传统、再创辉煌的光荣使命。我们要以师大的进位赶超带动全省高等教育事业的进位赶超，支撑和引领全省经济社会发展水平的进位赶超，江西在全国有怎样的地位，我们就要在全国高校有怎样的地位，并努力超过这个地位。为此，学科专业、人才队伍、质量工程、科研成果等代表学校核心竞争力的关键性指标，以及录取分数线、毕业生就业率、社会贡献率等反映社会声誉的显示性指标，要确保进入全国地方师范大学第一方阵，在全省高校稳居第一二位。

未来师大，要成为坚守师范使命的教师摇篮。师范性是师大的本色，师大作为全省教师的摇篮、师范教育的母机，地位不可动摇。无论教师教育体制如何改革，培养优秀教师人才的主体还是师范大学，我们要认真汲取有的师范大学在综合化过程中虚化和弱化师范性的深刻教训，坚守使命，增强定力，珍惜师范传统、优势和特色，不管形势如何变化，都要旗帜鲜明、坚定不移地坚持师范性这一立校之本。在坚持师范性的基础上，发挥学科综合性优势，支持办好非师范专业，在更高层次上促进学科结构优化。

未来师大，要成为管理制度先进的现代大学。大学存在与发展得益于大学制度的有力支撑，先有现代大学制度，再有一流大学。要按照科学治校、民主治校、依法治校的治校理念，按照大学自身逻辑，不断创新大学制度，实现从传统体制下的政府延伸组织向去行政化的学术性组织转变，从行政权力主导的运行模式向学术价值导向的运行模式转变，从官本位的核心价值观向学术本位的核心价值观转变，从追求规模的外延扩张向追求质量的内涵建设转变，从粗放型管理向精细化管理转变，遵循大学办学规律和人的全面发展规律，增强学校可持续发展的活力和动力。

未来师大，要成为经济社会发展的智力源泉。我们要以服务求发展，以贡献求支持，进一步密切与社会的联系，提高社会服务贡献率，着力建设一所与国家、时代对人才培养的要求相适应、与我省经济社会发展要求相适应的地方一流大学。要根据鄱阳湖生态经济区建设国家战略，结合江西省十大战略性新兴产业发展思路，针对重大现实问题形成有影响的科技创新成果，加大人才培养、科技创新和企业孵化力度，促进政府、企业、学校、科研、市场的结合。发挥哲学社会科学优势，成为区域文化中心和道德文明高地，服务政府决策，引领社会风尚，助推文明建设。

未来师大，要成为幸福指数领先全省的高校。我们要牢固树立"发展为了师生，发展依靠师生，发展成果由师生共享"的办学理念，努力建设宁静校园、绿色校园、平安校园、和谐校园，建设生态、平安、健康、幸福师大。千方百计提高教职工收入和保障水平，改善学生学习生活条件，让学生乐学、教师乐教、职工乐业、社会乐助，全体师生员工和谐融洽相处，人人感到在师大工作生活最幸福、最有尊严、最有生命质量，个个为自己是师大的一员而充满自信和自豪。

以上目标和定位，是学校责任所在、竞争所迫、发展所需、师生所盼。可以预想，经过今后五年的建设发展，学校的实力将更加雄厚，队伍将更加凝聚，管理将更加科学，校园将更加美丽，人才培养质量将更加为社会认可，全校将形成政通人和、人心思进、事业兴旺的良好局面。

二、"十二五"时期的工作部署

"十二五"时期学校发展的目标定位已经明确，学校的战略任务就是"提高质量、优化结构、彰显特色、推进开放"，结合这一战略任务，《规划纲要（草案）》提出了五个方面的主要措施，即：坚持以学科建设为龙头，以教学科研为中心，以人才队伍为支撑，以改革创新为动力，以师德师风为引领。为了实现"十二五"规划提出的目标任务，确保五条主要措施到位，必须落实以下战略要求：

（一）坚持分类管理，实施非均衡发展战略

以科学发展观统领全局，具体到我校，就是要树立和落实科学的高等学校办学治校观。我们坚持全面发展，但不是搞齐头并进、同步发展；坚持协调发展，但不是搞平均发展、匀速发展。在高等教育进入大众化的进程中，不同的大学在发展中形成了严重的趋同化现象，千校一面的办学模式无法适应市场经济和高等教育发展的需要。办学特色是大学持续竞争优势的本源，我们要学会运用非均衡发展战略，立足于现有办学资源、办学优势和办学特点，在打造特色中形成比较优势，提高和发展自身的持续竞争力。

1. 在学校层面，弘扬文化彰显特色

不同高校具有各自不同的文化特色，我们要将弘扬师大文化、彰显师大特色作为发展的一个重点。一是以师德引领教师教育发展。要永葆师范教育办学特色，发展特色鲜明的教师教育，培育教师教育文化，营造热爱教育事业、做教师光荣的文化氛围，努力培

养未来基础教育战线中的教育家，强化学校在全省基础教育中的品牌地位、在教师教育中的龙头地位，打造引领全省全社会的道德高地、文化高地、精神高地。二是以生态引领绿色大学建设。要以地理、生物等学科为核心建设生态学科群，积极申报战略性新兴产业专业和跨学科生态专业，凝练以生态为特色的学科方向，建设为鄱阳湖生态经济区服务的创新平台，大力开展生态科技的跨学科研究和开发，培养生态经济发展需要的高级专门人才。加强大学生生态教育，努力培养有生态意识的"绿色"人才。营造生态、平安、健康、幸福的校园环境，让师大校园充满浓郁的生态人文气息，成为全省的生态文明示范校园、生态校园建设的先行区和排头兵。

2. 在学科方面，顶层设计分层建设

学校的核心竞争力，集中体现在学科建设水平上；学校的办学特色，最终体现在学校的学科特色上。学校要有特色、有品牌、有竞争力，就必须有独特而有优势的学科和学科群，以学科全面引领学校办学的各类指标，提升学校核心竞争力和总体办学水平。在办学资源有限的条件下，学校不能平均分配资源，必须突出发展重点，坚持有所为有所不为、有所先为有所后为。我们将按照"统筹规划、重点突破、分层建设、全面推进"的总体原则和"顶层设计、优化结构、整合资源、做大优势"的工作思路，参照"211工程"高校建设标准，结合学校实际，对学科结构布局进行顶层设计和战略性调整，对重点发展学科、优先发展学科、培育发展学科进行分层建设。要对特定学科试行"学科特区"制度，实行特殊管理体制与运行机制，大力发展若干有特色的文理基础学科、服务地方经济社会发展的应用学科，以及音乐、体育、美术、外语等占据江西省学科高地的优势特色学科。加快一级学科博士点建设，将马克思主义理论、中国语言文学、化学等学科列为学校重点发展学科，培育国家级重点学科、国家和教育部科研平台和团队。加快一级学科硕士点建设，将政治学、教育学、心理学、体育学、历史学、数学、地理学、计算机科学与技术、管理科学与工程等学科列为学校优先发展学科，认真筹备下一轮博士学位授权点的申报工作。加快其他学科的培育建设工作，进一步凝练学科特色，汇聚优秀人才，形成梯进发展的学科结构体系。

3. 在办学层次类型方面，统筹协调分类发展

"十二五"时期，学校办学的类型定位是"教学研究型大学"。在教学与科研方面，要坚持二者并重；在办学层次上，要稳定本科生办学规模，重点发展研究生教育，努力增加研究生学位授权点，扩大一级学科学位点招生的二级学科点覆盖范围，扩大研究生教育规模，"十二五"时期实现研究生招生总量翻番；在研究生类型上，要增加专业学位研究生专业及招生规模，实现学术型研究生、专业学位研究生招生规模大致相当，达到1∶1的结构。同时，拓展国际交流合作渠道，扩大赴外留学生和来华留学生培养规模，力争达到每年20%以上的净增长，推进人才培养国际化进程。以普通教育为基础，积极发展继续教育，成立网络学院，发展网络教育，创新自学考试办学形式。

（二）坚持重心下移，实施实体强院战略

学院是校院两级管理体制的基础，是教学、科研和学科建设的依托，也是实现学校科学发展的主要力量。学院活，则学校活。为此，学校实行以宏观管理为主的管理模式，学院实行以目标管理为主、目标管理和过程管理相结合的管理模式，学校下移工作重心，把工作面置于学院层面，真正把学院做实、做活、做强。

1. 创新学院管理体制和运行机制

创新学院管理体制和管理模式，下移管理重心，赋予学院选人用人权、教学管理权、经费及设备使用权等更多的办学自主权，将更多的学术权利、学术资源、教学科研事务的决策权落实到学院、系，强化项目团队和系、教研室等基层组织建制，把学院办成目标明确、自主权较大和相对独立的办学实体，提升学院办学主体地位，实行学校宏观调控、学院自我管理，充分调动学院的积极性，发挥学院办学主动性。完善学院治理结构，构建学院党政联席会、教职工代表大会和教授会"三位一体"的学院管理模式，形成宏观有序、微观搞活的校、院两级管理局面。

2. 调整学院学科设置和发展定位

各学院的学科专业特点和具体情况不一样，学科层次高、学位点多、科研能力较强的研究型学院、科研教学任务并重的教学研究型学院和教学任务主导的教学型学院，要分别确定发展定位，学校实行有区别的政策支持。对有关学院进行必要的调整重组，形成合力，打造品牌。按照教育部26号令的要求，落实科技学院投资主体和合作伙伴，顺利通过独立学院的评估，鼓励独立学院依法自主办学。稳步推进高等职业技术学院的转型。积极探索面向幼儿师范学校的教师教育。支持马克思主义学院独立设置。

3. 理顺优化机关与学院工作关系

要按照"小机关、大学院"的目标，结合定编定岗工作，逐步精简管理服务人员队伍。要强化机关对学院的引导和业务指导，淡化对学院的直接干预；强化机关对学院的服务和支持，淡化对学院的硬性管理；鼓励机关人员向学院轮岗交流、管理干部向专任教师转岗，严格控制学院向机关的逆向人员流动。"十二五"期间，要使专任教师占教职工总数的比例从"十一五"时期末的57.8%上升至65%，管理人员占教职工总数的比例从25.3%下降至20%左右，逐年减少在编工勤服务人员，使教学、科研、管理、服务等各类人才适应学校发展的需要，进一步优化教师队伍结构。

4. 夯实校院系各级学术组织

重视发挥学术委员会负责学术事务管理的作用，明确学术委员会、教授会等学术组织的议事规则和权力范围，学术委员会主要由不担任行政职务的知名专家组成，保证学术权力对学术事务的领导和管理。优化基层学术单位的组织架构，强化项目团队和系、教研室的权力和责任。探索创新校院系三级管理模式，充实系、教研室一级的力量。

（三）坚持目标引领，实施进位赶超战略

高水平的管理模式和管理效能，是促进学校发展的有效保障，目标管理是科学的管理方式之一。要把目标管理作为进一步深化学校管理体制、运行机制改革的重要模式，提高管理效能，按照"分工合作、权责统一、奖惩适度"的原则，使单位和个人的目标与责任结合，权利与利益量化，从而使学校总体目标得以有序实现。

1. 分解落实学校发展总体目标

"十二五"时期，学校发展最重要的任务就是进位赶超，力争进入全国地方师范大学第一方阵。面对前有标兵、后有追兵的严峻形势，实行目标管理，将科学的目标体系分解到单位和个人，形成有机的目标链，使个人目标、部门目标和学校总目标融为一体，层层传递压力，逐级落实责任，有利于增强责任感和紧迫感，调动积极性、激发创造性。各项工作只有高起点、高标准、高质量、高速度，才有可能实现跻身第一方阵的目标。如果把地方师范院校分为"三个世界"，我校仍处于"第二世界"，一些核心办学指标明显偏后。我们要以"第一世界"为标杆，与中西部地区同类高校为竞争伙伴，力争进入第一方阵。学校把"十二五"时期主要发展指标分解到各部门、各学院，由各部门、各学院负责落实，各部门、各学院要选择参照系。

2. 增强学院与学科标杆意识

学校拿出部分学院院长、一批重点学科带头人等岗位面向国内外公开招聘，引进有重大科研潜力和成果预期的创新团队，实行资深教授制、首席教授制、特聘教授制和特殊人才津贴年薪制。学院实行人才引进工作院长和学科带头人责任制，人才团队实行带头人负责制。每个学院在编制发展规划时，要明确今后五年发展的具体目标，在国内高校找准位置，选择全国同类高校中的先进学院、优势学科作为赶超目标。"取法其上，得乎其中"，要敢于确立更高的参照体系、更高的目标定位、更高的工作要求，在人才培养、专业设置、学科建设等方面向标杆看齐。学院的每一个学科和专业，也要相应建立标杆。每个学院重点培育至少一个优势学科、专业，确保其处于全国地方师范大学前列。学校把资源集中在提升学校声誉和品牌形象的学科和专业上，形成品牌效应。

3. 建立目标管理绩效考核体系

实施目标管理工作，要严格实行责任制，落实激励和奖惩制度。要建立一级抓一级、一级对一级负责的目标责任体系，形成"千斤重担人人挑，人人肩上有指标"的工作状态。要贯彻分类指导、目标管理和动态评价的管理理念，部门按职能分类，学院按学科水平和发展目标分类，干部教师根据岗位分类，按不同评价体系进行考核，加强监督检查，结果与单位、个人评优评先和干部考核挂钩。要通过抓目标管理，形成人人想干事、会干事、干成事，干不好事就有危机感的良好氛围。要完善科研激励管理机制，落实和调整科研奖励和国家级科研项目经费的配套政策，加强对重大项目、成果、奖项的配套资助和奖励。设立专职科研岗位，实行专职科研人员校级常规科研资助，强化科研机构和人员的目标考核。建立科学的文科、理科、工科、特殊学科的成果认定与考评制度及机制，定期更新期刊分类目录，重点鼓励在国内高水平刊物和国外知名刊物上发表论文，针对不同职称人员实行有区别的成果认定和评价方法。

（四）坚持深化改革，实施管理创新战略

现代大学竞争的核心除了人才、学科、学术，还包括制度建设。现代大学的发展越来越取决于自身的制度优势，越来越取决于依靠制度优势获取发展资源和把握发展机遇的能力。管理创新是大学改革发展的灵魂，也是推动大学发展的加速器。我们建设地方一流的师范大学，要以今年国家和我省启动的教育体制改革试点为契机，以改革创新为动力，突破传统管理的思维定式和惰性，进一步实施科学化管理。

1. 完善治理结构，强化民主治校

要按照现代大学制度的要求，制订《江西师范大学章程》，以学校基本法的形式规范校内各种关系，明晰领导体制与管理模式，建立学校新型治理结构，形成学校依法治校的总纲领，推进民主办学工作。要完善学校的内部治理结构，实现学校管理从行政主导向学术主导转变。坚持和完善党委领导下的校长负责制，促进形成"党委领导、校长负责、教授治学、民主管理"的运行机制。要依据章程规定管理学校，强化依法治校和制度管理，做好校务公开、院务公开方面的工作，不断完善教代会对学校、学院工作的民主监督机制，加强闭会期间教代会职权落实和教代会代表巡视工作，保证学校稳步发展、稳定运行。

2. 深化人事改革，激发创造活力

以开发人力资源为重点，以实现人才效益最大化为目标，建立与市场经济相协调、与学校校情相适应的新型人事制度和运行机制。根据身份管理向岗位管理转变的需要，科学设置各级各类岗位，全面定编、定岗、定责、定酬，完善校内分配制度配套政策，加快绩效工资改革，建立与岗位职责、工作业绩、实际贡献紧密联系和鼓励创新创造的分配激励机制。推进人事制度改革，创新职称评聘机制，理顺职称评定与岗位聘任的关系，继续实施低职高聘、破格晋升制度，鼓励优秀中青年骨干教师脱颖而出。

3. 推进精细化管理，优化资源配置

大力倡导、实践精细化管理理念，成立精细化管理推进专门机构，全面整理修订管理规章制度，统筹工作事务和业务流程。教学、科研单位以提高质量、提升水平为目标，坚持科学管理，按照精细化管理的原则要求，建立以办学成本核算为基础、效率优先和保证重点为基本原则的学校资源配置使用办法。管理和服务部门以降低成本、节约资源、提高效率、改善服务为目标，合理配置各类资源，提高管理能力，提升后勤服务水平，推进节约型校园建设。大力推进财务管理体制和财务分配方式改革，稳步推进会计委派制和资金使用的绩效评估，科学合理配置财力资源。发挥审计评价和服务功能，加强审计成果的运用和转化。推进校有资产的管理体制和运行机制转变，盘活学校存量资本，优化资本结构，实行校有资本出资人制度，推进和促进资产经营公司对外经营服务，提高学校经营公司资产的经济效益。

4. 深化后勤改革，强化保障服务

推进学生公寓管理模式改革，理顺后勤管理与经营服务的关系，完善学校后勤管理体制，对服务实体实行目标管理和契约化管理，建立现代、科学、高效的后勤运行机制，有效提高服务质量，降低管理成本。强化公车管理。加强青山湖校区资源的合理利用和有效管理，提高青山湖校区资源的使用效益。

（五）坚持合作共赢，实施开放办学战略

开放式办学、国际化发展是学校事业腾飞发展的时代要求和战略选择。现代大学越来越强调与社会的结合，越来越重视发挥大学的社会服务功能，并将结合程度和服务层次作为衡量大学水平和影响力的重要指标。尤其是对于地处欠发达地区的江西师大来说，我们必须树立开放式办学理念，用国际化眼光来看待学校发展，以更加开放、超前、开拓的姿态，坚持国际视野，落实本土行动，积极向世界高等教育开放，向国内和地方经济社会发展开放，充分利用外在的资源和力量，促进内在质量和水平的提升。

1. 推进国际化进程

树立国际化的办学意识，积极营造有利于国际交流与合作的环境和氛围，拓展对外合作交流的视野和途径，扩大海外友好合作高校的数量和国家覆盖范围，探索与海外高水平大学建立联合培养人才的教学体系，培养具有国际视野和国际交往能力的优秀人才。推进对外交流合作管理机制和运作方式创新，强化各学院国际化办学的主体地位，充分调动学院举办国际合作办学项目的积极性，力争每个学院至少拥有1个国际合作办学项目。强化教师职称晋升、岗位聘任中的海外留学经历要求，鼓励教师申报国家、省级各种优质国际留学和合作研究项目，推动建设国际化的教学、国际化的师资和国际化的科研，大幅提高来华和赴外留学生的规模，让我们的教育、科研和社会服务在融入国际竞争与合作之中得到更快发展。

2. 加强对外交流合作

要大力加强与各级政府及各行各业的交流合作，积极参与和服务地方经济社会发展，努力开发各种社会资源、校友资源，探索建立学校发展基金会、学校发展咨询委员会或学校理事会，使学校的资源能够得到不断的充实和拓展，形成社会支持和监督学校发展的长效机制。大力争取和实施"国培计划""省培计划"，积极承担各级教师培训任务，全面加强教师教育与基础教育的联系，根据基础教育发展需要，深入到基础教育一线开展理论研究，积极推动顶岗实习、红土地支教活动等支持服务基础教育活动，服务和引领基础教育的改革发展。重视学校形象塑造和品牌管理，强化舆论引导和对外宣传力度，不断提升学校品牌价值，扩大学校影响力。

3. 融入区域经济社会发展

坚持"以贡献求支持，以服务促发展"的原则，努力研究和解决国家，尤其是江西经济建设、科技进步和社会发展中的重大共性关键问题，强化科技成果转化，真正为国家和区域经济发展提供智力支撑和人才保障。发挥大学科技园的孵化作用，加大科技、人才和企业的孵化力度，建立科研、开发、生产、市场一条龙的科技产业发展体制。力争学校科技园成为国家大学科技园。加强与政府部门的密切联系，与企业、市场良性互动，建设创业型大学。充分发挥哲学社会科学优势，针对重大现实问题开展政策研究，形成一批有影响的标志性成果，为政府决策服务。按照"树品牌、育特色、强示范"的发展思路，进一步办好附属中学、小学和幼儿园，加大支持力度，充分发挥对全省学前教育和基础教育的实验创新和示范辐射作用。

打造开放师大、活力师大、幸福师大努力实现人才强校*

（2011 年 9 月 20 日）

胡锦涛同志多次强调，人才资源是第一资源。人才队伍是高校办学和事业发展的重要支撑。借全国和全省人才政策的东风，江西师大坚持科学的人才观，着力破除束缚人才工作的思想观念和制度障碍，大力实施人才强校战略，取得了一定成效。

一、打造开放师大，建设人才梯度转移的理想乐园

"十二五"时期，学校确立了跻身全国师范院校第一方阵的发展目标，提出了"个十百千"的人才工作愿景，即力争五年内自主培养 1 名院士计划取得实质性进展，引进或培养 10 名左右长江学者、国家杰青、"千人计划"等高端领军人才，国内有一定知名度和影响力的学科带头人达到 100 人，博士达到 1000 人。为了实现

---

* 这是梅国平在全省人才工作座谈会上的发言，刊发于《高教领导参考》2011 年第 23 期。

这些目标，我们采取了以下措施：

一是坚持"六心"引才。"三顾茅庐"的故事传为千古引才佳话。《三国演义》既是一部开疆扩土的征战演义，也是一部吸引人才、争夺人才的领导艺术演义，其中不少故事生动地说明了招贤纳士必备雄心、公心、虚心、真心、细心和恒心。我校在引进人才工作中始终倡导和坚持这六个用心。我们认为，从党委书记、校长到人事处长和各学院书记、院长的这些优秀心性和良好修为，是师大的核心财富和人才工作的制胜法宝。

二是坚持海外引才。我们充分利用后金融危机时代人才加速流动的机遇，扩大对外开放，促进国际化办学，吸引海外人才回流。比如，我们结合学校内涵建设需要和重点主攻方向，抓住有利时机，在化学学科先后引进留美博士侯豪情和留日博士陈祥树，他们与学校自己培养的廖维林教授一起，构成了学校化学学科的"三驾马车"，有力地推进了学校的学科建设和科技工作，今年化学学科成功破格获批一级学科博士点。上半年，学校还获得教育部批准成为"接受中国政府奖学金来华留学生院校"，标志着学校教育国际化工作进入国家队行列。今后，我们将让每个学院落实至少一个国际合作项目，全校每年引进10个左右海外学科带头人或优秀博士。

三是坚持柔性引才。我们坚持"不为所有，但为所用"原则，聘请一批高层次人才来校从事学术兼职，把学校建成"候鸟"人才的栖息地、人才环流的经停区。比如，我们聘请原国务院学位办主任张尧学院士担任校学术委员会名誉主任；教育部重点实验室——鄱阳湖湿地与流域研究实验室更是堪称柔性引才和团队引才的典范，学术委员会由来自全国的8名院士组成，主任由原科技部长徐冠华院士担任；实验室主任陈晓玲教授通过双聘的方式从武汉大学引进，双方保留人事关系、学术关系，成果由双方共享，为我们搭建起了一个高水平的科研平台和学术团队。

二、打造活力师大，建设人才发挥作用的创业田园

人才是一种市场资源，哪里能体现价值，人才就会流向哪里。为了盘活人才队伍、激发人力资源，我们围绕人才工作"五件套"，启动了几项重大改革。"五件套"是指"银子、场子、位子、圈子、面子"，所谓"银子"就是要解决好薪酬和经费问题，所谓"场子"就是要解决好教学和研究平台问题，所谓"位子"就是要委以重任，所谓"圈子"就是要帮助建立相应团队，所谓"面子"就是营造人才光荣的氛围。几项重大改革分别是：

一是创建人才特区。针对一些引进人才容易"水土不服"、在新的环境下出现"淬火断裂"的问题，我们借鉴上海等地一些高校的经验，把海外引进人才集中起来，单独组建一个人才特区——国际文理研究院，采取特殊的政策，给予特殊的支持，实行特殊的管理体制机制。比如，在人才评价、业绩考核及津贴分配中试行项目任务考核、团队工作量打包计算、津贴团队分配等特殊制度，让他们组团队、带队伍从事交叉学科研究，专攻高水平科研成果，进而把人才特区建设成为学科发展的示范区。

二是改革人事制度。实行首席教授和资深教授制度，给他们比领导干部和"双肩挑"人员更高的待遇，让他们从繁杂事务中解脱出来，树立学术至上的价值导向和尊重人才的意识，实现"一个领军人才，带好一个团队，兴旺一个学科，激活一个学院"的目标。对那些"小荷才露尖尖角"的后起之秀，则推出青年英才支持计划，每年遴选20人，三年60人滚动考核，大家带课题来申报，用

成果来交账，以此培育未来的科研骨干和学科带头人，建立"未来之星"的储备库。

三是改革分配制度。在今年的绩效工资改革中，学校预算安排了约1600万元的增量，专业技术人员的平均绩效工资是管理服务人员的约1.4倍，并且向高层次人才倾斜。我们还专门研究出台了《突出成果奖励办法》，进一步加大对重大项目、奖项和高水平成果的配套资助和奖励力度。这些做法充分调动了优秀人才的积极性。

三、打造幸福师大，建设人才心向神往的美好家园

建设幸福师大，就是要让学生乐学、教师乐教、职工乐业、社会乐助，让人人感到在师大工作生活幸福、有尊严、有生命质量。为此，师大致力于"两园"建设，即生态校园建设、幸福家园建设。在生态家园建设方面，上半年学校被评为全省首家"野生动植物保护示范校园"，优美的校园环境受到社会各界的高度赞赏。在幸福家园建设方面，我们积极改善教职工居住条件，实现师生同校，在地方政府的支持下，学校已经获批在老校区建1栋、在新校区建5栋、一共1000多套教职工周转房；九江共青城市原则同意我校在共青校区建500栋高层次人才别墅。我们在房源分配中优先照顾高层次人才，并且把最好的一批房源预留给今后引进的拔尖人才。学校还建立了校领导联系高层次拔尖人才制度、后勤部门与学科带头人"一对一"个性化服务制度等。栽下梧桐树，引来金凤凰。随着生活质量和幸福指数的不断提高，师大越来越成为人才心向神往的美好家园。

通过以上做法，学校人才队伍的数量结构发生了很大变化，全

校初步形成了一支以高级职称、研究生学历和中青年教师为主体的人才队伍，专任教师中，35岁以下的青年人才占39%，高级职称占50%，硕士以上占77%，其中博士560人，接近占40%；全校拥有"双聘"院士、国家突贡专家、国家"百千万"等获全国性荣誉的人才50余人，有力地推进了各项事业的发展。去年，学校获批3个一级学科博士点、9个一级学科硕士点、1个教育部重点实验室；在全省高校率先获得以高校为牵头单位的"863"计划重点项目、率先获得国家自然科学基金重大国际合作项目、率先获得专项经费超500万元国家国际合作重大项目，并且获得了近两年来江西省唯一的国家科技进步二等奖。今年，学校拿了23项国家社科基金项目，排全国高校28位，非"211"地方师范院校第2位；拿了27项国家自然科学基金，资助经费超过1000万元；王燕老师在世界顶级杂志《NATURE》（SCI影响因子高达23）上发表学术论文。

依托高层次人才队伍，学校大力促进科技成果产业化，在服务地方经济社会发展方面作出了一定贡献。比如，廖维林团队研制的高性能汽油抗爆剂MMT实现产业化，国内市场占有率已达到40%，去年上缴税收超过5000万元；侯豪情团队主要从事聚合物纳米纤维研究，先后获得8000多万元的企业经费支持和1700多万元的国家发改委经费支持，总投资6亿元、年产值达60亿元的年产2亿平方米纳米纤维电池隔膜产品生产基地9月底刚在南昌市高新区隆重奠基；陈祥树团队主要从事节能减碳分离新材料开发，去年拿到了1300多万元的国家科研经费支持，其"863"计划重点项目也即将进入产业化阶段。

人才工作不只是个理论问题，而是个心力和精力投入问题，是个执行力问题。人才工作的好坏关键看各级领导干部肯不肯花时间和精力去做，舍不舍得出价钱和经费去做，是不是真心营造发展环境和土壤，能不能以人才的发展为根本出发点进行系统的制度设计和改革，用多大的胸怀去引进和使用人才，有多高的修为去感召和领导人才。江西师大将在今后的人才工作中再接再厉，努力构筑江西省的突出人才高地。

弘扬"单糖精神"，加强中心建设*

(2012 年 1 月 7 日)

国家工程技术研究中心是国家最高层次的科技创新平台之一，代表着国家在某一领域的最高水平。如果说几年前获批博士点单位是几代师大人梦寐以求的事情，那么，获批国家工程技术研究中心则是多少年来师大人不曾敢梦、不曾敢想的事情。这次我校成功获批国家工程技术研究中心，是 21 世纪以来，学校在获批博士点单位、建成瑶湖新校区、通过本科教学评估并获优秀的基础上取得的又一重大历史性突破，标志着我校化学学科的办学层次和办学水平又跃上了一个新的台阶！作为一大标志性事件，必将以浓墨重彩的一笔，永远载入师大史册！

获批国家工程技术研究中心，是省委、省政府高度重视科技创新、重点发挥高校科技创新主力军作用所取得的重要成果；是科技部、省科技厅、省教育厅对师大高看一格，厚爱三分，重点关注，倾斜支持所产生的丰硕成果；是我校助推我省科学发展、进位赶超、绿色崛起大业贡献的一份力量，是在岁末年关、辞旧迎新的时刻，给江西科技和教育事业的一份献礼！

＊ 这是梅国平在国家单糖化学合成工程技术研究中心立项建设启动仪式上的讲话。

143

获批国家工程技术研究中心，对我校而言，还有更为深远的意义，那就是我们在冲关时刻、在决战道路上创造的一种现象、一种文化，我姑且把它称作"单糖精神"，这种精神财富，对于我们今后的办学弥足珍贵。

——"单糖精神"的最独特之处，在于我们树立了敢于突破国家级科研平台的"师大信心"。面对"唯身份论"的一贯偏见，我们坚定不移走开放办学、特色发展之路，努力践行"十二五"规划提出的"非均衡发展战略"，"在盆地里筑起一座高峰"，采得了第一桶蜜，掘得了第一桶金，创造了相对落后的地方师范大学在某一办学领域首先取得突破的奇迹，成为全国第二所拥有国家级工程技术研究中心的师范大学。

——"单糖精神"的最动人之处，在于我们秉持着一种锲而不舍、迎难而上的"师大信念"。申报工作几起几落，几进几出，个中艰辛一言难尽，但是，百折不挠、自强不息的师大精神一直在激励着我们，无论过程怎样跌宕起伏、一波三折，我们都抱着背水一战的勇气和志在必得的信念；无论是面对客观的差距还是人为的偏见，我们都本着不抛弃、不放弃的态度，越战越勇，愈挫愈强。正是这样，我们在危难的时刻才得以逢凶化吉，在山穷水尽的时刻才得以柳暗花明。

——"单糖精神"的最可贵之处，是我们在天时地利人和的环境中凝成了坚强的"师大力量"。历时半年的申报工作，就是一个抢天时、占地利、赢人和的战斗。我们以精诚感动领导和专家，让他们把师大抬进了国家工程中心的"俱乐部"。我们不惜一切代价调动和整合全校的资源，把最好的条件、最强的干部、最多的精力集中起来，上下一心，里应外合，在战斗最紧张的时刻，我们人心最团结，气氛最和谐，作风最干练，办事最高效。我们深切地感到，天时不如地利，地利不如人和，办好师大的事情，归根结底在于人和。

总之，因为成功申报国家工程技术研究中心，我们不仅提升了硬指标，而且增强了软实力，师大人增强了自信心和自豪感，激发了凝聚力和向心力，在未来的道路上我们将不惧任何困难挑战，激情满怀地去实现"十二五"规划提出的"保二争一"的目标！

师大的发展又站在了一个新的起点上。今天的会议，既是庆祝，也是动员。我们要着眼于三年之后的验收，吹响中心建设的冲锋号，擂响继续前行的战鼓声。

一是要坚定不移地贯彻"顶天、立地、瞻前、顾后"的建设方针。所谓"顶天"，就是要"仰望星空"，开展国家急需的战略性研究、探索科学技术尖端领域的前瞻性研究、涉及国计民生重大问题的公益性研究；所谓"立地"，就是要"脚踏实地"，积极适应经济社会发展重大需求，立足于经济建设主战场做贡献；所谓"瞻前"，就是要"面向未来"，树立世界眼光，瞄准科技前沿，紧密跟踪学术动态；所谓"顾后"，就是要"统筹兼顾"，体现技术创新、产业发展与人才培养的结合，注意经济效益和社会效益的统一。

二是要继续深入探索地方师范大学建设国家级平台的特色之路。我们作为地方师范大学，总体办学水平和条件都不能与重点高校相比，在建设重大创新平台的任务中要克服更多的困难，付出更大的代价，但是我们也有地方政府及其部门强力支持和产业化成本低等优势，我们要进一步思考和探索如何发挥优势，争取在关键领域取得实质性成果，以高水平科学研究支撑高质量高等教育，形成一个既有普遍意义又独具特色的"师大经验"和"师大模式"，成为地方院校和师范院校科技创新的示范区。

三是要积极发挥工程中心在全校学科建设中的示范和带动作

用。内涵建设是师大今后长期的工作重心，学科建设是学校工作的永恒主题，科技创新是大学肩负的重要使命。"十二五"时期，我们师大进位赶超的任务很重，压力很大。我们要发挥单糖工程中心的示范带头作用，在建设过程中不断总结积累经验，把中心的成功经验在其他学科中推广和放大，把中心的优势资源提供给全校相关学科共享，以点带面，以局部带动全局，促进全校学科建设和科研工作再上一个新台阶。

总之，我们要根据中心建设目标和任务，在有限的建设期内上交一份让科技部满意、让省委省政府放心、让兄弟院校和同行专家认可的优秀答卷，用实际成绩来证明，我们不仅有条件申报这个中心，而且有能力建设好这个中心，决不辜负科技部和省委省政府的期待！

谋划学校工作要做到三个"有效对接"*

（2012 年 2 月 12 日）

谋划学校 2012 年的工作，我们离不开时代背景和现实环境。这个寒假我认真读了三份材料，觉得学校谋划今年的工作要做到三个"有效对接"。

第一，认真读了胡锦涛总书记在清华大学百年校庆上的讲话。这个讲话指明了我国高等教育未来几年的发展方向，谋划 2012 年的工作要与国家高等教育的大趋势、大背景有效对接。

第二，认真读了学校的"十二五"规划。这个规划是我们花了一年的时间编制的，描绘了我们师大未来五年的发展蓝图，这是我们师大人共同的意志和追求，谋划 2012 年的工作要与学校"十二五"规划有效对接。

第三，认真读了《我的科大十年》。这是香港科技大学学术副校长孔宪铎写的一本书。大家都知道，香港科技大学 1991 年建校，到现在也就 21 年，但已经是世界顶尖大学，它的成功一定有秘诀。这本书说的是香港科技大学草创、起步的十年，它成功的秘诀就是两句话，一是招聘最好的教师；二是让他们感到幸福，也就是把学

---

* 这是梅国平在全校中层干部会上的讲话摘选。

校作为创业的乐园和幸福的家园，让教师在这里乐不思蜀。现代大学办学规律可能有很多条，但这是最重要的一条。谋划2012年的工作要与现代大学办学规律有效对接，否则我们就会事倍功半。

第一个有效对接，就是我们部署今年的工作要与国家高等教育的大趋势、大背景有效对接。这个大趋势、大背景是什么？我觉得至少有这么两点值得注意。

一是高等教育的投入加大。国家一方面化解高校基建债务，一方面提高生均拨款。大家都知道，我们学校的首批大额化债资金4.1亿元已经到账，按照教育厅的统一部署，我们年前就还掉了部分债务。但是有了钱，去干什么，是继续大搞外延发展，还是集中力量搞内涵建设，这就要注意第二个趋势。

二是提高高等教育质量是现在和今后高等教育发展的核心任务。无论是我们中长期教育发展规划，还是胡锦涛同志在清华大学百年校庆上的讲话，都把提高教育质量、内涵式发展作为现在和今后高等教育发展的核心任务。胡锦涛总书记在清华大学百年校庆的会上说，"不断提高质量是高等教育的生命线"，"高等学校要把提高质量作为教育改革发展最核心、最紧迫的任务"。温总理也曾谈到，义务教育是如何普及的问题，职业教育是如何发展的问题，高等教育最大的问题是质量的问题。围绕提高高等教育质量这个核心任务，教育部也推出了一系列的重大项目。

第一个大项目是"2011计划"。"2011计划"的全称就是高等学校创新能力提升计划，它的重点任务是构建协同创新的平台与模式，推进产学研用有机结合，提升高校科学研究水平和社会服务能力。这是为了落实胡锦涛同志在清华大学百年校庆上的讲话精神，继"985计划"和"211工程"之后推出的一个重大举措，事关学校身份，我们一定要尽最大努力在这个计划中抢占一席之地。

第二个大项目是中西部高等教育振兴计划。就是支持中西部高等教育发展，重点扶持一批有特色有实力的中西部地区省部重点大学。这个已经提了好几年了，年前我和陈书记去教育部拜访的时候了解到这个项目就要启动了。与此同步的还有一个国家发改委的项目，就是中西部高校基础能力建设工程。

第三个大项目是即将出台的《关于全面提高高等教育质量的若干意见》，简称"新的高教三十条"，其中提出要重点建设 300 所"有特色高水平地方高校"。去年省第十三次党代会上，我省提出要建几所高水平大学或特色大学，没有明确是几所。在今年的省政府工作报告中，明确提出今年要重点建设 2—3 所高水平大学或特色大学。

第四个大项目是高校哲学社会科学繁荣计划（2011—2020）。"繁荣计划"主要是针对哲学社会科学的。还有高校人文社会科学重点研究基地建设计划，到 2015 年要增加 70 个人文社科重点研究基地，申报工作今年就要启动了。

第五个大项目就是国家本科教学工程第二期正式启动建设。还有最近教育部等七部委下发的《关于进一步加强高校实践育人工作的若干意见》。

总之，一大批的计划、项目即将或刚刚启动，这对我们学校来说，既是机遇，也是挑战。

第二个有效对接，就是我们部署今年的工作要与学校"十二五"规划有效对接。"十二五"规划的内容很多，但大家一定要记得那几个大的东西，比如"保二争一"的发展目标。现在有 3 个知名的大学排行榜，虽然这些排行榜不一定准确，不一定客观，但透出的信息值得我们高度重视。做不好，我们的"保二争一"要变成"争二争一"，"双争"，在省内要争第二，在全国要争进入地方师范院校的第一方阵，任务很重，压力很大。所以，在座的各位谋划今年的工作一定要把学校"保二争一"的目标装在心里，就是想一想你这个单位、你这个学科在江西是不是老二，在全国是不是地方师范院校第一方阵。

第三个有效对接，就是我们部署今年的工作要与现代大学办学规律有效对接。大学办学规律很多，但"招最好的人，并让他们感到幸福"是最重要的一条。我们是否招了最好的教师？到现在为止，不能说我们招到了最好的老师。第二句话，我们也做得不够好。我们的老师是不是很 Happy 啊？我们教师的收入不高，幸福指数也不很高，尊师重教还没有完全落实。在座的都是中层干部，现在老师对到机关办事还是有些说法的，不是那么愉快。我们都是做老师出身的，老师如果不是不得已是不会到机关去的。我只提一条看能不能做到，就是老师到你办公室来办事，你能不能从那把椅子上站起来一下。我是力争做到的，希望我们的干部能够做到，从那把象征权威的椅子上站起来，或者是老师进来的时候，或者是老师走的时候。这会让我们的老师感觉到受到了尊重。

通过这三个"有效对接"来研判我们学校面临的形势，得出的结论是：机遇喜人，挑战堪忧。我们唯有继承师大的优良传统，发扬"勇于拼搏、敢于突破，锲而不舍、迎难而上，上下一心、精诚团结"的"单糖精神"，才能把师大的事业推向前进。

把握办学目标，解决三大问题，抓好六项工作*

(2012 年 6 月 1 日)

2012 年是学校实施"十二五"规划，谋求进位赶超的关键时期。我们要努力实现从外延拓展到内涵发展的转变，从经验管理、粗放管理向科学管理、精细管理的转变，紧紧围绕"十二五"规划确立的目标任务，不断推进各项工作。

一、牢牢把握建设高水平有特色大学的办学目标

学校"十二五"规划确立的总体发展目标是：建设一所地方一流、特色鲜明的教学研究型师范大学，主要办学指标保持省内高校第二，进入全国地方师范大学第一方阵。这是根据我国高等教育形势发展变化，综合考量学校客观校情和现实环境提出来的，这一目标定位与当前我国建设高水平有特色大学的高等教育发展战略完全契合，与今年我省提出重点建设好 2—3 所高水平有特色大学的高

---

* 这是梅国平在学校七届二次"双代会"上的工作报告摘选。

151

等教育发展部署完全契合。我们要切实抓住用好难得的历史机遇，牢牢把握"十二五"规划的目标定位，坚定不移地推进非均衡发展战略、实体强院战略、进位赶超战略、管理创新战略和开放办学战略等五大战略，毫不动摇地落实各项任务，做到"不管东西南北风，咬定目标不放松"。

——要瞄准"高水平"的目标。对于我校来说，"高水平"就是要创江西省一流、全国地方师范大学一流，就是"保二争一"。具体来说，就是要有一流的理念、一流的学科、一流的老师、一流的学生、一流的设施和一流的管理。"法乎其上，得乎其中"。只有勇于将一流大学作为比学赶超的标杆，更加主动、自觉、广泛地参与竞争，才能提升办学水平，赢得应有地位。回顾过去的一年，我校排名有了一定前移，但是总体实力偏弱的基本校情并没有根本改变。面对同类师范大学竞相发展的猛烈势头，面对省内兄弟院校已经或正在争取列入省部共建高校的竞争态势，我们要有充分的思想准备和强烈的危机意识，要以宏伟的目标和美好的蓝图把全校上下拧成一股绳，发挥全校教职工的智慧和力量，不断追求卓越、争创一流，不断攻坚克难、奋勇争先，努力实现办学实力的新提升、办学水平的新突破。

——要突出"有特色"的要求。"有特色"，就是要走特色发展之路。特色是学校赖以生存和发展的优势所在、命脉所系。凝练特色、培育特色、发展特色，是一所高校异峰突起、后来居上的必由之路。我校要在短期内实现进位赶超，就必须尽快在高等教育"生态群落"中找到自己的"生态定位"，努力打造办学特色，铸就学校品牌。具体来说，就是要以构建优势学科专业体系为目标，打造学科专业特色；以输送可靠顶用创新人才为目标，打造人才培养特色；以解决社会重大现实问题为目标，打造科学研究特色。要在办学思想、治校理念、制度规范、行为方式、校风学风等各方面打上师大人的文化烙印，注入师大人的精神基因，让师大人以"教师有绝活、干部有绝招、学生有特长"获得社会的广泛认可。

二、着力解决办学治校中的三个突出问题

建设高水平有特色大学，需要我们深化对现代大学办学治校规律的理解，进一步解放思想，更新理念，认真查找差距和不足，着力找准并解决影响和制约学校科学发展的突出问题。

1. 进一步解放思想，解决观念作风不适应的问题

认识上不到位、观念上不适应、作风上不扎实，是学校改革发展的最大阻力。无论是去年的绩效工资改革，还是正在酝酿推行的目标管理考核，都是高等教育改革和学校事业发展的大势所趋，都是学校谋求"保二争一"、实现进位赶超的必然要求，但有少数教职工难以理解和接受，存在小富即安、小进即满的庸懒思想，坐井观天、夜郎自大的自满思想，不求有功、但求无过的守成思想，双手向上、贪图安逸的享乐思想，甚至搬弄是非、无中生有的阴暗思想，这在一定程度上制约了学校事业的发展。要实现"十二五"的奋斗目标，就必须进一步解放思想、转变观念，冲破传统思维方式的束缚，以改革创新的精神，加快破解制约科学发展的矛盾和难题；就必须进一步加强作风建设，切实增强危机意识、责任意识、进取意识、合作意识，着力弘扬新风、树立正气，营造敢为人先、追求卓越的氛围，为学校全面深化各项改革铺平道路，扫除障碍。

2. 进一步创新制度，解决内部管理不适应的问题

从社会深刻变革的形势要求来看，学校内部管理体制的不适

应性比较明显；从学校自身发展的需要来看，创新管理机制的迫切性比较突出。部分管理机构职能重叠，权责不清，运转低效；有些单位工作没压力，办事不算账，"跑冒滴漏"现象时有发生；全校资源配置不尽合理，考核制度尚不健全；等等。面对校内"生产关系"不适应"生产力"发展的矛盾，我们要按照有利于学校办学资源的优化组合、有利于调动和发挥最大多数教职工的积极性、有利于提升学校的工作效率和办学品牌的"三个有利于"标准，推动建立现代大学制度，形成提升办学水平、提高办学效益的长效机制。

3. 进一步挖掘资源，解决办学条件不适应的问题

国家出台化解地方高校基建债务政策以后，学校建设新校区带来的债务压力有所缓解，财务状况有所好转。但是，办学经费增长不能满足学校事业快速发展需要的矛盾还十分突出。学校办学条件还比较艰苦，由于历史欠账原因，教学科研仪器设备比较陈旧，数字文献资源相当匮乏，部分学科的办学空间还十分紧张，这些都直接制约着学校综合实力的提升。因此，我们要进一步开源节流、增收节支，全面融入经济社会建设，推进国际国内合作办学，在主动融入与合作中寻找发展机遇、优化办学资源、拓展办学空间、提升办学能力。

三、抓紧抓好今后一年的六项重点工作

1. 抓项目，重点是争取"2011 计划"、中西部高等教育振兴计划和省部共建

解决身份问题，是学校的头等大事。多年来，学校苦于身份所限，难以获取国家层面的资源。目前，省内已有几所省部共建本科高校，学校面临更加激烈的竞争环境。今年，教育部将启动实施"2011 计划"、中西部高等教育振兴计划等申报工作，学校要举全校之力，聚全校之智，积极做好培育和申报工作。

一是要克服困难，创造条件，申报"2011 计划"、中西部高等教育振兴计划和中西部高校基础能力建设工程。国家"2011 计划"要求牵头高校拥有相应的国家重点学科，我们虽然不符合这一牵头申报条件，但也有一些学科达到国内领先水平，具有自身的特色，并拥有以国家单糖工程中心、鄱阳湖湿地与流域和功能有机小分子教育部重点实验室为代表的一批高水平科研平台，可以作为联合牵头单位或作为参与单位积极申报。省里正在实施"江西省 2011 计划"，准备在 4 年时间里投入 8 亿元建设 40 个"江西 2011 协同创新中心"，我们一定要积极谋划，争取学校应有的份额。中西部高等教育振兴计划将重点扶持一批有特色有实力的中西部地区省属重点大学，学校要积极做好申报准备工作，争取首批进入。中西部高校基础能力建设工程是国家发改委和教育部牵头组织的一项提高中西部高校基础办学能力和人才培养质量的重大工程，以五年为一个周期滚动实施，国家计划投入 100 亿元支持 100 所高校，省财政再按 40% 的比例进行配套，相关方案已经正式出台，我们正争取首批进入。

二是要开动脑筋，独辟蹊径，争取江西省人民政府与教育部共建江西师大。我校与海峡对岸的台湾中正大学一脉相承，是同根共源的"双胞大学"，是加强海峡两岸文化认同的重要纽带。两岸拥有 7 对同根共源"双胞大学"这一特殊文化现象举世罕见，是海峡两岸同属一个中国，血脉相连、文化同根的明证。要突出支持我校发展对助推两岸文化认同、政治和解和祖国统一大业的政治意义和战略意义，争取江西省人民政府与教育部共建我校。

三是要集中力量，加大投入，重点培育和申报一批"国字号"重大教学科研平台。"国字号"重大教学科研平台，既是学校综合办学实力和核心竞争力的标志，更是学校特色发展、跨越发展的引擎。作为一所地方师范大学，我们唯有将自身内涵建设置于服务国家重大战略需求的平台上加以考量，置于解决区域发展重大现实问题的位置上加以研判，才能站得稳走得好，才能赢得社会的肯定和认可。要努力建设好现有国家级和省部级教学科研平台，并启动"国字号"重大教学科研平台培育工程，通过打造一批高水平的研究团队、争取一批重大的科研项目、取得一批具有标志性的重大成果，为申报国家重点学科、国家重点实验室、国家工程（技术）研究中心、国家本科教学工程项目和教育部人文社科重点研究基地、重点实验室、工程中心做好准备工作，力争实现"国字号"重大教学科研平台的新突破。

2. 促管理，目的是推进依法治校、民主治校和科学治校工作

我校与国内外一流大学之间的差距是多方面的，而管理制度上的差距带有根本性。我们要坚持以人为本和依法治校有机结合，着力构建现代大学制度，不断推进学校管理民主化和科学化，突破制度瓶颈，激发办学活力。

一是认真起草制定《学校章程》。大学章程是大学治理的"宪章"，也是高校探索建立现代大学制度的重要载体。要根据教育部今年出台的《高等学校章程制定暂行办法》精神，加快学校章程起草工作进程，争取按照要求在今年9月底之前完成。要通过章程的制定，在全校开展内部管理体制改革学习讨论活动，进一步明晰人才培养、大学管理和办学兴校的规律所在，形成完善内部管理体制、改革内部治理结构、实现依法民主治校、推动学校跨越发展的良好局面。

二是全面推行目标管理与绩效考核工作。与我校同根同源的台湾中正大学，虽然 1989 年才在台湾相对落后的南部嘉义县重建，但 2010 年在 QS 亚洲大学排名榜中列第 161 位，2011 年在上海交通大学的两岸四地大学排名榜中列第 42 位，资管研究亚洲第 7 名，3 个学科进入学术领域成就世界前 1% 的 ESI 排名。我们要认真学习借鉴其在建立评鉴机制、确定竞争指标、实施绩效考核、评比资源效益方面的先进管理经验。学校在对省内外 8 所兄弟院校认真调研的基础上，经过广泛征求意见，初步形成绩效考核试行办法草案，建构了学院、科研机构、党政机关、业务部门和资产经营单位的考核指标体系，通过定量考核与定性考核相结合、以定量考核为主，目标考核与过程考核相结合、以目标考核为主的考核方式，客观评价各单位对学校的贡献力。今后，在深化管理制度改革方面，还要做到"四个推进"：推进目标管理工作，把目标考核结果与教工的绩效工资挂钩，与干部的进退留转挂钩，实行单位负责人问责制和诫勉谈话制；推进绩效工资改革，逐步形成合理的绩效工资水平决定机制和完善的分配激励机制；推进校院两级管理体制改革，下移工作重心，激发学院的办学活力；推进后勤和资产管理改革，促进各类校有资产管理科学化和精细化，提升各类办学资源的使用效益。

三是创新人才工作体制机制。大学之大，在于大师、大楼和大气；大学之学，在于学者、学术和学生。没有大师，就谈不上学者、学术；没有大气，就容不下大师、用不好人才。对于人才工作，领导要有大心胸，干部要有大视野，老师要有大智慧，要坚决反对"武大郎开店""叶公好龙"的狭隘意识，摒弃论资排辈、求全责备的陈旧观念，兴识才、爱才、敬才之风，除嫉才、惧才、拒才之弊。当前，要强力推进高层次人才引进工作，对各学院和各学科分配指标，挂牌督办，完成任务的给予奖励，没有完成的进行问责，确保年内人才工作见到明显成效；要围绕重点学科、重点平台和重大项目，依托获批、申报博士学位点和重大科研平台，以优秀领军人才为核心，大力推进"高端领军人才＋创新团队"建设，着力抓好学术领军人物和中青年学术骨干的培养；要做大做实高等研究院这一平台，认真做好首批资深教授、首席教授、低职高聘教授的遴选工作，继续实施青年英才培育计划，探索形成促进人才特区建设和人才培养使用的良好机制，把学校建设成为优秀人才的栖息地、人才环流的经停区和人才成长的示范园。

3.提质量，核心是实施"正大学子"创新人才培育计划和"顶天立地"科研创新计划

质量是学校的生命线。学校的办学声誉和社会地位，归根结底取决于学校人才培养和科学研究的质量。要坚定不移地走以质量提升为核心的内涵式发展道路，大力提高人才培养水平，切实增强科研创新能力。

一是实施"正大学子"创新人才培育计划。要根据高等教育形势变化和经济社会发展需要，及时转变育人理念，把促进人的全面发展和适应社会需要作为衡量人才培养水平的根本标准，把培养学生的社会责任感、创新精神、实践能力作为今后学校人才培养的中心任务，创新人才培养模式，再造核心课程体系，革新教育教学方式，更为注重学生的实践锻炼和技能培养，更加强调学生的创新意识和拼搏精神，为他们的未来人生打下坚实的基础。围绕"正大学子"这一计划，要做到：

第一，打造创新人才培养品牌。通过设立"拔尖创新人才"实验班、本科生创新团队、"荣誉学士学位"实验班和开展专业综合改革试点，扎实推进学校人才培养高峰计划、团队高原计划、班级高原计划和专业高原计划，着力培养具有国际视野、富有创新精神和实践能力的卓越教育家、卓越企业家、卓越工程师、卓越律师等行业领军人才，通过二三年的努力，打造一批具有标杆意义的名专业、名课程、名班级和名学生，成为学校人才培养的品牌和特色。

第二，启动卓越教师培养工程。今年下半年，教育部将召开全国教师工作会议，教师教育将得到更多更大的政策支持。我们要珍惜教师教育办学传统，巩固教师教育办学优势，切实解决教师教育中实践教学相对欠缺、与基础教育日渐疏远的问题，强化学校在全省基础教育中的品牌地位、在教师教育中的龙头地位。要对接教育部颁布的教师教育课程"新国标"，重构教师教育课程教学体系；融"教学见习—模拟教学—教学实习—实践反思"为一体，重构教师教育实践教学体系，使教师教育有更多可看、可说、可学的创新亮点。

第三，重点抓好"四率"提高。毕业生的升研率、留学率、考取公务员事业单位率和学生学科竞赛获奖率，是人才培养质量的重要评价指标。要把"四率"纳入学院目标管理考核体系、专业水平评估体系，与学院教学经费挂钩，与专业招生计划挂钩，与学院和专业负责人绩效挂钩，力争今年的全校"四率"平均水平比上年年底提高 15% 以上。

第四，深入开展"教学月"活动。要将每个学期一次的"教学月"活动制度化，组织开展"全员教研"活动，推进"十佳百优教师"的教学观摩活动，使全校每年公开课达到300门次以上，鼓励每位老师每学期上一次公开课、听一次公开课、参加一次教学技能培训、写一篇教研体会文章，提高广大教师的教学技能和教学水平。

二是实施"顶天立地"科研创新计划。教学研究型大学的最显著特征就是教学与科研并重，比教学型大学更为强调科学研究、知识应用和社会服务。实施"顶天立地"科研创新计划，有两个方面的要求：

"顶天"，就是以国家和区域战略需求为导向，以重大现实问题为主攻方向，建设国家级科研平台，承担重大科研项目，产生高水平成果。要坚持"高起点、高水准、有特色"的标准，联合相关单位培育申报中央苏区研究教育部人文社科重点研究基地，整合侯豪情项目团队向国家发改委或科技部申报国家纳米纤维工程（技术）研究中心，整合陈祥树项目团队向科技部申报省部共建先进膜材料重点实验室。要继续争取国家"863""973"等重大项目和国家自然科学基金、国家社科基金等国家级课题的新突破，争取今年国家自然科学和社科基金两类国家课题立项项目达到 70 项，立项经费突破 2000 万元。

"立地"，就是面向经济社会发展的重大需求、行业产业经济的重要问题，与国内外高校、科研院所、行业企业、地方政府开展深度合作，搭建协同创新平台，承担横向科研课题。要对学校横向课题有关管理规定进行修订，加大支持力度，完善配套政策，激励广大教师投身社会服务事业，积极争取横向科研课题和经费，使学校全年横向重大项目取得较大突破，横向课题经费实现翻番，全校科研立项总经费比 2011 年再增长 40% 以上。要围绕鄱阳湖生态经济区建设、中央苏区振兴战略和江西十大新兴战略产业，培育和孵化科研项目，推进官产学研紧密结合，综合运用专利许可、技术转让、技术入股等各种方式大力促进科技成果转化，开创学校服务社会的新局面。

4. 调结构，主要是调整学科专业布局、校区功能布局、内部组织机构和预算支出结构

调整结构是顺应学校内外发展形势的需要。要按照调出速度、调出质量、调出效益的要求，统筹推进各项结构调整工作，科学配置办学资源，有效提高运行效率，推进实现学校事业科学发展。

一是优化调整学科专业布局。要以重大平台基地和一级学科博士点申报建设为纽带，以高端领军人才引培工作为契机，按照"入主流、上层次、创特色"的要求，借助重点和优先发展学科的示范和辐射作用，对专业、学科性质相近的学院学科进行必要的整合，实现学校学科发展从注重均衡推进、整体发展向注重重点突破、特色发展转变，努力使若干学科或若干学科方向达到或接近国内先进水平。要按照唯一性和独特性的原则打造优势特色学科，使化学化工、地理环境等若干学科率先达到国内一流水平，进而建立"优势学科强力带动、基础学科有力支撑、新兴学科活力催发、不同学科交叉融合、各类学科协调发展"的良好学科生态。要学会"舍得"，勇于"放弃"，从学校发展战略高度出发，在坚持师范特色、巩固优势专业的同时，提升市场应用广泛的专业，发展有市场潜力的专业，压缩无市场前景的专业。

二是优化调整校区功能布局。鉴于音、体、美等特殊专业的场地空间布局不合理，理工科的实验条件不能满足办学需要，根据学校财务状况和现实办学条件，暂时将音乐学院、体育学院进行分校区办学，近期开始做好场地改造、调整和学生搬迁工作，条件成熟时，系统研究解决特殊专业办学空间与专业发展问题；在瑶湖校区筹建综合实验大楼，以满足理工学科发展和化学一级学科博士点、国家单糖工程中心建设的需要；暂缓共青校区建设；大力改善各学院、各学科的基础办学条件，努力解决教学科研仪器设备陈旧老化

161

和电子数据资源匮乏的问题。

三是优化调整内部组织机构。认真研究探索二级单位的调整。按照精简高效、分类管理的目标和原则，对全校各级各类管理机构、服务机构、教学科研机构、经营机构以及大量的非常设组织机构进行适当的整合。研究出台校内科研机构的设置、管理与考核办法。

四是优化调整预算支出结构。要逐步建立新的科学预算管理体系，进一步优化资源配置、控制运行成本、提高预算资金的产出效益。通盘考虑学校的实际财务状况和教学科研发展需要，2012年财务预算坚持收支平衡原则，常规经费维持上年水平，将收入的增量资金主要用于民生改善、内涵建设和办学条件保障上。

5. 推开放，关键是实施教育国际化战略和推进与国外大学的实质性合作

为了培养具有国际竞争能力的高素质人才，提高学校的国际竞争力和学术影响力，要继续加大开放办学步伐，加快研究制定教育国际化战略规划，完善教育国际化工作体制机制，提升学校教育国际化水平。

一是加速师资队伍国际化。师资队伍的国际化是学校实施教育国际化的根本保证。要一手抓引进海外优秀人才，一手抓现有师资的海外深造。要建立激励机制，落实中青年教师晋升教授职称与海外留学经历挂钩政策，鼓励广大中青年教师通过国家留学基金委留学项目、国家留学基金委与地方合作项目、学校派遣项目，出国进修或攻读学位，争取每年有30名左右教师到国外知名大学和科研机构进行为期半年以上的访学进修和合作研究。

二是加大实质性合作力度。要借鉴宁波诺丁汉大学整套复制、移植嫁接的经验，探索实施国际化人才培养模式。积极寻求国外高水平大学合作伙伴，以学科专业为单位，有选择性地系统引进培养方案、教学计划、教学大纲和教材，加快国际教育课程体系建设。继续争取在欧美发达国家开办第二所孔子学院，加强项目和人员的国际合作和交流。鼓励每个学院至少与一所国外院校同类院系建立实质性的合作关系，或实施一个国际合作办学项目。

三是加强学生的国际交流。充分利用学校作为接受中国政府奖学金来华留学生院校的优势，积极参与"留学中国计划"，扩大招收外国留学生规模，争取今年达到300人以上。积极开展交换生计划、海外游学计划与其他教育国际交流活动，探索与更多国外大学开展学分互认合作培养，丰富学生的海外学习经历，提高学生的国际竞争能力。

6. 惠民生，要求是大力维护和发展师生员工的根本利益

我们要用更多的注意力关注师生的诉求，用更多的精力回答师生的关切，实现好、维护好、发展好师生员工的根本利益，让师生员工共享学校发展的成果。今后一年，我们要重点做好十件民生实事。

"三看"做谋划，"五抓"促发展[*]

（2012 年 9 月 1 日）

年初，学校制定了工作要点，提出了今年的工作思路，简单地说就是：围绕"保二争一"发展目标和"目标管理""人才建设"两大主题，通过"六个抓手"，加强"六大建设"。按照上述工作思路，学校推出了系列的改革发展举措，全校上下扎实工作，奋力拼搏，省部共建、中西部高校基础能力建设工程、国家级校园节能项目等重大项目有进展，国家社科和自然科学基金项目、"863"计划重点项目、省高校高水平创新平台等关键指标有突破，内部管理、民生工程等工作有成效，其他各项工作也都取得了不俗的业绩。

回顾总结上半年和暑期的工作，我想起用友软件老总王文京说的一句话："办好一个企业，需要三样东西：梦、道、力"。梦就是理想，要敢想敢干；道就是规律，要善谋巧干；力就是执行力，要真抓实干。所有的事情都是如此，要成事、成难事、成大事，这三条缺一不可。大家想想，如果我们不是知难而进，而是知难而退，国家自然科学基金项目不可能拿到这么多，中西部高校基础能力建设工程不可能拿到入场券，省部共建更不可能走到今天这一步。要

---

* 这是梅国平在全校中层干部会上的讲话摘选。

知道，教育部和地方政府共建的高校全国目前只有 22 所，原则上是一省一校，其他的是省部部共建，教育部不是牵头单位，而江西省已经有南昌大学和井冈山大学两所省部共建高校了，学校的省部共建工作走到这一步，十分不容易。总而言之，只要我们的干部教师能够做到敢干、巧干、实干，师大的事业一定会更加红火。

谋划下半年的工作，我们一定要考虑学校所处的时空背景，在座的都是学校的中坚力量，在思考和谋划下半年工作的时候要左右看看，认清形势，有所参照。左右看看怎么看，我认为要做到"三看"：一看国际高等教育发展的背景，二看国家高等教育发展的背景，三看兄弟院校发展的背景。

一看国际高等教育发展的背景。国际背景这个尺度太大，让我们聚焦韩国浦项科技大学，解剖这个"麻雀"。《中国高教研究》今年第 8 期有篇文章专门介绍韩国浦项科技大学，请同志们会后看一看。《中国高教研究》是中国高等教育学会主办的一个杂志，办得很好，各个学院以及主要的业务处室应该订阅。我看完那篇文章后感觉挺震撼，想说两点：

第一，韩国浦项科技大学和香港科技大学一样，都是世界知名大学，办学时间都很短。浦项科技大学是 1986 年创办，迄今 26 年，但是它的世界排名 2010 年是世界 28 位，2011 年是 53 位，高于香港科技大学，这是《英国泰晤士高等教育》（THE）的世界大学排名，应该是比较权威的。这是它们共同的地方，排名很前，办学时间很短。不同之处在于香港是一个开放型、高度国际化的经济体，韩国是一个非英语的单一民族，它没有语言优势，所以这样一个大学的迅速崛起对中国内陆大学更有借鉴意义。

第二是它的成功秘诀。一个大学办学 26 年后就能排在全世界前 50 位左右，一定有其成功之道。韩国浦项科技大学的成功之道就是坚持"小而精"的特色发展战略。小到什么程度呢，2010 年全职教师是 249 人，本科生是 1360 人，研究生是 1737 人，10 个本科专业，17 个研究生专业，差不多就相当于我们大一点的一个学院。精又在哪里呢，我将其归纳为四条：一是精选特色学科，确定重点研究领域，重点在工程技术、物理科学、生命科学和钢铁技术等领域发展，2010 年 THE 世界大学排名中，它的工程技术排在第 28 位，生命科学排在第 37 位，物理科学排在第 26 位。二是延聘一流师资，这是世界大学的普遍规律。学校要发展，教师首先要强，它的 249 个教师全部有博士学位，60% 是由世界前 100 名大学毕业的博士，本国毕业的博士不到 20%，本校毕业的博士还不到 2%。三是实施教授评估制度。教师必须在 7 年内接受终身职位的评估，没有通过评估的一年之内必须离开学校。这个评估是由世界排名前 20 位大学的 5 名以上同行教授进行的，主要看学术成果和发展潜力。四是每年只招收 300 名左右新生，进行小班教学，实行"一制三化"，即导师制、个性化、国际化、小班化。"小而精"，这就是韩国浦项科技大学的发展战略。

二看国家高等教育的背景。当前我们国家高等教育的政策出现了三大转变，我们的中层干部要知道。

1. 更加重视内涵质量。胡锦涛同志在清华百年校庆讲话中专门强调，提高高等教育质量是我国高等教育最紧迫最核心的任务。3 月 20 日，全国高等教育质量工作会议召开，刘延东国务委员和袁贵仁部长都出席会议并发表重要讲话。与此同时，教育部推出了"高教三十条"，还有"2011 计划"，再加上 18 个子文件，这些文件有不少新的精神、新的提法、新的要求。开学以后，要在全校组织学习贯彻文件精神。要对"高教三十条"进行专题研究，出台政策，加以贯彻落实。

2.更加重视协同创新。就是"2011计划"，强调要以协同创新中心建设为载体，转变高校创新方式，提升高校人才、学科、科研"三位一体"的创新能力。这是改革开放以来国家继"211""985"之后在高等教育领域的又一重大战略举措，是中国高等教育的又一次重大历史机遇，能否抓住用好这次机遇对于学校今后的建设发展至关重要。

3.更加重视均衡高等教育。简单地说，就是更加重视中西部高校的发展，推出了一些重大项目。2010年，设立了中央财政支持地方高校发展的专项基金，每年学校大概能拿到1000万元。去年，启动了中西部高校基础能力建设工程，学校拿到了1个亿。今年，即将出台的中西部高等教育振兴计划里也有一些重大利好政策。我们要抓住这些机遇。

三看兄弟高校发展的背景。一是要看兄弟师范大学。就拿国家自然科学基金来说，虽说我们排名第9位，但是后面的高校也跟得很紧，而且我们有地方项目，大部分高校是没有地方项目的。

二是要看省内兄弟院校。南昌大学入选了一篇全国"百优"博士论文，也是他们"零"的突破，国家自然科学基金是181项，在全国都排得上名次。江西财大实现了江西省、财政部和教育部三方共建，同时拿了一个含金量很高的"全国就业先进工作单位"，全国高校一共15个。江西农大是江西省与农业部共建高校，东华理工自己培养出了"国家杰青"。江西理工受益于中央苏区振兴国家战略，将会有一个超常规的快速发展。赣南师院很可能马上改为师范大学，江西科技师范学院已经改为师范大学了。高校竞争的激烈程度可想而知。

下半年，我们要牢牢把握当前难得的发展机遇，紧紧围绕"十二五"期间"保二争一"的发展目标，始终朝着建设有特色高水平大学的发展方向，切实抓好全年工作要点的落实工作，努力推进学校事业的跨越发展。

一、抓好教育教学提质量

人才培养工作在高校工作中处于中心地位。在全面提升高校内涵建设质量的今天，谁错过了这次提高质量的机遇，谁就可能落后一个时代。我们不能错过这次机会，要投入更多的精力和资源，好好把人才培养质量抓一下。下半年要做好以下工作。

1. 开展学习贯彻"高教三十条"主题活动。要通过这个主题活动，找准学校人才培养和教育教学等方面存在的薄弱环节和突出问题，结合实际制定出台学校贯彻落实"高教三十条"的意见，并将其作为今后学校内涵发展的一个纲领性文件。

2. 树立先进的教育教学理念。理念总是在行动之前。"高教三十条"强调了办好大学的三大核心理念：一是进一步树立以人才培养为中心的理念，把人才培养质量作为衡量学校办学的核心标准；二是进一步树立把促进人的全面发展和适应社会需要作为衡量人才培养水平根本标准的理念，把社会评价作为衡量人才培养水平的重要指标。社会评价就是新生录取分数线、毕业生就业率和就业质量等；三是进一步树立以学生为本的理念，把一切为了学生健康成长作为教育工作的首要追求。这些理念落实到教学上，就是要树立以"学"为中心的教学理念，由重教向重学转变。以"学"为中心既指学生的中心地位，也指学习的中心地位。我们要以"以'学'为中心"的理念来重新审视人才培养工作，从学生中心和学习中心的角度来重组教学体系，重设教学常规，重构教学管理。

3. 创新人才培养模式。去年下半年，学校推出了学院教育教学改革创新特色项目立项工作，目的就是鼓励学院探索各具特色的人才培养模式。今年上半年又推出了"正大学子"创新人才培育计划，包括拔尖人才培养高峰计划，就是行政班，面向全校选拔，培养未来的企业家、教育家、法学家等，还有班级高原计划、团队高原计划、专业高原计划。通过这四大计划来打造学校的教学品牌，创新人才培养模式，希望各个学院引起重视。"高教三十条"说要鼓励高校因校制宜，探索科学基础、实践能力和人文素养融合发展的人才培养模式。这里只给了人才培养的目标，具体模式是要探索的。人才培养模式是个很大的概念，我觉得可以在以下方面进行深入探索。

一是培养目标和质量标准。每个专业都要有培养目标和标准，我记得哈佛大学关于本科生的培养在听说读写上都有要求，其中"说"的要求是：能够清晰地表述并且和任何人交流都不显得外行。这其实是个很高的要求。有的学校对计算机专业的学生就有个硬指标，在校四年期间要写一万行以上的程序，并分解到各相关课程。

二是课程体系。课程是人才培养的基本载体。我们要重点加强主干课程建设。我在江西财大分管教学时有个做法就是打造"3＋7＋X"，3 门公共基础课、7 门学科基础课，X 就是 5 门左右的专业核心课程，加起来一共是 15 门左右课程。每个专业抓好了这 15 门课程，培养质量就有了基本保证。这 15 门课有些硬要求，一是不允许补考，只能重修；二是延长考试时间，增加考试内容；三是成绩与学位授予挂钩，其他的课及格就可以，这 15 门课光及格不行，这样把老师和学生的积极性调动到这些课程上。

三是教学方法。教学方法是个大问题，也是教学改革的深水区，需要大家来探索。现在有的老师上课满堂灌，还照本宣科，我认为要加强启发式、讨论式、探究式、互动式教学的探索。我介绍一下西南财大的做法，比如探究式教学，因为大家开始都不太清楚怎么搞，第一年是一个学院搞一门课程的探究式教学示范，第二年在每个专业搞一门课程，第三年再覆盖到专业核心课程。德国教育家第斯多德有句名言："如果使学生习惯于简单的接收或被动的学习，任何方法都是坏的。如果能够激发学生的主动性，任何方法都是好的。"

还有教学评价、教学管理等，都要进行改革探索。例如，"高教三十条"特别提出："建立学生自主选择专业、自主选择课程等自主学习模式"，对此，我们的教学管理如何跟上。总之，教学改革说易行难，它对学生是好事，对老师是难事，对学院是烦事，但只要是对学生有利的事，就是我们应该着力做好的事。教务处要结合2013级人才培养方案的修订，推出若干教改举措，创新我校的本科生人才培养模式。研究生院要系统地改革创新我校的研究生培养制度，切实提高我校的研究生培养质量。

4.建立大学生学习支持服务体系。教务处要注意做好以下几件事：一是要根据大学生学习的特点，组织专门力量探索设置专门的学习学和学习方法课程，加强大学生特别是大一新生的学习方法指导，看看是否可以开学习方法课？二是要成立专门的大学生学习和发展指导中心，可以从社团开始，通过开展单独辅导、团体培训、专业讲座等丰富多彩的活动，给不同学习阶段、个体特点和发展需求的学生提供专业化的学习指导、咨询和支持；三是要探索建立鼓励广大教师为学生提供学习辅导的机制，让教师通过定时定点"坐诊"、网上答疑等灵活的方式为学生提供学习辅导。南昌大学在这方面就有探索，教务处在网上公布什么时间什么地点哪位老师在哪里答疑，据此教学督导就可以督查，在就给老师记工作量，不在就要追查责任；四是要借鉴哈佛大学等国内外一流大学的成功经验，将学生学习状态纳入教学常态监控之中，建立学习体验监测制度，并以此为基础调整教学安排，优化学生学习体验。这个清华大学在试用，我们虽然不一定能够马上做，但是要有这个意识。

5. 为教育教学工作提供政策保障。为了体现教育教学工作的中心地位，学校将根据"高教三十条"的要求，出台系列的政策保障举措。一是提供精力保障。学校把本科教学作为学校最基础、最根本的工作，从今年开始校长办公会每年至少一次专题研究教育教学工作，学校每年召开一次教学工作会议。二是提供经费保障。今后学校新增经费使用做到"三个优先"：新增办学经费优先保证教育教学需要，新增生均拨款优先用于学生培养，新增教学经费优先用于实践教学。三是提供制度保障。在教师的考核和评价、职称的评定和聘任上，增加和突出教育教学的评价指标和业绩要求，把教授为本科生上课作为一项基本制度再次重申，着力解决当前部分教师中存在的重科研轻教学、重兼职轻本职、只教书不育人的现象。

二、抓好特色发展谋跨越

特色发展是制胜的法宝，一些高校之所以能够在激烈的竞争中短期内迅速崛起，靠的就是特色发展。蔡元培校长治下的北大也是这样，我最近看了《蔡元培校长》这本书，其中讲到当年北大文理工农医都有，他来了以后主打文理科，把后面的工农医都剥离掉了。当然，现在北大也向其他方面发展，但最主要的还是文理科。普林斯顿大学也是一个非常典型的例子，该校长期以来保持6000人的办学规模，只有文理工三科，却跻身世界一流大学，并且曾经连续 5 年在全美高校中排名第一。我们作为一所欠发达地区的地方师范大学，更是要坚持以特色求发展，以特色构筑核心竞争力，通过在某些领域办出特色、争创一流来实现学校事业的异军突起。现在，学校的特色不明显，作为师范大学，我们的师范特色也不突出。各个学院、各个部门，在座的各位，都要思考师大的特色在哪里，如何打造和培育我们的特色。在这里，我提供几条路径供大家参考：

1. 以"强"求"特"。就是要找准我们最强的东西，让最"出色"的东西成为我们的特色。我们是师范大学，教师教育是我们的传统和优势，打造特色必须要坚持和强化学校的教师教育特色。"十二五"规划中的两大特色之一就是师德引领的教师教育特色，几年过去以后我们拿什么东西出来？教师教育处、教务处和各相关学院既要拿出愿景、策略和行动方案，更要付诸实践，进行评估。比如，我们牵手 100 所重点中学打造教师教育共同体，弄得怎么样？牵手 20 个县市区打造教师教育的创新实验区，做得怎么样？我们的"见习—模拟实习—实习—反思实习"教师教育实践教育体系，建得怎么样？教师教育实训中心要尽快建起来，要把中学名师课堂和我们的实训中心通过信息技术连接起来，让我们的学生在学校里就能够耳濡目染。

还有我们的学科特色。学校要打造一些地标学科，比如化学化工，现在省里的大项目基本都给了化学化工，希望化学化工学院能够感受到学校的这样一份厚爱。我们的音、体、美、外等占据江西省学科高地的学科，要努力打造成学校的学科"名片"。还有省里面评出的 4 个高水平学科，以及学校确立的其他优先发展学科都要加强建设。但是最近统计，迄今为止学校学科建设经费结余 3000 多万元，学院院长和学科带头人有钱舍不得用。到了年底，学科建设经费没用掉 60% 的，要先将 60% 以上部分收回学校。当然，学科建设经费要用在刀刃上，不能乱花浪费，但不能不用。

2. 以"特"求"特"。就是要找准我们最特别的东西，让"特别"的东西成为特色。比如，我们与台湾中正大学是同根共源的"双胞学校"，这是我们独特的东西。在争取省部共建的过程，学校就将其作为其他高校无法攀比的理由。在今后的办学中，学校要进一步加强与台湾中正大学的交流合作，着力把我校打造成为台湾青年大学生感悟体验中华民族优秀传统文化的纽带和海峡两岸青年大学生特色魅力展示的窗口、交流合作对话的平台、友谊互信合作的桥梁，进而形成学校办学的一个品牌特色。

3. 以"点"求"特"。就是要找准突破口，在一个点或几个点上打造局部优势，形成自己的特色。刚才我们谈到的韩国浦项科技大学，就是这样的典范。学校要打造学科地标，学院也要遴选 1—2 个二级学科点，甚至在二级学科点上凝练几个独特的科研方向进行精心打造和重点建设，进而形成和建立本学院的特色优势。其他的单位，包括职能部门和教辅单位，也可以按这个思路打造自己的工作特色，甚至我们的教师也要采取重点突破的办法，确立自己的优势特色。在这里我举一个华中师大徐勇教授的例子，他就是专注于通过实证研究方法来研究我国的基层政治与乡村治理，结果成为全国研究"三农"问题的唯一长江学者，其领衔的中国农村问题研究中心毕业的博士生论文有 3 篇荣获全国"百优"，1 篇荣获提名，并培养出于建嵘、吴毅等一批优秀学术人才，被誉为"华师现象"。

4. 以"新"求"特"。就是说要走自己的路，不循别人的道，以"新"求"特"，以"奇"制"胜"。国画大师齐白石有一句话说得好，"学我者生，似我者死"。这里我特别要提一下浙江师范大学面向非洲的教育国际化道路。国内一些重点大学的教育国际化模式大同小异，一般是向国外名牌高校派遣教师和学生，从国外名牌高校引进办学理念、高端人才、培养方案和课程体系，与国外名牌高校联合办学、合作科研和联合技术开发等。但这种教育国际化的模式需要充足的财力支撑和较强的办学实力，才能对国外高校和人才产生足够的吸引力，并进行平等的交往，这显然不适合我们地方高校。但浙江师范大学就另辟蹊径，将教育国际化的方向瞄准到重点高校遗忘的"冷门"、但又与国家外交战略高度契合的非洲地区，集中方向，大力拓展，坚持不懈，全面开展外交政策咨询、承担对非援助等工作，得到中联部、外交部、商务部、教育部和国家自然科学基金委等中央政府部门的大力支持，取得了"一鸣惊人"的巨大效果，进而带动学校其他方面工作的协同发展。目前，非洲学科、非洲研究、非洲人才培养已经成为该校最突出的特色。

三、抓好重大项目上层次

重大项目既是高校办学实力的体现，又是高校办学层次的标志。在高等教育发展日新月异、高等教育竞争日趋激烈的环境下，我们要通过抓好重大项目，提升学校发展的支撑平台，带动学校事业的跨越发展。

1. 全力攻坚省部共建。实现省部共建不仅增添学校发展资源，而且事关学校身份和地位，是学校几代人的夙愿，也是学校发展史上里程碑式的大事。现在，省部共建工作已经由学校诉求进入省部操作层面，进入最后冲刺的关键时期，我们要加强工作，力争圆满成功。

2. 积极争取中西部高等教育振兴计划。现在这个中西部概念搞得很大，东北地区也在里面，包括23个省（区、市）和新疆生产建设兵团，计划提出重点支持200所中西部有特色、高水平的地方骨干本科高校，这是事关学校事业发展的一个重大项目，我们一定要挤进去。

3. 申报争取省"2011协同创新中心"。这个前面我也讲了，我们不但要确保"专用化学品和功能新材料协同创新中心"申报成功，而且这个中心要瞄准申报建设国家"2011协同创新中心"进行建设。此外，还要积极培育申报下一个省"2011协同创新中心"。

4. 认真迎接国家大学科技园现场评估。学校大学科技园现在正在冲击国家大学科技园，科技部和教育部的专家9月底要到学校进行实地核查。请各单位和个人要讲大局、讲纪律，认真贯彻落实学校的调整方案，确保国家大学科技园现场评估工作取得圆满成功。

5. 积极培育申报"国字号"等教学科研项目和平台。一是做好2013年国家社科基金项目和国家自然科学基金项目的培育申报工作，争取明年国家社科基金项目立项30项；国家自然科学基金立项65项，再加上教育类、艺术类的国家社科项目和国家自然科学基金的天元基金项目等，两类基金加起来要争取立项100项。二是做好教育部人文社科奖和省里三大科技奖的培育申报，争取明年有个好收成。三是抓好国家单糖化学合成工程技术研究中心的建设，这也是个重大任务，它是有3年建设期的，到时候要验收，我们攻城略地把它拿下来了，千万不能大意失荆州。此外，还要积极争取省部共建无机膜实验室、培育申报纳米纤维国家工程中心。四是教育部人文社科研究基地的培育申报。五是2013年国家教学成果奖的培育申报，国家教学成果奖四年一轮，明年就是申报年。

6. 着力加强高层次人才建设。今年是学校的人才建设年，年终高层次人才建设成效如何，全校师生拭目以待。高层次人才建设一抓引进，二抓培养，人事处牵头，各个学院在下半年要再冲一冲。引进有两个方面，一方面是引进领军人才，学校出台了百万年薪招聘领军人才，希望各个单位、在座的干部更多地引荐，谁引荐谁有奖。我们在瑶湖校区装修了 10 多套大套的房子，就等着他们来；另一方面是引进优秀博士，人事处要把今年人才引进的情况做个简报，看看各个学院引进的情况怎么样。培养也是两个方面，一方面是要组织做好国家人才计划的申报工作，例如教育部的新世纪优秀人才计划、中组部即将启动的"万人计划"等；另一方面要继续实施青年英才支持计划等校内人才建设项目。

四、抓好改革创新强管理

在今年的教育部直属高校工作咨询委员会上，75 所教育部直属高校做了一个改革发展成果展，袁贵仁部长看了以后，说"高校的发展成果多，改革成果少"，并给中国高校提出了一个命题："以改革促发展，以开放促改革。"大家都知道"钱学森之问"，中国人不笨，但中国的高校为什么培养不出杰出的创新人才？这说明我们的现代大学制度没有完全建立起来，所以要改革，改革就有阻力、有困难、有困境，怎么办？开放！看看别人怎么弄的，别人为什么弄得这么好。有人说"管理"是竹子下面一个官，单位里面一个王，我希望我们的大学里面这个"官"、这个"王"不是书记和校长，而是现代大学制度。我们要进一步深化改革，探索建立现代大学制度，激发各个方面的积极性。

1. 扎实推进目标管理和绩效考核。今年是目标管理年。以前学校的单位年终考核太粗了，各个单位写个总结挂在网上，然后校领导、同类单位和交叉单位打个分，今年不能这么搞。新的目标管理和绩效考核，我觉得有三句话：一是业绩导向，量化为主。你这个学院拿了多少国家项目，培养了多少优秀人才，量化考核。二是目标管理，指标落实。要把学校的指标分解到各个单位和学院。三是单位的主要领导年终要述职，给你几分钟，就讲亮点、讲特色，大家互相学习、互相切磋。改革是"自找麻烦"，是改革就会招惹是非，无论方案多么周密、智慧多么高超，改革很难十全十美。目标管理和绩效考核对于师大来说是第一次搞，肯定有许多不完善的地方。但正如人民日报评论员文章中所指出的一样，宁要微词，不要危机；宁要"不完美"的改革，不要不改革的危机，我们要有这个勇气与担当。

2. 探索开展学院综合改革试点。师大是个几万人的大学，权力过于集中不利于调动学院的积极性，也不符合现代大学的通行做法。选择一两个学院先行进行改革试点，这也是"高校三十条"的要求。中南大学在这方面的改革力度非常的大，原国务院学位委员会办公室主任张尧学同志到中南大学当校长以后，经过一段时间酝酿，在今年上半年出台了一个重大而完整的改革体系，很多的权力伴随着责任都下放到了二级学院，这里面有许多方面值得我们去思考、探讨和学习。为了师大的长治久安，为了师大更大的腾飞，我们必须要以更大的决心和勇气，推进这一改革试点。

3. 稳步推进机构改革。暑假的校领导班子务虚会上就机构改革进行了务虚，改革的主要精神是"三个精简一个理顺"，即对一些职能重叠的管理机构进行调整，精简管理机构；对一些职能不清的非教学科研机构进行调整，精简非教学科研人员；对保留下来的机构定编定职数，精简管理队伍；对归属不顺的学科进行必要的调整，理顺学科关系。当然，在具体的操作过程中，我们要注意轻重缓急。

五、抓好民生实事促稳定

发展是第一要务，稳定是第一责任。学校事业只有在稳定的前提下才能谋求发展。在年初的工作要点以及教代会的报告上，我们谈。一些没有完成的，下半年要加大力度。

在推进十大民生实事的同时，我要提醒各位领导和中层干部，要以高度的责任感和深厚的感情，特别关注三类人群的民生问题。第一类人群是学生。学生关注的有 3 个问题：学生食堂、贫困生资助、就业问题。第二类人群是青年教师。青年教师关切的也有 3 个问题，一个是收入待遇，我们都是过来人，这个时候负担最重，收入又不高，我们要高度关注青年教师的收入增长。第二个是住房保障问题。第三个是配偶及其工作问题。第三个人群是离退休人员。他们关心的问题也是 3 个，一个是养老待遇的问题，一个是医疗保障的问题，还有一个是老有所乐的问题。改善民生是维护稳定之本，这些问题既是民生问题，也是稳定问题。在座的各位，要带着责任、带着感情，做好这些民生改善工作。

下半年的工作十分繁重，这些工作说起来容易，做起来挺难，各位中层干部要有梦、要懂道、要给力，创造性地把这些工作完成好。我曾经送给大家六个字，白天是"说、干、行"，晚上是"读、写、想"。今天，我再送大家三本书，一本是《内涵发展，提高质量》，这是全国全面提高高等教育质量工作会议的文件汇编，包括 2 个主文件和 18 个子文件，在座的中层干部都应该学习；第二本书是《蔡元培校长》，这是台湾出的一本书，我觉得写得非常好，很值得一读；第三本书就是《中国高教研究》，这是一本期刊。总结今天的讲话，我想强调的就是四句话："内涵发展、特色制胜，精深实践、保二争一"。"保二争一"是目标，内涵建设、特色制胜是策略，精深实践是行动。

抓好三个重点，过好三个关坎[*]

(2012 年 10 月 16 日)

国家基金项目是衡量学校科研能力和水平的公认指标，也是衡量一个学者学术水平高低的重要指标。就明年的两类国家基金申报工作，在此我简单谈两点意见，供同志们参考。

一、抓好三个重点

一是要抓好重点人群，要在"全员动员"的基础上，重点抓好教授、副教授和博士人员的申报动员。这些人是学校的科研骨干力量。当上了教授副教授，肩上的科研担子更重了，而不是评上了教授副教授就不做科研了。博士经过三年以上的潜心研究，对本学科的前沿把握得比较准，申报项目容易成功。因此，没有超项的教授、副教授和博士，原则上今年都要报国家基金项目。

二是要抓好重点学科，要在"全科备战"的基础上，重点抓好"立项大户"学科和"立项短板"学科的申报动员。在国家社科基

---

* 这是梅国平在科研工作会暨国家基金项目申报动员大会上的讲话摘选。

金项目中，我们的立项大户主要是政法、文学、历史和财金学科，今年分别拿到了6项、4项、4项和3项，我们一共是拿了21项，这几个学科加起来就占了17项。在国家自然科学基金项目中，我们的立项大户在数理、化学、信息、生命和地球学科上，今年分别拿到了15项、10项、10项、9项和6项，这几个学科加起来就占了50项。所以，这些立项大户学科，今后要继续发挥顶梁柱作用，如果有一个大户塌了，我们的总量就会掉下来。同时，我们对短板学科要施加压力。近几年国家社科基金项目立项有个很突出的问题，就是艺术、教育和外语等本来应该是我们的优势特色学科却没有大的起色。音乐、美术学院高级职称人数较多，但没有把其职称结构优势转变成科研优势，近几年来在国家基金项目上一直没有斩获，这与我们自称艺术学科全省第一的地位是不相称的。有的同志说，我们音乐学院、美术学院的老师注重作品，不太看重课题论文，我觉得两个都重要，两个都需要。教育、外语的情况也让人不太满意。

以前常说经管类学科薄弱，结果学院组织冲了一下，去年国家社科基金项目就实现"零"的突破并且一下拿了5项，今年国家社科基金项目又拿了3项，并在国家自然科学基金管理科学部里拿下了5项。今年软件学院也是首次拿到国家基金项目，而且一拿就是3项。音乐、体育、美术、外语、教育等学科有很强的实力，常说占据江西相应学科的高地，有很多的教授，关键就看学院抓不抓、作为不作为，所以今后要对这些学科下任务、定指标。这几个学院和学科，要向软件学院和经管类学科学习，要去拼、要去博，一定要把国家基金项目的申报立项作为一件大事要抓紧抓实。人事部门要把国家基金项目的申报立项情况作为对音乐、美术、外语、体育和教育五个学院考核的重要指标，作为教师能否晋升职称的重要条件。这些特殊专业的老师立项不多、经验不足，科技（社科）处要会同相关学院，组织一些专家来进行辅导讲座。

三是要抓好重点项目，要在"全面出击"的基础上，重点抓好重点、重大和空白项目的申报动员。国家基金项目连获丰收固然值得欣喜，但在成绩面前我们还要保持冷静和理性。如果对近两年获批的国家基金项目仔细进行分析推敲，我们就会发现还存在一些隐忧。特别是重点、重大项目不足，而这代表着你的核心科研能力，不但经费多，而且影响力大，现在国内名牌大学更多强调的是重点、重大项目。从学科布局来讲，除了艺术学科，我们还有很多类别的项目没有拿过，包括国家杰出青年科学基金、创新研究群体科学基金，还有一些专项项目，等等。我们不但要在数量上继续增长，还要争取拿到一些重点和重大项目，还要瞄准一些尚属空白的基金项目类别，争取实现新的突破。

二、过好三个关坎

近两年，学校在国家基金项目上取得了不俗的成绩，但这些课题不是唾手可得、手到擒来的，而是凝聚着我们申报老师、论证专家、学院领导和管理人员无数心血和努力的。要做好国家基金项目申报立项工作，具体来说要过好数量关、质量关和破门关，只要过好了这三关，收成就一定不会差。

一是要分解任务，下达指标，过好数量关。我浏览了一下国家基金委的网站，2011年国家自然科学基金申报受理143820项，立项31458项；2012年国家自然科学基金申报受理165651项，立项34779项，立项率均为21%左右；2011年国家社科基金申报21182

项，立项 2883 项；2012 年国家社科基金申报 25243 项，立项 3291 项，立项率为 13% 左右。2012 年，我校的立项率还高于国家平均水平，其中国家自然科学基金的立项率达到 25%，比国家平均水平高了 4 个百分点；国家社科基金的立项率是 15%，比国家平均水平高了 2 个百分点。只要申报数量上去了，我们的立项数可以再提升。

那么如何确保申报数量呢？学校为此出台了一些奖励和支持政策，在继续落实好这些政策的同时，还有一个行之有效的做法就是分解任务，下达指标。这个指标是科技（社科）处根据各个学院的教授、副教授和博士人数，再综合考虑立项率和项目研究周期计算出来的结果，是具有一定道理的。有的时候就是这样，逼一下就上去了，坚持一下就成功了。刚才，地理与环境学院的齐述华老师就讲到，学院里的申报指标没有完成，就逼他再写一个，结果齐老师第一个写的没有上，后面补写的反而立项了。化学化工学院的钟声亮老师也是这样，七年申报未果，今朝一中双元。总之，申报了就有机会，不申报就毫无机会。各个学院一定要高度重视，积极动员广大老师，不打折扣地把科技（社科）处下达的国家基金项目申报指标落实好。

二是要分兵把守，落实责任，过好质量关。数量有了，接下来就要抓质量，我们要在增加申报数量基础上，努力提高立项率。首先，是申报人要反复推敲申报书。申报老师自己要努力提高选题的独特性、新颖性，认真按要求写好申报书，这个是根本。这里有两个做法可以向大家推荐。一个是学习项目论证范本。去年，科技（社科）处已经编写了两类国家基金项目论证范本并发到各个学院，今年科技（社科）处要继续做好这项工作，把范本例子扩大一些，数量多印一点。各位申报老师可以找几篇跟你学科相近的成功范本来认真学一学，看看人家是怎么报的，肯定有好处。另一个是查阅中国知网的博士学位论文库。博士论文都相对研究得比较前沿和深入，你可以把你申报课题相关的博士论文调出来认真读一读，一定有收获。但是，有个前提就是你不能抄人家的，谁抄了谁倒霉，这一点要特别讲清楚。压力大了但动作不能变形，这方面省内某高校的一位博导有深刻的教训。各学院在进行申报动员时，要旗帜鲜明地讲清这一点，一定要守住学术道德的底线。

其次，是材料论证要发挥集体力量。俗话说，三个臭皮匠可以顶一个诸葛亮，何况我们的老师本身都是专家学者。我们要发挥学院和学科集体的力量，学院院长要带头对老师们申报的课题进行集中论证，要组织有经验的专家对申报本子一个一个地讨论，一段一段地完善，一页一页地论证，一句一句地推敲，而不能只是由申报人自己单打独斗。因为每个人的思维都是有局限和盲点的，有时候别人一个点子就会使一个申报本子增色不少，所以一定要发挥集体的力量。一般来说，哪个学院组织得比较好，这个学院的立项成绩就一定不会差。还要形成申报教师、申报学院学科和学校三级联动的论证审查机制，杜绝《申报书》里出现的诸如学科填写和排版不规范、青年项目年龄超龄、经费预算不合理、活页泄露个人信息等规范性、常识性问题，从各个申报环节来严把申报的质量关。

三是要做好跟踪，争取支持，过好破门关。国家基金委每年在重点资助的领域、方向上也会有一些新的变化，在项目申报规则以及项目资助力度上也会有一些新的调整。科技（社科）处要吃透国家基金申报的有关政策和最新信息，组织专家就如何撰写申报书进行讲解、指导，从形式审查、专家预评、时间节点等各个方面，发挥职能部门的指导协调作用。各个学院、学科和申报老师，也要注意跟踪国家政策动向，选题尽量结合国家重点支持发展的领域和方向，努力提高项目申报的命中率。

国家基金申报不是一锤子的买卖，而是年年岁岁都要做的功课，我们不能毕其功于一役，而是应该有长远打算。尽管学术界说国家基金申报有大小年之分，但我们不能像坐过山车一样，要保持立项数量的相对稳定，这就需要我们把更多的精力和目光投入到培育工作当中。

第一是要培育人才。没有人才的支撑，我们想要国家基金项目的持续增长就是无水之源、无本之木，今年项目上不去，明年后年也不可能上得去。所以，学校和学院要抓人才，要抓团队，要抓梯队。

第二是要培育项目。没有项目的培育，就难以保证申报的质量。所以，上周三校长办公会审批今年学校的青年基金课题和校管课题时，合格的项目全部给予立项资助，其目的就是要鼓励大家从事科学研究，希望这些项目能够为今后争取国家和省级项目打下基础。下半年，科技（社科）处还要针对下半年引进来的博士，选一批具有较好基础、较好前景的项目进行前期培育，把它们当作国家基金甚至是重点项目的种子项目进行重点培养。

第三是要培育成果。老师们搞科学研究，要确定一个主攻方向，采取重点突破的办法，确立自己科研的优势领域和特色内容，不能是今天东一榔头，明天西一棒槌，到处蜻蜓点水，浮光掠影，看似文章发了不少，一到填写申报书时就发现许多成果很难用得上，评审专家还是要看你有没有一定的研究基础的。搞学科建设同样如此，如果成果太分散也是没用的。所以，我们一定要凝练方向，今天所搞的科研，所发的文章，在明天的课题申报、学科建设要对得上，用得着。

关于教育部与江西省共同重点支持
江西师范大学发展的提案*

（2012 年 3 月 6 日）

　　温家宝总理在今年的《政府工作报告》中强调"要增强两岸关系和平发展的文化和民意基础……积极扩大各界往来，开展文化、教育等交流，使两岸同胞联系更紧密，感情更贴切，利益更融合"。实际上，这涉及两岸"文化认同"的问题。"文化认同"是民族凝聚的精神纽带，是民族国家生命延续的精神基础。在推进两岸文化认同和良性互动的友好交往中，"学缘"是一支重要的力量资源，应该进一步引起关注并上升到战略的层面认识和筹划。

　　由于历史的原因，海峡两岸有一批同根共源的"双胞学校"。同名同根的，如清华大学——台湾"国立"清华大学。一个中国，两座清华。骨肉可分，亲缘难割。两所清华大学的校训，一直沿用1914年梁启超在原清华大学演讲时所用《易传》之辞："自强不息，厚德载物"；甚至在校园外观上，台湾"国立"清华大学的校内建筑及布局，竟也是北京清华大学的翻版，行政大楼前的"清华园"

---

　*　这是梅国平在 2012 年全国两会上的政协委员提案，得到了教育部、中央统战部和国台办的积极回应，在各方支持下，江西师范大学成为全国第 2 所省部共建的地方师范大学。

门楼，则与北京清华大学的形制完全一样；两校共同举办大规模校庆活动的举动，已成一时佳话。同名同根的，还有两岸的交通大学（校训均有"饮水思源"）、中山大学（校训同为"博学，审问，慎思，明辨，笃行"）、暨南大学（校名出典均取《尚书》，仅台湾暨大后来外加"国际"二字）。

同根异名的，一是，南京大学与台湾"国立"中央大学（校史表述一致，校训均沿用"诚朴"二字，南京大学于1949年更名，台湾仍沿用原名）；二是，苏州大学与台湾东吴大学（建校时间同溯1900年，校训同为"养天地正气，法古今完人"，1952年院系调整后更名为江苏师范学院，1982年改名苏州大学）；三是，江西师范大学与"国立"中正大学。

1940年，国立中正大学以"民族复兴之精神堡垒"成立于抗战烽火之中的江西泰和县，承载着救国家和民族于危难之中的责任使命，著名植物学家、被学术界称为"中国植物分类学之父"的胡先骕博士、著名外交家萧蘧博士先后出任校长，一时宿学名儒济济一堂，全部教师中有三分之一为老清华班底，很快就发展成为当时与国立中央大学、国立中山大学齐名的学校之一，史称"三中"。1949年学校更名"国立南昌大学"（现南昌大学是成立于1958年的江西大学和江西工业大学合并后设立的）；1952年院系调整后，更名江西师范学院承其余绪；台湾于1986年沿用原名组建大学，1989年招生；两校校庆日同为每年的10月31日，台湾正大第三任校长罗仁权教授在参观江西师大早期文物后感叹地说："我们的根在江西师大！"

两岸大学的这一特殊文化景观举世罕见，是海峡两岸同属一个中国，同胞血脉相连、文化同根的明证，与宋楚瑜先生概括两岸关系时"一块招牌，两间店面"的形象表述极为切合。学缘是人类重要的情缘之一。大学联结着社会的各个阶层，一个学生的背后是一个家庭、家族以及他所有的社会交往圈。上述台湾的"双胞学校"分布在台北（东吴）、新竹（清华、交大）、中坜（中央）、南投（暨大）、高雄（中山）、嘉义（正大），自北而南，大体涵盖了台湾政治版图中的蓝绿地带。大学文化认同的强化，必将产生由点到面的辐射效应，在增进两岸亲情，推进祖国统一的伟大事业中具有不可忽视的作用。

有事实证明，推动两岸同根共源"双胞学校"的交往，是一件"独"仇"统"快的事情。我们曾在对台湾中正大学的访问中发现，虽然台湾正大依然将生活在台湾的原国立中正大学和国立南昌大学的毕业生作为"前期校友"列入校友会联络对象，并承认根在大陆，但确有少数坚持"台独"立场的人认为原国立中正大学已死，对两校交往合作持冷漠甚至反对态度。这与李登辉极力阻挠两蒋遗体归葬大陆的心态完全一致，因为两蒋一旦葬回大陆，就意味着连同国父孙中山在内的"中华民国"三任"总统"全部叶落归根，李登辉的"两国论"就不攻自破！这同样反证了两岸文化交往和文化认同的重要。

从目前的情况看，上述对应的大陆学校除江西师范大学外，已全部进入国家重点、"211 工程"或省部共建行列。江西师范大学与国内同类大学，尤其是同台湾中正大学的差距逐渐拉大，两岸学校交往的不对称性愈益明显。如果我们不能尽快缩小两岸校际差距，就会在办学力量和办学水平的比较中，有可能导致台岛和海外对大陆教育的负面评价，中国特色社会主义制度的优越性就无从体现，两岸文化认同的说服力就会相应弱化。为此，以部省共建的方式重点扶持江西师范大学发展，积极创造有利于两岸学校对等交往的地位和条件，具有十分重要战略意义。

　　同时，这也是国家推进教育公平事业、均衡国家高等教育区域布局和谋求实现中部崛起、建设鄱阳湖生态经济区战略要求的一个重要支点和良好载体。今年，国家为了支持当年为中国革命建设事业作出重要贡献的原中央苏区经济社会发展，将编制实施中央苏区振兴规划，出台支持中央苏区加快发展的系列政策；为了推动高等教育事业发展和质量提高，将出台"高等学校创新能力提升计划""中西部高等教育振兴计划"等一批大的高等教育发展项目。江西目前没有教育部的直属高校，全省的一级学科博士点仅仅堪比甚至不如同属中部其他省份的一个重点大学，这与江西在中国革命建设事业的贡献、全国经济社会发展的地位是很不对称的，这和国家教育公平事业的推进以及谋求实现中部崛起、建设鄱阳湖生态经济区战略的要求也是很不适应的，而江西师范大学也具有学科门类齐全，具有较强综合实力和良好发展基础的优势。呼应这些规划项目和国家意志，以省部共建的方式重点扶持江西师范大学发展，具有十分重要的现实意义。

　　我们还认为，教育部、中央统战部、国台办应当从战略层面会商设计相关政策，积极推动两岸同根共源"双胞学校"的往来，包括互派学者，开展一定范围的专业与学历合作，率先在这些"双胞学校"中实现相互承认学历，并特许上述七对学校相互招收对方本科以上学员，包括招收在大陆投资的台商子弟入学，使两岸同根共源"双胞学校"之间的交流合作成为扩大两岸政治和解、文化认同和民族融合的重要平台。

　　为了进一步强化两岸同根共源"双胞学校"血脉相连的文化符号和象征意义，中央高层领导和部门甚至可以亲自过问并决断部分学校的复名问题，以利两岸文化认同的深化，减少交往的阻力，搬除"台独"分子的口实。上述学校当以中央大学和中正大学复名似乎具有一定的政治敏感性，其实中华民国和中华人民共和国两个历史阶段都有中央，没有必要在心理上自设樊篱；即使是看似含有蒋介石名字的中正大学，也可以作转义理解，因为"中正"二字更是中国传统文化的重要理念，如故宫金匾所书"中正仁和"以及中国古代"中正平和""中正宽和"之说。在现实生活中，台湾有关"中正"的英文译名有两种：一指"蒋中正"，如"中正纪念堂"译为"Chiang Kai-shek Memorial Hall"即"蒋介石纪念堂"；另一为音译，如"中正大学"译为"Chung Cheng University"，从而比较有效地淡化了校名的人名色彩。这种意图还可以在台湾中正大学校歌歌词中得到证明："巍巍的高山，浩浩的海洋，放眼四望，一片绿畴拥平岗。言先行，行中正，我们意气多昂扬！言先行，行中正，我们意气多昂扬！"而大陆的江西师范大学即以"持中秉正，静思笃行"为校训，既绍述了历史，同样淡化了人名，强调了文化理念的意义。

2008年12月31日，胡锦涛总书记在纪念《告台湾同胞书》发表30周年会上的讲话中指出："两岸在事关维护一个中国框架这一原则问题上形成共同认知和一致立场，就有了构筑政治互信的基石，什么事情都好商量"；1995年1月31日，江泽民同志在《为促进祖国统一大业的完成而继续奋斗》的重要讲话中也曾说过："中华各族儿女共同创造的五千年灿烂文化，始终是维系全体中国人的精神纽带，也是实现和平统一的一个重要基础"，"在一个中国的前提下，什么问题都可以谈"，况一校名乎？

党和国家最高领导的胆识与气度应当化为我们解放思想、勇敢探索的动力，包括探索一些看似"禁区"实非禁区的勇气。其实，必要的"复名"之举更能体现我党实事求是、尊重历史的态度和开明开放的襟怀与精神，也更能增进两岸同胞的认同、亲和与信任。有时，一个看似很小的问题，恰恰具有重大的战略意义！

发挥省部共建平台作用，
推进一流师范大学建设*

（2012 年 11 月 6 日）

2012 年 10 月 30 日，教育部、江西省人民政府正式签署协议共建江西师范大学。近日，江西师范大学校长梅国平抽空接受了记者的采访，就学校实现省部共建工作及其意义，特别是如何以"省部共建"为契机进一步推进学校发展等问题回答了记者的提问。

记者：作为一所地方师范大学，江西师范大学以什么吸引到教育部决定与江西省人民政府共建？

梅国平：江西师范大学能够成为全国第二所省部共建的地方师范大学，是省部关心支持、学校积极争取和各方共同努力的结果。为什么能够成为省部共建高校，我认为主要有五个方面的原因。

一是有辉煌的办学历史。学校前身国立中正大学与当时的国立中央大学、国立中山大学并称民国"三中"，有着深厚的历史底蕴。在 1953 年全国院系调整时，学校为全国的高等教育作出了重大的牺牲。

二是有独特的历史地位。学校和台湾中正大学一脉相承，同根

---

* 这是梅国平就学校实现省部共建接受记者采访报道，刊发于《当代江西》2012 年第 11 期。

同源，一直发挥着强化两岸教育交流和文化认同的重要作用。省部共建江西师范大学可以强化两岸同根共源"双胞学校"血脉相连的文化符号和象征意义，有利于强化两岸教育交流和文化认同、促进两岸政治和解和祖国统一大业，具有重大的政治作用和战略意义。所以，我在今年全国两会时以这个视角提出请求省部共建江西师范大学的全国政协提案后，不仅得到了教育部的充分肯定，也赢得了中央统战部和国台办的响应支持，这次省部共建江西师范大学协议签字仪式，中央统战部和国台办就专门发来贺信表示祝贺。

三是有雄厚的办学基础。江西师范大学在72年的办学历程中先后七次迁址、六易其名、四度调整，但始终坚守师范教育传统，自觉遵循高等教育规律，主动适应经济社会需要，走出了一条欠发达地区地方师范大学科学发展的路子，具有学科有效覆盖率高、综合实力强、办学基础好、发展潜力大的战略优势。近几年，学校更在关键办学指标上不断实现重要突破，比如去年获批全国师范院校第2个国家工程技术研究中心，今年成功入选中西部高校基础能力提升工程，国家社科基金和自然科学基金项目立项数分别位居全国师范院校第5位和第9位，等等。

四是有政策的大力支持。江西先后获批鄱阳湖生态经济区和中央苏区振兴两个国家战略，长江中游城市群也正在打造我国经济发展第四极，极其需要江西高校提供人才支撑和智力支持。国家陆续出台"中西部高等教育振兴计划"等支持中西部地区高等教育事业发展的重大项目，并专门提出要加强师范等行业高校建设。江西师范大学刚好处于这些政策的叠加处和汇聚点，省部共建江西师范大学，既是策应这些规划项目和国家意志，均衡我国和中西部地区高等教育布局的重要支点，也是支持江西老区绿色崛起和跨越发展的良好载体。

　　五是有政府的积极推动。江西省对省部共建江西师范大学非常重视，明确表示将以省部共建为契机，进一步加大对江西师范大学的政策支持和经费投入力度，包括在江西师范大学率先实施地方师范大学免费师范生教育政策，等等。省长鹿心社同志专门听取学校省部共建工作汇报，朱虹副省长亲自陪同我们到北京拜会走访教育部，省教育厅等也给了我们很多的支持。沈德咏、王太华、万绍芬等校友也都为母校的省部共建进行了奔走努力。

　　记者：省部共建对于江西师范大学意味着什么？有什么影响和作用？

　　梅国平：根据省部共建协议，教育部将在学校整体规划、学科建设、平台建设、人才建设等方面给予学校直属高校同等待遇，并在有关方面给予学校政策倾斜和相应扶持。江西省也将把江西师范大学纳入江西国民经济社会发展规划和高等教育建设重点，在计划项目、经费政策等方面给予更大支持，推动江西师范大学更好更快发展。

　　作为学校发展进程上具有里程碑意义的大事，省部共建标志着学校事业站在了一个新的历史起点上，也为学校改革发展带来重大战略机遇。一是为学校搭建更好发展平台。省部共建为学校今后的事业发展搭建了"平台"，提升了"圈子"，拓展了"资源"，提供了"机遇"。二是将学校推向更高发展层次。省部共建使学校的身份地位上了一个台阶，学校事业需要向更高层次的发展目标迈进。三是使学校肩负更大发展责任。学校肩负着教育部、中央统战部和国台办的殷切期望，承载着省委、省政府和江西人民的深情重托，如何更好地服务区域经济社会发展和推动两岸教育文化交流，关键还取决于我们落实协议的态度、力度和程度，下一步的任务更加艰巨、责任更加重大。

记者：省部共建以后，学校将有什么打算和谋划，准备如何发挥好省部共建的作用？

梅国平：实现省部共建既是学校发展的一个重大机遇，同时也给学校工作提出了全新要求。学校将以党的十八大精神为指导，充分发挥省部共建平台的积极作用，在更高起点上完善战略规划，加强学科建设，深化教育改革，提高办学质量，努力把江西师范大学建设成为特色鲜明、地方一流的高水平师范大学。

具体来说，一是继续深化与台湾中正大学的交流合作。积极推进"两岸青年大学生文化交流中心"建设，组织开展两岸青年大学交流活动，扩大两岸的教育交流和文化认同，促进两岸的政治和解和祖国的统一大业。二是不断强化教师教育的特色优势。探索创新地方师范大学发展和教师教育改革的机制模式，把学校建设成为江西乃至全国基础教育教师人才的摇篮、教师骨干人才培训的基地和基础教育改革发展的引擎。三是努力提高师资队伍整体水平。大力实施"人才强校"战略，继续推进"百万年薪"引进领军人才工作，努力建设一支师德高尚、能力突出、结构合理、充满活力的高素质教师队伍。四是切实加强优势特色学科建设。全力推进化学化工学科建设，倾力支持地理环境学科发展，继续加强文理基础学科和艺术、体育、外语等特殊学科建设，走出一条符合自身实际的学科建设跨越发展之路。五是着力打造以区域为依托的重大平台。积极推进实施"顶天立地"科研创新计划，培育申报教育部人文社科重点研究基地、国家大学科技园等一批"国字号"重大平台，积极服务鄱阳湖生态经济区建设、中央苏区振兴战略和江西十大新兴战略产业发展。六是始终坚守服务江西经济社会发展使命。把学校的发展融入到江西的经济社会发展的事业当中，进一步增强学校为江西经济建设和社会发展、中部崛起和苏区振兴服务的意识和能力。

　　总之，我们将以省部共建为契机，坚持走以质量提升为核心的内涵式发展道路，瞄准"高水平"，突出"有特色"，在全力提升学校综合实力和核心竞争力的基础上，进一步加强与台湾中正大学的交流合作，进一步服务江西基础教育和经济社会发展事业，在促进两岸文化认同、祖国统一大业和江西老区发展、中部崛起进程中发挥新的更大作用。

项目长脸面、内涵长筋骨、管理长体魄*

（2013 年 2 月 26 日）

2012 年学校做了三个方面的工作。一是做了一些长脸面的事。长脸面就是脸上长肉，对于学校来说就是提升品牌声誉。这一年，学校成为全国第 2 所省部共建的地方师范大学，圆了学校省部共建的梦；获批成为全国中西部高校基础能力建设工程高校，获得 1.31 亿元的经费可以盖一栋综合实验大楼；与世界一流大学——美国伊利诺伊大学香槟分校合作共建学校第 2 所孔子学院。在发达国家与世界一流大学共建孔子学院全省只此一家；学校大学科技园成为国家大学科技园，是全国师范院校第 3 个。此外，学校还成为全国第一批教育信息化试点本科院校，获批了国家节能监管平台建设示范单位。二是做了一些长筋骨的事。长筋骨就是胳膊上长肉，对学校来说就是提升核心竞争力。在人才培养上拿了一批国家本科教学工程项目，在全省数一或数二的；学生参加全国"挑战杯"大学生创业计划大赛拿了金奖，给全省高校破了"零"。在人才工作上，引进了 2 个国家"千人计划"，引进领军人才方面取得重要突破；还新增 20 个"赣鄱英才 555 工程"人才，位居全省第二。在科学研

---

* 这是梅国平在全校中层干部会上的讲话摘选。

196

究上，学校的国家社科和自然科学基金项目立项数分别位居全国师范院校的第 5 位和第 8 位，国家自然科学基金项目更是实现了翻番增长。此外，学校拿到了 1 个江西省"2011 协同创新中心"，1.5 个省"311"科技创新平台项目，全校的科研立项总经费超过 1 亿元。三是做了些长体魄的事。长体魄就是身上长肉，对学校来说就是提升综合实力。学校首次启动实行绩效考核和目标管理工作，推进实施两轮干部竞聘上岗工作，基本化解新校区基建债务，大幅增加了教学设备经费投入，等等。回顾 2012 年，应该说我们取得了不俗的成绩，概括起来说是三句话：长脸了，增添了师大自信；长劲了，增添了师大力量；长壮了，增添了师大底气！

2013 年，是学校实施"十二五"规划承上启下的关键一年，"十二五"规划提出的"保二争一"的奋斗目标能不能实现，社会各界和全体师生拭目以待；2013 年，也是学校省部共建之后的发展元年，站在省部共建的新起点上，我们能不能有所作为，社会各界和全体师生寄予厚望。所以，做好 2013 年的工作意义十分重大，我们要着力做好长脸面、长筋骨、长体魄这三方面的重点工作。

一、长脸面：抓好重大项目，提升学校的品牌声誉

长脸面，就要抓项目，特别是重大项目。项目是加快发展的载体和手段，项目的水平就是发展的水平，抓项目的水平就是领导的水平。学校要实现快速发展，就必须要有重大项目来拉动和支撑。2012 年学校工作能够取得一些成绩，很大程度上就是抓项目的结果。全校上下要坚定不移地实施重大项目带动战略，毫不松懈地咬定发展抓项目。今年有这么几个项目要重点关注：

1. 推进落实省部共建项目。要立足于学校的发展，分解省部共建协议内容，真正把框架协议的内容转化为实实在在的项目，让协议的"文本"从平面变为立体，让协议的"资源"从抽象变为具体，使省部共建真正成为学校发展的助推器和动力源。上学期，学校已经召开了一次省部共建工作推进会，研究提出了第一批省部共建项目，也落实了责任单位、责任人员和具体时限，请大家抓好落实工作。

2. 筹备成立学校董事会（理事会）。这是省部共建的一个衍生项目。通过校董会（理事会），可以吸纳更多的校友和社会资源以推动学校建设发展，这也符合教育部的意图，教育部鼓励大学通过成立董事会来加强同社会的联系，培养更加适应社会需求的人才。所以，筹备成立学校董事会（理事会）可以做、值得做。

3. 落实中西部高校基础能力建设工程项目。学校将用这个项目的经费建设一栋综合实验大楼和一批教研实验室，改善学校的办学条件，提升学校的培养能力。年前，学校为此专门开过一个协调会，请各有关单位按照协调会上确定的时间节点，抓紧做好工作。在这里要特别强调的是，中西部高等教育振兴计划包括了许多项目，我们要做好准备，要把工作做在前头，这样一旦相关的项目出台，我们就可以及时跟进、抢占先机。

4. 推进实施生源质量提升工程。要采取强力措施，要钱给钱，要政策给政策，推进实施生源质量提升工程，原则是招就处牵头，学院主体，各方协同，多措并举。具体可以考虑：（1）适应社会需求，调整优化学校的招生计划和结构。（2）加大招生宣传力度，塑造师大品牌形象。（3）招生就业两手抓、两手都要硬。生源质量既是面子也是生命，生命的第一特征就是新陈代谢，对于高校来说就是进出两旺，只有实现进出两旺，学校发展才能良性循环。（4）充分调动学院作为人才培养主体的积极性，逐步加大各个专业招生计划的动态调整力度，进一步扩大学生因素在绩效工资中的分配比重。总之，要通过生源提升工程，逐年提高学校一本招生录取率和新生录取分数。今年学校招生的情况要列入招就处和各个学院的年度目标管理考核指标。当然，提升生源质量是一项综合工程，受到学校人才培养质量、学科专业结构、社会声誉、国家政策调整等诸多因素的影响，靠招生部门一个单位不可能完成，全校各单位、各部门要统一配合、协同作战，把这项工作做好。

二、长筋骨：强化内涵要素，打造学校的核心优势

近几年来，学校一直强调要加强内涵建设，也确实做了一些工作，但现在更关键的还是要把加强内涵建设的说法变为科学的方法、有效的做法。要紧紧围绕"保二争一"的目标，盯住人才培养、学科建设、人才队伍、科学研究等四大内涵建设要素，坚持特色办学，打造学校的核心竞争力。

1. 提高人才培养质量。育人是大学的根本，毕业生是大学的流动广告，毕业生的品质就是大学的品质。在任何时候，我们都不能忘记育人这个根本，要在"培养什么样的人，如何培养人"上多下功夫。学校2013年第一次校长办公会专题研究了本科教学工作，会议既研究了教学关键环节的改革，推出了5个教学改革文件，也研究了教学保障措施。今年，学校在本科教育教学上要抓好以下几项工作：

（1）确立以"学"为中心的教学和教学改革理念。《国家中长期教育改革与发展规划纲要》和"高教三十条"确立了"以生为

本"的教育理念，落实到教学上就是要树立以"学"为中心的教学理念，由重教向重学转变。以"学"为中心既指学生的中心地位，也指学习的中心地位。这一中心地位体现在课程设置、教学内容、教学方法、教学管理、第二课堂等教学工作的一切方面。这个学期，教务处要开展"以学为中心的教学改革"研讨活动，在全校确立"以学为中心"的教学改革理念，逐步构建形成以学为中心的教学体系并取得初步成效。

（2）推进以"学"为中心的人才培养模式改革。具体包括：

一是要修订2013级人才培养方案。修订指导意见已经印发，里面推出了一些新要求、新举措，例如推出了专业学位课程，每个专业有七八门左右的专业学位课程，学生只许重修，不许补考，并且与学位挂钩。另外，学校重启了学分制等制度。希望各学院要认真领会修订指导意见，按照"充分调研、大胆借鉴、广泛讨论、民主决策"的要求，修订好2013级人才培养方案。人才培养方案是人才培养的顶层设计，马虎不得！我们要抱着对学生高度负责的态度做好这项工作，不能像以前一样简单修改一下就完事。教务处要加强组织、宣讲、辅导和审核。

为了修订好2013级人才培养方案，我建议大家阅读下曾担任哈佛大学校长20年之久的德雷克·博克写的《回归大学之道》这本书，看看世界一流大学是如何重视和加强本科教育的。如果大家嫌书本篇幅太长的话，可以快餐式地读一篇东南大学陈怡教授介绍这本书的文章——《哈佛大学是如何看待本科教育的》，这篇文章对《回归大学之道》书中的主要内容做了一个很好的总结介绍。我们不可能照搬哈佛的做法，但哈佛的本科培养目标可以借鉴，他们强调培养学生要有8种能力：表达能力、批判性思维能力、道德推理能力、公民意识等等，说得很明确，而且针对培养的每种能力开什么课程、用什么教学方法都有相应的要求。比如说培养道德推理能力，包括"道德推理的教学"和"增强道德意志力"两个方面。"道德推理的教学"方面有"应用伦理学"之类的配套课程，并就"道德两难问题"经常进行一些研讨活动或者互动式教学；"增强道德意志力"方面更强调通过课堂以外的途径，教会学生学会换位思考，保证自己的行为不引起身边重要人物的反对，还有避免与自己的行为准则相冲突，等等。我们的培养目标主要在专业能力方面，当然这个也要，但是除了专业能力以外还是要有别的能力。

二是要狠抓课程课堂教学。博克说："对大学而言，教学方法比教学内容更重要"。在课程教学上我们要抓好三项举措：第一是进行教学范式（方法）改革试点。新学期要求每个学院要安排一两门课程进行教学范式（方法）改革。为了鼓励老师们探索教学范式改革，除了有立项资助以外，试点课的课型系数提高到1.2，做得好的再给老师追加奖励。当前，正如督导专家所说，学校课堂"三率"不高，即学生"到课率"不高，到课以后是"抬头率"不高，抬头以后"注意率"不高。这些问题的出现，与老师的教学范式（方法）不无关系，所以要大张旗鼓地鼓励教师改革教学范式（方法）。当然，新兴教学方法不能仅仅依靠教师自己去探索，教务处和教师发展中心也要组织进行教学培训和教学观摩。第二是评选新一轮教学"十佳百优"。"十佳教师"每年的津贴提高到2万元，"百优教师"每年的津贴提高到1万元，但是不能像以前一样通过推荐来产生"十佳百优"，而是要通过打擂台的方式产生，并且要组织广大老师进行现场观摩。第三是研究出台加强课堂教学的意见。课堂教学是人才培养的主渠道，也是我们关注人才培养的第一视点，我们要切实把课堂教学抓起来。

三是要继续实施"正大学子"计划，探索培养创新人才。各个高校都在探索创新人才培养，我们也不能落后，要在探索培养创新人才方面迈出自己的坚实步伐。

四是要重视第二课堂，全员共同育人。第二课堂的作用不可小看，教育界里面有一个非常有名的"第十名现象"，就是从统计学意义来说，班上成绩第十名左右的学生在未来的成才概率更高。有人认为，这主要是因为第十名左右的学生没有把全部的精力用于书本学习，而是个性活跃、兴趣广泛、情商较高。现在的孩子要还是死读书，那就"摊上大事了"。所以，团委、学生处要成为"第二教务处"，把第二课堂抓起来，可以考虑打造第二课堂"几个一工程"，比如每个学生每个学期阅读至少一部经典原著，观看一部主旋律电影，参加一次社会公益活动，参加一次比赛活动，做一次公开演讲，写一篇调研报告，学会一项爱好技能等。

五是要完善本科培养质量常态监控。袁贵仁部长在今年的全国教育工作会上明确要求："全国所有普通本科学校都要按基本要求向社会公布本科教学质量年度报告。"所以，本科培养质量常态监控工作要进一步抓紧抓实。今年，还要考虑引进清华大学的大学生学习性投入调查，组织开展学校学生学习体验的监测分析。学校要成立大学生学习指导中心，建立大学生学习支持服务体系。

（3）继续做好省级以上本科学工程项目和国家教学成果奖的申报工作。2013年是国家教学成果奖的申报年，国家教学成果奖申报评选是四年一轮。学校与国家教学成果奖已经是久违了，今年要把申报国家奖作为学校的一项重点工作，力争实现突破。

除了本科教育以外，还有研究生教育。学校已经拥有各类研究生6000多人，研究生教育工作也要加强，特别是要关注做好研究生生源的拓展、主要培养环节质量的保障与监控工作。

2. 推进学科建设。学科强则学校强，学校的核心竞争力集中体现在学科建设水平上。学校现有 10 大学科门类 33 个一级学科,但学科建设的水平有待提高。今年,要着力做好 4 项工作:(1)做好迎接教育部一级学科整体水平评估的准备工作;(2)启动学科特区和学科群建设试点工作,在去年确定的 14 个优先发展学科中,遴选扶持几个学科和学科群进行重点建设,使学校优秀一级学科的比例能够提高一些;(3)认真做好国家重点(培育)学科和教育学专业学位博士点的申报材料,今年要到教育部和国务院学位办进行争取;(4)根据国家全面实施一级学科评估的实际,对学校的学科专业布局进行必要的优化调整,解决学校现在二级学科分布乱散的实际问题。

3. 强化人才工作。人才工作的重要性大家都清楚,我想这已经不再是个理论问题,而是个执行力的问题。浙江师大近年来之所以跑得这么快,不是没有原因的,关键的一条就是人才工作做得好。所以,今年我们要切实加强人才的引进和培养力度。

4. 做好科研工作。近几年学校的科研工作可圈可点,今年要争取百尺竿头,更进一步。具体来说有 4 项工作:(1)争取实现两类国家基金项目 100 项的目标,这对学校、科研处和各个学院都是个重大考验,希望大家以最大的勇气和智慧,决战决胜百项目标。(2)在建设好国家单糖工程中心等现有国家和省部级科研平台的基础上,积极培育申报教育部人文社科重点研究基地、省部共建无机膜实验室、纳米纤维国家工程中心(教育部工程中心)和江西省"2011 协同创新中心"等科研平台。(3)培育一批高水平研究成果,争取获批国家和江西省科技"三大奖",实现全年科研立项总经费增长 30%。(4)增强社会服务能力。要发挥国家大学科技园作用,推进"产学研"结合;策应区域经济社会发展需要,成立江西经济社会发展研究院,就江西省的一些热点、重点问题开展专题研究,为省委、省政府提供决策咨询和政策建议，培育一批江西"名嘴"和江西"智囊"。

5. 加强特色建设。特色是核心竞争力中的重要内容。关于特色的意义作用已经讲过很多，在上学期的中层干部会上我也谈了特色创建的路径、方法，但"一打纲领不如一个行动"，我们不能总说意义方法，关键是要干起来。具体要在以下几个方面行动起来：一是成立学校特色建设工作领导小组。负责规划、筛选、推进学校的特色建设，定期召开特色项目建设协调会。二是做好分层分类重点培育。除了学校层面要有几个特色以外，各学院也要确定自己的特色项目，既可是特色学科方向、特色科研方向，也可以是特色教学项目，包括各个职能部门都可以确立一两个特色工作项目。总之，要形成各个单位有特色、各个老师有特长、各个学生有特点的生动局面，对规划建设的特色学科、特色项目，学校都将予以相应支持。对于学校来说，当务之急是凝练特色学科方向、特色科研方向，要在文科和理工科遴选几个有特色的学科，做出几件拿得出手的东西。三是培育建设教师教育特色。我们是师范大学，老祖宗的传统不能丢，要积极谋划打造学校教师教育的品牌特色，例如"1+100"创新实验区、教师技能实训中心、师范生教学技能测试中心等等。四是加强宣传包装。学校的糖、布、膜、剂、湖研究还是颇有特色的，但宣传不足，看相不够。

三、长体魄：推进管理创新，增强学校的综合实力

体制机制创新不仅是经济发展的最大活力，也是学校建设发展的最大活力。胡青老师昨天在座谈会上说了一个观点，他说学校的

竞争可以有两种途径，第一种是实力的竞争，第二种是机制的竞争。我们要创新学校的内部管理，激发办学的最大活力，推动实现学校的跨越发展。具体来说，今年要做好以下工作：

1. 制定学校章程。大学章程就是大学的宪法，制定大学章程上面有明确要求，还要进行章程审核。我们也已经说了好多年，讲了好几次了，并且拿出了一个初稿。今年要把制定学校章程提上议事日程，要通过大学章程的制定，梳理和优化学校的内部治理结构，构建现代大学制度，为学校今后的持续稳定发展提供制度保障体系。

2. 完善绩效考核和目标管理。去年学校首次开展目标管理和绩效考核工作，大家有个熟悉和了解的过程，但总体还是不错，今年要进一步坚持和完善。在这里，我特别要强调一下"学赶标杆"的工作，大家要学会"站在巨人的肩膀上"来思考和谋划发展。学校要确立几个具有参照意义的标杆学校，看看人家为什么发展得那么快。各个学院、各个学科也都要确立自己的学赶标杆，做到学有目标、赶有方向，看看通过一年的努力，学到了什么、赶上了多少，各个学院和学科的学、赶情况今年要纳入年度目标考核指标。

3. 稳步推进机构调整。改革是社会发展的强大动力，新一届中央领导集体产生以来不断释放深化改革的讯息。今年，学校也要释放改革的正能量，在对全校机构现状、职能进行梳理的基础上，依据专业相近、职能相似的原则，采取精简、合并、合署的方式，分步对部分机构进行分类调整，为学校事业发展注入新的动力。其他还有干部任期制、处级干部交流制等干部制度的改革也会提到议程上来。为了适应学校省部共建形势和加快发展需要，在这里我要特别强调一下管理队伍的素质提升问题，要鼓励管理人员在职攻读博士学位，建立完善管理人员培训体系，逐步形成正处级干部赴国内外培训，副处级干部赴"985""211"工程高校挂职学习，科级干部实行校内业务轮训制度，让学校的干部打开视野，提升能力。闭关锁国我们是有沉痛教训的，我们办学同样不能关起门来，否则越办越差，还夜郎自大。

4. 启动学院综合改革试点。学院是学校基本的教学单元，也是学校发展的重要支撑。现在学校规模大了，学院是学校办学的实体所在，学科建设、人才培养、师生情况学院最清楚，开展学院综合改革试点不但重要，而且必要，还很紧要。目前很多高校已经在学院综合改革试点中迈出了坚实步伐，今年我们要借鉴其他高校成功经验的基础上，按照"重心下移、定责放权、目标考核"的原则，启动开展学校的学院综合改革试点工作，构建顺畅高效的校院两级管理体制，最大限度地调动学院的主动性和积极性，激发学院的办学活力。

5. 推动大学文化建设。文化是大学的灵魂，不仅具有育人功能，还有管理功能，文化管理是大学管理的最高境界。今年，学校的文化建设至少要注意三个方面：

第一是传统文化。要继续加强校史的发掘整理，编辑师大故事系列丛书，进一步完善符号文化体系，大力弘扬"我在师大园中，师大在我心中"的爱校传统，在全体师生中强化对师大文化和"师大人"的认同感和崇高感，否则我们就是一所没有认同感的大学。只要增强了对学校身份的认同感和崇高感，我想随便乱告状的就没有了，乱告状其实就是在损害学校的名誉。

第二是教师文化。作为一所师范大学，我们一定要有浓郁的教师文化来培养师范生的教师风范，否则我们就是一所没有灵魂的大学。何谓教师风范？我借用余秋雨先生的 3 句话 12 个字：一是"书卷气"，要衣帽整洁、用语干净、逻辑清晰；二是"长者风"，要有点长者的风度，就是要豁达、宽容、善于倾听，正所谓九分倾听一分帮助，在认真倾听之后提出解决问题的合适之道；三是"裁断力"，虽然宽容和豁达，但有严肃的边界，特别是在大是大非面前有辨别力。如果有这个，我想我们的老师就不会偷卷子出来卖钱；四是"慈爱相"，就是有个慈爱的样子，相由心生，要爱人、爱家、爱社会、爱生命。

第三是大学精神文化。大学精神具有普遍意义，但是也应该有学校的特质。请高教所和发展规划办对此进行认真研究。

我觉得学校至少要加强这三大文化建设。怎么建设呢？再借用余秋雨先生 8 个字：第一是公共审美。建设文化要有公共审美，比如校园里要有一些物化的教师文化，像老校区一进门的教师雕塑。杜部长说看不到瑶湖校区"师"的东西，也是指我们的新校区缺少物化了的教师文化。第二是集体礼仪。文化也需要礼仪来承载和表达，比如我们以前老师说"上课"之后，同学们要起立，这就是一种集体礼仪。教务处可以研究一下，我们师范大学是不是需要一定的集体礼仪。还有我以前说的，老师到机关办公室来，干部们能不能站起来一下，这也是我们干部的集体礼仪，表示对老师的尊重。

咬住目标，走出特色，创新管理*

（2013 年 9 月 1 日）

年初，学校制定了工作要点，确定今年是"目标管理·特色建设"年，工作思路是坚持"三个突出"，突出重大项目、突出特色发展、突出内涵建设；做到"三个加强"，加强管理创新、加强民生建设、加强党建工作，努力实现学校品牌声誉、核心竞争力、办学实力、内在活力、幸福指数和领导水平"六个提升"。上半年，全校上下围绕这一工作思路，努力工作，奋力拼搏，人才培养工作取得新进展，学科、科研、人才工作再上新台阶，招生工作实现新突破，民生工作得到新拓展，学校办学水平和综合实力不断提升，并且在某些方面还取得了一些突出的成绩。

今年是"目标管理·特色建设"年。所以我想，下半年要在上半年的基础上，咬住目标，走出特色，创新管理。

---

* 这是梅国平在全校中层干部会上的讲话摘选。

一、关于目标：咬住青山不放松，筑牢师大梦想

从时点上来看，现在正是"十二五"时期过半的时候，也是2013年第二学期开学的时候，我们正处于承前启后的重要节点上。在这个时候，我们有必要盘点"十二五"规划，对表学校年度工作要点，看看我们确定的目标任务完成了多少，看看我们自己的发展状况，看看兄弟院校的发展状况，这有利于我们进一步明确学校下一步的工作重点和努力方向。我有两个基本判断：

第一，从"十二五"规划任务来看，我们正处在"保二争一"的攻坚期。在"十二五"规划中，我们提出了保住全省第二的位置，进入全国地方师范大学第一方阵这样的一个"保二争一"任务，这是我们师大人集体意志和共同梦想。现在"十二五"时期过半，我们离这个既定目标还有多远？盘点一下，这些排名不一定准确，但其中的指标信息值得我们重视！

在"十二五"规划中，我们还有一些具体的发展指标，比如突破国家工程技术中心、国家大学科技园、国家实验教学示范中心、新增孔子学院、国家级课题年均达50项等都已经完成了，但还有一些指标尚未完成突破，这些都是硬骨头！都有待攻坚！在剩下的两年半时间里，如果我们没有更大的气魄、更大的作为，那么"保二争一"就有可能变成一句口号，梦想就有可能变成幻想！各职能部门和各学院要对照学校规划、学院规划，认真谋划，努力实现工作目标！

第二，从学校近年来发展状况来看，我们正处于发展升级的窗口期。为什么说面临发展升级？学校这几年从特殊原因造成的发展

低谷提升到比较正常的状态，但国家级课题、发表国际论文、国内论文数和被引篇次数等最近两年出现了天花板现象。为什么都出现了天花板现象，我觉得一个很重要的原因，就是在现有的发展方式、管理模式下，目前的成果水平可能已经是一个极限了。由此，我们要思考学校发展升级、管理升级的问题。与此相关的四项改革比较紧迫：一是要积极探索校院两级管理体制的改革，调动学院办学积极性。以前说了很多次了，今年要下决心找几个学院试点。二是岗位设置与聘任以及分配制度的进一步改革完善。三是机构改革和学科必要的调整。四是用人制度或者干部制度的进一步改革。

为什么说处于窗口期？因为经过这几年的发展，我们拥有发展升级所需要的天时、地利、人和等各种内外条件。天时：我们已经实现教育部和省政府共建，作为省部共建高校代表，上周我参加了教育部直属高校咨询会，这次咨询会的主题就是建立现代大学制度，上述四项改革都是现代大学制度建设的重要内容。地利：这些年学校的发展打下了很好的基础，为发展升级创造了很好的条件。我们有美丽的新校区，暂无大的基建压力；我们的基建债务化解了，暂无大的财务压力；我们又成为了省部共建和中西部基础能力建设工程高校，拥有国家科研平台、一级学科博士点和一批省级重点学科，也引进了一大批优秀人才，博士就有 600 多人；等等，奠定了很好的发展平台。人和：班子齐备，党政和谐。全校师生也是人心思进。所以，目前是很好的发展升级窗口期！全校上下要抢抓机遇，对表工作要点，努力完成今年工作任务，未完成的要抓紧推进。

二、关于特色：吹尽狂沙始到金，走出师大道路

特色建设是个大事，也是个难事！以前的中层干部会上我讲了多次，今天还得强调。下一步，我们要着力在"学科有特色、教师有特长、学生有特质、管理有特点"这四个方面的建设上下功夫。

1. 打造优势特色学科，构筑核心竞争力

大学特色主要体现在学科特色上。说起清华，大家都知道它的代名词是工程师的摇篮，因为它工科见长。当然，任何大学不可能在所有的学科上称雄，清华北大如此，哈佛耶鲁也如此。所以，建设学科特色就是要让一些学科山峰长出来，让它有显示度。建设学科特色就是造峰行动。为了建设学科特色，下半年我们要做到：

第一，坚持"做实、做强、做特"的基本原则。

从学校层面而言，首先要"做实"33个一级学科，包括没有硕士点的学科，每个一级学科都应该有学科建设经费，当然重点是有硕士点的26个一级学科。

其次要"做强"14个优先发展一级学科，这14个学科是"十二五"规划确定的。去年，学校对这14个一级学科进行了校内评估，公布了评估结果，并根据评估结果浮动学科建设经费，相当于进行了奖罚。今年下半年请研究生院考虑：1.引入第三方评估，争取把国务院学位办的评估中心请来；2.将评估覆盖33个一级学科，至少是26个一级学科硕士点；3.根据评估结果动态调整优先发展学科，14个优先发展学科也不可能齐步走，今年淘汰几个，明年淘汰几个，后年再淘汰一些，最后剩下的差不多就是报博士点的学科了。

最后，也是最重要的，是要"做特"。做特，一是要在评估的基础上，再明确几个学科，进一步加大投入，坚持三五年、上十年，必见成效，学科特色就日臻成熟。1993年南昌大学"211建设"的时候确定了机电、材料、食品作为学校重点建设学科，通过十多年的持续建设，食品和材料成为了国家重点学科，机电成为了国家重点培育学科。我们要做特哪几个呢？

化学算一个。化学学科通过多年发展，有了一级学科博士点和国家科研平台，也进入了ESI全球学科排名前1%，已经拥有很好的基础。下一步，要将化学培育申报为国家重点学科或者重点培育学科。

教育学也算一个。作为师范大学，教育学科不强，师范的旗帜、传统和特色就不保。现在，学校的教育学科发展面临着严峻的挑战，实力排名呈现略有下降趋势。我想，无论如何，都要下大力气做强、做特教育学科。一方面，我们要对教育学科的力量进行适当的整合，形成拳头；另一方面要加大领军人才的引进培养，力争尽早获批教育学一级学科博士点或教育博士专业学位点，奠定我校在师范教育的母机地位。做特，这里我要讲下，我们在"十二五"规划里提出了"生态引领的绿色大学"的特色建设要求，我们生态资源环境学科的发展，可能要有所考虑。由于时间关系，就先点这2个学科，后面的关键要看评估的情况。

做特，二是要遴选一些学科方向，特别是交叉学科方向，进一步加大投入，坚持三五年、上十年，形成特色学科方向。作为一所地方大学，资源非常有限，要把一个一级学科打造成全国优势特色学科，很不容易！更富效率和更加可行的路子，就是应该集聚资源和力量打造一些优势特色学科方向，在点上先突破，再以点带面。比如，我们化学的"糖、剂、布、膜"，心理学的心理统计测量就是优势特色学科方向的代表。

学校将遴选确定一批重点支持的学科方向进行重点打造，给每个学科方向文科 100 万元之内、理工科 300 万元之内的专项资助经费，帮助这些学科打造形成自己的优势特色。今年，学校安排了 2000 多万元的特色建设专项经费，这个钱我们要把它很好地用出去，用在刀刃上。

从学院层面而言，要"做实"所在的一级学科；"做强"旗下的一两个二级学科；"做特"一两个学科方向。文科的特色学科方向建设要注重三个方面，一是学科交叉领域，二是对接社会需求，三是强化与科技的结合。在学科交叉领域，我们能够更好地做出特色；对接社会需求、强化与科技的结合，学科发展才更有生命力，并能产生巨大的经济和社会效益。理工科的特色学科方向建设也要注重三个方面，一是学科交叉领域，二是站在学科前沿，三是对接产业发展，特别是江西重点发展的新兴产业。学院的特色学科方向建设，院长是第一责任人。各学院要在学科建设大讨论的基础上，召开扩大至全体教授和博士副教授的学术委员会，形成特色学科方向建设报告，研究生院和科技处、社科处在这个基础上组织评估和筛选。

第二，适时进行必要的学科调整。

适时进行学科调整是必要的。因为：第一，国家将下放自主权，允许高校在博士、硕士一级学科授权范围内自主设置二级学科，现在非国家布控的本科专业都可自主设置。因此，学校有必要强化对 26 个有一级学科硕士或博士授权点的管理，将学科建设和管理的对象从二级学科上移至一级学科，下放部分管理权限到一级学科，赋予一级学科对二级学科的管理职能，增强一级学科对二级学科的影响力。第二，学科分化交叉、协同创新的发展态势迅猛，与时俱进地创新学科组织机构，有利于加强校内外联合办学，吸收更多的社会资源，服务大学核心使命。

这次暑期务虚会上，有同志提出了发展交叉学科化学生物医学或化学生命医学，组建设计学院、法学院，组建经济管理学部、教育学部等建议，学校将组织力量抓紧论证，按照"整体规划，稳健实施"的方针，扎实推进。欢迎各位讨论和建言！

第三，做好迎接省重点学科和示范性硕士点检查的有关工作。

这次评估是来真的，分优秀、合格、不合格，要在教育网公示，不合格的要淘汰，评估组9月下旬就要进校，所以各个学院要重视起来，要对照中期检查的指标进行比较。

第四，改革完善学科建设经费管理使用办法。要扩大院长对学科建设经费的调控权，现在许多学科建设经费都锁在学科带头人的抽屉里，结余3000多万元。钱用在刀刃上还是要用的。

第五，做好国家重点（培育）学科和专业博士学位点的申报培育工作。

第六，大力开展"走进学院，服务学科"的系列活动。上半年图书馆发起这个活动，第一个走进教育学院对教育学科提供一些服务，对其发表的论文、在全省的影响力、在全国师范大学的影响力做个分析，跟院长和教授们来研讨，我觉得这一做法很好。下半年，由研究生院牵头，图书馆、科研处、人事处参加，把14个优先发展学科全部走一遍，这不是去检查，是去服务，帮助学院对学科做些诊断。

2. 培养优秀特质学生，提高育人满意度

我讲三个问题：我们要培养什么样特质的学生？我校育人的满意度如何？如何培养有特质的学生？

一是我们要培养什么样特质的学生？大家要思考，我们要培养什么样特质的学生。我觉得，首先是国标。党和国家教育方针明确了培养目标：德智体全面发展的社会主义事业建设者和接班人。中长期教育规划纲要进一步提出：要着力培养学生的社会责任感、创新精神和实践能力。教育部最近要求各教指委尽快制定本科各专业类培养质量标准，考虑到全国高校水平不一，这个标准其实是最低标准。其次是校标。校标是国标的具体化、个性化。在符合国标的基础上，对国标指标的着色轻重可以有差异，有差异才会出特色。所以，我们要有校标，校标可以体现在我们的育人理念、育人模式、育人效果上，体现在我们的人才培养方案中。这次 2013 级人才培养方案的修订，强调以能力培养为导向的课程和模式配套设计，教务处取了个很好的名字：矩阵。我们的校标应该更加重视德育，因为我们是师范大学。社会对两类人群的道德要求最高、容忍度最低：一是教师，二是公务员。老师，就是道德文章的化身。道德怎么建，还是得想点招数，教务处以前提出的学生毕业时应参加"学业、德育"双答辩，我觉得值得去探索，学工部门和教务处可能要推进这项工作，先试点再推广，如果不抓，师德这个特色怎么出来？

我们还有三分之二的非师范生，这些人出去后大部分不做教师，但你是师范大学培养出来的，我想这些人应该成为：像教师的专业人才，比如像教师的律师，像教师的工程师，像教师的艺术人才。像教师，就是有更好的道德文章，其中的文章，就是指综合知识、综合能力和综合素质。这些可以讨论，但要有这个意识，注意培养学生的特质。

二是我校育人的满意度如何？满意度如何关键看录取分数，这是家长、考生和社会"用脚投票"的结果。这几年我们的录取分数节节攀高，说明家长、考生和社会对我校的育人满意度总体是趋好的。在企业界，有一条经验：一切以用户为中心，其他一切纷至沓来。我想，我们办学也一样，要有生源危机意识。今年山东省的高职生录取线只 180 分，还有 15000 个指标用不掉。现在，高中毕业生不参加高考，考了不填志愿，录取了不报到的"三不"学生也在增加，而出国留学生规模，是越来越大，现在已经达到每年几十万人，相当于恢复高考时每年的全国高考录取人数。所以，要在我们的各项工作中树立学生中心的理念，着眼于学生的发展、学生的学习体验和学生的学习效果，实现学生全面发展、多元成才和个性化成长。

三是我们如何培养？近年来，学校提出要建设以"学"为中心的教学体系，也出台了一些政策文件，包括修订人才培养方案、推出专业学位课程，还有自由转专业制度，等等。下半年还要着力抓好"三个服务，三个更好"。

首先，要做到"三个服务"：就是校领导、职能部门要为院长服务，加上院长为教师服务，再加上教师为学生服务。这就叫以学生为中心。

其次，要做到"三个更好"：

一是要给学生提供更好的学习选择。学习选择权是学生学习自主权的核心，也是提升学生学习体验的关键。下半年要根据学校的实际情况，在总结近年来改革经验的基础上，根据"以学为中心"的理念，进一步探索人才培养模式的改革创新，推动学分制改革。现在，全国像我们这样搞学年制的学校已经不多了，可以说是最后的堡垒，据说阻力很大，我觉得不可想象。要加强第二学士学位课程的建设和管理，进一步扩大学生对专业、课程、对教师的一次和二次选择权，探索在现行专业制度下，让每个学生根据自身意愿和需求，形成不同的课程组合体系。我们要通过扩大学生学习的选择权，来促使学院提高专业课程和教师的教学质量，而不是通过僵化的体制机制来维持较高的保持率。这个方向是明确的，决心是坚定的。另外，我们还要及时总结"正大学子"培育计划的实施经验，进一步加强拔尖创新人才的培养，积极创设多元的学习轨道和成才方向，为不同资质和兴趣的学生提供不同的发展选择。

二是要给学生提供更好的学习指导。第一，按照教育部的相关文件规定，参照相关高校的做法，在本科生中设置学习观和学习方法类的选修课程，提高学生自主学习和终身学习的能力。第二，与图书馆一起组建成立大学生学习和发展指导中心，通过这个来组织开设专题讲座，设立学习"门诊"，请名师专家、广大教师为学生提供学习辅导、咨询和支持，实现在研究中自主学习。第三，加强学生学习过程和体验的调查，将学生学习状态纳入教学常态监控之中，将学生的学习状态数据作为教学质量评价的重要依据，作为调整优化教学安排的重要依据，作为对各学院的教学工作进行考核奖励的重要依据。

此外，请团委和学生处做一件事，牵头拿出一个学生社团管理、资助和奖励办法，对学生社团给予一定的资助，对优秀的学生社团进行一定的奖励。社团对锻炼学生的自主管理能力，提高学生的动手实践和社会适应能力是很有作用的。希望团委、学生处要发挥"第二教务处"的作用，积极做好提升学校人才培养质量的有关工作。

三是要给学生提供更好的学习条件。要在改善学生学习和生活条件上做几件实事：第一，启用图书馆的中央空调，再考虑延伸到惟义楼部分教室。暑假基建处、图书馆、后勤公司的同志很辛苦，已经把沉睡了十年的中央空调设备检修好了。第二，分步解决学生宿舍安装空调的问题。学生这方面的呼声很高，因为南昌的天气的确太热。要在以前建的学生宿舍内装空调，遇到的最大问题是线路改造和电容量扩增，所需费用要超过 2000 万元。我们争取通过中央支持地方高校专项经费，先把电扩容解决，再把线路改造好。暑假后勤部门已经改造了两栋学生宿舍的空调线路。下半年后勤部门要进一步拿出分步对学生宿舍进行空调线路改造和电扩容的方案和预算，争取 3 年左右解决这个问题。第三，积极美化优化图书馆、教室和公共学习区的环境和条件。要将图书馆打造成"学习中心"，实行大开放、大流通的运行模式，加快信息化建设，尽力为学生的学习提供优良的条件。

3. 建设优秀特长教师，增强赶超支撑力

要打造有特色的学科和有特质的学生，就必须建设一支拥有特长的优秀教师队伍。教师特长，主要包括教学特长和研究专长两个方面。

首先要有教学特长。我们是师范大学，我们的老师还要对我们的学生进行教学方面的培养，作为培养教师的老师，我们自己在教学方面首先就应该有特长。简单地说，就是老师首先要站得稳讲台，过得了教学关，这应该成为考核教师的第一要求，这也是世界高校的一个基本做法。

客观来讲，我们不少的教师课上得不好。督导组专家反映有的课实在听不下去，所以学生"到课率、抬头率、注意率""三率"不高的问题比较突出。下半年，教务处、学生处、高教研究中心要对此进行专题调研，提出一些管用的办法。从教师方面来说，我觉得主要是有没有教学特长、愿不愿发挥教学特长的问题。有没有是水平问题，愿不愿是态度问题。解决态度的问题，一靠教育，二靠考核评估激励。这个我讲过多次，也介绍过上海大学的做法，目前情况下，我认为那是比较管用的办法。解决水平的问题，一靠培训

学习，二还是靠考核评估激励。培训学习很重要，我校主要通过如下途径：教学范式改革示范；"十佳百优"公开课教学示范；教研室教研互相学习（加强教学基层组织建设，健全教研室备课等教研活动，规定新教师开课、老教师开新课、新学期开课都要集体备课）；教师发展中心教学培训等。下半年十月份的教学月活动，教务处和师培中心要根据"以学"为中心的要求，谋划推动一次探究式教学的全员教研活动，并逐步形成学校的一个长效制度安排。至于教学考核评估激励办法，教务处、人事处正在调研起草。大家知道，新一轮本科教学评估即将开始。无论评估与否，全校都应该更加重视教学，这是大学安身立命之本！也是教师的安身立命之本！下半年适当的时候我们要召开一次全校的教学工作会议，制定出台一些政策措施，鼓励和引导学院抓教学，鼓励和引导我们的老师上好课。

其次要有研究专长。图书馆在暑期做了一个学校科研竞争力的分析报告，统计、分析了学校历年来在国内外期刊上所发表科研论文的数量和质量，得出的结论不容乐观，主要的问题有 3 个：一是人均论文产出量低。二是篇均论文被引率低，被引率是评价论文科研水平及学术影响力的重要指标，我们中文期刊论文有高达 36.6% 的论文零被引。国际论文篇均被引 4.08 次，远低于全国平均值 6.51 以及世界平均值 10.6。三是高影响力论文少之又少。被引超 100 次的论文仅为 16 篇。为了进一步提高学校的科研竞争力，学校将对科研政策进行适当的调整。

第一，抓高水平论文。高水平论文是评价教师和学科学术水平的重要尺度。我们化学能进 ESI 前 1% 靠的就是高水平论文。课题最后还是要看产生了多少高水平论文。这几年学校非常重视抓项目，两类国家基金项目立项数跃上了新台阶，但高水平论文的发表数却没有跟上。针对近年来高水平论文发表数量下降的现实，建议采取如下办法：一是要像抓项目一样抓论文。二是要将高水平论文发表与学校对课题资金配套的比例挂钩。三是要适当提高一类权威期刊论文的奖励。相比其他高校，学校目前的权威论文的奖励偏低。我们要将奖励标准提高一些，提高部分在个人相应项目的学校配套经费中列支。四是要积极引入论文被引率作为成果鉴定、结项、职称晋升、评优等的重要指标。

第二，抓高层次奖励。学校获得的科研奖太少，特别是省级以上科技"三大奖"。今年侯豪情博士拿了一个省自然科学二等奖，前面几年都是光头，比农大、南航、交大都少很多。这次省重点学科检查填表的时候，填到奖励栏就犯难。我们要把科研获奖抓起来，具体的办法与抓论文差不多。

第三，抓高效益转化。转化的成效有两个标志，一个是学校教师拿到了多少横向项目，有多少横向经费；第二个是有多少科研成果转化为现实生产力和影响力，产生了多大的经济和社会效益。

上面说的主要是针对目前的存量教师，为了建设一支有特长的优秀教师队伍，接下来我想讲一下人才引进的问题。在教师的引进上，我们要注意学校学科建设的需要，引进有研究专长的领军人才和高层次人才。具体来说，有如下想法：

第一，严格高水平大学和海外背景的人才招聘要求。学校原则上不再引进非"985"高校或没有海外背景的博士，不鼓励教师在职攻读非"985"高校博士，中央音乐学院这种专业学校除外。这不是院校歧视，而是有一定事实依据的。国家自然科学基金委做过统计，从 2003 年至 2011 年的 1589 名杰青中，博士毕业于"985"高校的有 1056 人，海外背景的有 327 人，分别占到了 66.5% 和 20.6%，加起来占到了 87.1%。而且，相对而言，海外博士有利于学校推进教育的国际化，"985"高校毕业的博士有更多的学科、导师等方面的资源优势。

第二，严格控制本校博士、硕士毕业直接留校工作。这是国外大学教师招聘的一条铁的纪律，防止近亲繁殖，防止院内派别和占山头。

第三，加大人才引进的宣传力度。在国内各大媒体、重点高校网站、国内外知名网站、权威报刊、国外网络媒体、学会媒体等加大宣传。

第四，实行"走出去"的海外人才引进战略。加强与我驻外使馆教育处、海外留学生群众组织和海外校友的联系，通过网络推送宣传材料，仿照国内重点高校利用国外专业学会年会契机，进驻会场招聘，等等。包括我们即将挂牌的美国伊利诺伊大学香槟分校孔子学院，我们要充分发挥它的辐射作用，将它打造成为教育国际化的一个桥头堡。这次顾刚教授来校工作，就是看到我们的海外招聘公告来的。

第五，进一步加大人文社会科学人才的引进。近几年，学校人文社会科学学科的人才建设相对滞后了，优秀的学科领军人才缺乏，人才断层现象比较严重。这些学科是学校的老牌学科，历史厚重，学者辈出，我们要关注这些学科的传承问题。所以，希望我们相关的学院、学科和学者，能够从学校、学院和学科未来发展的战略高度，重视和加强优秀拔尖人才的引进和培养工作，让我们的学科和事业后继有人。

三、关于管理：为有源头活水来，提升师大效能

管理两字分别拆开来就是：管字，竹林下面一个官；理字，单

位里面一个王。有人说，大学里面这个王就是书记，这个官就是校长。如果是这样，不是好事！在我们门口排长队请示，不是好现象！搞得我们像坐门诊似的，苦不堪言，还耽误事！大学中的这个王这个官不应该是书记校长，而应该是现代大学制度。学校要加快现代大学制度的创新，加强制度运行的硬约束，从而推动学校健康稳定的发展。具体来说，下半年和今后要做好以下两方面的工作：

1. 以章程制定为龙头推进中国特色现代大学制度建设。具体来说，要做好以下三件事

一是要做好章程本身的制定工作，夯实学校发展的制度基础。现在有种章程无用论的论调，认为高教法都不管用，谈何大学章程。其实有比没有好，没有高教法，哪有占 GDP 4% 的教育投入？章程也是如此，有比没有好。第一，有利于推进大学办学自主权的落实。第二，有利于完善"党委领导、校长负责、教授治学、民主管理"的大学治理结构。比如教授治学，就是要彰显学术权力。下半年我们要对学术委员会换届，我不再担任学术委员会主任，由知名教授担任，委员可由学院推荐，教授投票差额选举。建议院长也不再担任院学术委员会主任。在二级管理体制试点学院，还可以考虑试行教授会制度。第三，有利于梳理内部制度框架，理顺各种关系，促进学校管理工作的体系化和法制化。

二是要做好学院综合改革试点工作，稳步扩大学院自主权。学院是学校的办学实体，学院活则学校活，学院强则学校强。深化实施校院二级管理是我们事业发展的必然需要。吸收国内这些先行高校的做法，我们今年下半年要启动学院综合改革的试点工作，在试点的基础上再逐步在全校推行。我们要通过这项改革，充分激发学院的办学活力，让他们成为自主办学的实体，鼓励支持他们找准定位、找好标杆、各显神通、竞相发展。

三是要制定第二轮岗位设置与聘用工作方案，建立并实施科学的岗位设置、聘任、考核及人员薪酬制度。第一，要定编。教学单位定编方案借鉴了北京高校的做法，考虑三个因素：一是学生培养编制数，二是科研任务编制数，三是学生工作任务编制数，合计就是学院编制数。机关和教辅单位也要定编，适当压缩这些单位的编制数。除了目标管理单位，学校2012年绩效工资发放方案中教研人员与非教研人员之比是1：0.72，拿非教研人员绩效工资的人太多。我们要梳理一下到底哪些人在拿非教研人员绩效工资，今后要对非教研人员进入实行严控，并将现有非教研人员充实到学院行政管理服务岗位。第二，要设定岗位上岗条件和聘期考核目标，适度竞争上岗。第三，要按岗位绩效取酬，形成以岗定薪、按劳取酬，向教师倾斜、向一线倾斜的分配机制。

2. 以师生为本为导向推进精细化管理工作

"精细化管理，人性化服务"应该成为学校管理的核心理念和管理体制机制改革的内在着力点。精细化管理的实质是以人为本，为教学科研提供人性化服务，为师生提供人性化服务。这里，我重点谈谈开源节流的问题。

学校收入主要是两块：一是财政拨款，政府按生均9000元＋3000元的标准拨款，9000元是固定的，3000元要去竞争，这个标准省里近几年也不可能提高；二是学费收入，学费标准十几年不让涨，加之学生数稳定，所以学校的收入将处于一个稳定的状态。但是，教职工收入的刚性增长，加之内涵建设和条件保障所需经费的增长，对学校财务形成双重压力。因此，开源节流成为摆在我们面前的一个十分突出的问题。

开源，就是要增加收入。怎么增加？

一是调整招生结构，适当增加高收费专业招生人数、增加研究生招生人数，提高一些学校的生均拨款和学费收入，但总的来说空间不大。在职专业硕士学位招生是学院和学校增收的一条重要途径，但目前规模很小，各学院还要加油。

二是盘活学校经营性资产、青山湖校区的资源，让学校的资产能够发挥出更好的经济效益。如何提高学校经营性资产的效益，请资产经营公司牵头拿出一个可操作的方案。青山湖校区大家一直都说是黄金宝地，但现在的经济效益主要是科技学院每年提供的管理费。下半年，学校要召开专题会议研究青山湖校区建设规划，要保护其文化价值，拓展其教学功能，改善其居住环境，开发其经济价值。有的同志提到大楼经济，这可能是一个努力的方向。

三是向政府、向企业、向社会来争取资源。比如，教师教育处通过国培计划去年为学校和教师增加了一些收入，等等。从学校层面来说，有两个加强与社会联系的载体：一是学校基金会，二是学校理事会。基金会已经成立两年多了，沈鹏老先生题匾，但基金会运作效果不明显。这次直属高校咨询会上，北师大提供了一个资料，说它的基金会上半年募捐到了3个亿，它的做法是通过建立筹资人员激励机制、校院之间分担机制、专项筹资激励机制等，调动各方募捐的积极性。

节流，就是要节约开支。刚性的开支很难削减下来，但是许多地方是可以节约的。大手大脚和精打细算，对于我们这样一个大的学校来说，差别是很大的。记得毛主席说过："贪污和浪费是极大的犯罪！"以前我老想不通：贪污和浪费咋相提并论呢？细想有道理，贪污是少数人，浪费则不同，人多量大。所以，我们要节约，节流。如何节流？

一是水电浪费要管住。长流水、长明灯要追查，免费使用大功率空调要刹住，该收的水电费要坚决收上来。

二是公用房使用超额要交费。借鉴其他高校的成熟做法，对公用房的使用我们核定面积标准，超额部分进行阶梯式收费。这个本意不是要收学院和部门的钱，最重要的是要盘活学校固定资产，减少浪费，让资产发挥更大的效益。

三是减少"三公"经费。今年中央八项规定出来以后，学校接待次数下降 40%，接待的经费下降 60%。

四是明年一般性预算支出要减少 10% 左右。

解决五大突出问题，提高人才培养质量*

（2013 年 12 月 26 日）

"高教三十条"明确指出："要牢固确立人才培养的中心地位"。也就是说，高校科学研究、服务社会、文化传承与创新等其他职能，都要服从和服务于人才培养。教学作为人才培养的主渠道，无疑是高校的中心工作。结合三次教学工作座谈会和平时掌握的情况，我觉得本科教学工作中至少有五个突出问题，值得全校高度重视并加以解决。

一、着力解决本科教学与社会需求、与学生全面发展的需求不相适应的问题

"高教三十条"指出："要把促进人的全面发展和适应社会需求作为衡量人才培养质量的根本标准"。也就是说，专业人才培养质量有两条标准：一是适应行业（产业）对相关专业人才的需求。国家 2010 年公布的最新《职业分类大典》有 2026 个各类职业，2011

＊ 这是梅国平在全校教学工作会上的讲话摘选。

年颁布的最新《国民经济行业分类》中有 1000 个左右行业。我们的专业要考虑与这些行业、职业的需求相对接。二是适应学生全面发展的需求。党的教育方针是要培养德、智、体全面发展的人才，国家中长期教育规划纲要提出要培养学生的社会责任感、创新精神和实践能力。由于时间关系不好全部展开，仅说"体"，学校学生的体质怎么样，学生体质测量数据不容乐观；学生的心理怎么样，心理咨询中心给出的数据也让人担忧，学校本科教学离学生全面发展的需求还有差距。

前不久，易剑东教授做客江西人文大讲堂，讲国民经济行业（产业）、高等教育专业（学业）、职业市场就业（创业）之间存在紧密的匹配和顺应关系，匹配和顺应得好，经济得到促进，教育得到发展，学生也好就业。具体到高校办学来说，就是你的专业要与行业需求对接起来，这样你的学生才能在职业市场中取得竞争优势。我觉得讲得很有道理。那么，我校专业人才培养与行业、职业对接的情况怎么样，学生在职业市场的竞争力怎么样？前几天，学校召开了全校就业工作会议，我校今年本科毕业生的初次就业率87.18%，列全省高校前列。但认真分析其中的数据就会发现，我校毕业生的就业质量并不像看上去的数字那么漂亮，在毕业生出国求学率、公务员和事业单位录用率、考研录取率、进国企就业和自主创业率等方面都不尽如人意。

不过，最近学校"金牌讲解班"的同学却很受社会青睐，现在省内许多景区都想要他们，三清山、井冈山还给事业编制。为什么"金牌讲解班"的学生会这么走俏？我觉得有两个很重要的原因：第一是对接了社会需求。近几年江西的旅游业发展得很快，确实需要大量的优秀讲解人才。第二是文旅学院在教学工作上下了功夫，一年多下来，这些孩子都有了脱胎换骨的变化。特别是文旅学院注意抓了学生实践能力的提高。实践教学不一定要在实验室、在田间码头进行，其实疯狂阅读、魔鬼训练都是实践教学，疯狂阅读可以夯实学生的文理基础，有利于提高学生的听说读写能力，魔鬼训练可以提升学生的实践技能，这都是很重要的实践能力。

"金牌讲解班"是专业人才培养与社会需求、与学生全面发展需求有效对接的生动实践，值得认真总结和推广。总之，"与两个需求对接"并不玄乎，它是本科专业人才培养改革发展的灵魂所在，丢掉了这个，本科教学改革和发展就会迷失方向；"与两个需求对接"也不虚幻，而应落实在专业人才培养方案之中、落实在培养模式之中、落实在课程教学之中。"与两个需求对接"的好坏，主要责任在教务处，在院长、教学副院长、专业负责人！2014 年，围绕"与两个需求对接"要做好以下几件事：

1. 每个学院要抓好主打专业。一个学院要确立一两个主打专业，如果专业太大，可以先选拔一两个班级先行先试。抓主打专业要做到"三抓"，一抓培养方案，二抓培养模式，三抓课程教学。教务处可以组织立项，学校给予经费支持。2014 年，学校将要开展校院两级管理改革试点，现在方案已经基本成形，准备按照学院学费和财政拨款总额，切出一定比例打包给学院作为事业发展经费，具体包括学科建设经费、专业建设经费、教学经费、学生经费等，由学院自主调配使用。而学院教职工的工资津贴还是先由学校进行统筹。

2. 教务处要依次开展专业评估。从明年开始，教务处要用三年的时间，对学校 80 个左右的专业依次进行评估，每年每个学院至少评估一个专业。评估主要是"三评"，评培养方案、评培养模式、评课程教学，评估结果进入学校本科教学监控核心指标。对"与两个需求对接"做得不好，不适应社会需求，招生就业都不好的专业，该停办的要停办，一下子停不了的可以隔年招生。

3. 要加大各专业实践课的比例。厦门大学副校长邬大光上次来校做讲座时，谈到了厦大研究提高新闻专业人才培养质量的事例，他们调研了世界一流大学的新闻传播专业，发现实践课比例都在 70% 以上，因为加大实践教学可以提高新闻专业学生"采、写、编、评、摄"的能力，因此决定将厦大的新闻专业实践课比例提高到 50%。教务处可以把厦门大学相关专业的人才培养方案拿来学习借鉴。

二、着力解决部分教师不乐教的问题

爱岗敬业是基本的职业道德，教师的天职是教书育人。上海大学老校长钱伟长说："不好好教书，不是一个合格的教师"。林毅夫教授赴世界银行任首席经济学家兼高级副行长前在北大做的最后一件事，就是给本科生上课。作为一所师范大学，如果我们的教师不能为人师表，不能认真对待教学，那么我们培养出来的学生今后又如何为人师表、爱岗敬业？所以，我们要认真解决部分教师不乐教的问题，一方面要切实加强师德师风教育，另一方面也要有一些政策措施上的引导。

1. 改革职称评审制度。通过改革职称评审制度，来引导老师重视和加强教学工作。第一，要分类评审。将教师职称评审类型分为科研型、科研教学型和教学型三类，适当增加教学型教授的评审指标。第二，要增加教学工作在职称评审条件中的比重。要将教师课堂教学的数量和质量，作为职称评聘中的重要指标。在科研型教授中，科研占主导，但教学也要有要求，比如科研占 65%，教学占

25%，社会服务等其他占 10%；科研教学型教授中，科研、教学相对平衡，比如科研、教学各占 40%，社会服务等其他占 20%；教学型教授中，教学占主导，科研也要有，比如教学占到 70%，科研和社会服务等占剩下的 30%。

问题是教学分值如何度量，这是个现实难题。在今年职称评审时，大家也有讨论。有人建议，学生评教不用百分制，而用排序的办法；还有人建议，不能只是学生评教，而要通过自己评、学生评、老师评、督导评、领导评等"五评"来确定教师教学在学院或学校的排序。职称评审中教学科研具体比例是多少，教学工作怎么评价，请人事处会同教务部门进行调研确定。

在这里，我要强调一下的是教授要为本科生上课，教育部对此是有明确要求的，但学校目前教授真正为本科生上课的比例不到 50%。其实，越是一流的大学，越是一流的教授，越是重视教书育人。上半年我受教育部派遣到美国研修时，就发现在加州大学伯克利分校，所有诺贝尔奖得主都得讲授一年级本科生的课程。今后，不承担本科生课堂教学任务的老师，不能评为教授副教授；已经是教授副教授的，除非有特别原因，否则连续两年不上本科生的课，学校不再聘为教授副教授。具体请人事处和教务处出台相关办法。

2. 加大对教学工作的激励。一是提高"十佳百优"教师奖励力度。今年已经增加了，今后还要研究进一步扩大奖励面，让更多的老师能够跳起来摘到桃子，实现优教优酬。教务处评星级课程并给予奖励，实际上就是课上得好的老师，其津贴要涨。以后还要考虑，课上得太差的老师，其津贴要减。二是奖励本科教学突出业绩。学校已经研究出台奖励办法，要拿出专门经费奖励教学工作，这个钱花得值。三是不断提高课堂教学工作津贴标准。四是推出一批本科教学工作项目。总之，我们要通过各种激励手段，让老师们的心思回到讲台上，用在教学上。

3. 摆正教学科研关系。现在有同志批评学校教学科研政策失衡，说学校贯彻的不是科学发展观，而是"科研发展观"。我以为，不能简单地把教学与科研对立起来，好像重视科研就不重视教学，老师认真上课就可以不搞科研。上海大学钱伟长老校长说："不会教学的老师，不是合格的教师。"其实，后面还有一句："不会科研的老师，也很难是一个好教师。"

上半年，我和一些中西部大学校长在美国研修了几十天，听了一些他们本科生的课。有个研修同学在总结中这样写道："哥伦比亚大学的老师在本科生的课堂上，往往以研究的视野来引出问题、强化分析、尊重异见。有一位教师在讨论腐败问题产生的根源时，首先大量引述其他学者的观念，然后选择不同国家对于腐败的不同界定供学生讨论，最后根据典型个案来具体分析如何防治腐败。整个课程贯穿着严谨的学术态度，对于激发学生的学术兴趣和提升学生的科研能力、论辩技能都很有效果。教师必须具备较强的科研能力才能上好课，学生在学习过程中多个环节都要经受科研训练，这是我对一流大学教学与科研关系的一个体会。

"在这里，我们看到的不是教学和科研的矛盾与冲突，而是二者的相得益彰，是师生相长的水乳交融。与其总去争辩教学和科研两者哪个更重要，不如从培养学生自主创新能力的高度去强化我们教学内容和教学方法的科学性和专业性。在一个理性的目标下整合教学和科研，自然可以消弭部分没有意义的争论。"

作为一所大学，教学和科研都是它的重要职能，只抓教学不抓科研肯定是办不好大学的，当然如果因为科研而忽视了教学，同样也偏离了正确的轨道。教育部杜玉波副部长对大学教师说过三句话：师德为先，教学为要，科研为基。我们的老师，即使你做不了前沿的学术研究，你也可以做些教学研究，教研也是科研，学校对此同等对待。总而言之，大学老师应该做些研究，否则你很难是一个好老师。

当然，如何对大学教师的科研工作进行科学的考核，是一个值得深入研究的难题。中国人民大学、长安大学受教育部的委托，作为试点单位做了一些有益的探索，请人事处和科技处、社科处去两个大学学习一下，在下一个的聘任期内优化学校的科研考核制度。

4.关注 MOOCS（慕课）挑战。MOOCS（慕课），即大规模在线开放网络课程（massive open online course）。有人说，这将是一场教育改革风暴，可能成为颠覆目前大学教育模式的一种新的高等教育形态，五年到十年内有可能导致一大批大学教师失业。想想网络购物对实体百货的冲击，想想网上书店对实体书店的冲击，就可以预知 MOOCS 对高等教育的冲击会有多大。在今年的中国高等教育学会年会上，有的专家说，如果教育部放开学籍限制，并在政策上认可国内外一流大学的慕课学分，那么大部分地方高校有可能成为一流大学的辅导站和实验室。麻省理工学院今年 3 月份在网上开的首门课程《电路与电子学》，几个月内就有 12 万人报名听课学习。国内北大、清华等 12 所高校也联盟正在建设高水平在线课程平台，华东师范大学专门建设了慕课中心。所以，大家都要关注慕课的发展进程，要努力在冬天来临之前使自己变得更强壮。

三、着力解决部分学生不乐学的问题

现在有不少的同学厌学，到惟义楼去看一下，学生迟到早退现象较普遍，上课玩手机、打游戏、看小说的也不少。教学督导组把它概括为"三率"不高，"到课率"不高，到课后"抬头率"不高，抬头以后"注意率"不高。"三率"不高的问题，可以说是学校本科教学综合征的集中反映。

我讲过一个观点：课堂是大学管理的第一视点。判断大学管理得好坏第一看课堂，因为大学管理的几乎所有问题都会在课堂上不同程度地反映出来。"三率"不高的成因很多，有顶层设计的原因，有教师学生的原因，有管理服务的原因。在教师座谈会上，我问老师，老师们说有学校政策的原因，搞了学生评教，老师不敢管课堂；评职称主要看科研，老师无心管课堂，这是老师的说辞。在学生座谈会上，我问学生，学生说是老师课上得太烂，不如不听，而且老师放任课堂、不管课堂，不听也没关系。在学院座谈会上，有院长说，是教务处清考制度的原因，毕业清考没有门槛，谁都能毕业，平时哪有人认真读书？总而言之，原因是错综复杂的。现在的关键是要下狠心拿出一些管用的办法，来治理"三率"不高的问题。这次教务处草拟的加强课堂教学的意见文件，里面有许多具体的硬措施，主要就是为了解决"三率"不高问题而提出来的。在这里，我想重点强调这么几点：

1. 严格落实课堂教学责任制。教学督导组有老师说，课堂教学效果差的重要原因，一是老师没有成为关注时代的社会人，二是老师没有成为智慧的传播人，三是老师没有成为学生的引路人。所以，要严格落实课堂教学责任制，任课教师是课堂教学的第一责任人。课堂交给老师，老师就有责任把课堂教学秩序管起来，把课堂教学质量扛起来。课堂秩序不好、质量不高，任课老师负第一责任。

老师治理课堂，一靠分数判定权，这是权力；二靠课堂吸引力，这是非权力影响力。对教师的分数判定权，学校要予以保障。

有的老师说，此权不敢用，怕学生恶意评教。学生评教是世界通行的有效做法，不能不搞。但对学生恶意评教，教务处可以建立教师申述——教学督导裁定成立后不采信评教结果等机制，还要探索建立多元评教机制。总之，要给老师管理课堂撑腰！还有的老师说，此权不管用，学生不及格可重修，再不行可以参加毕业清考，管不起来。其实重修是有时间成本的，还要增加经济成本，比如一次重修少量收费，二次重修全额收费。教务处还要进一步严格清考门槛，严格清考管理，限定清考的范围和条件，只有在一定范围内和一定条件下，才允许毕业生参加毕业清考。

对课堂吸引力，教师要用心经营。广大教师要积极改进教学方法，突破以讲授为主的传统模式，探索开展启发式、探究式、讨论式、参与式教学，引入问题教学、任务驱动教学、合作学习等新兴教学方法，提高课堂的教学效果。国外很多大学的课程，学生不经过大量的阅读就别想过关，平均一天至少读一百页书是美国名校本科生的通常状态，还要交作业或当堂回答老师的提问。这样上课，课堂的吸引力就出来了，"三率"也就自然高了。围绕教学方法改革，教务处组织了教学范式改革试点，广大老师要积极参与，对入选教学范式改革的课程，其课时系数提高 20%。现在学校教师的水平都不低，新进的基本上都是名牌大学的优秀博士，只要真正用心钻研教学，这个课肯定上得不会差。

教务处和学院是课堂教学的监管责任人。教务处要发挥教学通报的作用，对巡查发现学生缺课太多的课堂，第一次，询问任课老师；第二次，提醒任课教师；第三次，通报任课教师。各个学院要认真落实教研室集体备课制度，深入开展全员教研活动，帮助广大教师特别是青年教师提高教学水平。对学院课堂教学质量，教务处有常态监控机制，在教学核心指标奖中，学院的课堂教学质量占

50%，其他 5 个指标各占 10%。每年对学院的教学核心指标排序公布，对好的进行奖励。

2. 积极发挥团学干部促进学风建设的重要作用。学校专职辅导员有 80 多人，马上再招聘 10 个，总共有 90 多人，加上将为每个班级配备的班主任，这个队伍人数不算少了。借鉴兄弟高校等对班主任考核的成功经验，学校将在班主任工作考核中用 20% 权重考核所带班的学风情况，目的就是要发挥学工干部在学风建设上的重要作用。而且这个考核是量化的，比如所带班级的学业平均分、上课到课率、四六级通过率、学业警示率等等。

3. 探索发挥家长参与学风建设的积极作用。国教学院有个家长委员会，做得挺不错，值得借鉴。座谈会上，有的同志就建议在教务系统中开通家长账号，让家长进入学生成绩管理系统，在网上就能了解自己孩子在学校的学习情况，创造条件让家长参与学校的学风建设。教务处拟采纳这个建议，请信息化办公室支持做好这一工作。我们不奢望通过这些举措，解决好所有学生的自觉学习问题，但有行动总比没行动好，能够解决部分问题总比让问题放在那里好。

四、着力解决服务保障不力的问题

优化教学服务保障是进一步提高人才培养质量的重要前提。人们常说，兵马未动，粮草先行，打仗很多时候就是打后勤，我们抓教学也一样，离不开良好的服务保障。在座谈会上，大家对服务保障的意见还是比较集中的。为此，学校将做好以下几件工作：

1. 加大教学工作经费投入。做好教学服务保障，首先是要确保经费投入。一是要增加四项教学经费，适当提高学生实践教学经费生均标准。二是要改善学校教学条件。利用省部共建等政策支持，学校从中央财政争取到 3 年 9000 多万元的中央支持地方高校专项经费，这笔钱主要用于改善学校教学条件。一些基本的教学条件如多媒体教室、录播室、微格教室等，该新建的新建、该补充的补充、该更换的更换。还要解决教学楼的空调问题。要通过明后两年的努力，使学校的基本教学条件得到全面的改善。三是要利用中央专项经费分步解决学生反映强烈的宿舍空调问题。

2. 优化惟义楼的管理服务。惟义楼是学校本科教学的大本营，多数课堂教学都安排在惟义楼进行。目前，师生对惟义楼管理服务的意见比较大，比如多媒体设备、教室开门、粉笔使用的问题，其实有些是很小的事情，但细节决定成败，这些问题直接影响到教学工作。明年要集中整治一下惟义楼的管理服务，打造惟义楼管理服务的升级版，做到"星级服务"，具体怎么样做，请后勤公司、现代教育技术中心、教务处、资产与后勤管理处认真研究。根据座谈会上大家出的点子，在这里我提几项具体工作制度：一是要明确惟义楼的管理服务责任人。后勤公司、现代教育技术中心和教务处要派一名副职或者中层干部，具体负责惟义楼的管理服务工作，并在楼内明显的区域立上铭牌，将他们的姓名、职务、联系电话刻在上面，使大家有事可以直接找到责任领导。还可以考虑分区明确具体责任人。二是要建立教学督导提案制度。教学督导对督导过程中发现的问题，可以形成文字提案后给教务处，由教务处与相关部门沟通处理，还不能解决的报到分管校领导这里协调督办。三是要建立教务处、现代教育技术中心、后勤公司三家单位的定期巡查制度。三个部门每天要有人进行楼内巡查，每两天要有单位领导到惟义楼去转一转，每周要进行一次联合巡查，及时协调处理巡查中发现的问题，确保惟义楼达到一定的服务保障水平。只要大家用心去做，惟义楼肯定能够管好。如果还是不行的话，可以采取服务外包的形式，引进专业的物业公司来进行管理服务。

3. 加强图书馆的管理服务。图书馆是师生的重要学习场所，学校图书馆的体量很大，但与国内外一流大学图书馆相比还存在较大差距。今年学校对图书馆的功能布局进行了调整优化，还投资买了很多的电子数据库，省高校数字图书馆也已基本建成，可以说一个一流图书馆的基本轮廓已经成形，现在的关键是如何精益求精，管好用好，从空间、设施、图书、电子资源、管理服务等各个方面努力，打造一个国内一流的图书馆。请图书馆的同志学习调研国内外一流图书馆的成功做法，切实把学校的图书馆建设管理好。

还要提一下的是，要切实解决好图书馆自习室占座的问题。现在，学生为了图书馆的自习座位打破头，有个同学给我发短信说凌晨五点半就起床去图书馆占座位，挤的过程中把鞋子都挤掉了。看了短信之后很难过，我常说，我们要以父母心来办学。我为此召开了协调会，教务处已把惟义楼的一些教室腾出来做自习室。其实，学校图书馆的自习座位已经不少了，而且稍远一点的自习教室还有座位富余，关键是如何管好用好。请图书馆、教务处、学工处、保卫处建立相应的长效机制。

4. 加快实验大楼等设施建设。同学们对学校的实践教学和实习实训条件是有意见的，有的同学说，他们大三了教育见习还没做过，有的专业实训也还没开始，希望学校提供比较充分的实践技能锻炼提高机会，以应对毕业时巨大的就业竞争压力。所以，教学实验大楼的建设要抓紧加快。其他还有公共体育设施的问题等，学校都要根据财力的情况不断加以改善。"完善人格，首在体育"，青年大学生掌握一门体育技能，对他们幸福一生都有好处。团中央第一书记秦宜智来学校调研时，对我们说，要努力把学生从网上拉下来、从寝室里拖出来。总之，学校要尽力为学生的健康成长提供更优越的软硬件环境。

五、着力解决"以学为中心"教学体系建设的有关问题

教学质量建设最根本的还是要从优化学生的学习过程、提高学生的学习质量来努力。"以学为中心"既指学生的中心地位，也指学习的中心地位。什么叫中心地位？就是教育教学工作的需求一呼百应，学生学习成长的需求一呼百应。那么，怎么样来建设"以学为中心"的教学体系呢，下面几个方面要特别关注。

1.拓展学习选择渠道。一是要不断推进和深化学分制。作为一种先进的人才培养制度，学分制在全球高校中包括国内外一流大学中实行，它不是没有道理的。我们要通过学分制，允许学生跨学科选课，拓宽专业口径，扩大选课门数，给予学生更多的选择权。要不断深化学分制改革，让学生既可以选到想学的课程，也可以选到想听的老师，这样不仅可以激发学生的学习兴趣，增加学生的知识宽度，也可以从另一个方面倒逼我们的老师不断提高教学工作水平。二是要在课程设置上改变理论型与知识型课程多、大班授课多、必修课程多的问题，进一步加大问题型与讨论型课程、实践实训课程，并根据师资情况不断增加小班授课比例。国外大学教师基本不用点名，因为一个班二三十个学生很容易认识，而且有课堂提问和课后作业，这些都是分数的重要组成部分，学生不来上课就通不过考核，重修得付钱，所以也就很少有学生逃课。三是要进一步

加大自主转专业和辅修双专业政策力度，让广大同学都能够学到自己想学的专业。今年第一次实行时许多同志都有担心，但现在看来效果还是不错，2012 级学生有 400 余名学生通过这一政策实现了自己的专业目标。我们当老师的，没有什么比达成学生向上的心愿更值得高兴的事了。这也提示各个学院要通过提高教学质量来提高学生保持率，而不是通过僵硬的体制来锁住学生。

2. 做好学生成长服务。主要是要探索建立加强师生交流联系的制度性安排。一是要建设学生学习指导中心。上次校长办公会已经研究决定在惟义楼开辟一些场地建设学生学习指导中心，让老师为学生开展学业答疑、咨询、引导、交流等活动，及时帮助学生答疑解惑。先期拿出 10 个房间，以后根据运行情况再逐步增加，教务处要做好相关管理工作，安排指导教师排班指导，对指导老师要给教学指导工作量。二是要研究规划建设学生的网络学习中心。这也是未来教育的一个重要趋势，前面讲的 MOOCS（慕课）也是在网络上。我们可以通过这个中心，把国内外一流大学好的学习资源都放到里面去，包括学校老师的优质课程，也可以通过录播教室录像以后放上去，为学生学习提供更多的渠道和更方便的选择。三是要想方设法逐步解决老师工作室的问题，以方便师生见面交流。总之，我们要探索建立形成广大教师为学生提供学习辅导的机制，为不同学习阶段、个体特点和发展需求的学生提供专业化的学习指导、咨询和支持。

3. 创新质量提升途径。主要是要探索开展创新人才培养。"金牌讲解班"的教学实践已经证明，创新人才培养是能够取得成效的。下一步我们要继续抓好"正大学子"创新人才培育计划，着力打造学校以及各个学院的教学品牌和育人品牌。在这里也提一个口号，"向'金牌讲解班'学习"。要特别强调的是，还要更为突出第二课堂的育人作用，帮助同学们提高未来幸福生活的能力。团委、学生处要发挥"第二教务处"作用，认真组织做好学生竞赛、学生社团、学生自治、社会实践等活动，让广大学生在第二课堂中得到锻炼提高。

加强研究生教育，促进学校发展*

（2014 年 5 月 6 日）

当前，我国研究生教育进入了一个深化改革、提高质量、迎评迎检的新阶段。学校已经进入本科教育限制规模、研究生教育积极发展的新阶段。在这样的背景下召开全校研究生教育工作会议，我很赞同毛主席的一句话："言必及义"。就是说，说话要说管用的话、要说到点子上。今天，我想就研究生教育的"义"，跟大家作个交流：

一、研究生教育对于学校事业发展的重要意义

研究生教育在国民教育系列是最顶端的教育层次，是国家高层次人才培养的主要途径。研究生教育水平也是一所大学综合实力、办学水平和核心竞争力的重要标志。根据对几个大学排行榜的统计分析，我们发现：学校综合实力百强大学与研究生教育竞争力百强大学的重合度在 90% 左右。这并不让人奇怪，因为研究生教育与

---

* 这是梅国平在全校研究生教育工作会上的讲话摘选。

学科建设、师资建设紧密相连，与科学研究、人才培养、社会服务紧密相连，对于大学的发展有着重要的推动作用。对于我校来说，研究生教育还有更为重要的意义。在这里我谈两个观点：

（1）没有一定规模的研究生教育，学校就不能称之为一所教学研究型大学。目前我国一般将大学分为四类：研究型大学、研究教学型大学、教学研究型大学、教学型大学。这种分类的参考依据，一个是科研的规模和水平，另一个则是学位与研究生教育规模和水平。

研究型大学，研究生数与本科生数比例在 1：1 左右，比如复旦大学的本科生是 14100 人，研究生是 14800 人；浙江大学的本科生是 23300 人，研究生是 22400 人；等等。有的研究型大学研究生规模还远超过了本科生规模，比如北大、清华的研究生和本科生的比例就在 1：0.6 左右，其中博士生人数就达到本科生的 80% 左右。国外的一流高校也大致如此。

研究教学型大学，研究生数与本科生数的比例折个一半，约在 1：2 左右，研究生与在校生的比例最低在 30% 以上。教学研究型大学，研究生与本科生的比例再折个一半，在 1：4 左右，研究生与在校生的比例最低要达到 15%，再低就是教学型大学。

我们学校是全国第一批硕士学位授予单位，至今已有 30 多年的研究生教育历史。近年来，学校研究生教育发展较快，现在学校本科生是 28000 人左右，各类研究生加起来近 5000 人，研究生占在校生的比例刚好在 15% 左右。从研究生与在校生的比例来看，学校基本实现了教学型向教学研究型大学的转型。当然，学校还处在教学研究型大学的较低层次，学校事业发展需要我们着力加强和发展研究生教育。这是数量上的要求，更重要的是质量上的追求。

（2）没有较高质量的研究生教育，学校就不可能突破当前的发展屏障。在去年的中层干部会上，我谈到了学校科研出现的天花板现象。单纯依靠现有的师资力量，学校科研的可增长空间是有限的。怎么来突破这一瓶颈，我认为需要发挥好研究生这一科研生力军的作用。武汉大学的龚健雅院士前不久来校讲学时，他说武汉大学的科研主要靠研究生特别是博士生。事实确是如此。在一流大学，研究生特别是博士生不仅是学校科研的生力军，而且是学校科研的主力军。华东师范大学 2012 届毕业的博士生对华东师范大学的科研贡献率达到 60%。中国科技大学去年统计显示学校 SCI 论文的学生贡献率也超过六成。西南交通大学 2009 年的统计显示该校 59% 的三大检索收录论文的第一作者是研究生。

大家可以想象一下，如果我校每位研究生在三年求学期间，能够单独或与导师合作撰写发表一篇高水平的论文，我校的科研成果将会有多么大的增幅。现在，我校老师每年发表 1000 余篇论文，而我校有近 5000 位研究生，计算一下，研究生每年可发表 1600 余篇论文。果真如此，学校的科研论文数就实现翻番。其实，研究生的学术探索也会反过来促进导师们不断提高自己的学术水平。总之，高质量的研究生教育有利于学校实现科研屏障的突破。

再说学校未来发展布局。作为我省高等教育发展的重要战略，南大、师大要在适当缩小本科办学规模的基础上，积极发展研究生教育，以推动江西高等教育上台阶、上水平。因此，在可见的未来，研究生教育将成为学校的重要增长极。本科教育是我们的立校之基，不可动摇；研究生教育则是我们的发展之重，不能忽视。从长远来看，没有高质量的研究生教育，学校也就无法实现建设高水平大学的突破。因此，我们必须提高对研究生教育重要性的认识，把研究生教育摆在更加重要的战略位置，提上重要的议事日程，切实加大支持力度，着力破解发展难题，发挥出研究生教育对学校事业发展的重要作用。

但与上述兄弟院校相比较，学校的研究生教育确有差距，这需要全校上下深刻反思。为了开好这次研究生教育工作会，学校召开了5个座谈会，从几次座谈会大家谈到的，以及平时掌握到的情况来看，学校研究生教育的问题不少，有的还比较严重。归结起来，主要有研究生教育学科、类型和层次结构不优的问题，生源数量不足和质量不高的问题，培养过程和学位授予管理失之于宽的问题，条件保障不力的问题，质量意识和质量文化不强的问题，等等。以上的问题归结到最后，就是学校研究生教育的质量问题。学校今天召开全校研究生教育工作会议，就是要尽可能地解决好这些问题。

二、今后几年我校研究生教育工作的主要任务

今后几年，是我国研究生教育深化改革的重要时期，也是学校实现"保二争一"目标的关键时期，抓好学校研究生教育工作，意义十分重大。今后几年，我校研究生教育工作的主要任务是：认真贯彻落实教育部相关文件的要求，围绕提高质量这一主题，深化改革，扎实工作，解决问题，努力实现研究生教育的"保二争一"目标。为此，我们要抓两个方面，一方面要明确工作目标，另一方面要解决突出问题。

（一）照镜子，努力完成四项工作目标

第一，对照教育部《博士硕士学位论文抽检办法》这面镜子，

确保学校研究生学位论文抽检合格。学位论文代表了研究生的学业成果和学习成效，也是学校把住研究生教育质量的最后一道闸口。教育部此次出台的博士硕士学位论文抽检办法，规定博士论文由国务院学位办直接从国家图书馆调取，抽检率是 10% 左右；硕士论文由省学位办负责抽检，比例是 5% 左右。

博士硕士研究生学位论文抽检的结果教育部将如何使用呢？一是要将抽检结果公开；二是要对连续两年出现"存在问题学位论文"而且比例较高或篇数较多的学校进行质量约谈；三是要将抽检结果作为学位点评估的重要参照，问题严重的话将撤销学位授权；四是将抽检结果作为研究生导师资格认定的重要依据，存在问题学位论文的导师要承担相应的责任。

在此，请研究生院将教育部已经出台或即将出台的 110 个学科的博士硕士学位基本要求，及时转发给各个学院和各个学位点，督促他们进一步明确不同学科领域、不同学位类型的学位论文的规格和标准，把好学位论文选题关、开题关、评阅关和答辩关。从今年开始，各学院、学位点、导师组、导师和研究生，都要严格按照学位论文的有关标准和要求，严格执行论文盲审和抽检制度，严格执行学位论文公开答辩制度，确保学位论文质量。对在盲审和抽检不达标的，一律退回去修改完善，一个口子都不能开！答辩不合格的，一个不能放！这要作为一条铁的纪律来执行。谁出问题，谁负责任！

第二，对照教育部《学位授权点合格评估办法》这面镜子，确保学校学位点抽评合格。根据教育部今年发布的《学位授权点合格评估办法》，每 6 年就要进行一轮学位授权点的合格评估，新增学位授权点满 3 年的必须接受专项合格评估，其中博士学位授权点合格评估和新增学位授权点专项合格评估由国务院学位办组织抽评，硕士学位授权点则由省学位办抽评。抽评覆盖所有的授权单位，一个学校都不会漏掉；抽评学科比例不低于20%，学校26个一级硕士点至少会有5个被抽中接受评估。

评估的程序是先由各个一级学科和专业学位点，对照教育部相关要求进行自我评估并形成评估材料，再接受抽评或专项合格评估。评估结果不合格的将被取消学位授予权。

研究生院首先要组织各个一级学科和专业学位点进行自我评估，看看缺什么，需要补什么，形成实事求是的自评报告。此后，再组织专家进行一次校内评估并提出具体的诊断性意见，供各个一级学科和专业学位点参照进行整改完善。总之，要确保学校在学位点抽评中全部合格。

第三，对照教育部《学位授予单位研究生教育质量保证体系建设基本规范》这面镜子，建立健全我校研究生教育质量保证体系。研究生院要按照教育部《学位授予单位研究生教育质量保证体系建设基本规范》要求，研究出台一系列制度和办法，在今年年内基本完成学校研究生教育质量保证体系建设。

第四，对照《中国研究生教育及学科专业评价报告》这面镜子，努力实现我校研究生教育的"保二争一"目标。研究生教育"保二争一"的任务交给研究生院，由研究生院具体再去分解给各个学院和学位点。从目前的情况来看，学校研究生教育"保二"不易，"争一"更难。但办法总比困难多，要向浙江师大学习，知耻后勇，奋起前行，确保今年学校研究生教育在全国师范院校中排位的止跌回升，在未来几年力争进入地方师范大学第一方阵。

（二）治治病，着力解决四个突出问题

第一，着力解决研究生教育学科结构、类型结构和层次结构不优的问题。

规模、结构、质量、效益是辩证统一的，离开结构谈提高质量可能会事倍功半。清华大学谢维和副校长曾经到学校作过一个报告，他说："结构是一种质量，有先进和落后之分，不要出现结构性落后"，"结构性落后是可怕的落后，是根本性的落后"，语重心长，蕴意深刻。学校要提高研究生教育的质量，必须把调整和优化研究生教育的结构作为题中之义。具体来说，有 3 个结构问题是我们当前必须着力加以解决的。

一是学科结构问题。学科结构最大的问题是"进出两旺"的学科太少，高水平的学科太少。面对这种客观现实，怎么办？首先，研究生院、各个学院、各个学科要警觉起来，各个学科特别是上述学科要主动作为，要立足学科发展前沿，适应国家经济发展方式转变和区域经济社会发展战略需要，尽力在学科交叉、嫁接与融合上进行探索，打造自己的特色和优势，提升学科的学术竞争力和市场竞争力。"哀莫大于心死"，如果你自己都不想活了，是没有人能够救得了你的。其次，研究生院要建立倒逼机制，要制定出台学校的学科专业设置和调整的办法，提出具体的硬措施，比如，对连续多年无人上线的学位点要停招；对生源较少的学科点要减少招生计划，并且由二级学科点招生改为一级学科点招生；等等。总之，要推动各个学院和学科不断优化结构，发展特色，提升质量。

二是类型结构问题。类型结构最大的问题是专业学位硕士点不强。面对这种客观情况，怎么办？首先，要坚持放水养鱼，扶持发展。专业学位研究生教育是学校未来的发展重点，对此要加大资源投入和政策扶持力度。对每个新办学位点，学校坚持"前三年少提管理费"的方针；对市场旺、前景好的学位点，在指标分配等方面要给予倾斜支持。其次，要认真研究专业学位研究生教育的办学规律。专业学位研究生教育要更加注重面向社会和市场，更加注重职业能力和实践能力的培养。前不久，北大原副校长张国有教授到我校商学院座谈时，就专门谈到师范大学的 MBA 与财经大学、工科大学的 MBA 相比要有区别和特色。各个专业学位点，都要体现学校特点，寻找细分市场，谋求错位发展；都要面向社会和市场，在课程体系和培养模式上下功夫，切实加强专业学位研究生职业能力和实践能力的培养。

三是层次结构问题。层次结构最大的问题是博士点数量少、博士生招生指标少、博导少。面对这种现实困境，怎么办？首先，要积极争取一些少数民族博士生指标，这方面国家有政策上的支持。其次，要利用省部共建的平台争取一些博士生招生指标。现在的博士招生计划是稀缺资源，博士生招生指标增长是以"个"为单位增加的。去年学校利用省部共建平台多争取到了 2 个博士生招生指标，今年还在努力。如果每年或者隔年能够给学校增加几个博士生招生指标，经年累积下来也是可观的。再次，要积极做好申报博士点的准备，特别是专业学位博士点，这是国家当前发展的重点。各有关学科都要认真做好准备工作，要确保一旦开评就能够冲得上去。最后，要充分发挥好一级学科博士点下自主设置二级学科博士点政策的作用。各自主设置的点是在别人的房子里搭棚子，一方面各自主设置点要自觉考虑到一级学科点的评估需要，所设方向要努力与一级点有更多的关联度，否则一级学位点在评估之时会出问题。另一方面，一级学科博士点单位要从大局出发，在方向设置、博导评选、指标分配上给予各自主设置点以理解和支持。

第二，着力解决研究生生源数量不足和质量不高的问题。

今年，在研究生教育开始全面收费的极大压力下，研究生院组织各个学院主动出击，积极开展系列招生宣传活动，硕士研究生报考人数还略有增长，这一点要给予充分肯定。但是，学校研究生总体生源数量不足和质量不高是客观事实。要提高生源质量，最根本的是要不断提高学校的整体实力和社会形象，提高研究生的教育质量和办学声誉，这需要很长时间的努力。从近期来说，我觉得一是要做好招生宣传工作。可以借鉴本科招生采取的"定点蹲校"办法，并把招生宣传的成效与学院的招生指标、招生人员的奖励挂钩。对今年一志愿上线人数少于去年的学院和学科，要兑现去年作出的规定，首先减少院长、分管副院长，以及学位点负责人的招生指标。二是要加大吸引优质生源的政策力度。一方面，要通过增加推免名额，实行本硕连读、硕博连读、提前攻博等方式留住本校优秀生源。另一方面，学校今年准备每年投入600万元左右设立优秀新生奖，吸引校内外的优秀本科生来报考学校研究生。生源就是生命。各学院和各学科一定要注意抓生源，这是学院、学科存在的根本依据。今年绩效工资改革的重要方向，一是扩大学院二次分配的比重，二是扩大学生考量因素的比重，今后还要逐步加大这个因素的分配比重。

第三，着力解决培养过程和学位授予管理失之于宽的问题。

严师出高徒，这是高层次人才培养的普遍规律。我听过美国伯克利加州大学前校长田长霖的一个报告，他说他带的博士生没有一个没在他面前哭过，为什么哭呀？就是因为要求之高，训练之严，难以想象。我记得当年在吉林大学读硕士的时候，有两门学位课程是考了6个小时，从早上8点考到下午2点，中间老师发巧克力充饥，结果考下来还有两位同学补考，可见有些大学的研究生教育是抓得严的。管理出效益，管理也出质量。其实，人都是有惰性的，如果没有压力，也就没有动力，也就谈不上有活力和创造力。我校的研究生教育管理"失之于宽"，主要体现在：

一是对导师的要求"失之于宽"。主要的表现，首先是部分导师的精力不到位。座谈会上同学们都说导师很忙，不太关心他们。当然也有导师做得很好，上次与博联会成员座谈时，谢翌博士就谈到了他的"师门文化"建设，学校还是有一批很好的导师的。其次是部分导师的本领不到位。导师没有明确任期、没有评估考核，几年"无项目、无经费、无论文"的"三无导师"还在带研究生。教育部周济老部长说，研究生就是通过研究来学习的学生，如果导师都不做研究，能带出一流的研究生？

二是对学生的要求"失之于宽"。主要的表现，首先是对学生的学业要求不严格。课程考核很简单，对研究生发表高水平论文没要求，学位论文也是得过且过。在座谈会上有个分管院长说不敢抓研究生，说怕研究生"一哭二闹三跳楼"。如果我们培养的研究生都是这样，那是研究生教育的失败。就这个问题，北大原副校长张国有教授认为，"任何制度的建立都是有代价的"，该抓的还得抓。其次是对学生的学风要求不严格。学生出去兼职现象严重，有的三年读研时间基本上就在外面兼职赚点快钱；有的学生出现论文抄袭现象，学位论文盲审重复率达到50%多，学院和导师居然还帮学生说话。

三是对学院的要求"失之于宽"。在研究生教育上，学院主要是立标准、抓落实。可是，一方面是标准定得不准。学院对两类研究生培养规律把握不准，研究生的培养方案、课程体系、学术规范、教学范式等无所遵循，学术型研究生的科研训练不足，专业学位研究生的职业能力和实践能力培养不到位。另一方面是落实抓得不实。学校研究生教育出现的种种质量问题、种种管理乱象，与学院抓得不实有关系，工作没用心、功夫没下够。

如何解决这三个"失之于宽"的问题？对学校来说，首先就是靠研究生院。在这里，我提两点要求：

一是研究生院要根据教育部关于研究生教育质量保证体系建设基本规范的要求，在今年年底前把学校研究生教育的目标和标准、招生管理、培养过程与学位授予管理、导师岗位管理、研究生管理和服务、条件保障与质量监督、质量管理和质量文化这7个方面的20多个制度文件制定出来并付诸实施，以加强对学院、学科点的管理，加强对导师的管理，加强对研究生的管理。

二是研究生院要采取有效措施确保学校在武大版研究生教育排行中排位的止跌回升。这是一个硬指标，是今后几年研究生教育管理考核评优的一票否决指标。当然，学校也予以政策支持，比如提高研究生的培养经费，提高研究生招生宣传经费，组织开展"学院研究生教育核心指标奖"评选活动，让研究生院有激励杠杆，引导各个学院、各位导师做好研究生教育工作。

第四，着力解决研究生教育保障不力的问题。

在会前召开的研究生教育各个层面的座谈会上，许多同志都提到了研究生教育的保障不力问题，主要集中在制度、经费和条件保障上。研究生院梳理形成了39条意见，请研究生院把这39条意见发给各相关单位，请他们认真对照，限期整改。

一是制度保障。要提高研究生教育质量，根本靠制度。国务院学位办原主任、现中南大学校长张尧学同志说，当前大学存在一个很突出的问题就是缺乏规则意识。在座谈会上有的博士也谈到，现在学校存在一种对制度缺少敬畏感的不良风气。我想，对制度要敬畏取决于三个方面：首先，是要制定一个好的制度。不是个好的制度，本身就无法让人敬畏。所以制度出台前要进行充分讨论和论证。其次，是要严格执行制度。好的制度就要严格执行，哪怕有代价也要执行，不执行的制度，也无法让人敬畏。最后，是要做到政贵以恒。好的制度，严格执行，持之以恒地执行，这样才会有良好的制度文化。今年研究生院要制定多个研究生教育的制度文件，这次先出了一个总文件，再加几个子文件，请大家会后提出建设性意见，努力把学校研究生教育的相关制度建设成好制度，进而通过严格执行，把学校好的制度文化建立起来。

二是经费保障。一方面，要调整学校经费支出结构，保证研究生教育经费优先增长。根据不同的学科特点，今年学校准备适当提高研究生培养费标准，具体的提高标准已经发给大家，请大家提出意见。学校还要加大研究生教育改革项目所需经费的支持力度，加大省优秀博士和硕士学位论文、研究生优秀创新成果奖、专业学位研究生实践成果奖的奖励力度。另一方面，要完善研究生的奖助体系，提高研究生的奖助标准。使研究生能够安心学习，潜心科研，产出高水平的学业成果。由于部分经费还没有明确是省财政承担还是学校承担，所以具体的奖助标准还有待政策明朗后研究确定，但总的一个原则是，学校收取研究生学费的大部分将用于研究生培养和研究生奖助。初步测算了一下，这些钱的金额还不少，希望大家到时把它管好用好，真正发挥作用。

三是条件保障。这些条件保障包括图书资料、专用教室、管理队伍、后勤服务等等。在图书资料上，学校在去年安排300多万元的基础上，最近校长办公会又追加了200多万元的电子资源购置费用，应该说学校的电子资源比较丰富，关键是要把它利用好。图书馆要做一些宣传培训，各个学院要积极推广应用，信息化办公室要解决好研究生和导师们访问学校电子资源的网络通畅问题。在专用教室上，图文信息中心大楼东边的全部空间已经调整给了研究生院，应该说能够基本解决研究生专用教室问题，现在的关键是抓紧改造。希望各学院也积极改善研究生的教学条件，设置一些研讨室，创设一些科研项目与平台，进一步开放学院实验室和实验设备，让研究生有时间学、有地方学、有平台学。对研究生人数达到一定规模的学院，学校还将考虑设立学院研究生培养办公室，逐步配备专职研究生教学秘书，为研究生教育做好服务工作。

感念大学岁月，传承校训精神*

（2014 年 8 月 2 日）

今天是中国情人节，七夕，牛郎织女一年一聚，同学十年一聚，所以今天的秩年聚会更加难得、更有意义！

在这热情似火的盛夏时节，各位校友怀着对同学的思念、对老师的感恩、对母校的情结，齐聚母校参加 2014 年毕业秩年校友返校联谊大会，追忆成长史、共叙师生情、重温同窗谊。在此，我谨代表全校四万多名师生员工，并以一位 79 级校友的身份，向返校的各位校友表示热烈的欢迎，并向为筹备本次活动付出艰辛劳动的各位同志表示衷心的感谢！

看到这么多校友从祖国各地乃至海外各地不辞劳苦，拨冗归来，只是为了见老同学一面、看老师和母校一眼，我真的很感动。感动之余，我在想：这是一种什么现象？

由此，我想起一个佛教术语：万佛朝宗。今天大家如约而来就是为了朝宗，为了感念心中的"佛祖"，那就是：师恩浩荡，同学情深，岁月沧桑。

24 年或 14 年前，你们风华正茂，怀着共同的理想相聚到英雄

---

* 这是梅国平在学校毕业秩年校友返校联谊大会上的讲话摘选。

城南昌，求学于青山湖畔。从此，香樟林留下了你们琅琅的书声，老琴房回荡着你们美妙的音符，体育场浸透了你们运动的汗水……也许当年的你们，为了琐事会吵架，为了提干会算计，有的甚至为了追求同一名女生而心生隔阂。但是，今天你再回过头去看，那是多么有趣的回忆。俗话说，一辈子同学三辈子亲，同学情是割不断的情、分不开的缘，历经岁月沉淀而更加醇香。今天大家回到母校，就是为了感念同学情深，这是我们心中的"佛祖"。

24年或14年前，你们是多么的稚嫩，激情洋溢但缺乏长技在身。大学四年，是母校和老师给了你们生存的能力、幸福的资本，才使你们毕业之后能够意气风发、满怀憧憬，开启人生的社会旅程。参天之树，必有其根，环山之水，必有其源。母校和老师的培养之恩，历经岁月流逝而更加厚重。今天大家回到母校，就是为了感念师恩浩荡，这是我们心中的"佛祖"。

20年或者10年来的拼搏奋斗，成就了各位校友出彩的事业，你们当中既有搏击商海的企业家，也有活跃于政坛文坛的精英，更多的是教育战线的骨干人才。但岁月如刀，在你们的脸上划出了一道道皱纹，使你们体会了付出、艰辛、担当和责任，当然，也使你们多了几分成熟和豁达。今天大家回到母校，就是为了感念岁月沧桑，这是我们心中的"佛祖"。

感动之余，我还在想，这种现象的背后是一种什么力量？

我想，这是一种"身份信仰"的力量，是校友们对"师大人"这一身份信仰的力量。我们不是北大人、清华人，但我们无须自卑，就像每个生命都是独一无二的一样，每所大学的毕业生都有其独一无二的优秀基因。什么是师大人独一无二的优秀基因？我想是，"持中秉正"。

持中秉正，是一种品行德性。傅修延老书记说：不偏不倚谓之

"中正"，意在要求人们待人行事公平正直。"持中秉正"一直是中华民族的道德规范与行为准则。曾国藩在"八本堂"中说："居官以不贪财为本，行军以不扰民为本，读书以训诂为本，立身以不妄语为本……"我想，这些也是"持中秉正"的应有之义！"一德立而百善从之"。持中秉正，才能德行千里。这听起来是大道理，其实是硬道理。最近的网络上、周边的现实中，无数正反两方面的铁的事实反复证明这个硬道理。

持中秉正，是一种思维方法。"持中秉正"秉承的是"中庸之道"，相通的是"实事求是"，这也是方法论。持中秉正，才能通达天下。正如成功学之父奥里森·马登所说："一个人的工作效能乃至生活质量是以正确的思想方法为必然基础的"。也就是说，正确的思维方法是人生成功的钥匙。

持中秉正，是一种人生态度。学校首任校长胡先骕先生在《如何获得丰富快乐之人生》中写道："丰富快乐的生活不在物质的享受，而从事真美善的追求，才是最为丰富快乐的生活。诸位应该尽力养成精神所寄托的副业，去获得丰富快乐的人生。我志在根据我的学识和经验，领导诸位走上内心中正和平之路"。我想，这是老校长对"持中秉正"这一人生态度的最好诠释！持中秉正，才能幸福一生。在社会比较浮躁的当下，在职场竞争激烈的今天，在人生坎坷的路上，内心中正平和是何等的重要，它是幸福之本，更是幸福之源。正如一位校友所言："任何人都是比上不足，比下有余。所以，我们都应该快乐！"

师大人持中秉正，所以天佑师大，薪火相传，兴旺发达。母校办学 70 多年来，先后七次迁址，六易其名，四度调整，可谓屡遭艰难，筚路蓝缕，但正由于坚守"持中秉正"的办学传统，所以薪火相传而本科办学历史从未间断，成为我省本科办学历史最为悠久的高校。

2010 年 10 月，学校举行 70 周年校庆，时任省长吴新雄同志代表省委省政府在校庆庆典上讲话，他回顾了学校 70 年办学历程之后，深情地说："江西师大在科学判断形势、抢抓历史机遇方面，具有一所大学应有的果敢和胆识；在驾驭复杂局面、解决突出矛盾方面，具有一所大学应有的智慧和勇气；在为政府分忧、为社会服务方面，具有一所大学应有的大气和责任；在提升办学层次、增强综合实力方面，具有一所大学应有的积淀和基础；在谋求未来发展、适应激烈竞争方面，具有一所大学应有的优势和潜力。江西师大已经成为江西教师培养的摇篮、江西基础教育的母机和江西科技创新的高地"。

进入 21 世纪第二个十年之后，学校坚持走以质量提升为核心的内涵式发展道路不动摇，坚持"保二争一"的发展目标不动摇，着力实施"五大核心战略"，发展步伐明显加快，发展质量明显提升。在广大校友的关心支持下，取得了学校发展史上一些的重要突破：成功成为全国第 2 所省部共建的地方师范大学，成为中西部高校基础能力建设工程高校，学校办学层次跃上新的台阶；实现一级学科博士点突破，获批全国师范院校第 2 个国家工程技术研究中心、全国师范院校第 3 个国家大学科技园和国家实验教学示范中心等一批重要学科科研平台，收获国家科技进步奖、国家教学成果奖、全国大学生"挑战杯"大赛"小挑"金奖和"大挑"特等奖等重要奖项，国家级科研项目年立项数突破 90 项大关，化学进入 ESI 全球前 1% 学科行列，学校办学水平跃上新的台阶。在近 3 年中国校友会网大学排名中，学校综合排位由第 179 位上升至 139 位，实现了 40 位的连续攀升，学校的综合实力和社会声誉跃上新的台阶。

各位校友，老师们、同志们！浓浓母校情，依依校友心。在学校的办学过程中，广大校友一直都在以不同方式支持母校的建设发展。学校不会忘记校友们打拼人生时的拼搏精神和骄人业绩给母校赢得的荣誉；学校不会忘记校友们在捐资助学、招生实习、毕业生就业等方面给予母校的大力支持；学校不会忘记校友们在母校筹建校友组织、申报建设各类项目平台时作出的宝贵贡献。在此，我代表母校对各位校友的鼎力支持表示衷心的感谢！同时，真诚希望各位校友继续关心支持母校的建设发展，和我们一道携手努力，让江西本科办学历史最为悠久的江西师范大学焕发更加灿烂的荣光，开创更加美好的明天！

重新定位人才培养目标，
着力构建全新教学体系*

（2015 年 1 月 4 日）

近年学校在教学工作有许多的改革，也取得了突出的业绩。但在总结过去成绩的同时，我们也要清醒地认识到，随着时代发展和社会转型，大学办学的外部环境已经发生了深刻的变化，学校的本科教学必须进一步解放思想、着眼长远，适应新形势，应对新挑战。今天，我想与大家一起重点探讨两个问题：一是新形势下，如何重新定位学校本科人才培养的目标规格？即培养什么样人的问题；二是新形势下，如何优化学校的人才培养体系？即如何培养人的问题。

一、顺应形势，重新定位学校
本科人才培养的目标规格

学校现有的人才培养目标规格是：培养"厚专业基础、宽学科

---

* 这是梅国平在全校教学工作会上的讲话摘选。

259

口径、高品德素质、强实践能力"的复合创新型高级专门人才。这个目标规格无疑是对的，但在新形势下应该有新的内涵甚至新的提法。

我们面临哪些新形势呢？有三点需要高度关注：

（一）市场经济的深入发展对人才培养的深刻影响

市场经济的深入发展，要求高校以与市场经济相适应的方式，培养市场经济所需要的人才。市场经济的基本功能之一就是优化资源配置，通过竞争让资源流向最能发挥其作用的地方。党的十八届三中全会强调市场要在资源配置中起到决定性作用，对于高校来说，这意味着今后需要更多地通过竞争来获取资源，包括我们的生源资源、人才资源、经费资源、项目资源和就业市场等。可以预知，未来通过公开透明的竞争方式来获取资源将是高校谋求生存发展的新常态。要生存，要发展，高校将面临更加激烈的竞争，"马太效应"也会更加明显，原来千校一面状况将被逐步打破，我们的人才培养定位和质量将决定我们未来的前景。因此，教务处和各学院都要坚持开门办学，走出去，拿过来，要多了解我们的同行在想什么、在干什么，多了解就业市场、人才市场在想什么、将来要什么，只有这样，我们才知道自己的不足和今后的努力方向。

（二）信息技术的快速发展对人才培养的深刻影响

以 MOOC 为代表的现代教育技术的兴起，正逐步深度改变着现有的教育教学方式、学术组织形式和人类思维模式，甚至有可能改变高等教育形态，催生人才培养的新格局。而且这种影响是一个不断加速的进程。好比十年前，甚至五年前，有多少人能够认识到电商会对今天的实体商业产生这么大的冲击，马云能够成为今日的亚洲首富？

(三) 全球化的不断发展对人才培养的深刻影响

当今时代，人才、资本、技术、信息等各类要素在全球范围加快流动，各方面联系日益紧密。我们培养的人才能不能适应全球化的要求，有没有国际视野和国际竞争力，这是全球化对我们本科人才培养提出的一个重大挑战。无论是非师范生还是师范生培养都要接受这一挑战，因为师范生毕业后即便是到农村中学教书，其培养的学生应该有国际视野，所以师范生也要有国际视野和国际竞争力。

总之，随着市场经济、信息技术和全球化的深入发展，全世界的经济、社会、科技、文化等各方面都在加速变革，由此也导致经济模式、生产方式、生活方式、社会结构都发生巨大变化，人才的成长方式呈现出与过去不同的轨迹，社会对人才的需求和要求也正随之改变。这些新形势、新情况，对我们的人才培养提出了新目标、新要求。

我们如何重新定位学校人才培养的目标规格呢？有四个因素应该重点考虑：

第一，未来社会需要什么样的人？我们培养出来的学生未来还要工作几十年，他们能否适应未来的中国和世界？未来十年二十年甚至更长远的中国和世界是什么样子，需要什么样的人才？我想，至少有两点是可以肯定的：一是由于知识和信息快速增长和更新，我们培养的人才应该具备很强的学习能力和创新精神；二是在核心价值观的基石上，未来社会的价值将更加多元化，个体将会面对更加复杂多元的选择，因此人的人文情怀、道德推理能力会更加重要，就是在多元的价值选择中，我们培养的人才要有做出正确判断和选择的能力。

第二，当前政府和社会要求我们培养什么样的人？党和政府要求高校坚持立德树人，培养具有社会责任感、创新精神和实践能力的社会主义合格建设者和可靠接班人。社会的要求则相对具体，调查显示用人单位主要强调大学毕业生 3 个方面的能力和素养：学习能力、专业能力、职业素养。学习能力即很好的适应性和成长性，专业能力即分析和解决岗位实际问题的能力，职业素养即一个人的敬业精神和责任意识。

第三，我们现在培养的是什么人？也就是学校的生源情况。我查了下 2014 年学校的录取分数，省内一本学生文科最低排名是第 5287 名，理科是第 23756 名；二本学生文科最低排名是第 7992 名，理科是第 34438 名。今年全省文科报考人数是 133056 人，理科是 187097 人。照此计算，学校录取的生源质量文科约是全省前 6%，理科是全省前 18.4%，省外可能会稍低一些。根据"二八法则"，一个群体中前 20% 往往是优秀人才，其中前 5% 可能是领袖和精英人才，所以总体上说，我们的生源质量属于前列。

第四，我们能够培养什么样的人？学校目前的办学实力在江西排第 2 位，在全国排名大致在 140—160 位。总体而言，在全国大学方阵中我校处于一个中间偏上的位置。在中间有中间的好处，但也有中间的苦恼，就是会受到上下挤压，如果我们做不好，培养的人才上不达天，下不着地，就是研究水平比不上一流大学，操作水平比不上应用型高校，就很难在社会中找到立足之地。所以我们要下大力气定位好我们人才培养的目标规格。

前两个因素，决定了我们人才培养的理想规格。后两个因素决定我们人才培养的现实可能。作为一所地方师范大学，如果培养目标定得太高，甚至与国内一流高校差不多，比如说像复旦大学一样，提出要培养具有人文情怀、科学精神、专业素养、国际视野的领袖人才，可能很难做到，也难免有吹牛之嫌；如果培养目标定得过低，甚至与一些地区性高校一样提出培养技术性人才，又显得妄自菲薄，自我矮化。我想，根据我们的生源和排位，我们人才培养的目标规格应该是社会中坚骨干人才。

社会中坚骨干人才有哪些内涵要素？请教务处牵头，结合本科教学"十三五"规划编制工作充分讨论和论证，对学校未来一段时期人才培养目标规格进行科学定位，使每个院系、每个专业对自己的培养目标有清晰的理解和深刻的认识，使每位老师在课程教学环节中能够自觉地努力实现我们的人才培养目标。今天上午，我们观摩了"金牌讲解班"的一节课，授课老师就是先把"金牌讲解班"的培养目标展示出来，然后再安排教学环节。应该是这样，课程教学要体现我们的人才培养目标。

二、凝聚共识，着力构建以"学"为中心的教学体系

首先，什么是以"学"为中心？我曾说过，就是要做到"三个服务"："校领导带领职能部门为学院服务，加上学院为老师服务，再加上老师为学生服务"。长期以来，我们习惯于以教师为中心、以教材为中心、以讲授为中心，现在我们要转变成以"学"为中心，即以学生的学习和成长为中心。

其次，为什么要以"学"中心？我想，有三方面的原因：一是知识、信息的增长速度和传播形式发生了根本性改变。学生有很多接受知识和信息的渠道，我们无法停留在老师懂什么就开什么课，

教材里说什么就教什么的时代。二是高等教育正在逐步由卖方市场转变为买方市场。在卖方市场卖方是上帝，在买方市场顾客是上帝。大学扩招以前，高考录取率不到10%，现在江西省的高考录取率在80%左右，山东省的高考录取率已经达到100%，再加上国外高等教育的竞争，优秀生源的争夺非常激烈，所以高等教育已经变成了买方市场。三是教和学是办学的一对主要矛盾。教育规律决定教育要以学生的学习为中心，要抓住学生学习这一矛盾的主要方面。基于这三个原因，我们应该从以"教"为中心转向以"学"为中心。

最后，如何实现以"学"为中心呢？我以为，就是要根据学校人才培养的目标规格，从大学生的学习和成长需求出发，构建能够满足大学生"四个理性选择"的教学体系，这"四个理性选择"是：学生对专业的理性选择，学生对知识和能力结构的理性选择，学生对教师和教学方式方法的理性选择，学生对自主发展多样成长的理性选择，从而形成"学"在中心，各类教育教学要素为"学"而动的育人局面。具体来说：

（一）满足学生对专业的理性选择

为什么要满足学生对专业的理性选择？一是因为专业是大学生入学后的第一个身份标识。我们碰到一个大学生，首先是问他是哪个大学的，接着就是问他是学什么专业的。二是因为专业事关学生的禀赋应用、兴趣调动、志向定位，直接影响甚至决定了学生学习的动力、能力和成就。

我们怎么来满足学生对专业的理性选择？

一是要专业分流培养。怎么分流？一是进一步推行自主转换专业政策，扩大自由转换力度，探索在大二增加一次专业类内转换专业机会，让学生在专业选择中有尝试和更改的机会。同时，要继续加强学生辅修双专业双学位工作。二是研究探索实行大类招生政策，先拿出几个学科类先期试点打包招生，学生进校后经过一段时间学习再选择感兴趣的专业。国外名校大抵如此，国内一些高校也在探索实行大类招生，上海大学招生就分三类，大文、大理和经管类。三是可以柔性设置专业方向，增加人才培养的针对性。

二是要专业分类建设。北京化工大学将专业类型分为学术型、复合型和工程应用型这三类，南京大学的"三三制"人才培养模式改革将学生发展路径分为"学术专业类、交叉复合类、就业创业类"，并获得了国家教学成果特等奖。这些学校将专业分类，根据各个专业类别的特点有针对性地建设，取得了很好的成效，经验值得借鉴。我校现有82个本科专业，情况差别很大。根据专业特点和社会需求，我们可以考虑将这些专业区分为学术型、应用型、综合型这3种不同的培养类型，确定不同的专业培养目标，进而在培养方案、课程体系、教学团队、实践基地等方面提出不同的改革要求。

目前教育部正在推动部分本科院校转型发展，最近省教育厅下发了关于在全省高校开展转型发展试点工作的通知。从学校的整体实力和办学层次出发，我们肯定不可能整体转型为应用型，但一些专业要本着与社会需求紧密对接的精神自主进行转型，这也是我们专业建设的一个重要灵魂，我们要培养对社会有用的人才。身为"985"高校的重庆大学，提出的主要培养目标就是应用型人才。对此，大家一定要转变观念，不要瞧不起应用型，以为应用型就低了一等，结果培养出来的学生找不到工作，赚不过农民工。其实，我们的每个专业都需要坚持以社会需求为导向，以提升实践能力为重点，切实加强实践教学环节，提高实践教学学分（课时）比例。

（二）满足学生对知识和能力结构的理性选择

课程是学生的知识和能力结构的主要来源，是人才培养的主要载体。满足学生对知识和能力结构的理性选择，就是要根据人才培养目标对知识、能力和素质的基本要求，建立高质量的"通识课程＋专业课程"的合理课程体系，进一步深化完善学分制，并注重引导学生正确选择自己所需要的课程，实现通识教育和专业培养的动态平衡，填平人才培养中出现的"人"和"才"之间的沟渠，让学生掌握更为合理的知识体系和能力结构，努力为学生的未来创造更多的可能。

这里要把握三个关键点：一是"通识课程＋专业课程"合理配置的课程体系；二是高质量的课程群；三是有保障的学生选择课程权力。特别要指出的是，通识教育和专业教育的关系是教育史上一直争论的问题。到底是通识教育多一点，还是专业教育多一点？大家都有不同的观点。一般来说，通识教育主要关注学生作为一个有责任感的人和优秀公民的生活需要，核心是教学生如何做人；专业教育主要关注学生作为一个职业人的专业素养需求，核心是教学生做事。相对而言，研究水平越高的大学通识教育的分量更重一些，应用型大学专业教育的分量更重一些。我们目前存在的主要问题之一是两类课程的水平都不是很高，只是让学生多选点课，结果最多是拓宽了知识面，而没有把知识传授、能力提高与人的素质培养很好结合起来。下一步，我们要重点做好三件事：

一是要探索建立高水平的通识课程体系。要建立通识教育责任体系，在教学委员会下设立通识课程建设委员会，负责通识教育的顶层设计，组织一批教授专家，给予专项建设经费，认真研究加强通识课程的建设问题，努力打造具有师大特色的通识课程模块；建立通识课程责任专家制度，比如《中国通史》作为非历史专业的通识课，由谁负责把它建设好。对于这样的责任专家，应该可以聘任"正大学者"计划特岗教授，以鼓励高水平教师开设面向全校的通识课程。要按照专业课程水准和面向非专业学生的原则，不断提升通识教育水平和通识课程质量。

二是要强化学位核心课程。学位核心课程是 2013 版人才培养方案里推出来的，每个专业抽出了最有核心价值的 5—7 门课定为学位核心课程，对这些课程有特殊政策：1. 学生只能重修不能补考；2. 与学位挂钩，不能挂得太多，否则不给学位；3. 适当延长考试时间；4. 增加教学时数。每个专业的学生要把这几门课学好学扎实，形成核心专业能力。下一步，我们要适当增加这些课程的难度、挑战度和学分，目前这 7 门学位核心课程的学分大概占总学分的四分之一，今后要逐步提高到总学分的三分之一左右。对学位核心课程，学校、学院和学科都要通过经费支持、政策激励等手段加强建设、重点建设，争取在"十三五"时期每个专业至少有一半的学位核心课程，能够达到国内一流大学的水平。

三是要增加课程的有效供给。在上一轮的本科教学工作评估中，有个指标为生均课程量，即将开课总数除以在校生总人数。哈佛大学的人均课程量接近 1，我们不可能达到这么高，但也要努力增加有效供给。一方面，要增加课程总量，而且这种增量应该是有质量的增量。既可以是实体课程，也可以是数字网络课程；既可以是本校教师开设的课程，也可以是国内外引进的高质量课程；既可以是大学分课程，也可以是小学分课程。另一方面，要深化学分制、选课制改革，增加选修学分比例，尊重学生的课程选择权，鼓励学生跨学科、跨学院选修，增强跨学科视野。

（三）满足学生对教师和教学方式方法的理性选择

满足学生对教师和教学方式方法的理性选择，就是要把选择老师、选择教师教学方式方法的权力交给学生，目的是要让教师努力创建以研究为基础，注重师生互动的教学范式，使教学爆发出求知、探索与创新的生命活力，激发学生学习的主动性和探究的求知欲，也让勤奋的老师、善于教学的老师得到更多的认同，进一步促进教师养成追求卓越的教学习惯。据教学督导反映，现在有些老师的课确实上得不好，不客气地说，是在"误人子弟"。所以，怎么提高课堂教学质量是个十分迫切的大问题。

一是要革新课程教学方式。要通过培训等方式提高教师特别是青年教师的教学能力，改变传统"照本宣科"的教学方式，大力推广今天上午揭安全老师提到的启发式、探究式、实证式、开放式等教学方式，提高课堂师生深度互动的程度。要启动第二批课程教学范式改革，从今年开始争取用三年时间，让大部分的学位核心课都参与教学范式改革（上一批 1 个学院 1 门，今后每年每个专业增加 1—2 门专业学位课参与）。对参与范式改革的课程，鼓励和支持教师开设小班研讨课，运用研究型、探究式等教学方式，引入"翻转课堂"（就是指重新调整课堂内外的教学内容，将以往课堂学知识、课后才思考的方式翻转过来，变成课前学习基本知识，课堂上主要针对问题进行探讨）等新思路新方式，不断创新教学方法和手段，激发学生的学习积极性、主动性、创造性。

二是要加大教学工作激励。要进一步加大对教学工作的激励力度，进一步强化教学工作在职称评聘条件中的地位和作用，将教师本科教学的数量和质量，作为职称评聘中的重要硬性指标，通过这个杠杆调动教师投入教学的积极性。同时，要进一步提高优质课的课酬、教学范式改革课的支持力度、十佳百优教师的待遇。总之，要让勤奋的老师、善于教学的老师得到更多的认同，进一步促进教师养成追求卓越的教学习惯。

三是要提升教师专业水平。最近，四川大学周鼎的"自白书"在网上引发关于大学教师教学科研关系的热议。南开大学教授王芳对此有个回应，他说教授定义就是学问精深的教师，是在本领域从事前沿研究的专家，只有大学老师，才被称为"副教授""教授"。而且，大学教育不仅仅要教给学生成熟的知识，更要教给学生独立思考、正确批判、科学研究与创新的能力，这就要求教师首先必须具备这样的能力。只写论文的应当做研究员，只讲课的应当是讲师，对于教授、副教授而言，教学和科研，讲课和论文，没有权利只选其一。虽然说得不一定全对，但身为大学教师，必须做一些科研，科研和教学相长。

（四）满足学生对自主发展多样成长的理性选择

大学是学生开始自主人生历程的特殊时期，对其未来人生的"定型"有着至关重要的影响。满足学生对自主发展多样成长的理性选择，关键是：一方面，要丰富学生发展成长的评价标准和培养方式，提升学生自主发展多样成长的自主性和开放性；另一方面，就是要为学生学习成长给予专业和个性化的指导服务，努力为他们创造良好的成长环境和条件，让每个学生的个性潜能都能按照各自未来规划得到充分发展。具体来说：

一是要完善学生综合评价办法。学校现行的学生综合评价包括两个部分，一个是操行评价占40%，一个是学业成绩占60%。我们要再分析完善评价办法，综合考虑根据不同学生的特征、特质进行分类评价，比如让学生在20%—40%之间选择操行分的比例。

完善学业评价办法，重在两个方面：一个是增加过程性评价的比重，目前是"二八开"（平时成绩占 20%，考试成绩占 80%）。第二个是区分不同课程，应有不同的评价办法。关键是抓通识必修课和学位核心课评价考核，非必修课的评价考核可以适当放宽。总之，要用多样的评价方式，引导学生个性化发展。

二是要探索卓越人才培养路径。这是学校打造人才培养特色和品牌的必由之路。具体来说，第一，继续完善实施"正大学子"计划。一些改革工作如果一下子不好全面铺开，可以在"正大学子"班上先行开展改革试点，比如教学范式改革、课程体系改革、试行小学期制，进行小班教学实践，等等。第二，探索强化培养学院试点。目标是探索学校卓越人才培养的路径模式，打造精英人才的培养基地。学校拟依托国际教育学院先行先试，设立文科强化班和理科强化班，面向全校选拔学生，创新人才培养方式，探索培养国际化人才和创新性人才。学校将根据培养需求，给予更为宽松的培养政策，具体请教务处牵头组织相关学院拿出培养方案。第三，着力打造免费师范生教育品牌。师范教育是我们的本色和优势，免费师范生培养是省里给学校的一个重要支持项目。最近，学校决定在免费师范生院先行开展师范生教学基本技能全员测试和师德体验教育活动，免费师范生院要把这些事认真做好，并且结合师范生养成教育等，打造学校教师人才培养的品牌。第四，继续做好学院教学特色项目立项建设工作。要让教学特色项目立项建设工作成为学院培养卓越人才的助推器。各个学院要积极凝练教学特色，打造自己的教学 LOGO，形成一院一品，一专一特，一人一才。要力争用 3—5 年的时间，努力实现若干人才培养模式成为区域乃至全国有重要影响的品牌。

三是要做好学生指导服务工作。教学评估中心组织的问卷调查显示，同学们在学习中遇到问题和困惑找老师解决的只有3.74%，自己找答案的占到59%。在学生座谈会上，有几个同学提到学习迷惘的问题。一流大学对学生的指导是非常重视的，名校大都有本科生导师制。对于我们学校来说，全面实行导师制有现实的困难，但我们要朝着为学生提供更好的指导服务去努力。我觉得有三件事可以做：

第一，探索新生教育体系。大一是学生从中学到大学的一个重要的转型期，学生面临环境、心理和学习等各个方面的挑战，如何帮助大学新生顺利转型，并做好大学四年学习规划，具有重要的意义。近几十年来，"大学第一年教育"（The First Year Experience，FYE）非常流行，绝大部分的国外名校都建立了FYE体系和相关机构，现有国内部分一流高校对此也正在积极探索。我想，"大学第一年教育"至少可以从三方面进行考虑：一是在新生教育中开始增设学科概论，使学生对整个学科有一个了解，帮助学生巩固专业思想，激发他们的学习热情；二是在大学第一年设置"大学学习学"课程；三是指导学生制定大学四年学习规划。

第二，进一步努力把大学生学习指导中心办好，并延伸建立院级学习指导机制。目前学习中心运行良好，还要努力做得更好。要注意线上线下指导相结合。一方面，大学生指导中心和有教师办公条件的学院，可安排任课教师每周坐班一两个单元时间用于答疑。另一方面，请教务处和信息化办公室建设好信息化综合教学平台和师生互动答疑平台。此外，还要积极发挥辅导员、班主任作用和管理干部联系班级制度的作用。大家齐努力为学生提供指导服务，这就是全员育人。只要大家都行动起来，我相信我们的人才培养工作肯定能上一个新台阶。

四是大力加强立德树人工作。出发点是立德，落脚点是树人。

习近平总书记指出，国无德不兴，人无德不立。自主发展多样化成长同样离不开德的统率。这个德，从大的方面来说就是社会主义核心价值观，也就是个人追求要融入社会进步的主流。我们所要培养的学生，不能只贪图过舒舒服服的小日子，不能是"精致的利己主义者"，而必须是有抱负、有担当的社会中坚骨干人才。

对接"两个需求"，强化协同和实践育人*

（2015 年 2 月 26 日）

在 2012 年的春天，朱虹副省长在赣鄱大地上画了个"圈"，这个"圈"就是：在江西师大和科技师大率先创办"金牌讲解班"。这是我省高校培养社会急需人才的一个特区，也是我省本科教育教学改革的一个特区。历经 2 年多的努力探索，我校首届"金牌讲解班"瓜熟蒂落，让我们看到了改革的果实、尝到了丰收的甜头，体现在：

第一，社会高度认可。"金牌讲解班"的同学们在就业市场上展现出强大的竞争力，每人至少有 2—3 家单位可供选择就业。师大首届"金牌讲解班"21 名同学全部就业，其中有 6 人在带事业编制的三清山管委会、井冈山博物馆和展览馆工作，其余的同学分别在婺源旅游局、万年神龙源，深圳国旅、海南航空、厦门航空等旅游相关单位工作。

第二，业界高度认可。"金牌讲解班"的同学们在实习时赢得实习景区的一致好评和赞许。在 2014 年全国旅游教育的最高赛事——第六届全国旅游院校服务技能（导游服务）大赛上，有 4 位

---

* 这是梅国平在全省本科教育教学改革座谈会上的发言。

同学摘取了英文组一等奖和三等奖、中文组二等奖和三等奖，竞赛成绩名列参赛高校前列，受到国家旅游局、中国旅游协会教育分会的充分肯定。

第三，领导高度认可。"金牌讲解班"的同学们在重大讲解接待中表现优秀，周慧等2位同学在三清山为省委书记强卫同志讲解服务时，在上饶为中纪委原书记吴官正同志讲解服务时，得到了2位领导的连连称赞。强卫书记对陪同的领导同志说要把她们作为特殊人才留在景区，享受政府特殊"补贴"，让她们安心为江西旅游事业做贡献。

为了做好"金牌讲解班"人才培养模式改革工作，江西师大进行了积极的探索。我们的做法是：

第一，打造"立体化"培养方案。从知识、技能、素养、职业操守四个维度，为"金牌讲解班"制定融教学内容、教学方式、教师配置、教学评价为一体的立体化人才培养方案，并为同学们开设了《音乐与舞蹈》《礼仪与形象设计》《江西历史与文化》等特色课程。

第二，建立"赛马式"选拔机制。打破学科专业限制，严格学生选拔标准，通过"伯乐相马"和"赛场选马"相结合的办法，采取第一、第二专业并行招录的方式，在全校音乐、舞蹈、外语、新闻传播等专业中选拔优秀学员，并从第二届"金牌讲解班"开始在全省本科生中择优选录。

第三，采用"协同化"培养模式。在朱省长的亲自指导和有力推动下，省旅委、学校、企业联合成立教学指导委员会，在"金牌讲解班"上开展深度合作、定向培养，形成政校企协同培养的新模式。与此同时，学校注意校内协同，发挥文史、旅游、艺术、外语等学科优势，从形体礼仪、景点讲解、历史知识、英语口语等多个方面，对"金牌讲解班"同学进行了多次封闭强化训练。

第四，构建"全方位"保障体系。学校将"金牌讲解班"纳入"正大学子"创新人才培养计划，给予60万元专项建设经费，教师课时津贴系数上浮至1.2，学生毕业授予"荣誉学士学位"，并专门建立了"三室五中心"为主体的实训教学体系（"三室"分别是专业英语训练室、播音主持训练室和形体训练室等，"五中心"分别是旅游信息中心、导游模拟实验中心、酒店管理实训中心、茶艺实训中心、旅行社实训中心等5个实训中心），为提升同学们的综合素质、形象气质、个人才艺和业务技能提供了强大的支撑！

总之，通过两年多的培养，"金牌讲解班"的同学们有了脱胎换骨的变化，基本达到"俊美的形象、精湛的才艺、娴熟的业务、优雅的气质、深厚的底蕴"的培养目标。回顾总结"金牌讲解班"的改革实践，我们的体会是：

第一，本科教育教学改革必须对接"两个需求"。"金牌讲解班"的改革探索，充分说明：人才培养必须与社会需求有效对接，必须与学生全面发展需求有效对接。可以说，这是本科教育教学改革的灵魂所在，丢掉了这个，本科教育教学改革就会迷失方向。

第二，本科教育教学改革必须坚持"协同育人"。"金牌讲解班"的改革探索，得益于校内多学科协同育人，得益于政校企等多主体协同育人，得益于教室第一课堂、校内第二课堂、社会第三课堂、海外第四课堂、在线第五课堂等多课堂协同育人。可以说，协同育人应该是本科教育教学改革的重要着力点，对内要打破学科专业的壁垒，突破传统的第一、第二课堂概念；对外要开放办学，主动与相关部门、行业企业的联系合作，把各类社会资源转化为育人资源，实现人才的协同培养。

第三，本科教育教学改革必须强化"实践育人"。"金牌讲解班"的改革探索，一条重要的经验是：全方位、全过程、多环节、多形式加强实践教学，解决好人才培养中的理论与实践脱节、校内与校外脱节的问题。可以说，实践育人工作是本科人才培养的薄弱环节，也是当前本科教育教学改革的重要突破口。

落实三大改革任务，全面实施综合改革*

（2015 年 2 月 28 日）

全面深化高等教育领域综合改革是落实中央全面深化改革精神的一项重要任务。综合改革强调改革的综合性、系统性、协同性，既不是改革的简单综合，更不是改革的面面俱到，而是从单项到整体、从表层到深层、从增量到存量的整体改革。

对高校而言，实施综合改革就是要冲破利益固化和思想观念的藩篱，通过系统深入、触及根本的改革，解决影响和制约学校事业科学发展的关键问题，激发办学活力，打造办学特色，提高办学水平。

对我校而言，实施综合改革就是要在去年学校改革攻坚的基础上，进一步凝聚改革共识，做好顶层设计，围绕综合改革的核心区、突破口和着力点，在人才培养体系、分类评价体系和内部治理体系方面提出若干具有根本性、关联性作用的改革举措，推进关键环节和重点领域的改革，带动其他方面的改革。

1. 以人才培养体系改革为学校综合改革的核心区，解决育人质量不高的问题。创新人才培养机制是党的十八届三中全会提出的明

---

* 这是梅国平在学校七届四次"双代会"上的工作报告摘选。

确要求。我们要牢固树立人才培养中心地位的理念，把人才培养体系改革作为综合改革的核心内容，着力推进以"学"为中心的教学体系建设，满足学生对专业的理性选择、对知识和能力结构的理性选择、对教师和教学方式方法的理性选择、对自主发展多样成长的理性选择等"4个理性选择"，从而形成"学"在中心，教育教学各类要素为"学"而动的育人局面。

一是要确定学校人才培养的目标规格。科学分析市场经济的深入发展、信息技术的快速发展和全球化的不断发展对人才培养的深刻影响，有效把握高校人才培养的目标要求和学校人才培养的现实可能，围绕社会中坚骨干人才的培养定位，组织开展充分讨论和科学论证，确定学校人才培养的目标规格及其内涵要素。

二是要做好专业结构优化升级工作。根据学校人才培养与社会需求有效对接、与学生的全面发展需求有效对接的要求，积极探索专业类招生和分流培养改革，根据学术型、应用型、综合型等3类专业类型，确定不同的专业培养目标，打造不同的专业办学优势，实现学校专业建设特色发展。充分发挥专业评估促进专业建设的作用，以专业评估为抓手，以学科专业的学术竞争力、比较竞争力和市场竞争力为标尺，建立专业动态调整机制，积极推进专业整合和分类建设，淘汰部分没有市场需求、没有比较优势、没有学科前景的专业，紧盯市场需求和科技发展开设新的专业或创新传统专业内涵。

三是要强化创新创业教育。强化创新创业教育是新形势下高校提高人才培养质量、提升毕业生创业就业水平的关键之举，这将直接影响甚至撬动学校的人才培养模式改革全局。坚持以社会需求为导向，将创新创业教育贯穿于人才培养的全过程，体现在培养理念、课程设置、教学方法、考核评价等人才培养的各个环节上。

制定深化学校创新创业教育改革的实施方案，着力构建创新创业教育体系及其课程体系。大力推动学校与行业企业的协同育人工作，实现理论与实践相结合，培养与需求相对接，着力破解学校人才培养中实践能力不强的突出问题。探索组建创业学院，建设瑶湖校区大学生创业园等一批创新创业实训实践基地，积极开展创新创业实训实践活动，着力增强大学生的创业体验和就业能力。

四是要深化人才培养模式改革。根据学校人才培养目标对知识、能力和素质的基本要求，建立高质量的"通识课程＋专业课程"的合理课程体系，增加课程的有效供给，实现通识教育和专业培养的动态平衡，填平人才培养中"人"和"才"之间的沟渠。

提升教师专业能力，加大教学工作激励，强化教师教学培训，积极倡导和鼓励启发式、探究式、实证式、开放式等教学方式，实现课堂师生深度互动，使教学爆发出求知、探索与创新活力，激发学生学习的主动性和探究的乐趣。

探索新生教育体系，办好大学生学习指导中心，延伸建立院级学习指导机制，积极发挥辅导员、班主任作用和管理干部联系班级制度的作用，努力为不同的学生提供高质量多样化的教学指导和教育服务。

出台学校进一步推进数字化优质教学资源建设工作方案，今年完成100门"正大微课"和2门慕课建设，推动各学院建设1—2门视频公开课或精品资源共享课，打造一批能体现学校教学特色的高水平数字化教学资源。

完善实施"正大学子"计划，探索强化培养学院试点，做好学院教学特色项目立项建设工作，积极探索学校卓越人才培养路径。在免费师范生院先行开展师范生教学基本技能全员测试和师德体验教育活动，着力打造免费师范生教育品牌。

五是要积极开展社会主义核心价值观教育。落实立德树人根本任务，认真组织开展社会主义核心价值观主题教育实践活动，积极推进社会主义核心价值观进教材进课堂进头脑工作，进一步弘扬中华传统美德和师大传统文化，使学校培养出来的学生能够将个人追求融入社会进步的主流，成为有抱负、有担当的社会中坚骨干人才。

2. 以分类评价体系改革为学校综合改革的突破口，解决办学活力不足的问题。"评价"是推动高等教育领域综合改革的"牛鼻子"，也是学校开展综合改革"牵一发而动全身"的重要环节。

一是要改革教职工评价体系。明确全校各岗位工作职责，完成各单位定编定岗工作，实现"人、岗、事"三者的合理匹配。建立"能进能出"的用人制度，做好新入职教师"非升即走"，现在职教师"非升即转"的制度设计，积极探索管理人员职员制改革，实现管理人员的"能上能下"，提高干部教师队伍的能力和水平，增强干部教师队伍干事创业活力。

以建设高水平教师队伍为核心，设置教学科研型、教学为主型、科研为主型等3个不同岗位系列，制定不同的评价标准，实行不同的支持和考核机制，形成教师队伍的分类管理。进一步完善岗位考核制度，突出聘期岗位职责导向，实行年度弹性考核、聘期刚性考核。进一步完善收入分配制度，突出"保、奖、促"导向，保障教师完成基本工作量获得较高收入；加大对突出业绩的奖励力度，让勤奋的教师、优秀的教师得到更多的认同和激励；加大"正大学者"人才计划的支持力度，促进教师追求卓越。进一步完善岗位聘任制度，突出两个"较高"导向，让教师既有较高的生活幸福指数，又有较高的工作动能活力。

二是要改革学术评价体系。充分发挥学术委员会作为学校最高学术机构的作用，促进学术评价的公正公平。

制订学校《教师职称评审本科教学质量评价办法》和《教师本科教学质量评价办法》，将教师本科教学的数量和质量，作为教师学术业绩的重要组成部分和职称评聘中的重要硬性指标，进一步强化教学工作的地位和作用。

以质量水平和实际贡献为导向，建立科研人员的分类考核体系和科研成果的多元评价体系，完善同行评议的学术成果评价机制，探索建立团队打包考核机制，强化代表作及高水平论文、项目、奖励在职称评聘和岗位聘任中的作用，积极推动科研的"顶天立地"工作，努力产出更多高水平的科研成果，提高学校科研的层次水平和服务能力。

三是要改革学生评价体系。突出学生主体地位，树立多元评价理念，综合考虑不同学生的特征特质，改革完善学生学业评价制度，探索开展学生分类评价体系，适当增加过程性评价比重，强化个性发展激励，努力用多样的评价方式，使"优秀"变得更加具体、多样和可以追求，引导学生多样化发展。

3.以内部治理体系改革为学校综合改革的着力点，解决治理能力不强的问题。没有一流的大学内部治理，就难有一流的大学。要逐步建立符合学校实际的现代大学制度，优化学校的治理结构，提高学校的管理水平，汇聚推动学校发展升级的强大力量。

一是要以发布实施学校章程为契机，深入学习贯彻中央《关于坚持和完善普通高等学校党委领导下的校长负责制的实施意见》文件精神，进一步完善党委领导、校长负责、教授治学、民主管理的学校治理结构和内部治理模式，抓紧形成以学校章程为基础，以党委领导下的校长负责制为核心，以学术委员会、教职工代表大会、理事会为支撑的现代大学制度整体框架，进一步明晰党委、行政、学术和民主管理的职责边界，充分保障学术委员会等学术组织在学术事务上的主导作用，有效发挥教代会等的民主监督作用。

二是要以深化开展校院两级管理体制改革为重点，进一步理顺学校和学院的关系，合理界定学校与学院的管理权限与职责，调整确立学校与学院之间的责权利关系，下移管理重心，下放办学权力，让学院成为相对独立的办学实体，成为充满生机活力的办学主体。

进一步完善校院两级管理体制改革试点方案，制定改革试点学院的权力清单，稳步推进管理权限和办学职能的下放，适当增加试点学院数，不断强化职能部门的服务意识和能力，逐步构建学校宏观决策、部门协调配合、学院实体运行的校院两级管理体系，提高办学水平和效益。

以学校战略目标为导向，探索实行学院建设发展目标管理责任制，提高学校工作的战略集中度，实现战略目标的突破。发挥目标责任制的激励与约束作用，建立学院绩效与班子、干部考核挂钩，与资源配置挂钩的机制。

三是要以构建科学民主的决策体系为核心，建立决策前期预研机制，围绕学校中长期发展规划的重大问题、事关发展全局的关键问题、改革发展中的热点难点问题，设立重点研究课题，从全局视野和专业视角开展可行性研究，提高决策的前瞻性、预见性。建立学校办学和建设发展重大决策规划论证制度，构建重大问题决策的支撑体系，完善决策实施的跟踪评估机制，将调查研究、论证分析和跟踪评估作为学校重大决策的必经环节，不断提高民主管理、科学决策的水平。

四是要以后勤保障服务社会化为方向，积极推进后勤体制改革，按照资产与后勤分开、保障与经营分开的原则，厘清调整学校资产管理、后勤服务、基建维修和资产经营的职能分工，由资产与后勤管理处负责学校办学资产管理和经营资产监管，防止国有资产流失，实现国有资产的保值增值；后勤公司主要负责常规后勤保障服务，突出学校后勤的保障属性，提高后勤保障水平；资产经营公司主要负责经营性资产的经营管理，建立现代企业制度，实行市场化运行，探索采取向社会购买服务的方式提供各种保障服务，降低管理风险，增加资产收益，提升后勤服务质量。

科学定目标，战略保实现*

（2015 年 9 月 6 日）

俗话说，"赢者谋在前"，办大学关键在大师、在大楼、在大谋。有大谋，没有大楼建大楼，没有大师育大师。如果没有大谋，大楼会空，大师会走。"十三五"规划是未来五年学校发展战略谋划，算是大谋。

编制规划首先是要明大势、知大局，要把学校所处的发展环境和条件分析透，把学校面临的机遇和挑战搞明白，否则很难把握改革发展的方向、目标、节奏、重点。为此，我们要深刻分析：日新月异的科技革命对办学的影响，日渐增强的市场配置资源力量对办学的影响，日益提高的国家和社会服务要求对办学的影响；日趋激烈的高校发展竞争对办学的影响。编制规划其次是要确定未来五年学校改革发展的主要目标、主要方略、主要任务。

1. 主要目标。我们既不能好高骛远，也不能故步自封。"十三五"的主要目标，初步考虑是：综合实力继续保持江西高校第二，进入全国师范大学第一方阵，接近全国高校"百强"。简单来说，就是"保二争一，接近百强"。"保二争一"是"十二五"目

＊ 这是梅国平在全校中层干部会上的讲话摘选。

标的传承，但其内涵有所变化，"接近百强"则是新的提法。这一目标具体包括三个层次：第一层是"保二"，是对省内兄弟高校来说。客观地讲，"十二五"时期我们干得不错，许多地方都保住了二，但位置还不牢固，有的指标还没有达到二，所以这个目标还要坚持；第二层是"争一"，提法没变，但内涵变了，原来是针对地方师范大学，现在则是针对全国师范大学，包括部属师范大学。"十二五"规划的"争一"是对地方师范大学来说的，也就是排在地方师范大学前三分之一，约第12—13位，加上5所部属师范大学就是17—18位，目前看这个目标基本完成。在"十三五"的时候，我们要争取进入全国师范大学的前三分之一。目前全国师范大学一共是42所（不包括西南大学），考虑到未来可能还有少数师范学院会改名师范大学，全国师范大学前三分之一就是14—15名左右，去掉5个部属师范大学，也就是说要进入地方师范大学前10位左右，这意味着我们在地方师范大学的排位中至少要再前进2—3位。第三层是"接近百强"，是对全国高校而言。借鉴浙江师范大学的案例，他们也就用了5—10年的时间从150位以后进入到全国百强。在近4年的大学排行榜中我们最多从179位提高了40位到139位，平均来说是150位左右，再努力奋斗5年进入百强不能确保，但接近全国百强是有可能的，而且这个目标也有一定的弹性，总之我们要有进步。南昌大学提出"十三五"要进入全国50强的目标，从省域高校的综合实力和高等教育的区域布局来看，我们提接近全国百强是可行的。所以，总体来说，这个目标既是对"十二五"规划目标的传承，也具有一定的现实可能性。

2. 主要方略。包括方针和战略。具体到战略举措来说，可以从不同的角度、不同的层面提出若干战略。在制定"十三五"发展战略时，我认为，对学校发展战略的总体要求：一是能够解决问题，要管用;二是契合时代主题,要对路;三是便于运行操作,要好弄。"十三五"发展战略重点是要回答:宏观上学校如何发展、中观上学院如何发展、微观上师生如何发展这三个问题。

那么,当前学校发展、学院发展、师生发展面临的主要问题是什么?从学校来说,当前主要问题是质量不高、品牌不响、特色不显,缺少标志性的东西。学科门类很齐但在全国叫得响的很少,人才总量不少但大师名家很少,国家基金很多但重大成果产出很少。从学院来说,当前面临的主要问题是动力不足、活力不够,自我发展和自我约束的能力不强。从师生来说,当前面临的主要问题就是主动担当的责任意识、奋发有为的进取精神、追求卓越的内在动能不足。

针对学校发展、学院发展、师生发展面临的主要问题,我觉得"十三五"时期至少要实施这几个战略:第一,精品战略,这主要是针对宏观上学校发展质量不高提出来的,这也符合当前我国高等教育提高质量的时代主题;第二,实体强院战略,这主要是针对中观上学院发展活力不足的问题,这也符合现代大学校院两级管理的改革方向;第三,赢在激励战略,这主要是解决微观上师生发展动力不强的问题,这也是现代大学治理的核心所在。

——精品战略,说得高大上一些,就是从严从实战略。说得学术一些,精品战略就是精益求精、追求卓越的战略,是不以"常品充数、次品充好、赝品充真"的战略。没有精品,就没有地位。或者说,不是精品,就没有地位。历史只承认精品。唐诗三百首之所以流传至今,就因为它是精品。现实也是苦求精品,农民精耕细作,工人精打细磨,商人精打细算,艺人精雕细刻。说得实在一些,精品战略就是"教师把课讲好、把科研做深,干部职工把工作做实、把服务做优,学生把功课学透、把本领练强"的战略。

战略要落地，就必须将战略变成具体的战术。这就需要我们设计打造一批精品工程，以此来提升学校的办学质量和核心竞争能力。比较重要的，我觉得有：

精品意识工程，这是基础。精品意识，既是质量第一意识，也是一种价值意识。如果我们对待工作低标准，对待自己低要求，只要"差不多""过得去"就行，那么我们干出来的只能是常品或者是次品。所以，我们要通过精品意识工程，在全校上下牢固树立精品意识，形成一种一丝不苟、精益求精的工作态度，一种不甘平庸、奋勇争先的创新精神，这是我们走向卓越的必备品质，也是通向成功的"通行证"。只要我们全校上下牢固树立精品意识，那么我们就能形成一股全校动员、全员参与、全力以赴的"精品热潮"，做到想事必细、做事必精、干事必成。

精品学科工程，这是龙头。学校要发展，龙头要昂起。龙头要昂起，我们必须有所取舍，实行非均衡发展。"一所大学只要有一个或者几个学科达到世界领先水平，其他学科不要太差，就是世界一流大学。""十三五"时期，学科建设必须狠下心来做下"减法"，尽管大家都很喜欢做"加法"。"十三五"期间，国家将启动两个一流计划：一流大学和一流学科。省教育厅也要启动一流学科计划。学校也将适时启动一流学科建设计划，着力分层建设几个国家级、省级、校级的一流学科，切实增强学科的核心竞争力。结合制定"十三五"学科建设规划，接下来将积极开展学科建设的"六定"工作，即"定特色、定方向、定团队、定责任、定机制、定奖惩"。

精英人才工程，这是关键。人才是学校事业发展的决定性因素。香港科技大学是1991年正式成立的，通过20多年发展就成为世界一流大学。他的老校长孔宪铎写了一本书《我的科大十年》，其中谈到办大学的一条重要经验就是："聘请一流人才，并使他们快乐地工作（Recruit the best people and keep them happy）"。近几年学校人才工作成效显著，但高水平人才队伍建设的瓶颈问题仍然没有得到解决。所以，"十三五"期间，我们要着力实施精英人才工程，将人才引培工作的重心从全面推进转向重点引培，人才引培向入选学校"精品学科"倾斜，向高水平人才和有潜力的优秀青年博士倾斜，人才政策和待遇进一步向重点人才倾斜。具体方案请人事部门调研，提交今年年底召开的人才工作会议研究。

精品教改工程，这是重头戏。培养人才是大学的根本任务，也是大学的使命所在。教改说易行难！难也得改！精品教改工程主要抓创新创业教育精品、专业精品、课程精品等的建设。首先是要抓创新创业教育精品。"十三五"期间，精品教改工程的首要任务就是树立创新创业教育观，努力在贯彻"三个全字"上下功夫，所谓"三个全字"，就是创新创业教育要面向"全体"学生，做到教师"全员"参与，贯穿人才培养"全程"。这方面，我们要做出精品，走在前列。其次要推进专业人才培养模式改革，打造专业精品。我们要在借鉴南京大学"三三制"人才培养模式的基础上，打造专业精品。各学院一定要高度重视专业建设，打造专业精品。第三是要打造课程精品。课程是人才培养的基本载体。这里所提课程精品，是指学生真正喜欢、叫得响的课程。课程精品主要看三个要素：一看学生满意程度；二看学生学习效果；三看同行以及学院的评议情况。对于这样的课程，可以提高课时津贴系数，上浮50%或者100%都可以，就是要让老师把更多的精力投入到人才培养之中。只要坚持下去，学生上课"三率"不高的问题就能基本得到解决，学校的人才培养质量也一定会有一个大的提升，我们在国家教学成果奖等方面也就会有积累和突破。

精尖成果工程，这是重点。"十三五"时期，我们要努力催生一批精尖成果。要想做到这些，首先要有项目支持，特别是国家级项目的支持。所以要继续重视两类基金项目立项工作，一方面要争取项目数量再上台阶，另一方面要更加重视重点和重大项目的组织申报。第二，还得用水平来衡量。我们的科研成果一定要追求高质量，论文要追求"三高"：高等级刊物、高引用转载、高影响因子；应用成果转化也是"三高"：高技术、高效益、高影响。也只有依托这些精尖的成果，才可能进一步争取大项目、大平台、大奖励。对此，学校将出台一些相关的政策，重点在培育、扶持和奖励这些精尖的成果，要努力将学校的科研水平再提一个台阶。

精细管理工程，这是保障。精细管理的问题等一下我在综合改革里面再讲。我们还可以有精品文化工程等等。总之，我们要在学校各个方面努力打造一批精品。精品战略实际上就是质量发展的战略。

——实体强院战略，就是让学院作为一个独立的自主办学实体强起来的战略。"十二五"规划的时候，这是五大战略之一，"十三五"乃至更长的时间这都将成为学校主战略之一。为什么呢？我觉得有两个方面的原因，一方面，中外大学的实践证明，"校办院"向"院办校"转变的程度反映了一个大学的办学水平。越是好大学，越是高水平大学，"院办校"程度越高。这其中蕴含着两个基本道理，一是实体强院才能强学科，学校有 33 个一级学科，千差万别，比如说艺术学科，校领导和机关处室里懂的人不多，如果啥都由学校来管，33 个学科如何办出特色？"学院制"的本质内涵是学科建设，学科发展是实体强院的逻辑起点。二是从权责配置角度来看，学校办学规模达到 4.5 万余人，如果所有的管理都集中在校部，我们累死也干不好，所以必须分权。这两个道理说明，我们应该实体强院。另一方面，实践中推进实体强院很难，为什么难？

实体强院的关键是重心下移、权力下放，这个很难。因为，从外部来讲，政府对大学的直接干预较多，造成大学内部的组织结构和体制与上级部门同构，以便应对上级管理，这无形中加大了校级的权力。从内部来讲，学校班子、职能部门和学院三者的权责如何配置，防止"一统就死、一放就乱"，这涉及三者在观念上的转变和人员素质的提升，这也不是一件容易的事情。也就是说，一方面我们应该实体强院，另一方面实施起来又很难，所以我们一个五年是做不完的，两个五年、三个五年乃至更长的时间才能做好。因此，我们"十二五"提"实体强院"，"十三五"还要提"实体强院"。

"十二五"学校实体强院工作已经有了一定的基础。学校去年出台了校院两级管理改革试点的文件，并且选了5个学院进行试点，由于种种原因，试点效果不是很明显，但是积累了经验。实际上，学校一直在探索给学院下放一些权力，比如进人权，计划内进人的权力主要在学院；职称评审对试点学院而言副教授及以下都是学院说了算，对非试点学院而言也是由学院来排队，学校基本上不打乱；收入分配权，也切了一块由学院进行二次分配，当然比例还不够；等等。

今年下半年和"十三五"如何接续性推进以校院两级管理体制改革为主要特征的实体强院战略？总体来说有这么几条：一是要理清权责，简政放权；二是要强化"三定"，推进机关部处的改革；三是要改革学院的拨款机制；四是要加强学院自身建设；五是要构建全面的配套改革与评价机制保障。实体强院是个系统工程，不是简单的放权问题，而是需要建构一整套制度体系。

——赢在激励战略，就是激励师大人放飞希望、成就梦想的战略。我们要用绩效激励、文化激励，让每位老师、每位管理人员、每位学生更有尊严感，更有成就感，更有自豪感，从而实现由学校主导发展向师生自我实现价值的转变，从根本上不断激发大学的内生动力和创新活力。

因为时间关系，今天我主要谈一下教职工的激励问题。以前对教职工主要是身份管理；这几年主要是绩效管理，教师比较明显，管理人员不太明显；将来要逐渐过渡到文化管理。文化管理就是要培植具有高度凝聚力的学校文化、学院文化，使我们每一位师生员工与学校、学院的发展达到高度的心灵契合。但是在现阶段，我们只能是以绩效管理为主，辅之以文化管理，乃至身份管理。为什么？因为，第一，学校还处在爬坡过坎的阶段，我们需要奋斗；第二，国家还处于全面建成小康社会的进程当中，革命尚未成功；第三，正如谈哲敏副校长报告中说的一位心理学家的名言，"创造力来源于焦虑与无聊之间"，如果我们只讲公平，不讲绩效和效率，哪来的焦虑？如果只有绩效，不讲公平，那么一点无聊的时间也没有，创造力也就出不来。所以，在"十三五"，我们主要实行的是绩效激励，辅之以文化激励。

一是薪酬分配的激励。"十三五"我们要进一步加大"保、奖、促"的力度。保，就是保基本，让教职工的收入随着学校事业的发展同步提高；奖，就是奖励教学科研管理的重大成果。有人说奖重了，其实不然，昨天我调取了人事处的数据，奖励经费的比重不是很大，所以"十三五"还要加大对重大教学、科研、管理成果的奖励。比如，对优质的课程就要实现优酬制度，上得好的课就应该多给酬劳，不能上好上坏一个样。对于优秀的管理成果也可以奖，关键是要完善办法。促，就是促人才辈出，学校去年推出特岗教授制度，管理岗是不是搞特岗，我觉得也可以探索，有些干部的确干得很累也很有成绩，就应该在绩效激励方面有所体现，但现在都是按级别拿工资，干与不干、干多干少、干好干坏都一个样，这个导向很不好。

二是岗位聘任与职位晋升的激励。我们要继续完善"保底聘任、竞争晋级"的教师岗位聘任机制，让教师具有较高的幸福指数，又能迸发出强大的创造活力。至于干部"岗位聘任、职位晋升"的激励，学校党委和组织部门将会积极谋划。

三是文化激励。大学之治，重在涵养其文化底蕴。什么是一流大学？有位学者说，不只是高水平的课堂教学、高成就的科研成果，还在于高质量的大学文化，并借此教育和影响师生。而后者正是师大的独特优势和可以成为一流的底气。我们，毕竟是建校 75 周年的老校，要坚持用大学使命文化激励师生，忠于学术、坚持真理、追求卓越；要用大学章程文化激励师生，崇尚民主、尊重规则、强调法治；用大学环境文化激励师生，静思笃行、持中秉正。这里的环境文化包括大学精神、大学制度、大学人物、大学传统、大学学风、大学活动、大学自然和大学建筑等多种文化因素。

这是我讲的三个战略。当然，我们还可以有别的战略。比如开放办学战略，只有在开放中借鉴互动、在开放中砥砺前行，学校、学院、广大师生才能走得更远。

领会《章程》内涵，强化贯彻实施[*]

（2015 年 11 月 5 日）

经省政府同意和教育厅核准，《江西师范大学章程》正式颁布实施。大学章程之于大学，如同宪法之于国家，它是学校的根本大法，上承国家法律法规，下启学校规章制度，对于学校完善现代大学制度、推动事业科学发展具有重要意义。根据学校《章程》核准发布的要求，下面我就学校《章程》的贯彻实施，简要地讲 3 点意见：

一、为什么要制定《章程》

大学《章程》不是个新事物。从西方来说，大学章程是大学合法性的重要来源，构成了依法治校的制度基础。美国耶鲁大学1795 年制定的学校《章程》，一共 61 条，对其内部组织机构和职权运行做了很详细的规定。德国柏林大学《章程》1817 年颁布，它不仅奠定了柏林大学法律基础和组织架构，而且形成了现代大学

---

[*] 这是梅国平在《江西师范大学章程》发布会上的解读报告。

制度的基本框架。

从中国来说，大学章程也不陌生，1862 年《同文馆章程》可以说是中国西式高等学校最早章程，当然也有人说 1901 年《山东大学堂章程》是中国最早的大学章程。清朝洋务派兴建的新式学堂均有章程，比如 1881 年《天津新设水师学堂章程》、1902 年《钦定京师大学堂章程》、1912 年《北京大学章程》、1921 年《东南大学组织大纲》、1927 年《清华学校组织大纲》。

大学《章程》也可以说是个新东西。新中国成立后相当长的时间里，我国实行高度集中的计划经济体制，对高等教育也同样实行高度集中的计划管理模式，大学缺乏必要的自主权，所以大学章程建设也一直没有列入议事日程。此前，我国绝大部分高校都没有章程，虽然有少数大学有章程，但也因其不具太强的约束力，实际上没有发挥太大作用。

那么，为什么现在要制定大学章程呢？我觉得主要是因为有这样"三个要求"：

一是时代要求，即时代对高等教育的要求。和早期大学不同，现代大学已经是一个规模庞大的体系，机构复杂、事务繁多，与政府和社会联系也愈加紧密，除学术权力外，政治权力、行政权力、民主权力等也在其中迅速彰显。大学的治理与发展，需要各利益相关方广泛参与、充分讨论并达成共识，最终以章程的形式使其稳定和规范下来，成为学校依法自主办学和良性发展的坚实保障。而且，我国市场经济地位的确立和改革开放的深入，也要求高等教育实施综合改革，完善大学内部治理结构，提升大学内部治理能力，强化大学四大职能，以满足和支撑经济社会的快速发展需要。

二是国家要求，即国家对高等学校的要求。作为公立高校，其章程制定的主导权在国家。而随着我国经济社会的改革发展，1995

年《教育法》和1998年《高等教育法》均提出了大学要制定章程的要求。近年来，随着依法治国方略特别是法治中国建设的推进，政府对大学制定《章程》的要求越来越迫切！2010年7月，国务院发布《国家中长期教育改革和发展规划纲要（2010—2020年）》，明确提出要加快高校章程建设。2011年11月教育部下发《高等学校章程制定暂行办法》（教育部令第31号），2012年又遴选了一批章程建设试点高校，并在4—5月份连续在全国范围召开了四次"高校章程制定研讨培训班"，以推动高校章程制定工作。2013年9月，教育部发布《高校章程建设行动计划（2013—2015）》，对全国高校的章程制定工作提出了明确要求和具体的时间表，要求"985"高校在2014年6月完成章程起草，"211"高校在2014年年底完成章程起草，所有高校要在2015年年底完成章程起草发布。因此，大学章程制定工作在全国各类高校全面迅速铺开。

三是自身要求，即高校对自身发展的要求。面对快速变化的社会需求，高校承受着巨大的发展压力和竞争压力。但传统的高等管理体制，束缚了高校的办学自主权和自我发展能力。我们常说的一句话，就是"戴着脚镣跳舞"。而大学章程作为现代大学制度的基础、高校依法治校的依据、科学发展的保障，对高校外争办学自主权、内提治理能力有着特殊的作用。为此，大学也有制定章程的强烈冲动，以期通过制定《章程》，争取更多的办学自主权和自我发展空间，推动建立中国特色的现代大学制度，更好地巩固学校改革成果、加快事业发展。

二、学校《章程》的内涵

学校《章程》由序言、正文、附件构成，共 66 条，9627 字。序言部分主要介绍了我校历史沿革和《章程》制定的主要依据，附件则包括附件一校徽图案、附件二校歌歌谱。正文包括总则、权利与义务、学生、教职工、职能与理念、组织与机构、财务与资产、学校与社会、文化与标识、附则等十章。

学校《章程》具体的文本将正式印发，由于时间关系我就不再一一介绍了，今天简单地说明一下学校《章程》的核心内涵。

一是明确规定了学校的核心使命即人才培养。无论大学怎么转型、社会怎么发展，"育人为本、发展学术、服务社会、传承文化"，这四条是大学永远不能丢掉的金科玉律，也即大学四大职能、四大使命。但其中，第一位的、核心的使命只能是人才培养，这也是大学区别于其他机构的根本所在。造就学生是大学立校办学之根本。所以，我们在章程制定中，始终突出人才培养的中心地位。比如，第 5 条明确提出学校以人才培养为核心，履行科学研究、服务社会和文化传承创新等职能，这就将当下大学四大职能进行了适当区分，明确了人才培养的中心地位。在第五章职能与理念中，对此也进行了阐释强调，比如第 23 条提出，学校以人才培养为中心，以促进师生发展为根本；第 26 条提出，学校树立以"学"为中心的教育理念，等等。

二是明确规定了学校主要利益相关者的权利主体地位。当前我国高校主要的利益相关者，大体上可以分为 2 个层面，一个层面是学校和外部利益相关者，例如学校和举办者、主管者，举办者是省政府，主管者是教育行政部门——江西省教育厅。《章程》第3条、第7条、第8条、第9条、第28条、第29条、第30条，明确了学校，以及举办者、教育行政部门的权利和义务，等等。

另一个层面是学校内部利益相关者，主要包括学生、教师和管理者。《章程》中把人才培养作为学校的根本任务和核心使命，这就蕴含了"学生中心，教师主体"地位。《章程》在序言中也强调要保障学生和教职工的合法权益，并且在结构安排上将学生和教职工单列2章置于总则和学校的权利与义务之后，具体规定学生和教职工的权利义务，并对学生和教职工的知情权和民主参与、管理、监督权利进行了详细描述，还特别提出要建立学生权利保护机制，建立重大事项会议列席、听证、座谈和新闻发布制度，鼓励和支持学生参加学校的民主管理，突出了学校对学生中心地位和教师主体地位的尊重与保护，贯彻了"以人为本"的办学理念。

对学校的管理者而言，关键是要营造能产生学者、引进学者并能使这些学者一心向学、潜心育人的制度环境和人文氛围，这是落实教师主体地位的两个基本途径和检验尺度；要建设高水平的课程体系并营造良好的成才环境，这是落实学生中心地位的两个基本途径和检验尺度。对此，《章程》特别提出要设立教学委员会，并在第13条、第22条、第27条、第34条、第61条强调学校要围绕育人目标，加强精神文化、学术文化、制度文化和环境文化建设，营造良好的育人环境、学术环境和创新环境，等等。《章程》中也对学校的管理者明确了相应的约束机制，比如第30条、第38条强调学校要建立办学信息公开、办学行为监督的体系和机制，要发挥教职工代表大会的民主管理和监督作用，等等。

三是明确规定了学校的内部治理体系。从横向来看，章程进一步明确了党委领导、校长负责、教授治学、民主管理的学校治理结构，以期建立形成以党委领导下的校长负责制为核心，以学术委员会、教职工代表大会、理事会为支撑的现代大学制度整体框架。第35条明确指出，学术委员会是校内最高学术机构，统筹行使学术事务的决策、审议、评审和咨询等职权。第36条还特别提出要设立教学委员会，作为学校教学工作的管理、审议和决策咨询机构；第55条提出要成立学校理事会，作为学校决策咨询机构。这些将使我们的内部治理结构更加完整和完善。

从纵向来看，章程进一步明确了校院两级管理的内部治理模式。第41条明确指出，学校实行校院两级管理体制，充分、合理地对教学和研究机构进行授权，激发办学活力；第42条指出，学院在学校授权范围内实行自主管理，具体行使9大职权，包括人才培养、教学科研、社会服务等活动的组织开展，规定范围内内部机构的设置、调整和撤销；教学科研、其他专业技术、管理和工勤技能等岗位人员的聘任和管理；拟订本学院教职工的绩效考核、奖励及分配方案等；第45条明确了学院重大事项实行党政联席会议决策制度；第46条、第47条，要求学院要设立学术分委员会或教授委员会，成立二级教代会履行相应职责，等等。

总体来说，学校章程遵循现代大学办学治校规律，因应现代大学制度构建要求，在对近年来学校围绕内部治理结构、人事制度、人才培养模式、校院两级管理体制改革等实践成果进行凝练固化的基础上进行顶层设计，初步明确了符合学校实际的现代大学制度框架体系；另一方面也主动考量未来发展趋势，只对涉及学校办学治校的重大问题作了原则性的概括要求，没有对具体管理过程和运作细则进行详尽规定，保持了章程内容的必要弹性，为章程的配套制度体系预留了空间。

三、如何实施好学校《章程》

与先有章程后有大学不同，我们是先有大学，而且办了很多年以后再补章程。从章程本义来说，它是有对外和对内两个方面的功能，对外是协调学校与政府和社会的关系，对内是优化学校内部治理体系。但实际上，我们的章程更多的是对学校内部治理体系的完善。所以，制定章程难，而落实章程则更难。

"天下之事，不难于立法，而难于法之必行"。法律的权威在于必行，章程的生命力在于实践。学校《章程》的核准颁布只是第一步，如何切实有效地、可持续性地保障《章程》的贯彻实施则是更为艰巨和长期的任务。

一是要加强《章程》学习宣传。要通过辅导报告、权威解读、主题学习、媒体讨论等形式多样的学习宣传活动，让广大师生深刻领会、准确把握《章程》的条文内容、制度安排、核心要义和理念精神，明晰章程的重大作用，维护章程的权威地位，遵守章程的相关规定，在全校形成自觉学习《章程》、遵守《章程》，依章治校、按章办学的良好氛围。学校各单位要拿出专门的时间，安排一次学校《章程》的集中学习，让学校《章程》在广大师生中入脑入心。

二是要健全《章程》配套制度。健全《章程》配套制度体系，是学校《章程》落地生根、真正发挥作用的有力保障。我们要对照《章程》，对学校的规章制度进行一次系统清理，积极开展"废改立"工作，围绕章程制定一系列相互衔接和配套的规章制度，形成根本制度稳定、基本制度完备、具体制度配套的校内规章制度体系，构建用制度管权管事管人的长效机制。

三是要抓好《章程》具体落实。学校章程被依法核准后，尊重章程、照章程办事、依章程管理，应该成为全校师生共同观念和行为准则。《章程》中明确规定的一些条款内容，比如第六章"组织与机构"中教学委员会的章程制定和组成运作、第八章"学校与社会"中理事会的成立，以及党委会和校长办公会议事规则的修订等等，都需要我们进一步切实加以落实。

四是要加强《章程》执行监督。要把《章程》实施情况作为信息公开的重要内容，针对内部权力运行的核心节点、资源配置的关键环节、师生关注的权利义务，全面推进信息公开和办事公开，主动接受教育主管部门、社会公众、师生员工的监督。要充分发挥纪委、审计、教代会、学代会、政府、家长、舆论等多元主体的监督作用，建立外部与内部检查相结合、定期与随机检查相结合、常规与专题检查相结合的监督检查制度，确保章程实施。

总之，我们要通过对学校《章程》的宣传贯彻，牢固树立依法办学治校的意识，切实提高学校自主管理、自我发展和自我约束的能力，充分激发学校的办学活力，有效增强学校的发展动能，将学校建设成为一所特色鲜明、全国一流的高水平师范大学。

理解综改背景，抓好改革落实*

（2015 年 11 月 30 日）

在即将步入"十三五"之时，学校密集推出了学校综合改革、校院两级管理体制改革、精细化管理改革等 3 个改革方案，还即将推出后勤管理体制改革等方案，这意味着学校将掀起一股改革的热潮，为"十三五"发展开好局。今天的会议，主要目的就是要对这些改革进行动员部署，让全校上下能够理解改革、支持改革，并积极参与改革。

一、改革的背景，也就是为什么要改革

我想，改革大体上不外乎三个方面的原因，一是环境所逼，环境变了，要适应环境；二是问题所逼，碰到问题了，要解决问题；三是目标所逼，有新的目标，要追求新的目标了。这和现在有人要戒烟的原因有点像，一是环境所逼，原来什么地方都可以抽烟，现在抽烟不方便了，干脆戒了；二是问题所逼，身体出现状况了，所

＊ 这是梅国平在学校全面深化综合改革动员会上的讲话摘选。

以要戒烟；三是目标所逼，现在二胎政策放开了，想生二胎，有新的目标了，所以要戒烟。我们学校要改革的原因也主要是因为这几个方面：

（一）环境所逼：因为环境变了，要适应环境，所以要改革

一是时代背景的变化。我们正处于一个深化改革的时代，新一届党中央作出了全面深化改革的战略部署，各个领域包括教育领域的改革风起云涌。根据教育部要求，直属高校要于 2014 年底上报本校的综合改革方案，省部共建高校的综合改革方案今年也要向教育部报备。省里面也很重视，去年 6 月出台了《关于深化教育领域综合改革若干问题的意见》，最近省教育厅又下发通知，要求我们上报综合改革阶段总结和经验材料，准备召开全省教育领域综合改革工作座谈会。所以在改革的时代背景下，不改革就意味着失职，就意味着可能落后，就会错失发展机遇。而且，在全面从严治党的政治环境下，做事的要求和方式也不同，这也需要我们进行改革。

二是社会环境的变化。第一，"大众创业、万众创新"大潮涌动，推进经济转型升级，建设创新型国家对高校加强创新创业教育，培养创新创业人才提出了新的要求；第二，高等教育进入后大众化时代，由"卖方市场"变成了"买方市场"，家长和考生的选择多了，这要求我们要不断提升人才培养质量，更加以生为本、善待学生，否则学生和家长就会用脚投票；第三，作为学校举办者，政府对高校的要求更高，除了对高校有培养人才的基础性要求以外，还要求高校有更多看得见的贡献和作为，就是能够更多更好更直接地服务经济社会发展。所以，这些变化要求我们进行改革，以满足社会对高校提出的新要求。

三是教育环境的变化。比如，教育国际化的影响和冲击，国外

名校通过到中国办分校和直接招生，已经把一部分优秀学生招过去了。最近，我校要求退学的学生中，有三分之一是因为到国外留学，等于炒了我们的鱿鱼。比如，教育信息化的影响和冲击，互联网对教学时空和方式手段的影响难以估量，这正在考问学校的存在价值。未来的学校可能变成学习中心和资源中心，人们将更关注课程，这门课可能选北大的，那门课可能选清华的，组合起来就完成了学业，对大学文凭观念将会更加淡化。再比如，最近高等教育界的三件大事必须引起我们的高度关注：综合改革、创新创业教育、"双一流"计划，等等。这些变化都要求我们进行改革，以应对由此带来的挑战。

（二）问题所逼：遇到问题，要解决问题，所以要改革

近几年学校发展取得了一定的成绩，大家特别是在座的各位，都有很多的付出和奉献。但是，学校发展也遇到了很多的问题。这些问题包括学校的问题、学院的问题、学科的问题、学者的问题、学生的问题和管理的问题。只有正视这些问题解决这些问题，我们才能继续前行。

从学校来说，主要问题之一是精品太少。从学院来说，当前面临的主要问题是动力不足、活力不强。从学科来说，主要问题是学科数量不少，但是真正叫得响的没有几个，有博士点的学科也才4个。省里准备在"十三五"时期分层建设20个国内一流学科、40个国内有影响学科、60个国内有特色学科，第一、第二层次将会下拨专门建设经费，大家算一算学校有哪几个学科挤得进去？据悉，一级学科博士点的申报评选明年将会启动，而且是准备放到省里评选。所以下一步如何打造精品学科要提上重要议事日程。

从学者来说，问题也不少。一是高层次人才太少，中间层断档

严重。这也是近几年学校没有大成果、大突破的根本所在；二是科研成果产出率太低；三是教师教学水平不高的问题。这些都需要引起我们的高度重视。

学生的问题也很多。一是厌学的问题很严重，"三率"的问题居高不下。二是心理的问题不少。学生处有个统计，每一届学生中都有上千的学生存在不同程度的心理问题。

管理的问题也很突出，特别是管理的精细化程度、人性化程度不够。上周我征求几个博士老师的意见时，有个在华南师范大学工作过的博士就反映，比较而言我们的管理手段和方式较落后，还有就是机关服务跟不上。要解决这些问题，也只有靠改革。

（三）目标所逼：有新目标，要追求新的目标，所以要改革

"十三五"规划，我们提出"保二争一、接近百强"的目标，这个目标有其可行性，但完成的难度很大。简单地来说，"保二"难，"争一"难，接近"百强"更难。

就省内高校"保二"来说，兄弟高校各有优势，我们"保二"不容易。就全国师范大学"争一"来说，我们前面的师范大学已经没有弱手，而要达到全国师范大学的第一方阵，我们还要再超过至少2—3所地方师范大学。现在每前进一位都不简单，要再超3所是难的。而且，我们还要考虑到排位靠后师范大学对我们的赶超。所以，"争一"也难。

就全国高校"接近百强"来说，这个就更难了。现在许多高校对全国百强都虎视眈眈，提出进入全国百强的高校就有10余所，它们都有很强的实力和各自的优势，上述学校就师资而言就比我们强许多，院士和长江学者都好几个。而且，许多兄弟省份都推出了很有力度的一流大学和一流学科建设计划，广东拟投入80亿元打

造 3 所理工学校，安徽省打算投入 70 多亿元重点打造 7 所高校。所以，"接近百强"更难。

总之，从环境、问题和目标这三个维度来说，学校都需要进行一场深刻的改革。所以，在"十三五"前的最后一个冬天，我们想为未来的春天播种打下基础，争取有个好收成。

二、改革的内容，也就是改什么

经过教代会、校长办公会、党委会讨论审定，大家认为学校综合改革的主要任务是人才培养体系、分类评价体系和内部治理体系这三大体系的改革。一是人才培养体系改革，我们把它作为学校综合改革的核心区。立德树人是高校的根本任务，人才培养是大学的中心工作。因此，人才培养体系改革理应成为综合改革的核心区。二是分类评价体系改革，我们把它作为综合改革的突破口。干事创业关键在人，改革的目的是为了更好地调动人的积极性。而"评价"是调动干部、教师、学生积极性的重要抓手，是"牛鼻子"工程，"牵一发而动全身"。因此，我们把分类评价体系改革作为综合改革的突破口。要说明的是，高校是一个特殊的学术组织，师生主要从事教学、科研、学科建设等学术活动，所以评价体系改革还包括对这些学术活动的评价改革。三是内部治理体系改革，我们把它作为综合改革的着力点。做人做事有赖于一定的组织体系，大学是师生赖以生存的共同体，这一组织体系能否高效运转、和谐运转，关键在于内部治理。没有一流的大学内部治理，就没有一流的大学。因此，我们把内部治理体系改革作为综合改革的着力点。此外，学校综合改革方案中还有一块资产与后勤管理体系改革，这一块也属于内部治理体系改革的内容，只是为了方便推进工作而单独把它拎了出来。

三、改革的要求，也就是如何做好改革工作

深化学校综合改革是一项复杂的系统工程，关乎未来五年发展，关乎学校以后命运。不改革肯定坐失良机，乱改革则会雪上加霜，只有科学改革才能事半功倍。开展综合改革必须遵循教育规律，做到用系统的思维认识改革，用科学的办法推进改革，用统筹的方法深化改革，处理好1个关系，把握好3大原则，落实好5点要求。

（一）处理好综合改革与编制落实"十三五"规划的关系

综合改革的时间表，正是学校"十三五"时期。综合改革是实现学校建设特色鲜明、全国一流高水平大学目标的措施手段，"十三五"规划是对未来五年学校各项事业发展的战略部署，这就要求我们把实施综合改革方案与编制落实"十三五"规划工作有机结合起来，一方面要把综合改革作为实现"十三五"规划目标的重要推手，另一方面要通过实施"十三五"规划把综合改革方案落到实处，使两者能够有机统一，相辅相成。

（二）把握好综合改革的3个原则

1.坚持正确导向。首先是问题导向，要着力解决影响学校发展的突出问题。其次是目标导向，我们要建设"两个一流"，实现"保二争一，接近百强"，办好人民满意大学。

2. 坚持重点突破。没有重点就没有政策。要抓住两个关键：一是关键少数人，二是关键领域和环节。

3. 坚持统筹推进。具体就是要做到"六个结合"，一是改革发展稳定相结合，以发展出题目，以改革做文章，以稳定为前提，统筹改革力度、发展速度和师生可承受度；二是大胆创新与于法有据相结合；三是重点突破与整体推进相结合；四是立足校情与借鉴经验相结合；五是治标与治本相结合；六是顶层设计与具体操作相结合。

（三）落实好综合改革的 5 点要求

一是要让改革成为最响亮的声音。在全校师生特别是中层干部中形成思考改革、热议改革、推动改革、实践改革的氛围，让全校上下对改革有更多的改革共识、更坚定的改革信心和更有力的改革行动，大家要争做改革的促进派。

二是要让精细成为最自然的习惯。标准决定工作成效，细节决定工作成败，我们要在全校上下形成追求卓越、关注细节、注重服务的风尚，并将其融入师大人的血液，注入师大人的基因，成为一种下意识的行为。

三是要让干事成为最自觉的行动。事业都是干出来的，师大是个干事创业的大舞台，每一位干部教师都是舞台的主角，特别是我们的中层干部队伍，作为学校发展的中坚力量，你们干得怎么样将直接决定着各项工作的水平和学校的发展。要通过改革推动全校上下认清自身使命、珍惜这个舞台，珍惜这个岗位，将干事作为第一要务、第一责任，满怀激情干、深入具体干、形成合力干、相互竞争干，在全校形成如火如荼、热火朝天的干事氛围。

四是要让落实成为最鲜明的特色。一分部署，九分落实。落实是一切工作的生命线，再好的设想，再响的口号，再美的梦想，如果没有执行和落实，等于一句空话。我们要让落实成为最鲜明的特色，尽快树立起高效率、快节奏、强执行的良好风气。落实不落实，有思想的问题、有态度的问题、有能力的问题，解决办法在于建立行之有效的激励、管理和约束机制，对于久拖不决、完成不了的事情，就要倒查责任，看看到底在哪个环节、哪个人那里卡了壳、刹了车，真正把不落实的人揪出来，切实把压力层层传递下去。

五是要让发展成为最突出的主题。改革改得怎么样，最终要以发展的成效来说话。要通过改革形成人人想干事、谋发展、求突破的氛围，形成不干就没有面子、位子和票子的机制，让大家都能够关心学校的发展、支持学校的发展、参与学校的发展，为了学校发展而甘于做一点牺牲、多一点付出。发展最直接的表征，就是要看代表核心竞争力的各项指标，看新生的招录情况，看师生的满意程度，看学校的综合排位；更内在的表征，就是要看推动学校持续发展的机制有没有建立，干事创业的风尚有没有建立，资源高效利用和科学配置机制有没有建立，现代大学制度体系有没有建立。

聚焦突出问题，明晰目标方略[*]

（2016 年 3 月 25 日）

2015 年的工作为学校"十二五"发展画上了圆满句号。"十二五"是学校砥砺前行的五年，也是学校快速发展的五年。五年来，全校上下在学校党委的坚强领导下，遵循高教办学规律，紧扣内涵建设主题，团结奋进，攻坚克难，工作有成效、有突破、有亮点。一是品牌建设有成效。学校获得全国第 2 所省部共建地方师范大学、中西部高校基础能力建设工程高校、接受中国政府奖学金来华留学生院校、全国第一批本科院校教育信息化试点单位、全国毕业生就业 50 强高校等 5 大品牌。二是核心指标有突破。实现国家本科教学工程项目数、国家级科研项目立项数、SCI 二区以上高水平论文数、博士专任教师人数、一本线上生源人数、博士招生人数和教职工收入等 7 个翻番；取得 ESI 全球前 1% 学科、国家工程技术研究中心、国家大学科技园、国务院学位委员会学科评议组成员、国家"千人计划"学者、国家级实验教学示范中心、国家级教学成果奖、教育部卓越人才培养计划项目、国家技术转移示范机构、国家级高校学生科技创业实习基地、免费师范生教育、全国"挑战杯"竞赛

＊　这是梅国平在学校八届一次"双代会"上的工作报告摘选。

特等奖金奖、基建债务清零等多项突破。三是制度建设有亮点。学校坚持办人民满意大学，完善现代大学制度体系，制定发布学校《章程》，深入推进多项深层次改革，构建了由资深教授、首席教授、特岗教授、青年英才等组成的梯度人才支持制度；由绩效工资总额递增、突出业绩奖励、教师岗位聘任竞争晋级（即"保、奖、促"并举）和干部任期制、轮岗交流制等组成的干部人事制度；由"正大学子"高峰计划、高原计划和学生自主转换专业等组成的创新人才培养制度；由学术委员会章程（修订）、教职工代表大会实施细则和依法治校实施意见等组成的民主科学管理制度。学校在中国校友会网大学排行榜综合排位中实现 31 位攀升，基本实现学校"十二五"规划提出的主要办学指标保持省内高校第二、进入全国地方师范大学第一方阵的目标，为"十三五"事业发展奠定了坚实基础。

"十三五"时期是我国全面建成小康社会的决胜阶段，也是学校攻坚克难、滚石上山的关键时期。学校面临新的发展形势和严峻挑战，亟待解决一些突出的问题。

关于当前的发展形势。学校面临四大挑战：一是我国经济发展进入新常态，呈现速度变化、方式转变、结构调整、动力转换的全新态势，实施创新驱动发展战略需要高等教育改善供给结构和质量，进一步提升与经济社会需求的契合度，这给我们提出了新的巨大挑战。二是国家启动实施"双一流"计划，其根本变化在于拨款机制将原来主要按学校整体拨款转为主要按学科水平进行投入，在此政策背景下，各地各高校调整资源配置方式，竞相发展优势学科，新一轮的学科竞争和人才竞争将严重挤压优势学科发展不足的地方高校，这给我们提出了新的巨大挑战。三是由于区域经济社会发展不平衡，学校获得的省财力支持有限，在兄弟省份纷纷加大支持重点高校建设力度，兄弟高校不断加快改革发展步伐的情况下，区域经济、高等教育和高校之间发展不平衡叠加导致的"马太效应"逐步显现，这给我们提出了新的巨大挑战。四是当前世界范围内新一轮科技革命和产业革命蓄势待发，全球化、市场化、信息化的快速发展和教育国际化的不断推进，给高等教育更给我们提出了新的巨大挑战。

关于面临的突出问题。学校亟待解决五大问题：一是发展品牌不响的问题。学校学科专业体量大但总体水平不高，进入全国排位前 20% 的学科专业数、ESI 全球前 1% 的学科数少于同类高校，高层次领军人才、高精尖科研成果严重匮乏，人才梯队和团队建设相对滞后。二是发展动力不强的问题。现有的育人机制、干部人事评价机制、内部治理机制有待创新完善，这些机制的弊端在一定程度上导致教师平均科研产出水平相对偏低，部分教师的教学精力投入不足，部分干部的主动服务和追求卓越意识不强，学校破解复杂问题的能力和科学民主决策的水平有待提高。三是发展内外联动不足的问题。学科专业与社会需求契合度不高，主动服务区域发展重大需求的能力不足，对外交流合作不多，教育国际化工作进程较慢，借力外部智力和资源存在薄弱环节。四是学院发展活力不足的问题。校院两级管理的责权边界不够明晰，学院办学主体地位尚未有效落实，学院的自我发展及自我约束能力不强，校院两级管理体制尚未真正形成，学院的办学活力还未有效激发。五是师生发展活力不足的问题。部分干部教师危机感和使命感不强，存在小富即安、消极发展的心态，在认识水平、精神状态和关注学校发展方面还要进一步提升；部分学生的学习自主性和自觉性不够；学校的荣誉体系、分配体系、奖励体系有待完善，教职工期盼的瑶湖校区产权房项目进展不大，教师的工作条件和收入水平、干部的发展空间和生活待遇都有待提升。

在日趋激烈的高等教育竞争态势下，如果不能有效应对上述的四大挑战、解决上述的五大问题，学校发展将面临停滞甚至倒退的风险。站在新的起点，我们需要新的发展目标激励，新的发展方略指引，新的行动举措策应。为此，在党委的领导下，学校集中全体师生的智慧，历时近一年时间编制了《"十三五"时期学校事业发展规划纲要（草案）》。

关于发展目标。概括起来说，就是"保二争一，接近百强"。即在"十三五"时期，我们要显著提升办学总体实力、核心竞争力和社会贡献力，在人才培养、科学研究、社会服务等方面的主要指标保持省内高校第二，进入全国师范大学第一方阵，综合排名接近全国百强，努力建成一所特色鲜明、全国一流的高水平师范大学。"保二"是老提法，目前在各大排位榜中，学校虽然保持或者新晋为省内高校第二，但这个位置并不牢固，优势只在毫厘之间，"保二"任务艰巨，还要继续坚持和努力；"争一"有新内涵，将参照系由原来的地方师范大学扩大至全国师范大学，进入45 所全国师范大学前三分之一，这意味着学校在全国师范大学中的排位至少还要再提高 2—3 位，难度不小；"接近百强"则是新目标，达到这个目标需要我们在全国高校的排位至少提高 30 位左右，达到 120 位左右，从兄弟高校快速发展的经验来看，从我校"十二五"发展的现实来看，这个目标具有较大的可能性，但也是自我加压。

关于发展方略。"十三五"时期，我们要坚持目标和问题导向，按照"文化引领、创新驱动、发展升级、实干兴校"的工作要求，重点实施"精品、创新、开放、强院、激励"五大核心战略。没有精品就没有品牌，我们要在全面提升办学质量的基础上，重点打造一流学科、一流本科、一流人才和一流成果，解决学校发展品牌问题；没有创新就没有发展，我们要在全面创新发展的理念、体制、机制和路径的基础上，重点深化推进综合改革，实施改革创新驱动，解决学校发展动力问题；没有开放就势必落后，我们要在全面推进内外双向开放，加强对外交流合作的基础上，重点抓好面向区域需求、融入国际办学的工作，解决学校发展内外联动问题；没有一流学院就没有一流大学，我们要在全面提高管理服务水平的基础上，重点推进校院两级管理体制改革，做实做强学院，解决学院办学活力问题；没有激励就没有效率，我们要在全面推进共建共享的基础上，重点优化激励机制、树立实绩导向、提升干事激情、增强创业动力，解决师生发展活力问题。概括起来说，就是"十六字工作要求，五大核心战略"，这是我们的"十三五"发展方略。

关于发展任务。"十三五"时期，我们要着力落实"质量立校、学术铸校、人才强校、特色名校、管理兴校、和谐荣校"六大重点任务，实施人才分类分型培养、"1152"学科高峰建设、重大科研成果培育、高端人才引培、校院两级管理体制改革、精品校园文化建设等十六个重大专项计划，显著提升学校的综合实力、核心竞争力和社会贡献力。概括起来说，就是"六大重点任务，十六个重大专项"，这是我们的"十三五"发展任务。

做好"十三五"的工作，必须着力把握好以下三点：一是要走出师大内涵式发展道路。要遵循现代大学办学规律，立足我校自身实际，坚持走面向区域需求、融入国际办学、以学生成长成才为中心、以人才队伍建设为关键、以提高质量为核心、以制度文化建设为重点的师大内涵式发展道路。二是要弘扬师大拼搏精神。要直面挑战，敢闯敢试，弘扬攻坚克难、善作善成的师大精神，像建设单糖中心一样勇于在洼地建高原造高峰，防止缩手缩脚、消极懈怠、久拖不决，防止管理空转、改革空转、创新空转，以免贻误事业发展。三是要彰显师大民生情怀。要尊重知识，善待人才，关爱学生，彰显师生发展就是学校发展的师大情怀，努力为学生成才创造最好的条件和环境，为教工出彩提供最大的空间和机会，让"大爱师大"唱响师大校园，有效激发广大师生的积极性和创造力。

创一流学科，聚一流人才，建一流本科*

（2016 年 8 月 31 日）

今年是学校实施"十三五"规划的开局之年，是学校的"一流"建设加速年。学校各个方面工作都要争创一流，今天我想围绕提升学校核心竞争力这个目标，主要讲一流学科、一流人才和一流本科的建设问题。

1. 全力创一流学科。上半年，国务院出台"双一流"建设文件，这意味着"985""211"成为历史，"双一流"建设在未来很长一段时间将成为我国高等教育领域最大的标签、最大的工程、最大的政策。许多省份也出台了地方"双一流"计划，不少省份投入达上百亿元。各个高校都在磨刀霍霍，都希望在"双一流"建设中抢占先机，取得突破。

坦率地说，"双一流"建设对于学校来说，挑战大于机遇，学校的区位、财力和学科家底都不占优。上半年，学校召开了文科建设大会，下半年还要召开理工科建设大会。暑假期间，研究生院做了一些筹备工作，从分析材料来看，无论是文科还是理工科，学校跟同类同档次的几个师范大学来比，排名都不靠前。所以，

＊ 这是梅国平在全校中层干部会上的讲话摘选。

"十三五"期间我们在学科建设上要狠下功夫，甚至是背水一战。对此，"十三五"规划作了部署，这里我再强调两点。

一是做好两项紧急工作。当前，我们正处在第四轮学科评估即将实质展开和新一轮博士点增列工作即将启动的重要关口，学科建设到了一个关键的时期。在这个关键的时候，如果我们不能奋力一搏，过去所付出的种种努力将付之东流，甚至坠入"万劫不复"之境地。

第四轮学科评估已经到了关键时刻。这项工作上半年已经启动，目前正处于材料审核阶段，9月份以后开始进入真正的评估阶段。相比过去的三轮评估，这一轮学科评估具有两个重要特点：第一是学科捆绑，同一个门类下的所有一级学科都要参评，而以前可以选择性参评。第二是结果捆绑，评估结果与一流学科的遴选、博士点增列挂钩。从各个方面传来的消息，本轮学科评估评估结果将与一流学科的遴选"有重要关系"，国家一流学科将把第四轮学科评估结果作为遴选的主要依据，省一流学科遴选和下一轮博士点增列工作也将本次学科评估结果作为重要考虑因素。因此，第四轮学科评估这是一次我国高校学科的集体公开亮相，是骡子是马，要拿出来"溜溜"了，评得好，长大脸，评得不好，就只有灰溜溜了。

博士点增列工作也已经到了关键时刻。根据教育部的安排，"十三五"时期将在2017年和2020年开展两次学位点增列工作。对于我校来说，学位点增列工作的关键是博士点增列。博士点数量少是学校几代人的"心病"，更是学校建设发展的"瓶颈"，学校许多实力较强的学科，因为没有上博士点面临着人才引进困难、发展后劲不足、学科排名下滑等问题。2017年将要开展第一轮学位点增列工作，这是学校在盼望了6年后迎来的又一次发展机遇。我们的学科"摩拳擦掌""厉兵秣马"这么长时间，现在准备好了吗？

新的博士点增列要求和标准是什么，我们还有多少差距，大家都心里有数吗？我想接下来该是各个学科该奋力一搏的时候。

俗话说，"养兵千日，用兵一时"！在这个决胜之机，我们所有相关学科要紧急动员起来，相机而动，当机立断，重点做好学科评估的跟踪工作和博士点申报的准备工作，大家切不可懈怠！

二是切实落实"双高"计划。学校"十三五"规划提出了学科"1152"高峰计划和"3520"高原计划。如何造高峰、建高原，关键是如何落实！

第一，搭架子，建立学科平台。学校经过认真研究，在高峰计划中，提出了争取材料科学进入 ESI 全球前 1%，为此准备成立材料研究院；拟把药学打造成为特色鲜明的交叉学科，为此准备以国家单糖工程技术研究中心为核心纽带，整合化学、药学、生物学等相关学科，组建药学院。这两个学科紧密对接了我省支柱产业，也有较好的基础，在前不久召开的暑期务虚会上研讨了建设方案。接下来就不能再是在纸上谈兵了，而是要真刀实枪地干了，边做边像，边做边成。眼下，最重要的是先搭好台子，把戏先唱起来，其他的问题再逐步解决。

第二，想法子，创新工作机制。今年以来，学校实施了学科建设"六定"工作，这是学校"十三五"时期学科建设的总抓手、总机制。上个学期，配合文科建设工作会，学校又出台了学科特区实施办法，在高峰计划中的五个学科中建立学科特区，从激发学院动力、赋予学院权力、给予学院压力等三个方面制定了一些实实在在的措施，我把它归纳为"三力"机制。学科建设的"三力"机制，找准了学科建设的问题和困难，针对性强，将权力和责任对等起来，将回报与压力对等起来，将资源与目标对等起来，用人权看得见，津贴和奖励摸得着，文件颁布后得到了相关学院的认同，对学科建设将会产生重要的促进作用。目前，有的学院已经动员起来了，制定了行动计划书，明确了路线图和时间表。相关部门和学院的负责人，要进一步落实学科特区相关措施，推进学科特区建设。

学科建设"三力"机制并不仅仅局限学科高峰计划中的五个学科，其他学科同样可以引入"三力"机制。暑期，研究生院会同有关部门加紧制定各学科"十三五"发展目标，并将具体发展目标和指标发给了各个学院。请各学院认真研究，尽快确定目标。学校将要与各学院、学科签订目标责任书。在此基础上，各学院、学科可以提出引入"三力"机制、进入学科特区的申请，根据所定目标的高度和难度提出需要得到的支持和合理的回报，学校可以根据各学科的具体情况实行"一科一策"。总之一条，就是要为愿干事的人创造机会，为能干事的人创造条件，让干成事的人得到回报。

第三，找路子，明确建设路径。这里我想谈两点：首先是要坚持"四位一体"。要对照第四轮学科评估指标体系，在人才队伍、人才培养质量、科学研究、社会服务与学科声誉四个方面找差距、补短板，做到工作同部署、齐用力。我们不但要做第四轮学科评估的跟踪工作，还要着眼于第五轮学科评估，认真研究评估指标体系，在今后的学科建设工作中按照指标体系，夯实基础，有的放矢。

其次是要抓关键，学科建设的关键是什么？我想，一是特色，二是人才。这里我先谈谈特色。关于学科特色的问题，过去谈了很多，重要性不言而喻。学校一直高度重视特色建设工作，成立了特色建设领导小组，遴选了特色团队，在今年以来开展的学科"六定"工作中，第一个就是定特色。

我想强调的是，定特色，关键是盯住问题，聚焦问题，解决问题。这个问题可以是科学问题，也可以是重大现实问题。有人说，学科建设是龙头，那问题就是大海，蛟龙是不能离开大海的。前几天，我与来学校参加鄱阳湖湿地与流域教育部重点实验室学术委员会的周成虎院士见面，他说的一句话让我感触颇深。他说："搞学科、搞科研不能只是学者们自娱自乐，更要关心当地重大战略需求。"显然，对于我们来说，学校存在的理由就是地方需要，生命力也在于服务地方。融入经济发展主战场、服务江西经济社会发展，是学校不可推卸的责任，也是学校不可动摇的办学方向。在这里，我想强调，只有地方的才是特色的，只有地方的才是一流的。我们这样的学校，在学科的核心问题上，要想做出国内国际一流水平确实有难度，但是在地方特色的问题研究上，我们却又享受别人无法享有的优势。国内一些兄弟高校的特色学科建设有成就的，许多都是"靠山吃山、靠水吃水"，近水楼台先得月，比如厦门大学的台湾研究、广西大学的东盟研究，都是这样。今后，学校在学科建设上要进一步对焦江西发展战略，紧密贴近地方发展需求，做到"江西有需求，师大有呼应"，以地方求特色，以特色创一流。

学科建设的第二个关键是人才建设，也就是我下面要讲"一流建设"中的第二问题。

2. 全力聚一流人才。高校和学科的竞争，比拼到最后，还是在人才上。最近，我看了一个材料，分析了北大十年、华工十年、科大十年。北大十年是蔡元培当校长的那十年，基本塑造了北大精神，奠定了北大地位；华工十年是朱九思当校长的那十多年，也基本奠定了华工，也就是今日华中科技大学的格局；香港科技大学十年，是创校十年，发展成为世界一流大学。三个大学十年的经验，总结起来就是一条，汇聚各方英才，并且创造良好环境让他们发挥作用，简单来说，就是人才＋制度环境，这是大学发展之根。蔡元培校长的故事大家都清楚，香港科大十年我前面讲过，这里我讲一下华工十年。朱九思校长说，华工十年主要是干了两件半事：第一件事是提出了新的发展思路，"走综合化道路"和"科研要走在教学有前面"，强调学校要从工科学校变成综合性大学，在教学科研上科研是源，教学是流；第二件事是用超常规的办法广揽了一批人才，在上个世纪 80 年代，他从全国挖来了 600 多名老师，那个年代有如此作为何其难得；另外半件事是植树造林，华中科大的校园很漂亮。北大、华工、香港科大的发展经验告诉我们，必须把人才，把人才工作作为天大的事情来抓。我这里讲三点：

一是要引进一批。引进是赶超的必由之路。人事处、高层次人才办和各个学院，特别是实施学科特区的五个学院，一定要行动起来，加大工作力度，创新工作机制，争取在第一年打个胜仗。人事部门、研究生院和各个学院要摸清底数，特别是明年报博士点的几个学科，到底缺什么人，引进得怎么样，每半个月都要通报一次，切实抓起来，要顶得上去。去年在人才工作会议上讲了约法三章，到了年底组织部、人事处要落实责任，说了的就要做到。

二是要培养一批。这几年，学校十分重视现有人才的培养工作，比如支持留学、出国访学制度，"十二五"学校出国访学的有 165 人次，不多，也不算少；还比如，推出首席教授、特岗教授、青年英才计划等梯度的人才支持计划，促进人才的成长。这些培养的措施，有一定的效果，但没有见大效果，请人事部门做些调研分析。总之，我们要创造条件，培养我们自己的"大牛"。

三是要优化留人环境。我们常说，感情留人、事业留人、待遇留人、制度留人，归结起来，还是环境留人。"人才＋好的环境"是大学发展、学院发展、学科发展的根本。现在学校的管理服务在落实、落细、落小的过程中还存在一些障碍，让部分人才有怨言、有怨气。学校要持续推进精细化管理和人性化服务，切实改进学校管理和服务；各单位要注意营造好的制度环境、服务环境、人文环境，各学院要建立领导"一对一"服务人才制度，后勤部门也要建立对人才的服务体系，对近三年进来的人才要建立联系制度。

当然，我们在对人才做好服务的同时，也要有适当的激励约束制度。有人会说，大学还是要多一份安静和悠闲，这个我也赞同。这里我介绍个非正式的说法：世界顶尖大学是教授不轻易发论文的大学，一流大学是教授偶尔想发议论时发点论文的大学，二流大学是青年学者拼命写论文的大学，三流大学是要求所有学生拼命发论文的大学。从世界大学分层来说，我们充其量是 2.5 流大学，所以我们现阶段必须要让人才出活，否则就没有我们的发声和立足之地。

3. 全力建一流本科。上学期，全校开展了建设一流本科大讨论，时间跨度一个多学期。什么是一流本科？我们离一流本科还有多远？如何建设一流本科？也就说，一流本科的标准、我们的差距和建设路径，搞清楚了吗？我想，应该是比以前更加清楚了。

今年 9 月份，学校要迎接全省第二批本科专业综合评估，这是全省高校的一次大比拼。明年 10 月份，学校将迎接教育部本科教学工作审核评估，这是继教育部本科教学工作水平评估之后的又一次大考，到时候专家要进校。评估办、各单位、各学院要重视起来、紧张起来，评估的结果要对得住"江西本科办学历史最为悠久的高校"这个名号。教育部本科审核评估，用的是两把尺子，一是用公允的尺子，就是国家教指委的标准，专家的标准，业界的标准。二是用学校自己的尺子量一量，所谓自己的尺子，比如说我们提建设一流本科，标准是什么？达到了吗？是完成时还是进行时？又比如说，我们提本科培养目标：社会中坚骨干人才、复合创新型

321

人才，拿啥来支撑？大家要做明白人。在这里，我谈谈对一流本科及其建设的认识。

所谓一流本科，我觉得首先是江西一流，然后是全国一流，离世界一流我们还有较大的差距，我们也就不吹这个牛。我们的本科教育在江西是不是一流？这个应该没有问题。在全国一流？这个我觉得还够不上，存在差距。何为一流本科？我觉得有这么几个尺度：

首先是生源质量，这是硬指标。我们是否做到了揽天下英才而育之？就一本批次招生地域来说，我们只在全国10个省执行了一本批次招生，只是30%的省份；从一本批次招生人数来看，我们省内外一本线上生源加起来约占计划数的61%（除音体美和软件工程专业）。所以，从生源质量来看，我们还没有达到全国一流，这几年我们生源有进步，但还需要努力。

其次是就业好坏。就业是民生之本。我们的本科毕业生就业是否一流？衡量就业好坏包括至少两个方面的指标，一个是就业率，有多少孩子学成之后找到了工作；另一个是满意度，包括学生和家长对所找工作的满意度，政府和社会特别是用人单位对毕业生的满意度。就业率很重要，前几天总理到学校科技学院大学生创新创业孵化基地视察时，他详细询问的就是学校毕业生人数和毕业生就业率情况。就业满意度更重要。总理讲话时说："今年我们全国有700多万大学生要毕业，我们希望你们就业、创业，给社会创造财富，给抚养你们的家长带来欣慰，给全社会带来欢乐"。这就是讲就业满意度。今年，招就处请麦肯斯对我校毕业生的就业情况进行了调查分析，总体而言，我们的就业也算不上全国一流。

上个学期，学校出台了《提高本科生就业满意度2016—2018

年行动方案》，明确了目标、措施和责任单位。请招就处、教务处、国际处、教师教育处和各学院要拿出有效行动来，确保方案落在实处，确保目标如期完成。我想，唯有如此，学校的就业质量才是有保障的，才勉强说得上是一流的。

最后是过程质量。过程质量好坏，我觉得有这么几个维度值得关注：一是是否有高质量的课程（体系）。课程是人才培养的基本载体，是提高人才培养质量上是重点一环。这方面，我在不同的场合谈过很多，今天只强调两点：第一要保证教师的精力投入。如果老师不把精力放在教学上，培养的过程质量肯定高不了。第二要有好的教学方法。为什么我们要搞新兴教学法全员培训，就是要提高教师的教学能力。有人分析为什么历届奥运会上美国金牌奖牌数总拿得很多，很重要的原因之一就是其训练方法十分先进，他们拥有最好的科技方法，比如美国的 VERT 机器，就可以监测球类运动员的跳跃情况，确定运动员的最佳训练量，这样既可以防止运动员过度训练受伤，又让运动员训练更为高效。这就是方法的力量。二是是否有高质量的育人环境。育人工作是个润物细无声的潜移默化工作，学校的学习氛围、服务环境、管理环境、校园文化是否优良，是不是做到全员育人、全过程育人都至关重要。下半年开始，要加快整治和优化环境，包括物质环境，制度环境和文化环境。三是，是否有高质量的成果显示。培养过程质量是个很难具化或者量化的东西，学生的个体差异也导致教学的直接成果难以比较，唯有通过育人过程中产生的间接成果来衡量过程质量，比如观察国家教学成果奖、国家本科教学工程项目、大学生竞赛获奖情况等等。总体而言，我们的教学创新成果少了，在这个方面的比拼我们不能输。我们不指望每赛必赢，但关键场次不能输。正如里约奥运会女排比赛，美国输一场得铜牌，塞尔维亚输两场得银牌，中国女排输三场得金牌，原因就在于中国女排把握住了关键场次。四是是否有高质量的育人理念。理念是行动的先导行动是理念的结果。育人理念先进与否，决定了人才培养的整体质量。各学院、各专业要认真总结提炼自己的育人理念，省专业综合评估和教育部审核评估时这都是重要的观测点。

不忘初心，呕心发展，追梦前行*

（2016 年 9 月 25 日）

江西师大理事会的成立，是学校响应教育部长令完善治理结构的一大举措，更是各位领导、各位校友、社会各界抬爱师大发展的一大硕果！此时此刻，我想套用名誉理事长王太华校友在校庆 60 周年写给母校的诗句："积跬步，至千里，基在路石；育人才，兴事业，功归社会"。我提议在座的师大人，以热烈的掌声对各位领导、各位校友、各位朋友对师大的大力支持表示衷心的感谢！

按照大会议程，下面我代表学校向各位理事和各位领导简要报告一下师大的工作。

第一，不忘初心，光大传统

我是谁？我从哪里来？师大人始终保持着一份清醒。师大的前身是 1940 年创立的国立中正大学，中正大学的钢印和 001 号图书就敬存在学校档案馆。前些年，台湾中正大学前任校长罗仁权教

---

* 这是梅国平在学校理事会第一次会议上的工作报告摘选。

授来师大访问，在参观了学校的早期文物之后，感慨地说："中正大学的根就在江西师大！"对师大人而言，"历史悠久、底蕴深厚"既是一份荣光，更是一份责任，一份"不忘初心、光大传统"的担当。

一是不忘"模范大学"的初心。胡先骕先生在接任首任校长时，就说"吾省不办大学则已，欲办则必须办一模范大学"。历代师大人一直为之孜孜追求，办一所"模范大学"，我们一直在路上。2010年在建校70周年庆典上，时任省长吴新雄同志曾以"六个率先"充分肯定了学校的模范榜样作用。我这里只念"三个率先"。他说："进入新世纪以来，江西师范大学率先克服办学条件困难，努力扩大招生和办学规模，为满足人民群众教育要求作出了积极贡献；率先积极推进产学研结合，为加快科技成果产业化闯出了一条新路；率先展开新校区大会战，以超常规的手段推进新校区建设，带动了高校园区和南昌城市发展……"

二是光大"奉献祖国"的传统。作为诞生于抗日烽火之中的江西省第一所综合大学，学校自成立时便承载了救亡图强、奉献祖国的梦想，抗战捐躯教授第一人就是学校的姚名达教授，他率领战地服务团奔赴抗日前线，用鲜血和生命诠释了"大义当前、舍生忘死"的爱国情怀和奉献精神，为师大人树立了光辉的榜样。在和平建设和改革开放时期，处江湖之远的，我校10多万校友，一直坚守在城乡三尺讲台，为我省乃至我国教育事业奉献了自己的青春和热血，据不完全统计，江西近半数中小学特级教师、60%以上的中小学省级骨干教师和学科带头人、80%以上的高中特级教师和学科带头人是我校毕业生；居庙堂之高的，我校校友中不乏省委书记、一级大法官、厅长市长、奥运冠军、院士，堪称国之栋梁！

三是光大"术德兼修"的传统。创校以来，学校一直倡导和践行"术德兼修"的优良传统，首任校长胡先骕先生主张育人要"术德兼修"，以德为先。进入 21 世纪以来，学校将师德引领的教师教育作为办学特色，推出师范生师德体验教育方案，举办"弘德"师德论坛活动，启动实施"学业、德育"双答辩等，致力于打造精神和道德高地，树立好榜样，传播正能量。学校先后涌现了一批全国师德标兵、中国好人、全国见义勇为英雄模范等先进人物。2015年 6 月，教育部网站刊发了学校"打造师德文化，推进立德树人"的经验做法。

四是光大"百折不挠"的传统。师大的办学历程可谓屡遭艰难，曾经七次迁址，六易其名，四度调整，但无论是在颠沛流离的抗战时期，还是在分拆腾挪的院系调整之中，无论是在十年浩劫年代，还是在债务危机面前，师大人都能以一往无前的精神和百折不挠的勇气，沉着应对，攻坚克难，使师大的传统与文脉，精神和底蕴一直延续，显示出极其坚韧而又旺盛的生命力。最为有力的证明是，自创校以来的 76 年学校的本科办学历史从未间断。

第二，呕心发展，奋蹄"十二五"

路在何方？还有比脚更长的路？师大人始终保持着一分执着。在历代师大人打下的基础上，"十二五"期间全校上下努力拼搏，接续发展，摘得了"五大品牌"，实现了"六个翻番、七项突破"。

一是摘取全国第 2 所省部共建地方师范大学、全国毕业生就业50 强高校、国家中西部高校基础能力建设工程高校、接受中国政府奖学金来华留学生院校、全国第一批教育信息化试点本科院校等五大品牌；

二是实现国家级科研项目立项数翻番、SCI 二区以上高水平论文数翻番、国家本科教学工程项目立项数翻番、博士专任教师数翻番、一本线上生源数和博士招生人数翻番、教师收入翻番等六个翻番；

三是获得 ESI 全球前 1% 学科、一级学科博士点、国家工程技术研究中心、国家大学科技园、国家级教学成果奖、国家级实验教学示范中心、全球示范孔子学院等七项突破。

"十二五"期间，学校的综合排位在中国校友会网大学排行榜中，攀升了 31 位。在反映理工科论文水平的全球自然指数排行中，学校经常进入百强高校，最新排位是全国第 82 位。成绩固然可喜，但更可贵的我们走出了一条"面向区域需求、融入国际办学、以学生成才为中心、以人才队伍建设为关键、以提高质量为核心、以制度建设为重点"的师大内涵式发展道路；形成了直面挑战、攻坚克难、善作善成，勇于在洼地建高原造高峰的师大拼搏精神；彰显了善待人才、关爱学生，师生发展就是学校发展的师大人本情怀。

第三，继续前进，追梦"十三五"

往哪里去？梦归何处？师大人始终保持着一份豪情。上半年，学校编制了"十三五"规划，明确了"保二争一，接近百强"的奋斗目标，确立了"文化引领、创新驱动、发展升级、实干兴校"16 字方针和"精品战略、创新战略、开放战略、强院战略、激励战略"五大核心战略，提出了"质量立校、学术铸校、人才强校、特色名校、管理兴校、和谐荣校"六大重点任务和十六个重大专项，全力开启新一轮的追梦之旅。这个规划得到了朱虹秘书长和殷美根副省长的批示肯定，认为这是一个高质量的规划。

我们深知，前途是光明的，道路是曲折的。但从兄弟高校的发展经验来看，北大元培十年，香港科大成名十年，浙江师大高歌十年，昭示我们：树人不必百年！所以，在"十三五"开启之时，我们有"接近百强"的豪情。从学校"十三五"开局情况来看，今年学校国家社科基金项目立项 32 项，与复旦大学并列全国高校第 7 位，全国师范大学第 1 位；国家自然科学基金项目立项 72 项，位居全国高校第 112 位，全国师范大学第 5 位。前几天，国家发改委刚公示了 2016 年国家工程研究中心（实验室）获批名单，全国有 46 所高校的中心和实验室获批，我校的分子筛膜材料国家工程实验室名列其中。所以，在"十三五"开启之时，我们有"接近百强"的自信。从我省高等教育发展布局来看，江西高等教育要崛起，至少要有 1 所高校进入全国高校前 50 强，至少要有 2 所大学接近或者进入全国高校百强，南昌大学提出"十三五"进入全国 50 强的目标，所以，在"十三五"开启之时，我们有"接近百强"的责任！

三　寄语学子

成为大树的种子*

（2012 年 9 月 23 日）

亲爱的新同学们：

大家下午好！

今天，我们在这里隆重举行 2012 级本科新生开学典礼。首先，我谨代表全校师生员工，向历经十年寒窗，顺利考入江西师大的 2012 级 7224 名本科新同学，表示热烈的祝贺和诚挚的欢迎！向辛勤培育你们的家长和老师，致以由衷的感谢和崇高的敬意！

在这个隆重的时刻，作为学校的校长，作为你们的 1979 级师兄，我想向你们传递这样一个希望，那就是"大学生一定要成为大树的种子"。

为什么会有这样一个希望？我想，不管你们是来自城市还是农村，都应该听说过"新东方"、听说过俞敏洪。前不久，我在出国开会的飞机上看了他的口述自传（《在痛苦的世界里尽力而为》），他说："只要你是大树的种子，即使被踩在泥土中间，你依然能够吸收泥土的养分，成长起来，也许两年三年长不大，但是十年八年二十年一定能长成参天大树。当你长成参天大树以后，在遥远的地

---

* 这是梅国平在 2012 年新生开学典礼上的讲话。

方，人们就能看到你；走近你，你能给人一片绿色、一片阴凉，能够帮助别人。即使人们离开你以后，回头一看，你依然是地平线上一道美丽的风景线。这就是我们每一个同学成长的标准。"

这段话中最深刻的就是那句"只要你是大树的种子"。我想，什么是大树的种子呢？所谓大树就是成功成才，而大树的种子就是要在大学期间通过学习、锻炼而获得成功者的基因。人的一生由性格、观念、才智和环境条件决定，在这成长的四大基因中除了环境条件是外因、是给定的，其他的都是内因、是养成的。大学期间正是一个人性格塑造、观念形成、才智培育的最重要、最关键的阶段，是同学们能否成为大树的种子期。

如何成为大树的种子呢？或者说如何打造成功者的基因呢？我想，那就是必须努力学习和锻炼，铸就过硬的本领和能力，通俗地讲，就是要练就过硬的"心窝子、脑瓜子、笔头子、嘴皮子、脚丫子"，"五子登科"，全面发展。

一是要练就过硬的"心窝子"，即"心要刚正"。要有一颗炽热的爱国之心，比如对待钓鱼岛、黄岩岛等问题要旗帜鲜明、立场坚定，表现出中华民族的铮铮铁骨；要有一颗"勿以善小而不为，勿以恶小而为之"的仁爱之心，比如对待云南地震灾区不能漠不关心，对于"最美乡村教师"不能缺乏敬仰之情；要有一颗坚强的抗压之心，比如表达抗日情绪要理性有序。中国已是有强大国家力量的大国，百姓上街抗议"列强"这一爱国主义习惯或许应该逐渐"转型"。要知道，美国的民众很少上街抗议外国，美国靠的是行动。

二是要练就过硬的"脑瓜子"，即"头要智慧"。要抓紧用好人生中这最自由、最独立、最宝贵的大学时光，对今后的人生进行自我设计和科学规划。要通过大学期间的努力，掌握科学的学习方法和研究手段，具备扎实的专业知识和实践技能，拥有渊博的学识和宽广的视野，做到会分析、善思考，通古今、知天下。

三是要练就过硬的"笔头子"，即"笔要灵秀"。"笔头子"是大学生尤其是师范生的基本功，也是一个人才情的直接表现。拿起笔杆子，可以帮助你系统、深入思考问题，有利于你提高逻辑思维、综合分析、统筹安排和驾驭全局的能力（让你的思路得到再厘清，思想得到再锤炼，能力得到再提高，精神得到再升华）。不会写作的人在今后的发展道路上，肯定会遇到许多障碍甚至是迈不过的坎儿，很难成为真正的优秀拔尖人才。职场经验表明，笔头功夫好的人提升得快、发展得好！因此，同学们在大学期间要多练笔，积极参与规划、总结、方案、报告、论文、设计等的起草写作。

四是要练就过硬的"嘴皮子"，即"口要机巧"。谈话水平、沟通能力、演讲才能向来是一个人较好地处理工作、学习、生活、感情等问题的不二法门，甚至往往成为爱情是否甜蜜、家庭是否幸福、事业是否成功的关键因素。因此，同学们在大学期间要有意识地多和老师、同学沟通交流，多参加演讲比赛、讲课比赛、社团活动，不能够入学的时候是笨嘴拙舌，毕业的时候是拙舌笨嘴，要力争经过大学时期变得能说会说，当然，也不能胡说乱说。

五是要练就过硬的"脚丫子"，即"腿要勤快"。前几天有一条新闻说，北京大学新生军训第一周晕倒者众，2周下来3500名学生累计看病超过6000人次。刚才，看了同学们的会操表演，感觉我们的新生同学们表现得比北大的新生要好。有句话说得好，身体是革命的本钱（是No.1，没有这个1，后面再多的0都没有意义）。大学生没有一个良好的身体素质，就失去了美好青春的根本，就没有学习成长的基础，更不要说成为参天大树、国家栋梁了。希望同学们要勤于锻炼身体，乐于参加课外活动，善于投身社会实践。

同学们，你们是高中的佼佼者，是高考的胜利者。但是，过去的名次和荣誉，"神马都是浮云"，不能躺进去，躺进去就会跌下来。

作为 90 后的新一代大学生，（在座的新生 35% 的男生、65% 的女生来自 30 个省区市）你们进入大学后将面临着一个全新的学习和生活环境，学业、爱情、就业甚至贫困等各种压力接踵而来。学校也会有很多不尽如人意的地方：比如食堂饭菜不合口味、气候不好适应，室友性格各异、生活习惯大相径庭，等等。因此，如何战胜自己，实现大学期间的自主学习、自我约束、自我管理将是你们所面临的最大挑战。这个时候，需要你们摆脱小皇帝、小公主的角色心态，抛弃自我中心的思维模式，学会换位思考，相互包容；学会辨别是非，相互学习。我和所有的老师愿意成为你们人生的良师益友，分担你们的喜怒哀乐，竭尽所能引领你们在知识、文化、技能的海洋里遨游。因为选择了教师这个职业，就注定我们的梦想和荣誉都与你们连在了一起：你们是幸福的，我们就是快乐的；你们是成功的，我们才是优秀的！

同学们，大学生活已经开始，新的人生待你书写，如何才能在大学这张白纸上画出人生的又一幅精彩的画卷呢？我想告诉同学们，选择了勤勉和奋斗，也就选择了希望与收获；选择了纪律和约束，也就选择了理智与自由；选择了痛苦和艰难，也就选择了练达与成熟；选择了拼搏和超越，也就选择了成功与辉煌！

希望同学们拿出"天生我才必有用"的信心、"吹尽黄沙始到金"的毅力、"直挂云帆济沧海"的勇气，来迎接充满挑战和机遇的大学生活；希望同学们四年后都能怀着丰收的心情参加毕业典礼，那时你们都能自豪地说：我们是大树的种子！我们度过了一段无悔的青春！

让人生的下一站更精彩*

(2014 年 6 月 20 日)

亲爱的同学们：

大家上午好！

每年的六月，都是大学校园中最特殊的月份。

六月的特殊，因为它既是收获的季节，也是煎熬的时候。同学们收获了成长，收获了友谊，收获了工作，不少同学还收获了爱情；学校收获了一届学成的毕业生，国家又收获了一批优秀的人才。煎熬则是因为炎炎夏日如约而至，南昌的天气晴如火烤，焖如蒸笼，师大学子奇招迭出地发出装空调的呐喊，有的同学更在网上通过翻唱歌曲的方式对我施加强大压力。在督促学校有关部门确保空调及时安装到位的同时，我还要认真准备今天的毕业典礼讲稿，生怕一个不好遭受网民吐槽。所以说，六月也是煎熬的时候。

六月的特殊，因为它既是祝福的季节，也是感伤的时候。今年，我们有 7387 名本科生、1184 名博硕士研究生顺利毕业并取得学位。在此，我提议，用最热烈的掌声，祝福你们学业有成！同样用最热烈的掌声，感谢辛勤培育你们的亲人老师和关心帮助你们的

---

* 这是梅国平在 2014 年毕业生毕业典礼上的讲话。

同学朋友！然而，同学们在顺利毕业的同时，也面临着各奔东西的现实，美丽的师大校园里，同学们拍照留念、互赠祝福，也时时难掩感伤的气息。作为母校的老师，我们感伤着你们就要离开这片承载了你们青春与汗水的校园。因为大学是为学生而存在，大学也正因为有了你们，才充满着活力和朝气，你们的离开就像挂满果实的枝头一下子变得枝叶飘零。作为校长，此时的情怀堪比屈原在《离骚》中的名句："揽茹蕙以掩涕兮，沾余襟之浪浪。"

六月的特殊，因为它既是欢送的季节，也是期盼的时候。天下没有不散的筵席，我们虽然依依不舍，但还得要欢送你们踏上新的征程。当然，在欢送之余，我们更多的是期盼。记得在今年的新生开学典礼上，我对你们的学弟学妹们讲，要努力做好"三种人"，一是做个好人，心中有爱；二是做个能人，能干实事；三是做个真人，活出精彩。同学们正处于人生的最好年华，也恰逢难得的伟大时代，正如习总书记今年"五四"在北京大学所讲的，每一代青年都有自己的机遇，同学们的青春年华正处于"两个一百年"奋斗目标的实现期，你们将大有可为。所以，在你们就要离开母校、走向社会、打拼人生的时候，我期盼同学们在未来的人生路上，能够很好地把握时代的机遇，努力做到顺"势"而为，迎"难"而上，为"事"而动，创造属于你们自己的伟大时代。

一是要善于顺"势"而为。势是方向，也是能量。《吕氏春秋》讲："圣人不能为时，而能以事适时，事适于时者，其功大。"大家也许不知道柯达胶卷曾经的辉煌和前年的破产，但应该经历过诺基亚、摩托罗拉等手机巨头的兴衰沉浮，它们的失败，根源在于没有把握住智能手机的发展趋势。我在这里想告诉同学们的是，如果你想未来的人生更为成功，就必须善于顺"势"而为。

在这个象征成功的农历马年，相信有两匹"马"大家比较熟悉，也和同学们的生活息息相关，那就是阿里巴巴集团的马云和腾讯公司的马化腾。马云看到了互联网经济的威力，开创的线上交易模式使阿里巴巴、淘宝和天猫成为世界最大的电子交易平台，在支付宝基础上推出的余额宝，更掀起了互联网金融的大潮。马化腾看到了 IT 产业的前景，一个 QQ 使腾讯公司成为中国服务用户最多的互联网企业，在此基础上开发的微信更是短短两年多时间突破 6 亿用户，成为亚洲用户群体最大的移动即时通信软件。这两匹"马"的成功和两个手机品牌的失败告诉我们，顺势而为是何等的重要！

在懂得"顺势而为"意义的同时，同学们还要学会掌握"顺势而为"的诀窍。那就是有势时乘势而上，势少时蓄势而待，无势时造势而起。联想教父——柳传志先生对此有非常精到的总结，简单地说就是：短期能改变的努力拱，中期能改变的慢慢磨，长期都很难改变的先适应。也正得益于柳传志先生的精妙运"势"之道，联想公司才能在激烈竞争的 PC 红海中成长为全球最大的 PC 生产厂商。今年 4 月 19 日，江西新闻联播讲述了学校政法学院研究生姚志德的创业故事，当发现新校区生活服务不能满足同学需求时他开设店铺和餐厅，当看到师大南路艺考生因住宿困难而发愁时他创立青年公寓，他的成功生动地诠释了顺势而为的精妙！

二是要勇于迎"难"而上。人生在于奋斗，成功没有坦途。孟子曰："天将降大任于斯人也，必先苦其心志，劳其筋骨，饿其体肤，空乏其身，行拂乱其所为……"困难并不只是拦路虎，更是"试金石"，它是磨炼你成长的必要经历和巨大财富，只有克服一个又一个困难，你才可能不断开拓新的篇章，从而攀上人生的高峰。我在这里想告诉同学们的是，如果你想未来的人生更为成功，就必须勇于迎"难"而上。

现在，巴西世界杯正踢得如火如荼。在星光闪耀的各支劲旅中，有一位小个子球星——阿根廷的梅西。梅西在 11 岁时被诊断出"发育荷尔蒙缺乏"，也就是"侏儒症"，当时他的身高还不到140 公分，这意味着他的足球运动员生命几乎结束。梅西的父亲等劝他回学校读书或者学一门手艺，但梅西在接受治疗的同时坚持训练，奇迹般地长到 170 公分，此后他 3 次获得欧洲金靴奖，连续 4年获得国际足联金球奖，并荣膺"世界足球先生"称号，成为名副其实的球王。梅西的足球人生，是人生"化蛹为蝶"的最好诠释。

近几年，学校成功成为全国第 2 所省部共建的地方师范大学，获批全国师范大学第 2 个国家工程技术研究中心和第 3 个国家大学科技园。在被誉为中国大学生科技创新创业的"奥林匹克"盛会——全国大学生"挑战杯"比赛上，师大学子在"小挑"拿到金奖之后，在"大挑"中又收获特等奖，实现我校和江西省高校在此赛事上的历史突破。成绩十分荣耀，结果也很美好，过程却是跌宕起伏、一波三折，个中艰辛一言难尽。但凭着百折不挠、自强不息的师大精神，无论过程怎样，我们都抱着背水一战的勇气和志在必得的信念，从而在危难的时刻得以逆转而起，在山穷水复之时实现柳暗花明。贝多芬说："卓越的人的一大优点，就是在不利和艰难的遭遇里百折不挠！"所以，在面对困难的时候，请同学们选择迎上去，战胜它，即使你失败了，你的人生至少不会因逃避而后悔和遗憾。

三是要专于为"事"而动。"君子谋事不谋人，小人谋人不谋事"。大家都熟知苹果公司的 iPhone 手机，也都感慨乔布斯的成功和伟大，但乔布斯很少谈管理、财务以及增长的问题，他的脑海中只有一个观念：能够创造满足客户的伟大产品。乔布斯的接任者库克也强调，伟大的产品是苹果公司的"北斗星"。乔布斯给我们的最大启发，也就是我在这里想告诉同学们的，如果你想未来的人生更为成功，就必须专于为"事"而动。

习总书记在最近召开的两院院士大会上，分析了为什么从明末清初开始我国科技逐渐落伍的原因，指出：问题在于没有实干家将所学知识转化为推动经济社会发展的动力，大多是坐而论道、禁中清谈，好的著作和成就，也不是拿来指导实践和生产，因而没有对现实社会产生作用。他说："学得再多，束之高阁，只是一种猎奇，只是一种雅兴，甚至当作奇技淫巧，那就不可能对现实社会产生作用。"在座的有不少同学未来从事的是神圣的教师职业，教师职业的神圣既来源于教书育人的职业属性，更来源于广大教师长期耕耘在"三尺讲台"之上的专注与坚守。所以，我希望同学们毕业以后，能够专注于你的事业，使你的价值在干事创业中真正得到尊重和实现。如果你是一名教师，希望你能够专注于对教学的探索和对学生的培养，因为你的真正价值，就在于你培养造就的一批又一批优秀学子身上。

我在这里强调要专于做事，并不是否认做人的重要性，有句名言说得好，"要做事，先做人"。但这个做人，应该是让你拥有更为正确和更为有效做事方式的人，而不是一个精于世故的人，一个低级趣味的人。有一个好朋友给我发了个很有哲理的短信，在这个隆重的时刻与大家共勉。短信的内容是这样的：睿智的人，看得透，故不争；豁达的人，想得开，故不斗；得道的人，晓天意，故不急；厚德的人，重谦和，故不燥；明理的人，放得下，故不痴；自信的人，肯努力，故不误；重义的人，交天下，故不孤；重情的人，淡名利，故不独；宁静的人，行深远，故不折；知足的人，常快乐，故不老。

同学们，在今后很长的一段时期里，既是中国发展的战略机遇期，也是同学们人生的黄金期；既是中国社会的转型期，也是同学们人生的打拼期。如要成为时代的弄潮儿，收获人生的成功，就需要大家善于顺"势"而为，勇于迎"难"而上，专于为"事"而动，懂得识势、借势、蓄势、造势；大胆迎难、攻难、解难、克难；执着想事、谋事、干事、成事，从而使自己的人生插上破浪的风帆，迎接辉煌的明天！

同学们，美丽的香樟林、环抱的瑶河水，伴着你们度过了人生最重要的成长岁月。在你们即将离别之际，我衷心地祝福你们，人生的下一站更加精彩！在你们即将离别之际，也诚挚地预约你们，常回来看看！在人生这一充满喜悦、变化和艰辛的长途旅行中，母校愿做你小憩的港湾。多年以后，你们来或者不来，母校就在这里，不见不散！

在师大演绎无悔的青春*

(2014年9月15日)

亲爱的同学们：

大家上午好！

金秋九月，你们带着对未来的希望和梦想，来到美丽的师大，成为新的"师大人"。首先，我代表全校师生向来自全国各地的7100余名本科生、1400余名研究生，共8500余名新同学表示热烈的欢迎和诚挚的祝贺！向培养你们的父母和老师表示崇高的敬意和衷心的感谢！

同学们应该看过或听说过最近的一部影片《致我们终将逝去的青春》（赵薇执导），从今天开始，你们的"致青春"也拉开了序幕。作为老师，我平时不可能给在座的所有同学上课，但作为校长，我至少有两次机会和你们在一起，分享你们青春岁月中的难忘时光。第一次是今天的开学典礼，我们将一起畅想未来几年的大学生活，第二次则是你们即将离开时的毕业典礼，那时，我们将一起回顾求学师大的收获，憧憬即将远行的闯荡。对这两次机会，我都十分珍惜。

---

* 这是梅国平在2014年新生开学典礼上的讲话。

今天，我想和同学们一起思考三个问题，这三个问题想好了，你们的青春和人生将会少许多遗憾，多许多精彩。

第一个问题：同学们为什么来上大学？

我相信同学们会有许多答案：为了当教师，为了拿文凭，为了找更好的工作。这些想法都没错，但是，请同学们想得再远一些。你们不仅仅属于自己，你们还是父母的孩子，是社会的成员，是国家的公民，你们有责任担当更多。

当你们毕业以后闯荡天下的时候，你们努力工作不仅仅是让自己安身立命，还应该让父母骄傲自豪，老来无忧；你们可以做一位有爱心的老师，给孩子们带去知识和力量；做一位有良心的工程师，为百姓创造坚固的房子、安全的食品；做一位有良知的新闻人，给社会输送更多新思想，等等。你们还可以做得更好，成为思想家，推动社会的文明和进步；成为政治家，给国家带来昌明与和平；成为科学家、企业家、教育家，等等。个人的未来、家庭的期待、社会的责任、祖国的振兴，这些目标是"四位一体"的。

因此，我希望，在你们踏进师大校门的时候，在今天的典礼结束之后，同学们就去重新规划自己的人生。美国哈佛大学有个非常有趣的试验，这个试验用了 25 年完成。试验显示，人一生有规划和没有规划是有天壤之别的。试验所选取的研究对象在学历、背景、智力等大致相同的人群中进行。跟踪研究表明：17% 的人没有自己的人生规划。70% 的人有一定的规划，对目标有一定的设定，但不甚清晰。10% 的人对未来有短期明确的目标，并在实现目标过程中不断调整。只有 3% 的人为自己的未来规划了长远的目标，而且这个目标是非常明确的。同学们，哈佛这个试验周期是 25 年，如果从今天开始对你们进行跟踪研究的话，25 年以后也就是你们40 多岁的时候，你们会是一个什么状态？哈佛跟踪研究的结果是这样的：那些有长远目标的 3% 的人全都成了社会领袖，在各自的领域里都做到了最好。那些 10% 的有一定的目标的人，他们规划得并不太长远，短期而明晰，这些人也成为社会的中坚力量，成为社会上受人尊重的人。70% 的人对自己的目标模模糊糊，他们当中好的处在社会的中层，但也有一部分人进入到社会的下层。那17% 没有规划的人基本上都在社会的下层。所以，我要告诉同学们，你们要立志，要思考 25 年以后在你们 40 多岁的时候，会是什么状态。规划自己的人生要有大的志向，而这个大志向又一定要具体。几乎所有随波逐流的人到最后都是普通人，都是获取大于贡献的人。

第二个问题：同学们能从江西师大获得什么？

作为校长，我可以告诉同学们，江西师大能给予你们的，会比你们想象的更深厚，更精彩。

江西师大，其前身是 1940 年创立的国立中正大学，是江西省本科办学历史最悠久的高校。国立中正大学的铜质关防（大印）和001 号图书就一直在我校档案馆、图书馆珍藏。当时国立中正大学，其教授和副教授人数分别位居全国国立综合性大学的第 13 位和第 3 位，与国立中央大学、国立中山大学并称为民国"三中"。

以后你们时常要去的行政楼先骕楼是纪念学校的首任校长胡先骕先生的，他是我国植物学的奠基人、生物学的创始人，是享誉世界的植物学家，被毛主席称为中国生物学界的老祖宗。我们的教学楼惟义楼，是纪念学校前贤杨惟义先生的，他是我国昆虫学的创始人之一。文科楼名达楼，是纪念姚名达先生的，他不仅是我国著名的史学家、目录学家，更是抗日战争时期唯一一个勇赴国难、壮烈殉国的教授。理工科大楼方荫楼，是纪念蔡方荫先生的，他是我国著名的土木建筑结构专家、力学专家。

这些前贤的名字就镌刻在我们师大的一栋栋楼宇上，闪耀着睿智思考、勇于创新、敢于担当的光芒。在这些前贤的精神感召下，江西师大培养了一代又一代杰出人才。在师院或师大时期的毕业生中有安徽省原省委书记王太华、最高人民法院现任常务副院长沈德咏、世界 500 强企业江西铜业集团公司董事长李保民、奥运会冠军杨文军，更有江西省 80% 以上的中学特级教师和学科带头人。2014 年，江西师大在中国校友会网大学杰出政要校友排名位居全国高校第 74 位，中国造富大学排行榜中位居全国高校第 87 位。

今天，就在你们身边，依然有许多非常优秀的教师。比如历史文化与旅游学院的方志远教授，曾是我校的硕士研究生，是三次走上中央电视台"百家讲坛"的"江西第一人"；化学化工学院的廖维林教授、陈祥树教授曾是我校的本科生，他们和侯豪情教授组成了化学学科的"三驾马车"，都是化学领域的著名专家；还有文学院的国家教学名师赖大仁教授，也是师大毕业的，现在是国内有影响的文艺学专家；国家"千人计划"学者——地理与环境学院王野乔教授和物理与通信电子学院的顾刚教授，都是美国进口、中国制造的大牌教授；等等。从这些卓有成就的学者那里，从江西师大许许多多优秀的教师那里，你们获得的将不仅仅是知识，更有传承不绝的敢于探索的精神、刻苦钻研的韧劲、善于思考的方法，这些，将使你们终身受益。我校优秀校友的成功昭示我们：师大学子，未来既可以是最美教师，也可以是省委书记、商界精英、世界冠军。关键是，同学们准备好了吗？

第三个问题：同学们该怎样度过在江西师大的青春时光？

进入大学以后，同学们将进入一个全新的环境，脱离父母与中学老师的呵护与管束，过上神往已久的自由生活。但我要告诉同学们，接下来的几年，你们可以拥有自由，但绝不应该是漫无目的的自由和虚度，而应该是目标明确的自主学习、谋求全面发展的自主选择。

什么是目标明确的自主学习呢？在大学，老师不会再"逼"着你学习了，修行如何，主要在个人。考试及格不算难，但要学得精深通透，必须自我深化，自主钻研，这才是受益终身的学习能力。请同学们相信，只要你愿意探究，乐于钻研，师大的老师一定会站在你的前面牵引你、指引你。我乐于看见的情景是，同学们下课以后，依然背着书包，匆匆奔向图书馆，跑向实验室，去自主地学习，自由地探索。

什么是谋求全面发展的自主选择呢？学校给同学们提供了两种基本途径，一是在公共课、专业课等必修课之外，自主地选修课程。文学、历史、艺术、体育、自然科学，林林总总，名目繁多，同学们一定可以找到满足兴趣、丰富人生的课程。二是在课业之外，自主地参加各类实践活动。可以参加社团组织，在其中培养兴趣，锻炼能力，增进与同学的友谊；可以参加公益活动，作为一名志愿者，在播撒爱心中升华自己；可以勤工助学，在劳动中缓解经济压力，在实践中巩固课堂所学。我乐于看见同学们以这些积极健康的方式度过课余生活。学校首任校长胡先骕先生在教导学生《如何获得丰富快乐之人生》的文章中写道："诸位应该尽力养成精神所寄托的副业，去获得丰富快乐的人生。"老校长所说的副业就是体育、美育的爱好。这是我校老校长，也是所有大学的校长和教师，对学子的期盼。

作为一名老师，作为同学们的校长，我最不愿意看到的是，同学们自主地将青春虚耗在网络和游戏中难以自拔，对家中父母的苦口婆心无动于衷，对教室里老师的悉心授课了无兴趣，对操场上激情飞扬的青春熟视无睹，对社会上的不公不平麻木不仁。这样的青春，黯淡无光，毫无意义。

同学们，无论你们选择如何度过在江西师大的青春时光，我最希望的是，你们不要忘记康德所说的世上最令人震撼的两件东西：头顶的星空和内心的道德法则，努力寻找教育和人性的光辉，做一个善良、丰富和高贵的人。正如哲学家周国平先生所说的，善良，即生命对生命的同情，是区分好人与坏人的最初界限，也是最后界限；丰富的心灵和精神需求是幸福的真正源泉，不要追求只由赚钱和花钱两件事组成的生活；高贵者的特点是极其尊重他人，他的自尊也因此得到最充分的体现，不能做没有尊严的精神贱民。

我的三个问题说完了。最后，我想将江西师大的校训"静思笃行，持中秉正"郑重地介绍给同学们。"静思"是沉稳的心态，是冷静的思维力；"笃行"是务实的作风，是强大的意志力；"持中"是科学的精神，是理性的智慧；"秉正"是高尚的情操，是道德的示范。希望每一位同学将这八个字铭刻在心，养"独立之精神"，育"自由之思想"，秉公正之心，积渊博之学，行笃实之事，建不世之功。

同学们，从今天开始，我们将拥有一个共同的称呼——江西师大人。我们将在这美丽的瑶湖之滨，一起努力，共同奋斗，为了你们无悔的青春，为了亲人殷切的期待，为了民族复兴的梦想，也为了人类美好的未来。

从今天开始，你们将与江西师大荣辱与共！

从师大出发[*]

（2015 年 6 月 26 日）

亲爱的同学们：

大家上午好！

又到一年毕业季。今天，我们在这里隆重举行江西师范大学 2015 届毕业生毕业典礼。首先，我代表学校向 6573 名本科毕业生、1371 名毕业研究生表示热烈祝贺！向为同学们成长成才付出辛勤劳动的全校教职员工和广大学生家长朋友们表示崇高敬意！

此时此刻，面对青春勃发的你们，不禁让我回想起与你们在一起的这三四年的时光。巧合的是，我也是四年前重回母校师大工作的，你们是我迎接的第一届本科生，第二届研究生。转眼间，三四年过去了，同学们都毕业了，可我还得在这里继续修读着艰苦的"校长"专业。

这些年，我特别珍惜，与你们相会在师大。我们共同见证了学校成为全国第 2 所省部共建的地方师范大学，获批全国师范院校第 2 个国家工程技术研究中心；见证了学校跻身全国毕业生就业典型 50 强高校，同学们实现江西高校全国"挑战杯""大挑"特等奖和

349

"小挑"金奖的突破；见证了学生奖助经费的大幅增长，图书馆自习座位的不断增添，等等。

这些年，我特别关注，你们有没有成长。可喜的是，今天你们有的找到了好工作，有的考上了研究生，有的找到一生的知己，还有的同学把苦难当成一种"财富"，经受住生活挫折的考验。你们以自己的努力和拼搏告诉我们，你们在师大得到了很好的成长，为未来的人生加足了能量。

这些年，我特别在意，你们是不是快乐。学校给你们开的课程能否满足需要，给你们上课的老师是否尽心尽力，图书馆有没有你们想要的资料，食堂的饭菜是否还算可口？我想，你们肯定有埋怨，因为我们的服务没跟上你们需求的脚步，至少你们快要毕业了才能全部安装空调；我再想，你们应该要快乐，至少你们的学弟学妹们不用喊校长该装空调了。

这些年，我也特别欣赏，你们青春的能量。文旅学院罗泱慈同学，每天五点半起床读书，阅读了几百本课外书籍，旁听了哲学专业所有本科课程，并顺利考上了华东师范大学的外国哲学专业研究生。地理学院谌剑光同学，怀揣创业梦想来到师大，入校后先后创办了3个实业，历经艰辛，积攒了人生第一桶金。美术学院刘坤同学，身残志坚，积极阳光，被同学们亲切地称为"快递哥"，还刷漆美化了学校每一块石头上的刻字。传播学院江小玲同学从不抱怨家境贫寒，依靠自己的双手完成学业，并为江西偏远山区小学生争取免费午餐，还发起成立了江西高校第一支关爱失独者的志愿服务队。还有你们参加彩虹跑、泡泡跑的洒脱，在女生宿舍楼下大胆求婚的勇气，甚至是毕业前谈一段"黄昏恋"的任性，你们的青春气息深深感染了师大校园。

然而，大学只是人生中的一个重要驿站，人生真正的精彩在于你毕业后的奋斗历程。

此时此刻，面对整装待发的你们，作为校长，在这一隆重的典礼上，我得讲点什么呢？想了很久，我给今天的讲话定了一个直白的主题，"从师大出发"。

从师大出发，请记住这样一个故事。一个关于我校北京校友会会长——泰康人寿总裁刘经伦的奋斗故事。

刘经伦校友 1981 年从学校毕业后，投身中国人保公司江西分公司，埋头苦干，不到 10 年的时间从一名普通的业务员成长为省公司人险部总经理，那时还不到 30 岁的他，实现了事业的第一次飞跃。

1993 年，他舍弃省公司人寿部总经理的职务，进入刚成立不久的国家第一批股份制保险公司——中国平安保险公司二次创业，在北京创立了中国平安保险公司北京分公司，并借鉴国外成功经验引入保险代理人机制，实现了连续三年业绩翻番和连续三年市场占有率超过 50% 的惊人业绩，在北京寿险市场创造了"平安神话"，由此登上了他保险人生的第二座高峰。

1998 年，他再次做出人生的重大选择，离开平安保险加盟泰康人寿并担任公司总裁，几经努力将泰康人寿打造成为我国寿险业的第四大保险公司，成为一个管理 7000 多亿资产的金融企业的领航人，实现了事业的第三次飞跃。

在事业取得巨大成功的同时，刘经伦校友还特别注重回报社会，泰康人寿获得"中国金融企业慈善榜——突出贡献奖"，其个人就先后资助了 20 余位贫困和受灾人员，领养了 2 名孤残儿童，2012 年捐资 105 万元在家乡设立了"海清睿智教育奖励基金"，2013 年捐资 50 余万元在学校设立了"经纶报告厅"和"经纶校友讲坛"项目。

刘经纶校友只是无数校友中的一个代表，他的人生故事还在延续。跟当年刘经伦校友同样年轻的你们，在迈向独立人生的时候，应该以什么样的姿态从母校出发呢？我想：

从师大出发，请朝着正确的方向。一位诺贝尔奖获得者曾说过："方向比努力更重要。"人生是一个单向的旅程，可以有不同的速度，但首先要有正确的方向。有人说，心之所向就是人生方向。心向的对错关乎方向，心向的高低也关乎方向。你们不仅属于自己，你们还是社会的成员，国家的公民，父母的孩子，将来还是孩子的父母。因此，心之所向要扛起家庭的担当，承载社会的责任，听从祖国的召唤，去追求更高、更远、更大的目标。荣获2013年度"国家最高科学技术奖"的中国化学激光之父张存浩院士，一生根据国家需求先后投身水煤气合成液体、火箭推进剂和化学激光等不同的研究方向，在被问到有没有关注过自己的科学兴趣时，他说："我最大的科研理想就是报国。国家的需要，就是我的研究方向。"这掷地有声的短短一句话，生动地诠释了听从祖国召唤的心之所向；刘经伦校友不懈追求成就了事业的3次飞跃，这也源自他国泰民康、人给家足的心之所向。在此，请同学们记住，人的一生中总会有几个重要的关口等你去把握，你有什么样的选择，也就有什么样的人生，只要你朝着正确的方向一直走下去，就一定能走到更高处，看见更迷人的风景。

从师大出发，请记住青春的奋斗。俗话说"三十而立"，现代社会也有个35岁现象，也就是你35岁之前的选择和努力，基本决定了你未来一生的走向。青春是用来奋斗的。前不久我在网上看到一则新闻，讲一个4年前参加《非诚勿扰》惨遭集体灭灯的男嘉宾，4年后成为亿万富翁并给母校捐赠了1000万元的故事。这位男嘉宾大学毕业后因为家庭经济原因放弃保研和出国留学机会，投身于当时火热的房地产行业，从最底层的销售做起，把业绩做到华东地区冠军，从而攒到了人生的第一桶金。尔后他又转做金融投资，如今不到 30 岁就身家过亿。"昨天你对我爱理不理，今天我让你高攀不起"。刘经伦校友毕业后从一个普通业务员起步，拼搏奋斗，不到 30 岁成长为省公司人寿部总经理，在行业内崭露头角，这为他今后的保险人生奠定了坚实基础。这位男嘉宾和刘经伦校友的故事，告诉我们：奋斗是可以让屌丝逆袭的！

正如习近平总书记 2013 年在同各界优秀青年代表座谈时所说："现在，青春是用来奋斗的；将来，青春是用来回忆的。只有进行了激情奋斗的青春，只有进行了顽强拼搏的青春，只有为人民作出了奉献的青春，才会留下充实、温暖、持久、无悔的青春回忆。"在此，我想告诉同学们的是，请珍惜毕业后的青春时光，努力为你的职业和生命多积累一些厚度，当你们未来回眸自己青春的时候，不至于留下太多"假如一切能够重来"的遗憾和悔恨。

从师大出发，请铸就磅礴的大我。有篇文章写得好："一个敢于出发的人，不能失去最基本的同情心和换位思考力，不能不择手段的斤斤计较于自己的得失进退，更不可自诩为时代的宠儿而毫不犹豫地将弱者踩在脚下。"人生奋斗历程是胸怀大志的争取与积淀，更是心怀大爱的关照与挥洒。请记住，磅礴的大我才是最深沉的力量。正如爱因斯坦所说："一个人的价值，在于他贡献了什么，而不在于他能得到什么。"姚名达校友平时认真教书育人，战时带头奔赴前线，最终牺牲在敌人的枪口下，成为我国抗战捐躯教授第一人，这是一种磅礴的大我。刘经伦校友办好企业造福员工，捐资助学回报社会，这是一种磅礴的大我。如果你们崇尚奋斗而不失去基本的同情心，追求成功而不会将弱者踩在脚下，这也是另一种磅礴的大我。唯有如此，你的优秀和成功才不会成为社会上一个刺眼的光斑，而是一束暖人心窝的光芒。请大家一路珍惜身边的伙伴，善待竞争的朋友，孝敬自己的父母，关爱社会的弱者，而不要成为"精致的利己主义者"。

同学们，在你们即将扬帆远航的时刻，还请把母校校训"静思笃行、持中秉正"这一精神徽章装进你的行囊，当你迷失迷茫时，让它为你指引方向；当你疲倦困顿时，让它为你加油鼓劲；当你遇见风雨时，让它陪你一路向前。

同学们，无论你今后走向何方，落脚何处，你们永远都是师大人。母校真心为你们祈福，祝愿你们前程似锦、一生幸福！

奔跑吧，兄弟！

让优秀成为一种习惯*

（2015 年 9 月 15 日）

亲爱的新同学们：

大家上午好！

九月的开学季，校园充满了欢乐。美丽的师大，因你们的到来，显得格外熠熠生辉。在此，我代表全校师生向来自祖国各地的 7022 名本科生、1357 名研究生，共 8379 名新同学表示热烈的欢迎和诚挚的祝贺！向培养你们的父母和老师表示崇高的敬意和衷心的感谢！

在这隆重的开学典礼上，面对青春勃发的你们，我得讲点什么呢？我们是师范大学，行业鼻祖是孔子孔圣人。从这一点来说，师大是很牛的。孔子的教育思想是中国教育的根脉，我还有你们只是他衍生的一片遥远的枝叶或者嫩芽。刚好前几天，有位朋友送我一本《〈论语〉评析》，我认真读了。今天是你们开学第一课，我就从《论语》的开篇谈起。《论语》的开篇三句是"学而时习之，不亦说乎？有朋自远方来，不亦乐乎？人不知而不愠，不亦君子乎？"这三句话大家都能背诵，讲的分别是"学习、交友和修身"，讲的是

＊　这是梅国平在 2015 年新生开学典礼上的讲话。

"学而时习"的学习方法、"勿友不如己"的交友态度和"不患人不知己，而患已不知人"的君子气度。

我想，学习、交友和修身正是同学们在大学要做的最重要的三件事。当代教育家叶圣陶说过，教育的本质就是养成人的良好习惯。其实学习方法就是学习的习惯，交友态度就是交友的习惯，君子气度就是做人的习惯。因此，今天我们就从习惯养成的角度谈谈学习、交友和修身，谈谈如何通过培养良好的习惯在学习中努力成才、在交友中走向成熟、在修身中精神成人？我们一起来思考三个问题。

第一个问题：关于学习习惯——要养成哪些好习惯，才能学业有成？

初入大学，同学们一定好奇：大学的学习与高中的学习差别在哪里？其实，这个差别是很大的，高中没有专业之分，而大学都是分专业的；高中学习主要是为了高考，而大学的学习则更多的关乎人生。有专家经过多年的研究，认为大学生在校期间所能学到的东西，约有15%来自课堂教学，85%来自课外学习、活动和实习、实践。可见，大学与高中的学习差别有多大！因此，在高中时期一些所谓好的学习习惯到了大学未必是好的。那么，在大学里应该养成哪些好的学习习惯呢？我认为，主要有三个：

一是提问自学的习惯。提出问题的能力是一种很重要的能力，人们常说，不会问的是呆子，不会答的是傻子。目前最先进的教学方式是探究式教学，探究式教学是老师和学生互动的过程，这种互动在中学里主要是老师问，学生答，在大学里则主要是学生问，老师答，会提问的学生才是高才生。因此，希望同学们养成好问、善问的好习惯，也希望广大教师在教学中贯彻"不愤不启，不悱不发"的先进教学理念。

在大学，老师不会逼着你学习，修行如何，主要在个人。考试及格不算难，但要学得精深通透，必须自我深化，自主钻研，而这才是受益终身的学习能力。请同学们相信，只要你愿意探究，乐于钻研，师大的老师一定会站在你的前面牵引你、指引你。我乐于看见的情景是，同学们下课以后，依然背着书包，匆匆奔向图书馆，跑向实验室，去自主地学习，自由地探索。

你们有个师姐，文旅学院2015届的毕业生罗泱慈，她大学期间每天早上五点半起床读书，阅读了几百本课外书籍，旁听了哲学专业所有本科课程，并顺利考上了华东师范大学的外国哲学专业研究生。她的经历告诉大家，好的自学习惯可以让你的人生更加光彩。

二是文理兼修的习惯。人的行为习惯由思维习惯决定，而思维习惯由知识结构决定，合理的知识结构对于人们正确看待问题、科学处理问题至关重要。一个合格的大学生既要有人文精神，也要有科学精神，希望同学们在学习中要养成文理兼修的习惯，文科专业的学生要涉猎一些自然科学知识，保证一定的科学素养；理工科专业的学生要涉猎一些人文社科知识，培养良好的人文情怀。孟子在《劝学》中说"伦类不通，仁义不一，不足谓善学"，这一教育思想现在仍不过时。

三是思考创新的习惯。同学们想过没有，人类从原始蒙昧状态走到今天的民智开启、科技昌明，靠的主要是人类特有的思考和创新能力，哪怕是同学们手中一支不起眼的水笔，都凝聚着无数前人的思考和创新。我们每个人都期待生活越来越便利，社会越来越和谐，国家越来越强大，这就要求我们不能墨守成规，满足现状，而要时常思考许许多多的问题，比如有哪些因素阻碍社会形成公平竞争的机制，有什么方法可以减少环境的污染，有哪些方式可以让我们的国家在哪个方面取得领先于世界的进步。这些目标看似高远，终将因为无数人持续的思考和不断的创新而成为现实。同学们，思考和创新的能力与习惯会让我们成为推动文明进步的小小车轮，这也是我们的历史担当和国家责任！

第二个问题：关于交友习惯——要养成哪些好习惯，才能处事成熟？

大学是学习之所，也是交友之地。青春的旋律不能缺少友情的乐章和爱情的音符。同学们多数都是独生子女，现在离开父母开始集体生活。学会交友，既是你们大学生活的重要内容，也是你们走向成熟的必由之路。

交友之道，首在坦诚。所以，要养成坦诚交友的习惯。孔子说："益者三友，损者三友。"大意是说：与正直、诚信、知识渊博的人交朋友，终有大益；而与谄媚逢迎、口蜜腹剑、华而不实的人交朋友，则终受其害。所以，我们要交坦诚的朋友，也要坦诚交友。

交友之道，不忘适度。所以，要养成交往适度的习惯。孔子说："事君数，斯辱矣；朋友数，斯疏矣"。说的是侍奉上司过于殷勤，朋友交往过于频繁，都会适得其反，过犹不及。为人处世，要懂得分寸！

交友之道，重在包容。所以，要养成互谅互让互帮互助的习惯。同学们都是独生子女、90后，心气儿高，个性强，交往中难免磕磕碰碰，有误解，闹矛盾，气不过，等等，希望同学们坚信"德不孤，必有邻"，尽快地学会包容，学会合作，学会互助。予人玫瑰，手有余香。

大学里，有一种躲不过的朋友叫室友。有人说："大学宿舍，四人一寝，是前世注定的相遇。于是，遇事能让则让，有难可帮就帮。"大家千万记住，复旦室友投毒案的悲剧！也千万记住，室友相助俞敏洪打造新东方奇迹的佳话！

大学里，有一种令同学们向往的朋友叫男女友。有人说："恋爱很严肃，对待须认真。感情不是拿来玩的，恩爱不是用来秀的。恋爱会让人做出各种傻事而不自知，特别是女孩子，要懂得洁身自好，什么事可以做，什么事不可以做，在去约会的路上就要想清楚。爱的决定应该基于平时细致的考察，而不是一时的冲动。"如果你们是认真的，我想，大家会祝福你们！

大学里，还有更多的是学友、队友、球友、玩友……希望同学们大学几年不但有一群难舍难离的朋友，更有从交友之道中体会到的包容之心、真诚之义，还有互助的感动、分享的快乐。几年之后在栀子花香弥漫的毕业季，你会蓦然发现，原来自己的成熟长大，离不开太多朋友的帮助！

第三个问题：关于修身习惯——要养成哪些好习惯，才能精神成人？

虽然同学们在生理和法律层面大都已经成人，但是，扪心自问，我们善于包容和欣赏他人吗？我们的心智足以判断大是大非吗？我们真的拥有承担家庭和社会责任的担当吗？如果没有，那么，我们在精神上还没有长大，或者说还不够强大。

怎样精神成人呢？说实话，修身是一项终生的事业，而大学是精神成人的重要阶段。我希望，同学们在大学阶段至少养成这样几种有助于精神成人的好习惯。

一是面对他人，养成尊重的习惯。上课不迟到是对老师的尊重，不乱扔垃圾是对保洁员和生活在校园中的其他人的尊重，在阅览室保持安静是对其他同学使用图书馆权利的尊重，对宿管阿姨的微笑致意是对她辛勤付出的尊重。所有这些，看似小节，体现的却是现代公民应该具备的平等意识和基本素养。期待我们每个同学都是有素养的好公民。

二是面对困难，养成坚韧的习惯。困难是人生的一部分，一个人的一生难免遇到曲折、坎坷，甚至挫折和不幸。同学们在大学期间，也会遇到家庭经济困难、学业就业困难、身体感情困难……"天将降大任于斯人，必先苦其心志，劳其筋骨……"面对困难，我乐于看见的是自强不息、挫之弥坚的年轻一代，而不是畏难退缩、寻死觅活的萎靡一族。前不久，我校两位80后的校友成为了微信朋友圈中的"创业天使"，其中一个是理电学院2004届毕业生罗敏，他经历了8次创业失败后，创立了校园消费金融"趣分期"，获得了约2亿美元的天使投资。"天行健，君子以自强不息"，希望同学们碰到困难时能像你们的学长罗敏一样自强不息，养成坚韧的习惯。

三是面对诱惑，养成自律的习惯。人生充满了各种各样的诱惑，社会上、校园里也是如此，比如网络的诱惑、金钱的诱惑，乃至堕落的诱惑，上网成瘾、财迷心窍、痴迷爱情甚至色情，这其中的任何一项都能葬送你的大学生活，葬送你的青春甚至整个人生，大学不是保险箱，更不是人生的游戏场，对此，同学们要有清醒的认识，必须学会自律，懂得自律，养成自律的习惯。只有自律的人，才能成就美好人生，这就是《论语》中所说的"以约失之者，鲜矣"。

四是克服懒庸，养成进取的习惯。现在大学里总有一批学生"未来无目标，学习无动力，生活无乐趣"，被称为"三无学生"。在校期间迟到、早退、厌学，一天到晚浑浑噩噩，不思进取，在寝室的时间远远超过在教室的时间，躺着的时间远远超过坐着、站着和走着、跑着的时间，看手机、玩游戏的时间远远超过看书的时间，无所事事的时间远远超过学习实习的时间。结果是什么呢，自己没信心，同学看不起，家长不放心，工作不好找，前途没指望。懒庸是懒庸者的墓志铭，优秀是优秀者的通行证。

作为一名老师，作为同学们的校长，我最不愿意看到的是，同学们无谓地将青春虚耗在网络和游戏中难以自拔，对家中父母的苦口婆心无动于衷，对教室里老师的悉心授课了无兴趣，对操场上激情飞扬的青春熟视无睹，对社会上的不公不平麻木不仁。这样的青春，暗淡无光，毫无意义。

同学们，好习惯是通向成功和幸福的必由之路，坏习惯是自甘堕落的罪魁祸首。著名思想家曼恩说过："好的习惯就像一根缆绳，我们每天给它缠上一股新索，要不了多久，它就会变得牢不可破。"在此，我要对大家说：向上的梦想和力量是伟大的，只要你想养成良好的习惯，你就一定能！只要你想让优秀成为一种习惯，你就一定能！只要你想成为一个优秀的大学生，你就一定能！我愿陪着你们一起，朝着梦想前行！奔跑吧，同学们！我将用我的心跳为你们提供动能，我将用我的担当助力你们圆梦！

在正道上行*

（2016 年 6 月 28 日）

亲爱的同学们：

大家上午好！

又到栀子花开日，又是一年毕业时。

今天，你们毕业了！这是你们终生难忘的时刻，学校在这里隆重举行 2016 届毕业生毕业典礼，为即将踏上新征程的 7700 余名学士、1300 多名硕士博士壮行送别。在此，我代表学校向顺利毕业的各位同学表示热烈的祝贺！向为你们的成长付出辛劳的各位老师和亲朋好友致以衷心的感谢！

今天，你们毕业了！面对意气风发的你们，我首先是不舍，更多的是欣慰。不舍是自然的，因为我们在美丽的师大校园共度了三四年的美好时光，动了心的情最难放，进了心的人最难忘，但我更多的是欣慰。

我特别欣慰的是，这些年在需要发奋的时候，你们大多数没有虚度。例如，化学化工学院周国兵同学本科硕士连读七年，对教室、寝室、实验室三点一线的生活怡然自得，把单调枯燥的实验当

＊ 这是梅国平在 2016 年毕业生毕业典礼上的讲话。

作消遣的"乐趣",毕业前在国际顶尖学术期刊《美国化学会杂志》发表高水平学术论文,并获美国著名大学全额奖学金去攻读博士学位。还有我们地理学院、生命学院的硕士研究生们,以 27% 的升博率,让青春在发奋中闪闪发光。

我特别欣慰的是,这些年在需要坚持的时候,你们大多数未曾放弃。例如,计算机学院王宏凯同学大二的时候,立志进入 BAT(百度、阿里巴巴、腾讯)从事技术研发工作,为了这个目标,三年来,他几乎天天在键盘上玩命编程,最终如愿获得中国互联网公司三大巨头的 Offer。还有蓝天环保社团的同学们,足迹踏遍全省 60 多个县市区,20 年如一日,将环保的理念倾注在赣鄱大地,走出一条"红色引领、绿色行动、蓝色创新"之路,获得"全国优秀学生社团"等多项顶级荣誉,赢得了省委强卫书记的点赞,以学生社团的传奇,让青春在坚持中闪闪发光。

我特别欣慰的是,这些年在需要超越的时候,你们大多数不曾退缩。例如,软件学院蓝杨平同学历经多次创业失败,最终把不可能变成了可能,融资 500 万元创办江西创客创业服务有限公司,成功孵化出 10 余家企业,成为创新创业的"弄潮儿"。还有马克思主义学院雷龙涛等同学,敢于挑战和突破,实现了我校在全国"挑战杯"竞赛所有奖项上的全覆盖,以填补空白的作为,让青春在超越中闪闪发光。

今天,你们毕业了!面对整装待发的你们,我首先是牵挂,更多的是期待。牵挂什么呢?你们初出茅庐,我想起杜甫的诗句:"在山泉水清,出山泉水浊。"前半句,你们交出了合格的答卷,在书山如海的大学殿堂里,你们一直在奋斗,在坚持,在超越。后半句,则需要你们用一生去回答,你们能交出合格的答卷吗?在一生的奔流中,你们能够保持山泉清澈、清醒的本质,以远大的志向、包容的态度，汇入社会的洪流，做一个对社会有贡献的人吗？这是我和母校最大的牵挂！也是你们父母最大的牵挂！

当然，我更多的是期待，各位同学在我的心中如同我的儿女，我想对你们说说我心底的期待，期盼你们能够参与并引领这个伟大的时代，不负此生，始终在正道上行！

——在正道上行，期盼你们德行千里。"德行千里"听似大道理，其实是硬道理。历史上现实中无数铁的事实证明了这个硬道理。人无德不立，这个德既是对国家民族的大德，也是对社会大众的公德，还是为人处世的品德。在这样一个看似利益在前、道德在后的时代，我想告诉同学们的是，德行将是人生中最深沉的力量，正所谓"小胜靠力，中胜靠智，大胜靠德"。美国独立之父富兰克林曾经说过这样一句话："没有一样东西能像道德那样使人发财致富。"大家可以观察到商界的一个现象，知名大企业创始人的股份往往都不多，阿里巴巴创业时有"十八罗汉"，上市的时候马云的股份只有 8.9%；腾讯创业时有"五虎"，马化腾虽然出了主要资金，却自愿把所占的股份降到一半以下，现在他的个人股份也不到 10%，但他们却是中国最富有的人。电视剧《大长今》里的男主角说过一句话："历史上那些有成就的人都是单纯而热情的人。"所以，我第一个期盼，就是你们能够坚持以德立业、以德立身、以德立人，不断砥砺品德，铸就公德，成就大德，只要你们坚持下去，我相信就能赢得最好的福缘。

——在正道上行，期盼你们善作善成。青年人遇事有想法，做事有激情，但难的是做实、做细和做成。正如《诗经》所说："靡不有初，鲜克有终"。同学们初入社会，我最担心的是，你们面对浮躁的风气和激烈的竞争时，热衷于所谓的"成功学"，妄想着"一朝成名、一夜暴富"，做事浅尝辄止，半途而废，最终一事无成，贻误终生。央视去年播放的《大国工匠》系列节目，讲述了8位劳动者匠心筑梦的故事，他们没有很高的学历，但凭着专注和坚守，数十年如一日地追求技能的完美和极致，最终缔造出职业的神话。我校校友、济民可信集团董事长李义海从医药销售代表做起，在医药行业奋斗了20余年成为江西首富，有人问他的成功之道时，他总是用简单的一句话回答："把一件事情做好、做对。"大家也应该看过《阿甘正传》这部电影，阿甘为什么做什么都能成功，就因为他坚持不懈的进取，还有那傻傻的付出。所以，我第二个期盼，就是你们能够坚持把事做实、做细、做成，就像阿甘一样坚韧执着地奔跑，只要你们坚持下去，我相信就能赢得美好的未来。

——在正道上行，期盼你们一生平安。作家史铁生说过："此岸永远是残缺的，否则彼岸就要坍塌"。虽然我在心中由衷地祝福每一位同学都能大展宏图，但理智告诉我，不可能人人都能取得世俗上的成功。所以，最后我想告诉同学们的是，人生需要奋斗和拼搏，也还要有诗和远方。学校首任校长胡先骕先生在《如何获得丰富快乐之人生》的文章中就写道："丰富快乐的生活不在于物质的享受……诸位应该尽力养成精神所寄托的副业，去获得丰富快乐的人生。"其实，快乐与金钱、地位和物质的丰盛并无必然联系，平和的心态、健康的身体，还有温馨的家园，才是乐之所在。在比较浮躁的当下，内心的平安是何等重要，它是幸福之源；在竞争激烈的当下，身体的平安是何等重要，它是幸福之本；在坎坷的人生路上，家庭的平安是何等重要，它是幸福之资。所以，我第三个期盼，就是你们能够有宁静的内心、健康的身体和美满的家庭，只要你们都做到了，我相信就会赢得幸福的人生。

概括起来，就是十二个字，"德行千里，善作善成，一生平安"。同学们能否做到这十二个字呢？我想起非洲的一个寓言故事。

有一个年轻人想证明自己很聪明，于是他就去挑战一个很有智慧的长者，他对长者说："我手中有一只小鸟，你猜它是死的是活的？"年轻人想，假如长者猜小鸟是活的，他就掐死小鸟；假如长者猜小鸟是死的，他就放飞小鸟，以此来证明长者是错的。长者听后，微笑着说："年轻人，答案就在你的手中。"能否"德行千里，善作善成，一生平安"，答案也在你们的手中。

同学们，无论你今后走向何方，落脚何处，你们永远都是师大人，紫阳大道99号的友谊小船不会说翻就翻。母校真心为你们祈福，祝愿同学们一直在正道上行，做一个有德、有成、有福的"三有"师大人！祝福你们！

在师大成长*

（2016 年 9 月 26 日）

亲爱的同学们：

大家上午好！

首先，我对 7000 余名本科生、1500 余名研究生选择师大，成为师大的一员表示热烈的欢迎！对培养你们的老师和父母亲人表示衷心的感谢！美丽的师大校园，因为你们的到来而更加充满生机和活力。这就是教育，这就是大学——朝气蓬勃，生生不息。祝贺你们，欢迎你们！

站在讲台上，看到青春勃发的你们，仿佛看到了以前的自己。我是你们的 1979 级学长，37 年前进校的"老腊肉"。刚进校时的我，同现在的你们一样，有几分兴奋，更有几分彷徨：这是一所什么样的大学？如何度过今后几年的大学时光？我用 37 年的生命体悟，给你们讲大学的第一课，回答你们心中的彷徨。

第一个问题：这是一所什么样的大学？从理性角度上说，这是一所优秀的大学。学校虽然不能比肩北大清华复旦南开这样的名校，但也掩盖不住优秀的光芒。学校有深厚的底蕴，前身国立中正

---

* 这是梅国平在 2016 年新生开学典礼上的讲话。

大学与国立中央大学、国立中山大学齐名而并称民国"三中"，是江西乃至中南地区众多高校的渊源，可以说，我们有名校的学统。学校有不俗的实力，是全国第 2 所教育部与省级政府共建的地方师范大学，稳居全国地方师范大学第一方阵，今年我校的国家社科基金项目立项数与复旦大学并列全国高校第七，列全国师范大学第一，可以说，我们有一不小心把名牌大学打翻的实力。这个实力来自学校优秀的师资，例如，方志远教授五上央视《百家讲坛》，被评选为《百家讲坛》"最受欢迎主讲人"，今天我们把他请到了主席台，一会儿他要给同学们聊一聊《百家讲坛》；化学学科廖维林、侯豪情、陈祥树"三驾马车"蜚声校内外，还有国家千人计划学者王野乔、顾刚、郭锂等大牌教授，这些都是中国制造的美国教授；现有师资中近 40% 是来自名牌大学的博士。学校更有优秀的校友，居庙堂之高的，杰出政要校友、杰出企业家校友在 2015 年中国校友会网排行榜中分别位居全国高校第 78 位和第 87 位；处江湖之远的，10 多万校友默默坚守在城乡三尺讲台，同样为国家和社会奉献了一份独特的价值。学校还有美丽的校园，宽阔无比的正大广场，玛瑙项链般的健康小道，还有可能是全国唯一的环抱四周的护校河，每一处都值得同学们留恋和品味。作为"师爷级"的学长，我祝贺你们，也羡慕你们！

从感性的角度上讲，这是一所最好的大学，因为它是一所有血性传统的大学。作为诞生于抗日烽火之中的江西省第一所综合大学，学校自成立时便承载着救亡图强的梦想，抗战捐躯教授第一人就是学校的姚名达教授，他率领战地服务团奔赴抗日前线，用生命和鲜血诠释了舍生忘死的爱国情怀和奉献精神。学校首任校长胡先骕先生和日本天皇还是哈佛大学同班同学，抗战爆发后胡先生拒绝日本笼络时就豪言："日本没什么了不起，天皇就是我的同学，他的学习成绩不如我，中国抗日必胜。"两位创校前贤是何等的血性！这是一所最好的大学，还因为她是你们的，也是我们的母校，母校就是最好的，不需要任何理由。在上半年举行的毕业典礼上，家长代表、1991届校友朱宇讲述了她们一家三代人求学师大的情缘，动情地说，"江西师大是一生一世的牵手，是长在心底的记忆，是融进血液的深情，是刻进生命的陪伴"，这一感人发言让现场听众眼眶湿润。三代师大人，一脉师大情，生动地诠释了师大就是最好的大学。同为师大人，我祝贺你们，也期待你们！

第二个问题，如何度过你们的大学时光？大学是人生中的一次重要蜕变，也是你们走入社会前的最后一次洗礼。大教育家杜威先生有个经典的论断，"教育即生长"，教育的目的就是学生的生长，而生长的重点在于能力的成长。所以，我给今天的讲话定了个主题，在师大成长，给你们讲一讲在大学洗礼中应该成长的能力，这是校长对你们的期待，也是学长对你们的嘱托。

一、在师大成长，请增强学习能力。学习能力就是在一定环境下，自我求知、做事、发展的能力，它是所有能力的基础。一切学习本质上都是自学，教育从本质上说也是自我教育。爱因斯坦说："大学本科教育的价值，不是学习很多事实，而是训练大脑去思考、培养心灵去感悟。"在中学阶段，"学好"就是好学生；但在大学，"好学"才是好学生。"学好"和"好学"看似只是一个字的换位，却是两种不同的境界，"学好"主要是被动的接受，而"好学"则是主动的探索；"学好"只是对学习已有知识的一种度量，而"好学"则包含对探求未知知识的一种态度；"学好"更多的靠"背和记"，"好学"则主要是"问与思"。

去年，国家一级大法官沈德咏校友，开始担任我国民法典编纂工作组组长。从上个世纪50年代起，我国曾4次启动民法典编纂工作，但由于种种原因都最终搁置。可见，担任新一轮民法典编纂工作组组长，这其中的分量何其重。但大家可能不清楚的是，沈德咏校友在学校读的却是英语专业，留校工作后干的是学院团委书记，他能够在法律的道路上一路前行，离不开他的"好学善学"。大学里真正的好学生，都是"好学善学"的学生。去年毕业的文旅学院罗泱慈同学，在校期间每天五点半起床读书，阅读了几百本课外书籍，旁听了哲学专业的所有本科课程，最终顺利跨专业考上了名校研究生。

同学们，在大学，学习是你们的第一要务，学校有丰富的图书资料，优秀的教师队伍；你们有充裕的时间、探知的欲望，希望你们在最好的大学时代，像沈德咏校友和罗泱慈同学一样爱学习，会学习，做一个"好学善学"的好学生，在学习中成就更好的自己。

二、在师大成长，请提高实践能力。实践能力就是实际动手能力，或者说是将知识运用于实际的能力。一切理论和知识，终将在实践中得以体现和检验。清代诗人黄仲则说过："十有九人堪白眼，百无一用是书生。"虽然只是他的一句牢骚话，却道尽了书呆子面对实际问题无解时的辛酸和悲哀。实践能力，是你们毕业后走向职场的竞争砝码，也是你们未来在社会上的立足之本。所以，实践能力的提高来不得半点马虎。

今年7月7日，我校2004届校友罗敏创办的消费金融公司——趣店集团完成上市前首期约30亿元人民币融资，成为估值高达数十亿美元的超级"独角兽"。他的一朝腾飞背后，是十年不懈努力换来的实践升华。在大学时代，他就是个勇于实践的"行动派"，并尝试在校园社交网络的创业。大学毕业后，他又在在线教育等十多个创业方向进行了努力，虽然这些创业由于种种原因都失败了，但却为他今日的成功积累了实践经验。刚毕业的姚志德同学，在校本硕七年积极投身创业实践，成功创办芒果青年集团，现在学校第二食堂的芒果餐饮和鹿鸣文创园都是他的实践成果。

同学们，学校有100多个学生社团，有良好的实验实训条件，有许多的实践锻炼机会，希望你们在最好的大学时代，像罗敏校友、姚志德校友一样做个勇于实践的行动派，努力将所学知识与实际相结合，在各类实践活动中提高自己的实干能力，不仅有灵活的"脑瓜子""嘴皮子"，更要有顶用的"笔头子"和"脚丫子"，而不要成为一个"临机应用百无一能"的清谈客。

三、在师大成长，请锤炼创新能力。创新能力就是能够革故鼎新而倍增效益的能力。正如习近平总书记指出，在竞争中惟创新者进，惟创新者强，惟创新者胜。生活从不会眷顾因循守旧、满足现状者，从不等待不思进取、坐享其成者，而是将更多机遇留给善于和勇于创新的人们。

去年以来，学校的孟范昆老师、胡银泉老师因为创新教学方法而"火"了起来。孟范昆老师用快板上政治课，让过去沉闷的政治课变得妙趣横生，受到了学生的热捧，前不久上了央视三套、去年上了江苏卫视和江西卫视；胡银泉老师在课堂上仅用一根钢丝、一块磁铁，就弹出了周杰伦的《菊花台》，这个视频在网络上引起了强烈反响，许多网友大学生评论说，又是别人的老师。而这样的老师，就在你们的身边。

同学们，"苟日新，日日新，又日新"。我们正处在一个创新创业的时代，政府推动创新创业，时代呼唤创新创业，青年大学生处于最具创造性的年华，希望同学们在最好的大学时代，像孟范昆老师、胡银泉老师一样，勇于突破成规，敢于独辟蹊径，以强烈的问题意识和现实关怀，以点滴的创意和积极的行动，不断提升自己的创新能力。

四、在师大成长，请修炼和谐能力。和谐能力就是营造良好状态和氛围的能力。有句话说得好，要做事，先做人，智商决定你的下限，而情商决定你的上限。大学教育的重要使命，就是要使学生成为人格健全、个性和谐的人。

和谐既包括个人的身心和谐，也包括与他人的和谐、与社会的和谐。希望同学们在最好的大学时代，一是学会与自己做朋友，在心中拥有一个更高的自我，用心中更高的自我来理性关爱现实中奋斗的自我，既不一味地自恋，俨然自己的情人，也不一味地自怨，仿佛自己的仇人；二是学会与他人交朋友，珍爱大学生活，珍视同窗情谊，珍惜你们身边的每一个人，常怀仁爱之心，常施援助之爱，要懂得理性关爱正是友谊的本质特征；三是学会与社会合作，懂得与现实调和，努力将个人的追求融入到国家民族的发展需要之中，为未来人生培育崇高的情怀、宽阔的胸怀。

同学们，最后我想告诉你们的是，成长的过程是个挣扎的过程，大家应该都知道化蛹成蝶的故事。有人看到一只蝴蝶挣扎着从蛹里脱离出来，出于好心帮蝴蝶剪开了蛹，但没想到蝴蝶出来以后却再也张不开翅膀，其实挣扎的过程就是蝴蝶成长的过程。如果你们要化身成蝶，就必须忍受挣扎的痛苦。大学时代的成长，关键在于你们自己的突破。"鸡蛋，从外打破是食物，从内打破才是生命。人也是如此，从外打破是压迫，从内打破才是成长。"

恰同学少年的你们，在最能吃苦的青春时光，在最为美好的大学时代，请记住提升上述四种能力，努力追求四样东西：根植于内心的修养；无须提醒的自觉；以约束为前提的自由；替他人着想的善良。你们将会交出一份什么样的成长答卷？让我们毕业典礼上见分晓！

四　经济管理

环境约束下我国经济增长的内生机理分析

——基于 CDE 与 FBA 的数理分析与数字

（2012 年 3 月 15 日）

经济快速增长伴随自然资源加速消耗、环境质量持续下降以及环境健康损失不断增加等问题（世界银行，2009），环境污染损失大约每年 540 亿美元，接近中国 GDP 的 8%（World Bank，1997）。中国社会科学院社会所和中国环境意识项目组公布的《2007 年全国公众环境意识调查报告》显示，公众对环境污染的关注度仅次于医疗、就业、收入差距问题，居第四位。2009 年末哥本哈根会议上，发达国家与发展中国家在减排问题上尽管未达成共识，但国际范围内致力于经济发展模式转变与经济结构优化的努力仍在继续，低排放、低污染、环境与经济相协调的低碳经济发展模式迅速得到广泛认同，因此，本文试图回答如下两个问题：低碳约束下是否存在环境与经济双赢的均衡增长路径？环境政策在其中如何促进环境与经济的双赢，相应的作用机理是什么？

* 本文作者为梅国平、万建香，刊发于《经济管理》2012 年第 3 期，获 2013 年江西省社会科学优秀研究成果一等奖。

一、文献回顾

关于经济增长对环境质量的影响主要有四种观点：彻底支持者、有条件支持者、温和的反对者、激烈的反对者。面对环境资源压力持续加大与政府对环境保护的有所作为，有条件支持者的观点得到更为广泛的认同，他们认为，尽管产出增长会对环境质量造成潜在的威胁，但经济增长可为环境保护提供资金，经济增长是环境政策实施的前提，主张促进经济增长的同时鼓励环境政策的实施。

现有环境保护与经济增长的研究，大多与有条件支持者的观点一致，并综合考虑环境外部性及环境政策等因素。Huang 和 Cai（1994）、Ligthart 和 van der Ploeg（1994）、Schou（2002）将环境质量引入效用函数以刻画清洁环境的经济外部性，Gradus 和 Smulders（1993）、Smulders 和 Gradus（1996）、N. G. Mankiw（2000）分别比较分析了环境外部性对经济增长的影响，这些研究秉持同一个观点：只要环境质量对企业生产具有正的外部性，适宜的环境政策一定能促进经济增长。基于这些观点，Bovenberg 和 Smulders（1995）、Bovenberg 和 de Mooij（1997）进一步提出环境政策可能实现经济增长与福利改善的双重红利，只要环境的生产外部性足够大。以此为基础，国内外学者就环境政策对经济与环境关系展开了广泛研究。孙刚（2004）将环境保护引入 Stokey-Aghion 可持续发展模型讨论可持续增长条件，结论表明：加大环保投入、促进环保技术进步，采用污染较少的生产技术、提高生产率水平，增强可持续发展意识能够实现可持续增长目标。彭水军、包群、赖明勇（2005）构建含自然资源的四部门内生经济增长模型，揭示了内生技术进步促进长期经济增长的内在机理，讨论了稳态增长率与各经济变量以及环境政策参数的关系，并据此给出实现长期经济增长的政策建议。彭水军、包群（2006）纳入环境质量构建带有环境污染约束的经济增长模型，从而揭示了人力资本投资和研发创新促进经济长期持续增长的内在机制，并建议政府加大人力资本积累与技术创新投资、制定严厉的环境标准、增强全民环保意识。彭水军（2007）以四部门内生经济增长模型为基础，分别从 FBA 和 CDE 的模型角度，研究长期经济增长与人口、资源、技术进步的关系，讨论人口增长和资源约束下均衡解和可持续增长的条件，揭示环境政策规制下内生技术进步促进经济可持续发展的内在机制。M. R. Gupta 等（2009）假定政府征收污染税并用于生产性支出和污染减排支出，通过最优均衡分析求得两者的最佳分配比例，实现鞍点稳定的均衡增长。刘凤良等（2009）通过建立考虑环境质量和环境税的内生经济增长模型，发现存在最优环境税率及其配套政策，使得环境与经济能够达成双赢。袁富华（2010）则认为低碳约束与人口转型下，现有生产模式不足以吸收减排政策造成的冲击，为保持经济的持续稳定增长，技术进步和结构转型至关重要。

上述研究就环境政策对经济增长与环境保护的影响进行了有益的、多角度的探讨，但是仍有很多问题值得深入研究：①不同类型的环境政策各有侧重，单一环境政策不足以反映环境政策实施的实际：经济增长与环境保护互为因果，环境政策外生设定的不足有待改进。②环境政策实施的成本效应对经济造成负面影响，技术研发与人力资本积累对经济增长带来促进影响，两者同时作用于经济，最终效应是促进抑或是抑制经济增长？③随着经济与环境矛盾凸显，各部门基于自身利益最大化的 CDE 模型难于实现环境、经济双赢，而基于社会计划者立场的 FBA 模型又过于理想，能否寻求两者的均衡？

因此，本文的主要贡献在于：①将主要三大类环境政策引入并将其内生化，建立 Hamilton 优化模型，以凸显内生环境政策对经济、环境双赢的必要性；②将污染性生产要素投入和技术进步、人力资本积累、源头清洁技术一并引入模型，基于内生增长框架分析环境政策激励下各要素的增长率，以揭示环境政策促进经济环境双赢的作用机理；③基于数理分析和数字模拟，比较 CDE 与 FBA 模型的差距、分析其原因，探讨两模型可能的均衡点、分析其政策含义。

二、分散竞争均衡分析

考虑一个六部门封闭经济体。最终产品部门只生产一种同质的最终产品，相应的生产性投入要素包括人力资本、中间产品、源头清洁技术投资、污染性投入要素①；中间产品部门通过购买研发部门开发的设计方案以生产中间产品；研发部门基于已有的研发技术、雇佣一定人力资本进行新产品的研发设计；除去用于最终产品生产和研发设计外，所剩人力资本用于人力资本的自身积累；代表性家庭通过物质消费、人力资本提升获得效用，同时因环境质量下降而降低效用；为改善环境、将环境的外部性内化，政府征收污染税并用于末端环境治理支出，实现预算约束平衡。

---

① 污染性投入要素指自然资源消耗或污染排放量，两者的加大都不利于环境保护。

1. 代理人行为

（1）中间产品部门

基于 $D = \left[\int_0^N x_i^{\beta} \mathrm{d}i \right]^{\frac{1}{\beta}}$，$0 < \beta < 1$ 技术，中间产品部门将 1 单位最终产品 x_i 生成 1 单位中间产品 D，其中 N、β 分为专利技术种类、不同专利间的替代弹性参数。

（2）最终产品部门

借鉴 Romer（1990）模型和 D-S 扩展函数，设定最终产品部门的生产函数如下：

$$Y = A_Y H_Y^{\alpha_1} D^{\alpha_2} A^{\alpha_3} P^{\alpha_4}, \quad \sum_i \alpha_i = 1, \quad \alpha_i > 0 \tag{1}$$

其中，A_Y 为生产力技术参数，H_Y、A、P 分为人力资本、清洁投资、自然资源消耗（污染排放量）。设定最终产品价格分为 1，人力资本工资 W_Y、资金成本 r、污染税率 τ_P。因此生产者最大利润函数及一阶条件如下：

$$\underset{H_Y,\, x_i,\, A,\, P}{\mathrm{Max}} \pi = Y\{H_Y,\, x_i,\, A,\, P\} - W_Y H_Y - \int_0^N P_{x_i} x_i \mathrm{d}i - rA - \tau_P \frac{P^{\delta}}{A^{\theta}} \tag{2}$$

$$W_Y = \frac{\alpha_1 Y}{H_Y} \tag{3a}$$

$$P_{x_i} = \frac{\alpha_2 Y}{N x_i} \tag{3b}$$

$$r = \frac{\alpha_3 Y}{A} - \theta \tau_P \frac{P^{\delta}}{A^{\theta+1}} \tag{3c}$$

$$\alpha_4 Y = \tau_P \delta \frac{P^{\delta}}{A^{\theta}} \tag{3d}$$

由于中间产品对称地投入于最终产品部门且需求函数相同，因此略去下标 i，即投入到各中间部门的最终产品同为 K/N，从而最终产品部门产出方程可改写为：

$$Y = A_Y H_Y^{\alpha_1} N^{\frac{\alpha_1}{\beta} - \alpha_2} K^{\alpha_2} A^{\alpha_3} P^{\alpha_4} \tag{1}'$$

这里，清洁技术投资 A 作为源头型环境政策引入，与后面政府行政命令型的末端减排支出政策相对应，与市场型污染征收政策一并形成"市场+行政"和"源头+末端"的配套环境政策，以弥补单一环境政策的不足，这是本文的改进之一。

根据（3b）式及中间产品部门的决策函数 $\mathrm{Max}\pi_m = P_{x_i} x_i - x_i \cdot 1$，同时中间产品部门为垄断部门，由一阶最优条件求得中间产品部门的垄断价格为：

$$P_{x_i} = \frac{1}{\alpha_2} \tag{4}$$

（3）研发部门

研发部门生产函数为 $\dot{N} = A_N H_N^{\varphi} N^{\chi}$，$P_N$、$W_N$ 分为专利价格、人力资本价格，因此利润函数 $\pi = P_N A_N H_N^{\varphi} N^{\chi} - W_N H_N$，由于研发部门的完全竞争性，经济利润为零，因而有：

$$W_N = \varphi P_N \cdot A_N \cdot H_N^{\varphi - 1} N^{\chi} \tag{5}$$

同样因为研发部门的完全竞争性，因此均衡状态下，专利价格应等于垄断的中间厂商所获收益的贴现值，假定在时刻 s、t 之间平均利率为 r，则有：

$$P_N = \frac{\pi_m}{r} = \frac{1}{r}(\frac{1}{\alpha_2} - 1) x_i \tag{5}'$$

（4）人力资本部门

根据 Uzawa（1965）、Lucas（1988）人力资本生产函数设定，人力资本生产函数为：

$$\dot{H} = A_H H_H \tag{6}$$

A_H 为人力资本生产力参数,$\dot{H}$、H_H 分为新增人力资本、用于自身积累人力资本,且有 $H_H = H - H_Y - H_N$,即总人力资本 H 除去生产 H_Y、研发 H_N 外用于自身积累。

（5）政府部门

为保证政府污染减排支出与经济增长相匹配,要求用于减排支出的污染排放收入与经济增长速度保持一致,以实现经济发展与环境保护双赢,因而设定 $g_I = g_C$；同时,政府部门制定污染税率,所得收入用于末端环境治理支出 I,实现预算平衡,因而有：

$$\tau_P \frac{P^\delta}{A^\theta} = I \ , \ g_I = g_C \ ① \tag{7}$$

两者联立得：

$$g_{\tau_P} = g_I - (\delta g_P - \theta g_A) \tag{7}'$$

（7）′式表明为确保经济与环境双赢,环境征收力度必须与经济发展速度和污染排放的速度相匹配,体现了环境政策制定内生化的重要思想,这是模型设定的改进之二。

由（7）式还可以看出,以 $\dfrac{P^\delta}{A^\theta}$ 为税基,充分体现了鼓励源头清洁投资与惩罚污染排放（资源消耗）的"奖罚分明"激励机制,这是模型设定的改进之三。

（6）环境质量

环境质量取决于三大因素：一是生产的清洁技术程度。借鉴 Gradus 和 Smulders（1993）的研究,本文清洁技术程度取决于环境清洁技术投资和污染投入要素的强弱对比 $-P^\delta/A^\theta$,即环境质量随

---

① g_I 即为减排支出 I 的增长率,即 $g_I = \dot{I}/I$,其他 g_X 做同样解释,即为变量 X 的增长率。

P 的上升或 A 的下降而下降。二是末端治理的政策力度，本文以末端环境治理支出 I 的环境贡献 $R(I)$ 代表环境政策力度，$R(I)$ 有助于环境质量的改善。三是环境的自我净化能力。参照 Jhy-hwa Chen（2008）的研究，假定环境自身的净化能力为 η，即在环境的自我调节系统没被破坏的情况下，以 η 为速度污染存量逐年递减、环境质量逐年上升。类似于 Aghion 和 Howitt（1998）的研究，我们定义环境质量 E 为实际环境质量与上限值之差，而上限值只有当所有生产活动都被无限期停止时才能达到，从而 E 恒为负值。因此，环境质量运动方程为：

$$\dot{E} = R(I) - \frac{P^{\delta}}{A^{\theta}} - \eta E \qquad (8)$$

（7）代表性家庭

代表性家庭效用函数除纳入物质消费与环境质量外，还包括人力资本，因为人力资本的提升对家庭而言，具有工资收入效应和精神提升效应，通过这些效应居民的消费效用水平随之提高（Boon-prakaikawe 和 Tournemaine，2006）。就家庭而言，环境质量不可控制。因此，代表性家庭在无限时域上效用最大化问题为：

$$\max \int_0^{\infty} \left[\frac{C^{1-\sigma}-1}{1-\sigma} + \frac{H^{1-h}-1}{1-h} - \frac{(-E)^{1+\omega}-1}{1+\omega} \right] e^{-\rho t} \mathrm{d}t \ ① \qquad (9)$$

构建代表性家庭最优化问题的现值 Hamilton 函数：

$$CVH = \frac{C^{1-\sigma}-1}{1-\sigma} + \frac{H^{1-h}-1}{1-h} - \frac{(-E)^{1+\omega}-1}{1+\omega} + \lambda_1 [rT +$$
$$(H - H_H)W_Y - C] + \lambda_2 \left[R(I) - \frac{P^{\delta}}{A^{\theta}} - \eta E \right] + \lambda_3 A_H H_H \qquad (10)$$

---

① 该加性可分效用函数是经典跨期效用函数的推广，而 $U(C, H, E) = \sigma \ln C + h \ln H - \omega \ln(-E)$ 在研究中也被广泛采用。

其中，σ，h，ω 分为物质消费、人力资本、环境质量的边际效用弹性。T 为家庭的财富，且 $\dot{T} = rT + (H - H_H)W_Y - C$。$\{C, H_H\}$ 为控制变量，对家庭而言，环境质量为外生给定、无法控制。$\{T, E, H\}$ 为状态变量，λ_1，λ_2，λ_3 为协态变量，经济含义分为财富、环境质量、人力资本的影子价格，效用最大化的一阶条件：

$$C^{-\sigma} = \lambda_1 \qquad\qquad\qquad (11a)$$

$$\lambda_1 W_Y = \lambda_3 A_H \qquad\qquad\qquad (11b)$$

$$\dot{\lambda}_1 = \rho\lambda_1 - r\lambda_1 \qquad\qquad\qquad (11c)$$

$$\dot{\lambda}_2 = \rho\lambda_2 - (-E)^\omega - \eta \qquad\qquad\qquad (11d)$$

$$\dot{\lambda}_3 = \rho\lambda_3 - H^{-h} - \lambda_1 W_Y \qquad\qquad\qquad (11e)$$

横截性条件 $\lim\limits_{t\to\infty}\lambda_1 T e^{-\rho t} = 0$、$\lim\limits_{t\to\infty}\lambda_2 E e^{-\rho t} = 0$ 和 $\lim\limits_{t\to\infty}\lambda_3 H e^{-\rho t} = 0$，即财富、环境质量和人力资本的无限期效用现值为零；代表性家庭效用最大化时消费增长率的拉姆齐规则（Ramsey）为：

$$g_C = \frac{\dot{C}}{C} = \frac{1}{\sigma}(r - \rho) \qquad\qquad\qquad (12)$$

2. 分散竞争均衡分析

首先，我们来分析当经济系统处于 BGP 上各变量的稳态增长率。

分散竞争均衡达成时，要求同时满足如下条件：

（ⅰ）生产部门最大化自己利润，即满足（1）′式、（3a）—（3d）式；

（ⅱ）代表性家庭最大化终身效用，即满足（11a）—（11e）式，（12）式；

（ⅲ）政府实现预算约束平衡，即满足（7）式和（7）′式；

（ⅳ）环境质量遵循运动方程，即满足（8）式。

BGP 是这样一些路径的集合 $\{C, K, Y, A, I, P, H, \tau_P,$ $E\}_{t=0}^{\infty}$，其中 C, K, Y, A, I 以相同的正常数 $\gamma*$ 增长；为保证环境质量逐步好转，P 必须以恒定常数负增长，而为了抵消 P 负向增长对经济造成的不利影响，清洁型生产要素（如人力资本、技术进步）必须以大于 $\gamma*$ 的正常数增长，达成环境与经济双赢。双赢正是污染税率累积增长的结果，即 τ_P 有一个正向增长率，与 J. H. Chen 等（2008）、Devereux 和 Love（1995）提出的（政府若要在经济体系中发挥重要作用那么政府支出必须持续稳步增长）观点吻合。

命题 1　在消费者最优消费和各部门利益最优化行为下，CDE 模型下经济稳态增长率为 $g_C = \dfrac{\rho}{\dfrac{\varphi}{\alpha_1}\dfrac{1-\alpha_2}{\alpha_2}\dfrac{H_Y}{H_N}\dfrac{K}{Y}\dfrac{\varphi}{1-\chi}\dfrac{1-\sigma}{1-h} - \sigma}$。

证明：首先分析 BGP 上人力资本如何在最终产品部门和研发部门之间配置。由劳动力市场出清可知，最终产品部门和研发部门的人力资本报酬应相等，即 $W_Y = W_N$，联立 (1)′、(3a) 和 (5) 式有：

$$r = \frac{\varphi A_N(1-\alpha_2)}{A_Y\alpha_1\alpha_2}H_N{}^{\varphi-1}H_Y{}^{1-\alpha_1}N^{\chi-\frac{\alpha_i}{\beta}}x_i{}^{1-\alpha_2}A^{-\alpha_3}P^{-\alpha_4} \tag{13}$$

r 为常数，$g_r = 0$，且经济处于均衡增长路径时 Y、C、K 具有相同的常数增长率，同时又由 (6) 式知 $g_H = g_{H_Y} = g_{H_N}$，求解各式的对数并对时间 t 求微分、联立各式得：

$$(\varphi - \alpha_1)g_H + (\chi - 1 - \frac{\alpha_2}{\beta} + \alpha_2)g_N + \tag{14}$$
$$(1 - \alpha_2 - \alpha_3)g_C - \alpha_4 g_P = 0$$

又由生产函数 (1)′ 式知：$\alpha_1 g_H + (\dfrac{\alpha_2}{\beta} - \alpha_2)g_N + (\alpha_2 + \alpha_3 -$

$$1)g_C + \alpha_4 g_P = 0 \tag{15}$$

（14）与（15）两式相加得：

$$\varphi g_H + (\chi - 1)g_N = 0 \tag{16}$$

由（11e）知，$g_{\lambda_3} = \rho - H^{-h}/\lambda_3 - \lambda_1 W_Y/\lambda_3$，再由 g_{λ_3} 为常数，从而有 $g_{\lambda_3} = -h g_H$ 以及 $g_{\lambda_3} = g_{\lambda_1} + g_{W_Y}$，再由（3a）式知，$g_{W_Y} = g_Y - g_H$，将这三个结果联立即得：

$$(1 - h)g_H = (1 - \sigma)g_C \tag{17}$$

联立（14）—（17）式得：

$$g_P = \frac{(\alpha_1 + \alpha_4) - [\alpha_1 + (\frac{\alpha_2}{\beta} - \alpha_2)\frac{\varphi}{1-\chi}]\frac{1-\sigma}{1-h}}{\alpha_4} g_C \tag{18}$$

将（13）式代入（12）式，再联立（2）′式与（16）—（18）式得：

$$g_C = \frac{\rho}{(\frac{1}{\alpha_2} - 1)\frac{K}{Y}(\frac{H_Y}{\alpha_1}/\frac{H_N}{\varphi})\frac{\varphi}{1-\chi}\frac{1-\sigma}{1-h} - \sigma} \tag{19}$$

（19）式经济含义：CDE 模型下经济增长率与垄断中间厂商的边际利润 $1/\alpha_2 - 1$、资本积累比例 K/Y 密切相关，还与各部门要素产出弹性、效用弹性等密切相关。特别地，与居民关于环境意识偏好参数 ω 没有关系，因为在 CDE 模型下居民作为环境的被动适应者，单方面不会主动、也很难改变环境的现状，这与社会经济的实情也比较吻合。

显然有 $1/\alpha_2 - 1$、K/Y、$\frac{H_Y}{\alpha_1}/\frac{H_N}{\varphi}$、$\varphi/(1-\chi)$、$(1-\sigma)/(1-h)$ 都大于 0，且为保证 $g_C > 0$，则有 $(\frac{1}{\alpha_2} - 1)\frac{K}{Y}(\frac{H_Y}{\alpha_1}/\frac{H_N}{\varphi})\frac{\varphi}{1-\chi}\frac{1-\sigma}{1-h}$

$> \sigma$ 条件成立；进而推出 $\dfrac{1-\sigma}{1-h} > 0$，即 σ 和 h 同时大于或小于 1，即只有代表性家庭对物质资本消费与教育消费保持大致均衡的偏好需求，才能实现经济持续稳定增长，即"均衡"偏好需求。均衡增长率对各相关参数求偏导数的比较静态分析见表 1：

表 1　均衡增长率对各相关参数的比较静态分析

静态参数	$x = 1/\alpha_2 - 1$	$x = K/Y$	$x = H_Y/\alpha_1$	$x = H_N/\varphi$	$x = h$	$x = \sigma$
$\partial g_C / \partial x$	< 0	< 0	< 0	> 0	< 0	> 0

$\dfrac{\partial g_C}{\partial x}\Big|_{x = 1/\alpha_2 - 1} < 0$ 经济含义：垄断中间厂商生产单位中间产品的边际利润越大，居民消费增长率越低，说明中间品市场的垄断性阻碍了居民消费率的增长，产生了市场"非效率"效应，且垄断性越大，所生产的中间产品越少，越不能满足市场需要，从而居民效用损失越大。

$\dfrac{\partial g_C}{\partial x}\Big|_{x = K/Y} < 0$ 经济含义：积累资金比重越大，居民消费的增长率越低，即过大的积累资金比重直接阻碍了居民消费的增长，产生了消费的"挤出"效应。

$\dfrac{\partial g_C}{\partial x}\Big|_{x = H_Y/\alpha_1} < 0$ 与 $\dfrac{\partial g_C}{\partial x}\Big|_{x = H_N/\varphi} > 0$ 的经济含义：H_Y/α_1 与 H_N/φ 分为人力资本在最终产品部门和研发部门的投入量与产出弹性之比，即人力资本在两部门的"性价比"，人力资本在研发部门的"性价比"越高、在最终产品部门"性价比"越低，经济增长率越大，这时决策者将更多的人力资本用于研发，新增的研发专利越多，而专利正是经济增长的核心增长点，促成经济的加速增长。这充分发

挥了技术研发对经济增长的"推动"效应，与彭水军（2007）观点一致。

$\frac{\partial g_C}{\partial x}\big|_{x=h} < 0$ 与 $\frac{\partial g_C}{\partial x}\big|_{x=\sigma} > 0$ 经济含义：h 和 σ 分为居民关于人力资本与物质消费的消费偏好参数，随着 h 的增大、σ 减小，经济增长率变小。因为 h 越大表明居民越发注重人力资本带来的效用，而 σ 越小则表明居民对物质消费所带来的效用关注度逐渐下降，此时加大人力资本投资同样能让居民感受到效用加大、福利改善。此时，居民将消费重心逐渐由物质消费转向教育享受，消费增长率下降，产生了消费的"转移"效应，与 J. H. Chen 等（2008）的"资源替代效应"相一致。

三、社会最优均衡分析

1. 社会最优均衡模型

由上面分析知，CDE 下居民环境意识偏好参数 ω 对经济增长率没有产生任何积极影响。而 FBA 模型下，决策者站在社会计划者的全局立场，注重经济增长的同时，更加关注人力资本发展和环境改善。因此，下面构建 FBA 模型，将污染性投入要素 P 增加为决策变量使环境质量外部性内化，以弥补 CDE 未能实现效率最优的不足，改善帕累托最优非效率化问题。构建社会计划者的现值 Hamilton 函数如下：

$$CVH = \frac{C^{1-\sigma} - 1}{1 - \sigma} + \frac{H^{1-h} - 1}{1 - h} - \frac{(-E)^{1+\omega} - 1}{1 + \omega} +$$

$$\lambda_1 (Y - C - A - \tau_P \frac{P^\delta}{A^\theta}) + \lambda_2 A_N H_N^\varphi N^\chi + \tag{20}$$

$$\lambda_3 A_H (H - H_Y - H_N) + \lambda_4 \left[R(I) - \frac{P^\delta}{A^\theta} - \eta E \right]$$

此时控制变量为 $\{C, H_Y, H_N, A, P\}$，状态变量为 $\{K, H, N, E\}$，$\{\lambda_1, \lambda_2, \lambda_3, \lambda_4\}$ 为协态变量，分别表示状态变量的影子价格。最大化 CVH 的一阶必要条件为：

$$\lambda_1 = C^{-\sigma} \tag{21a}$$

$$\lambda_1 \frac{\alpha_1 Y}{H_Y} = A_H \lambda_3 \tag{21b}$$

$$\varphi \lambda_2 A_N N^\chi H_N^{\varphi-1} = \lambda_3 A_H \tag{21c}$$

$$\lambda_1 \left[1 - \frac{\alpha_3 Y}{A} \right] = \frac{\theta P^\delta}{A^{\theta+1}} \left[\lambda_1 \tau_P + \lambda_4 - \lambda_4 R'(I) \tau_P \right] \tag{21d}$$

$$\lambda_1 \frac{\alpha_4 Y}{P} = \frac{\delta P^{\delta-1}}{A^\theta} \left[\lambda_1 \tau_P + \lambda_4 - \lambda_4 R'(I) \tau_P \right] \tag{21e}$$

系统的欧拉方程为：

$$\dot{\lambda}_1 = \rho \lambda_1 - \lambda_1 \frac{\alpha_2 Y}{K} \tag{22a}$$

$$\dot{\lambda}_2 = \rho \lambda_2 - \lambda_2 \chi A_N H_N^\varphi N^{\chi-1} - \lambda_1 \frac{(1/\beta - 1) \alpha_2 Y}{N} \tag{22b}$$

$$\dot{\lambda}_3 = \rho \lambda_3 - \lambda_3 A_H \tag{22c}$$

$$\dot{\lambda}_4 = \rho \lambda_4 - (-E)^\omega + \lambda_4 \eta \tag{22d}$$

横截性条件为：

$$\lim_{t \to \infty} \lambda_1 K e^{-\rho t} = 0, \quad \lim_{t \to \infty} \lambda_2 N e^{-\rho t} = 0,$$

$$\lim_{t \to \infty} \lambda_3 H e^{-\rho t} = 0, \quad \lim_{t \to \infty} \lambda_4 E e^{-\rho t} = 0 \tag{23}$$

2. FBA 下经济增长率

命题2　在消费者最优消费和各部门利益最优化行为下，FBA 模型下经济稳态增长率为 $g_C =$

$$\frac{\alpha_1 + \alpha_2 (\frac{1}{\beta} - 1) \frac{\varphi}{(1-\chi)}}{\alpha_1 \sigma + \alpha_4 \frac{(\delta - \theta)(1 + \omega) + \sigma - 1}{\delta(1 + \omega)} - \alpha_2 (\frac{1}{\beta} - 1) \frac{\varphi}{(1-\chi)}(1 - \sigma)}$$

$(A_H - \rho)$。

证明：整理（21）—（23）式得到如下线性方程组：

$$(1 - \sigma) g_C - g_H = \rho - A_H \tag{24}$$

$$\varphi g_H + (\chi - 1) g_N = 0 \tag{25}$$

$$(\omega\theta + \theta + 1 - \sigma) g_C = (\omega\delta + \delta) g_P \tag{26}$$

$$(\alpha_2 + \alpha_3 - 1) g_C + \alpha_1 g_H + (\frac{1}{\beta} - 1)\alpha_2 g_N + \alpha_4 g_P = 0 \tag{27}$$

由（25）式，为保证 g_H、$g_N > 0$，必须有 $\frac{\varphi}{1-\chi} > 0$，从而有隐含条件1：$\chi < 1$；由（26）式，为保证环境、经济双赢，即 $g_P < 0$，$g_C > 0$，从而有隐含条件2：$\omega\theta + \theta + 1 - \sigma < 0$，即 $\sigma > 1$。

由（24）—（27）式组成的方程组包含 g_C、g_H、g_N、g_P 四个未知变量，求解方程组得各经济变量的稳态增长率如（28a）—（28e）式所示。

$$g_C = \frac{\alpha_1 + \alpha_2 (\frac{1}{\beta} - 1) \frac{\varphi}{(1-\chi)}}{\alpha_1 \sigma + \alpha_4 \frac{(\delta - \theta)(1 + \omega) + \sigma - 1}{\delta(1 + \omega)} - \alpha_2 (\frac{1}{\beta} - 1) \frac{\varphi}{(1-\chi)}(1 - \sigma)} \tag{28a}$$

$(A_H - \rho)$

$$g_H = (A_H - \rho) + (1 - \sigma)g_C \tag{28b}$$

$$g_N = \frac{\varphi}{1 - \chi}g_H = \frac{\varphi}{1 - \chi}[(A_H - \rho) + (1 - \sigma)g_C] \text{ ①} \tag{28c}$$

$$g_P = \frac{\omega\theta + \theta + 1 - \sigma}{\delta(1 + \omega)}g_C \tag{28d}$$

进一步求解得到：

$$g_E = \frac{1 - \sigma}{(1 + \omega)}g_C \tag{28e}$$

$$g_{\tau_P} = \frac{\omega + \sigma}{(1 + \omega)}g_C \tag{28f}$$

因此，命题得证。

由（28a）式知 $\frac{\partial g_C}{\partial \omega} > 0$，FBA 模型下经济增长率与居民环境偏好正相关，居民越在乎环境，经济增长率越大，此时环境政策实施激励居民节约资源、保护环境，从而有更多的资源用于经济增长。$\frac{\partial g_C}{\partial A_H} > 0$，表明人力资本部门积累效率系数越大，越能节省更多的人力资本用于最终产品生产与研发，最终促进经济增长率加大。

由（28f）式知 $g_{\tau_P} > 0$，表明为达成环境、经济双赢污染征收率必须以大于 0 的速率加速增长，从而用于污染减排支出的污染税收与经济同步增长，即 $g_I = g_C$。这与 Devereux 和 Love（1995）、Turnovsky（2000）以及 J. H. Chen 等（2008）主张的观点是一致：环境约束下，为维持经济体系的均衡发展，政府环境政策应该内生

---

① 由 $g_N = \frac{\varphi}{1 - \chi}g_H$ 知，当 $\varphi + \chi > 1$ 时，$g_N > g_H$；当 $\varphi + \chi < 1$ 时，$g_N < g_H$；当 $\varphi + \chi = 1$ 时，$g_N = g_H$。在不影响讨论结果情况下，后面数字模拟中将以 $\varphi + \chi > 1$ 为例展开讨论。

化，保证公共减排支出与经济增长同步。且 $\dfrac{\partial g_{\tau_P}}{\partial \omega} > 0$，即居民的环

境偏好意识越强，越能接受更高的污染征收率，而 $\dfrac{\partial g_{\tau_P}}{\partial \sigma} > 0$ 表明，

居民越注重物质消费，为节约资源和保护环境则要求实行更高的污染征收率，且当 $\sigma > 1$ 时，$g_{\tau_P} > g_C$，当 $\sigma < 1$ 时，$g_{\tau_P} < g_C$，表明居民的物质消费效用弹性是否大于 1，是税率增长率是否快于经济增长率的关键。

四、CDE 模型与 FBA 模型的比较

下面从作用机理分析与数字校正两方面进行 CDE 模型与 FBA 模型的比较，并进行命题 3 的提出与论证。

命题 3 CDE 模型下稳态增长率小于 FBA 模型下稳态增长率；并且，为达到同样经济增长率，CDE 下所要求的条件更为苛刻：不但环境污染税率以更大的速率增长，人力资本和技术进步对经济增长率的贡献 γ_{H+N} 也更大。

1. 环境政策促进环境与经济双赢的作用机理分析

将前面 CDE 与 FBA 模型的数理结果，按照经济与环境、增长动力与环境政策整理成表 2。

如表 2 所示，FBA 与 CDE 两种模型下，为了实现经济增长与环境保护双赢（$\gamma = g_C$，$g_E < 0$），实施了动态累进的污染征收政策（$g_{\tau_P} > 0$）及其配套政策，同时还引入了人力资本积累和技术进步等内生经济增长动力（g_H、$g_N > 0$），因此，下面就增长动力与环境政策两方面进行 FBA 与 CDE 模型的比较。

表 2　CDE 模型与 FBA 模型的数理比较

经济增长率 $\gamma = g_C$	CDE	$$g_C = \cfrac{\rho}{\cfrac{\varphi}{\alpha_1}\left(\cfrac{1}{\alpha_2}-1\right)\cfrac{H_Y}{H_N}\cfrac{K}{Y}\cfrac{\varphi}{1-\chi}\cfrac{1-\sigma}{1-h}-\sigma}$$
	FBA	$$g_C = \cfrac{\alpha_1+\alpha_2\left(\cfrac{1}{\beta}-1\right)\cfrac{\varphi}{(1-\chi)}}{\alpha_1\sigma+\alpha_4\cfrac{(\delta-\theta)(1+\omega)+\sigma-1}{\delta(1+\omega)}-\alpha_2\left(\cfrac{1}{\beta}-1\right)\cfrac{\varphi}{(1-\chi)}(1-\sigma)\\ \cdot(A_H-\rho)}$$
环境质量变化率 g_E	CDE	$$g_E = -\left\{\delta+\theta+\cfrac{\delta\left[\cfrac{1-\sigma}{1-h}\left(\cfrac{\alpha_2}{\beta}-\alpha_2\right)\cfrac{\varphi}{1-\chi}+\alpha_1\right]}{\alpha_4}\right\}g_C$$
	FBA	$$g_E = \cfrac{1-\sigma}{(1+\omega)}g_C$$
经济增长动力 N, H 变化率 $\quad g_H$	CDE	$$g_H = \cfrac{1-\sigma}{1-h}g_C$$
	FBA	$$g_H = (A_H-\rho)+(1-\sigma)g_C$$
$\quad g_N$	CDE	$$g_N = \cfrac{\varphi}{1-\chi}g_H$$
	FBA	$$g_N = \cfrac{\varphi}{1-\chi}g_H$$
污染税率的变化率 g_{τ_P}	CDE	$$g_{\tau_P} = \left\{1+\delta+\theta+\cfrac{\delta\left[\cfrac{1-\sigma}{1-h}\left(\cfrac{\alpha_2}{\beta}-\alpha_2\right)\cfrac{\varphi}{1-\chi}+\alpha_1\right]}{\alpha_4}\right\}g_C$$
	FBA	$$g_{\tau_P} = \cfrac{\omega+\sigma}{(1+\omega)}g_C$$
污染排放 g_P	CDE	$$g_P = \cfrac{(\alpha_1+\alpha_4)-\left[\alpha_1+\left(\cfrac{\alpha_2}{\beta}-\alpha_2\right)\cfrac{\varphi}{1-\chi}\right]\cfrac{1-\sigma}{1-h}}{\alpha_4}g_C$$
	FBA	$$g_P = \cfrac{\omega\theta+\theta+1-\sigma}{\delta(1+\omega)}g_C$$

从经济增长的动力看，FBA 模型大于 CDE 模型。CDE 模型下 g_H 仅仅取决于居民对物质消费与人力资本的相对偏好强度，h 相对于 σ 越大，人力资本积累速度越大。FBA 模型下 g_H 由两部分组成，$(1-\sigma)g_C$ 用于弥补居民因物质消费不够强劲而对经济增长率造成的缺口；另一部分 $A_H-\rho$，即人力资本自身的有效生产率系数（这

里，生产率系数除去用以抵消时间贴现因子所剩部分 $A_H - \rho$，反映了人力资本积累实际速率，因而称为有效生产率系数）。而且在 FBA 与 CDE 模型下，研发与人力资本的增长率都满足关系 $g_N = \dfrac{\varphi}{1-\chi} g_H$，所以，FBA 模型下 g_N 也强于 CDE 模型。因此，FBA 模型下经济增长对人力资本和研发施加的压力更小，所需增长率也更小。

从环境政策实施力度而言，FBA 模型下污染税率增长率远小于 CDE 模型。FBA 模型下污染税率以 $g_{\tau_P} = \dfrac{\omega + \sigma}{(1+\omega)} g_C$ 增长，略大于 g_C；而 CDE 模型下，污染税率增长率 g_{τ_P} 括号中第四项显然大于零且远大于 $\dfrac{\alpha_1}{\alpha_4}$，从而有 $g_{\tau_P} \gg g_C$。因此，为确保经济与环保双赢，CDE 模型所需污染征收政策远比 FBA 模型严格。

因此，与 CDE 模型相比，FBA 模型经济增长动力源自人力资本和技术研发外，还源自居民环保意识和绿色消费偏好，因而对人力资本与技术研发的压力更小，即为达成同等环境保护与增长目标，所需的人力资本与研发增长率无须太大；而且 FBA 模型下，居民环境保护意识得以充分发挥，因而所需的污染排放征收率的增幅更小。两者综合效果即为：为达成同等环保与增长目标，CDE 模型所需污染征收率的增幅大于 FBA 模型，且人力资本和技术研发对经济增长率的贡献度更高。

命题 3 得证。

2. 数字模拟比较分析

下面通过数字模拟进行比较，以直观显示 CDE 模型与 FBA 模型的区别。参数设定充分借鉴已有研究成果，为增加可比性，CDE

模型与 FBA 模型下相同参数赋值相同。已有实证文献表明人力资本产出弹性取值在 0.2（Kortum，1993）到 0.70（Mankiw，2000）之间，本文设定人力资本在最终产品和研发部门的产出弹性分为 $\alpha_1 = 0.35$ 和 $\varphi = 0.5$，其他参数设置：$\alpha_2 = 0.30$，$\alpha_3 = 0.20$，$\alpha_4 = 0.15$，从而使投入要素产出弹性之和 $\sum \alpha_i = 1$，借鉴彭水军（2007）的研究，设定 $A_H = 0.2, \beta = 0.5, \chi = 0.5, \delta = 0.4, \theta = 0.5, \sigma = 2$，模拟结果见表 3：

表 3　CDE 模型下均衡解的数字模拟，$\varphi + \chi > 1$①

模拟情景	$\dfrac{Y}{K}$	$g_C = g_A$	g_H	g_N	g_P	g_{τ_P}	g_E	γ_{H+N}	γ_P
①	0.10	0.0517	0.087	0.103	−0.276	0.188	−0.136	1.3	−0.8
②	0.12	0.0556	0.092	0.111	−0.296	0.202	−0.146	1.3	−0.8
③	0.14	0.060	0.101	0.120	−0.320	0.218	−0.158	1.3	−0.8
④	0.16	0.065	0.108	0.130	−0.348	0.237	−0.171	1.3	−0.8
⑤	0.18	0.0714	0.119	0.143	−0.380	0.260	−0.188	1.3	−0.8
⑥	0.20	0.0790	0.132	0.158	−0.421	0.287	−0.208	1.3	−0.8
⑦	0.22	0.088	0.146	0.176	−0.471	0.321	−0.232	1.3	−0.8

表 3 的 CDE 模拟中，借鉴刘凤良（2009）关于我国消费资本比和 R. P. Catarina（2010）关于亚洲及发展中国家消费产出比的设定，本文设定参数 $Y/K = \{0.10，0.12，0.14，0.16，0.18.0.20，0.22\}$，$H_Y/H_N = 4/5, h = 1.5$，为维持 8% 左右的经济增长率 g_C，自然资源消耗或污染排放变化率 g_P 位于 $[-0.276, -0.471]$ 区间，要求污染税率增长率 g_{τ_P} 位于 $[0.188, 0.321]$ 区间，人力资本

---

① 由前面推导可知，当 $\varphi + \chi > 1$ 时，$g_N > g_H$；再者，与物质资本投资等污染型要素相对应，将人力资本和技术进步一并称为"清洁"型要素，从而记人力资本和技术进步对经济增长的联合贡献度为 γ_{H+N}。

与技术进步对经济增长的联合贡献度 γ_{H+N} 达到 1.3，环境污染对经济增长的贡献度 γ_P 为 -0.8。在现实经济中，如此苛刻的污染税率企业难以承受、系统难以维持。

表 4　FBA 模型下均衡解的数字模拟，$\varphi+\chi>1$，$\omega=0.4$

模拟情景	$\dfrac{(1-\sigma)}{(1-h)}$	$g_A=g_C$	g_H	g_N	g_P	g_{τ_P}	g_E	γ_{H+N}	γ_P
①	2.0	0.037	0.075	0.089	-0.229	0.142	-0.104	1.420	-0.920
②	1.9	0.041	0.078	0.094	-0.234	0.149	-0.108	1.349	-0.849
③	1.8	0.046	0.083	0.099	-0.239	0.158	-0.112	1.278	-0.778
④	1.7	0.053	0.089	0.107	-0.248	0.170	-0.117	1.207	-0.707
⑤	1.6	0.061	0.097	0.117	-0.258	0.185	-0.124	1.136	-0.636
⑥	1.5	0.072	0.108	0.129	-0.272	0.206	-0.134	1.065	-0.565
⑦	1.4	0.089	0.124	0.149	-0.292	0.238	-0.148	0.994	-0.494

表 4 的 FBA 模拟中，$\sigma = \{2，1.95，1.9，1.85，1.8，1，75，1.7\}$，$H_Y/H_N = 4/5$，$Y/K = 0.22$，$h = 1.5$。为维持近 8% 增长率 g_C 和 $[-0.229，-0.292]$ 左右的污染排放变化率 g_P，要求污染税率增长率 g_{τ_P} 在 $[0.142，0.238]$ 之间。

表 4 与表 3 相比，为达到 8% 左右的经济增长率，CDE 模型要求的污染税率增长率 g_{τ_P} 远大于 FBA 模型的污染税率，所要求的污染要素投入的下降速率 g_P 也更大，现实中，CDE 模型系统更加难以维持；CDE 模型中污染性投入要素对经济增长率的贡献 γ_P 固定为 -0.8，因为 CDE 下代表性家庭对环境无法控制，因而人力资本和技术进步对经济增长率的贡献 γ_{H+N} 固定为 1.3；而在 FBA 模型中社会计划者可以控制环境质量，污染性投入要素对经济增长率的贡献 γ_P 位于 $[-0.494，-0.920]$ 区间，为抵消污染性投入要素对经济增长的负面影响，人力资本和技术进步对经济增长率的贡献

γ_{H+N} 只需位于 $[0.994，1.420]$ 区间，总体上低于 CDE 模型的贡献度 1.3。

因此，就污染税的增长率 g_{T_P} 和人力资本和技术进步对经济增长率的贡献 γ_{H+N} 而言，在现实经济中 CDE 模型比 FBA 模型更加难以维系。

命题 3 再次得证。

3. CDE 与 FBA 两模型的差距成因分析

由数理分析和数字校正比较知，两模型根本区别在于，CDE 模型下居民环境保护意识没能像 FBA 模型一样被激励，居民被动接受外在环境，而将终身效用寄托于物质消费，为改善福利要求不断提高消费增长率，几乎造成"高消费、高污染、高税率"的恶性循环局面。随着消费增长率的增大，污染排放越多、环境破坏越严重，为保护环境，所需的污染征收率必须以更大的速率增长；与此同时，在政府环境政策激励下，为满足居民不断增长的消费需求，"清洁型"人力资本积累和专利研发对经济增长的贡献也随之加大。

为缩小两模型的差距，寻求两模型的均衡点，关键在于加大居民的环境保护意识和政府环境政策的宣传与实施力度，逐步实现"量变"到"质变"的飞跃，使决策者的立场由完全分散均衡→适当考虑环境保护的分散均衡→局部范围内的次优均衡→全局范围内的社会最优均衡，而这整个过程最终取决于政策制定者、政策实施者、政策受用者——人的环境保护意识。

五、结论与建议

基于内生增长理论和 Hamilton 动态模型，本文分析了内生环境政策促进经济增长与环境保护的作用机理：环境政策激励下，"清洁型"人力资本和技术进步作为主要经济增长动力，弥补因"污染型"投入要素负增长对经济增长的负面影响；比较、分析了 CDE 模型和 FBA 模型下均衡增长率的差距及其产生原因，并通过数字模拟得到了更为直观的结论：两种模型下，为达成经济与环境双赢，都要求环境税率内生决定并以一定的速率正向增长；与 FBA 模型相比较，为达到同等经济增长率和环保水平，CDE 模型要求更为苛刻。因为 CDE 模型下居民环境偏好未对模型产生任何影响。因此，以下几点值得思考：

（1）实行"动态累进"的污染税收政策，充分发挥其在环境规制中的主导作用。第二、三部分数理研究发现，经济环境双赢要求污染税率稳态增长。"动态累进"指随着经济稳态增长，环境税率也以某一固定常数稳态增长。BGP 上，产出按固定常数稳态增长，必然要以资源投入增长为条件、以污染排放增加为代价，仅仅实施固定的污染税率，不足以阻止企业加大资源投入和污染排放的步伐；"动态累进"的污染税率激励人力资本、技术进步、清洁投资等"清洁型"要素以大于经济的速率加速增长，以抵消自然资源、"污染型"投入要素等对经济增长的负面影响，发挥"动态累进"税在内生经济增长机制中的激励作用。

（2）发挥公众参与机制、使之落到实处。由第三、四部分比较得知，居民环保积极性和环境意识偏好对环境改善至关重要。因此，必须努力拓宽民众诉讼渠道、搭建公众环境保护监督平台，改进落实群众来信来访制度，使广大群众对环境质量的需求在政策制定中得到充分体现甚至起到"一票否决"的作用。公众关于环境问题的来信来访、各级各类诉讼的受理与解决，直接加大企业的环境压力、增强企业的环保意识。而且，给广大群众以参政议政积极性，增强大众环境质量与环境保护意识，激发人力资本积累和技术进步等"清洁"型投入要素的投入，启动内生经济增长作用机制，实现经济增长与环境改善的双赢。

（3）加大教育和技术创新投资，是永恒而又关键的主题。由第四部分 FBA 和表3、表4 的模拟知，人力资本和技术进步增长率远大于经济增长率，对经济增长的贡献始终大于它们的产出弹性之和，超额部分足以抵消甚至超过"污染型"投入要素负向增长对经济增长的负面影响。因此，加大教育和技术创新投资，以激发更深层意义上的人力资本积累和技术进步，加大"清洁"型投入要素对经济增长的贡献度，降低自然资源消耗或污染排放等"污染型"投入要素对经济增长的贡献，走"经济环境"双赢的发展路线。

（4）贯彻落实"市场+行政"与"源头+末端"混合环境规制政策，充分发挥政策配套的组合功效。由前面分析知，源头型清洁技术投资作为生产投入要素，对经济增长有重大贡献，其投资额直接影响污染税基，投资越大税基越小，属市场型环境政策，关注生产前的投资激励，降低污染总量规模，减轻末端减排支出的压力；与此相对，末端减排支出借助行政职能部门的权威，关注生产后的污染减排问题，在排放之前进行污染处理，以弥补源头清洁技术投资的不足。最终发挥环境政策配套在经济与环境双赢中的组合功效。

文化产业的产业关联研究

——基于网络交易大数据

（2014 年 11 月 15 日）

一、引 言

文化是民族的血脉，是人民的精神家园，是国家软实力的重要体现。2012 年，中国文化产业总产值突破 4 万亿元，占 GDP 比重达 8.5%，对社会经济发展的推动作用正逐渐增强，党的十七届六中全会提出："推动文化产业与旅游、体育、信息、物流、建筑等产业融合发展，增加相关产业文化含量，延伸文化产业链，提高附加值"。文化产业与经济发展日益融合，呈现出较强的产业关联效应（Jason，2009），文化产业是一个综合性、渗透性、关联性比较突出的产业，与相关产业存在天然的耦合关系，具有融合的深厚基础和广阔空间（朱欣悦等，2013）。如何界定文化产业融合的"相关产业"，本质上来说必须要建立在产业关联的研究基础上，那么，文化产业内部产业链的"上下游"关系如何？文化产业与相

＊　本文作者为梅国平、刘珊、封福育，刊发于《经济管理》2014 年第 11 期。

关产业融合的产业链如何延伸、产业网络如何扩展？文化产业与相关产业融合后对国民经济推动作用的如何演化？通过研究文化产业的产业关联及演化规律对实现文化产业的融合发展有着重要的意义。本文将利用网络交易数据，运用产业复杂网络分析方法，分析文化产业链内的结构和量化文化产业与国民经济中其他产业的关联性，为国内研究文化产业与其他产业间的融合发展提供不同的视角与参照。

二、文献回顾

1. 文化产业的产业关联研究

1958 年，美国经济学家 Hirschman 在其《经济发展战略》一书中最先提出产业关联这一概念。Candace（2005）研究了文化产业在非特异的关联市场或行业中的转型问题。关于产业关联的传统计算方法是 Leontief 开创的投入—产出（Input-Output）方法，Shui 和 Harriss（2006）综合投入—产出和生命周期方法进行了评估测算。国内学者大多基于中国投入产出表（1997—2007）计算文化产业的感应度系数、影响力系数、波及效应等，如王志标（2009）、蔡旺春（2009）等等。郑仕华（2012）进一步通过实证研究了文化产业对浙江省经济发展的促进作用；邓安球和史忠良（2010）分析了湖南省文化产业对产业结构转型的关联作用；邢玉升和陈丽敏（2008）从产业关联理论的角度研究了奥运会对体育业、旅游业、文化业、金融业的关联效应；韩顺法（2012）探讨了文化产业对相关产业的带动效应；高秋芳等（2012）、顾江（2011）、傅才武和陈庚（2007）认为从产业关联基准看，文化产业是产业体系庞大、产业链条伸展的高关联度、高联动产业，可以作为城市的支柱产业发展；朱欣悦等（2013）、吴利华等（2011）认为文化产业对自身的关联程度较强，文化产业的发展需在突破自身路径依赖的同时加强产业融合、拓宽自身产业链。在产业关联综合评价方面；蓝庆新（2012）提出了产业关联竞争力指数；蒋萍和王勇（2011）研究了全口径中国文化产业投入产出效率。

2. 产业复杂网络的模型研究

复杂网络理论研究的历史要追溯到著名的数学家 Erds 和 Rényi，自1998年 Watts 和 Strogatz 提出小世界网络模型以来，复杂网络分析方法迅速发展，得到了学术界的高度认可，被誉为"21世纪的科学"（Michelle，1997），一批学者（Barabási、Albert 和 Jeong）加入到研究行列中，分别在实证研究、演化模型、网络上的动力学等方面作了大量的研究。由于"产业间关联关系实际上是以产业为顶点的图"（赵炳新，1996），因而可以借鉴不确定图来描述复杂系统中的事物间的数据关系，而且其数据刻画的能力常常优于其他数据模型（Rasteiro 和 Anjo，2004）。国内外学者利用图论中距离、二元关系等进行了投入产出关联研究。荷兰投入产出学者 Dietzenbacher 等人（2005）提出了 APL（average propagation lengths）模型；唐志鹏等（2013）构建了产业关联经济距离模型，提出了关联经济距离指数；吴开亚和陈晓剑（2003）运用 Warshall 算法揭示了安徽省产业系统的关联关系；胡仙等（2008）以广东省软件产业为例，研究了企业竞争关系演变的复杂网络；张纪会和徐军芹后建立了供应链的复杂网络演化模型；国民经济产业部门的产业结构也可以构建投入产出关联网络（方爱丽等，2009），赵炳新等在此基础上构建了山东省的产业复杂网络（2011），将区域经济决策活动归集为路径选择和子网提取等网络优化问题。在产业复杂网络的算法实现方面，已有人工神经网络（Alsing，1994）、自适应同步（Yu，2006）、寻优算法（Li，2007）、模糊逻辑方法（Kobravi，2009）、贝叶斯法（郝崇清，2012）和最可靠最大流法（蔡伟，2012）等等。

从目前已掌握的文献来看，国内学者在运用 Leontief 的方法测度产业关联时多运用统计年鉴数据（如国家统计局——投入产出表 1997—2007），存在一定的数据滞后问题；而关于产业复杂网络模型的研究成果大多集中在具体的算法实现上，运用现实世界的数据系统地研究某一产业的产业关联问题较为少见。因此，本文运用网络数据平台中文化相关产业的厂商最近 30 天内实时交易的海量交易数据构建了文化产业复杂网络，运用类似医学 CT 图谱式的文化产业复杂网络来反映产业关联，将各产业的内在关联结构用可视化的形式进行展示，是图论技术在经济领域的新运用，也提供了产业关联的新思路，并通过该文化产业复杂网络实现数据利用和共享；改进了蔡伟（2012）提供的最可靠最大流的算法，在算法中引入交易份额比例因子，赋予产业复杂网络更为丰富的经济学含义。

三、数据来源及模型选择

1. 数据来源

按照国家统计局《文化及相关产业分类（2012）》中统计口径的相关规定，整理了我国国家统计局公开的 1987 年、1990 年、1992 年、1995 年、1997 年、2000 年、2002 年、2005 年和 2007 年等九年《投入产出表》的数据集；同时为了克服数据滞后的问题，本文的研究使用了文化产业网络交易数据。根据《2013 年度中国电子商务市场数据监测报告》，截至 2013 年底，中国电子商务市场交易规模达 10.2 万亿元，占 GDP 比重达 17.96%，同比增长 29.9%，"娱乐教育文化用品及服务" 类在 B2B 电子商务商阿里巴巴网上的市场份额占比达 22.15%（全网第二），这表明，网络交易数据可以作为研究文化产业关联的重要途径。

阿里巴巴网站作为中国最大的 B2B 网络交易平台（市场份额为 44.5%）将网上交易产业部门分为：安全、防护，办公、文教，包装，传媒、广电，代理，电工电气，电子元器件，二手设备转让，纺织、皮革，服饰配件、饰品，服装，工艺品、礼品，化工，环保，机械及行业设备，家纺，加工，家用电器，家装、建材，交通运输，精细化学品，美妆日化，母婴用品，内衣，能源，农业，汽摩及配件，日用百货，商务服务，食品、饮料，数码、电脑，通信产品，童装，玩具，五金、工具，箱包皮具，项目合作，橡塑，鞋，冶金矿产，医药、保养，仪器仪表，印刷，运动户外，照明工业和纸业等 46 产业部门，利用阿里巴巴数据交易平台，按这 46 个相关产业部门的分类搜集了每个部门中的近 30 天内交易总量居前 400 家厂商的全部交易数据（合计 18400 家厂商[①]）进行分析。通过与国家统计局《文化及相关产业分类（2012）》的相关规定的比较，本文选取办公、文教，包装，传媒、广电，工艺品、礼品，玩具，印刷，照明工业，纸业等 8 个产业部门作为网络文化产品交易的主要研究对象。图 1、图 2 显示的就是阿里巴巴电商网络大数据云平台的近 30 天（2013.11.12—2013.12.11）交易的"云数据"图。

---

① 本文的数据来源主要有新经济的代表网络阿里巴巴交易云数据平台提供的原始交易数据，笔者自行在网络上搜集的原始交易数据；部分数据因涉及具体商业机密，阿里巴巴云数据平台以指数形式提供。

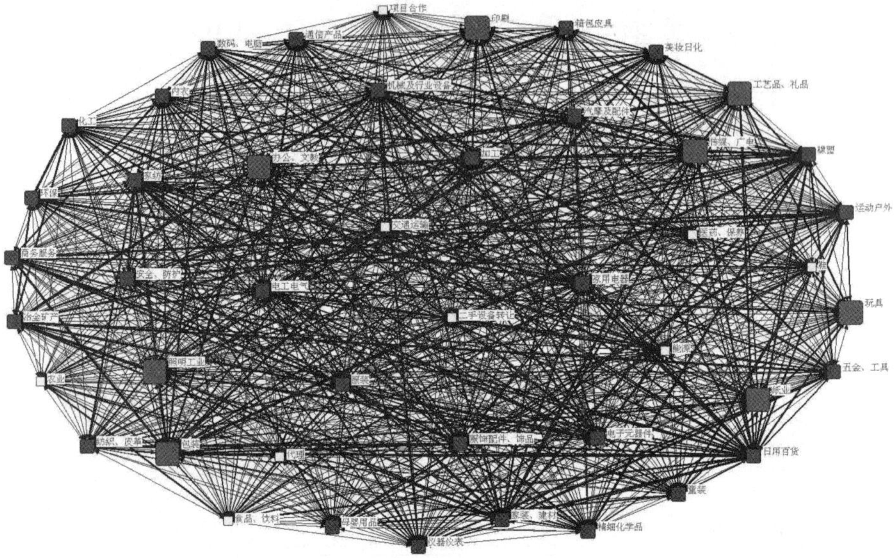

图 1　阿里巴巴电商网络全网近 30 天交易的"云数据"（2013. 11. 12—2013. 12. 11）

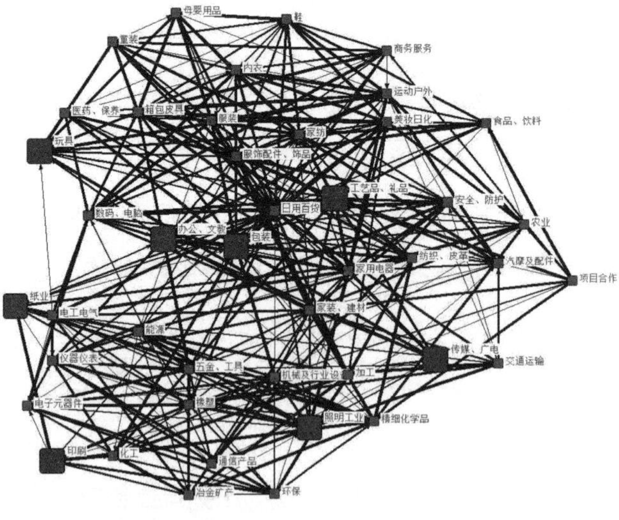

图 2　阿里巴巴电商网络实物性文化产品近 30 天交易的部分"云数据"
（2013. 11. 12—2013. 12. 11）

其中文化产业相关 8 个产业部门中个选取总交易量前 400 家厂商，其近 30 天内每笔交易的交易额按降序排列如图 2 所示。

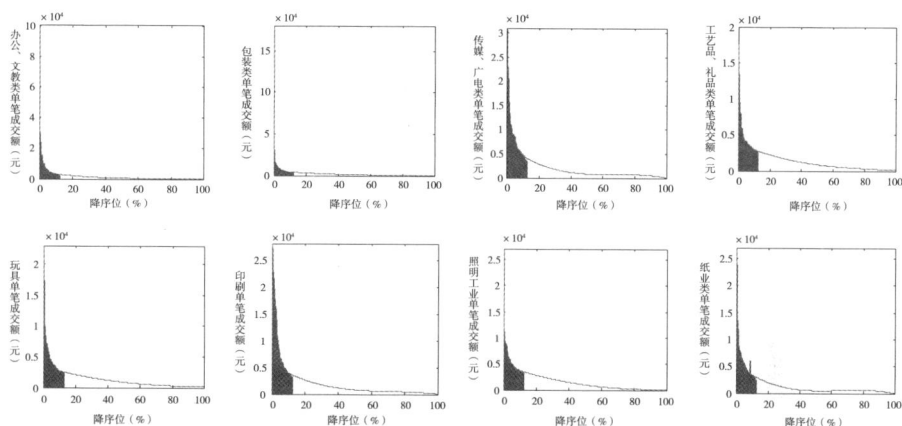

行业	最大值	最小值	方差	均值
办公、文教	108194	123	6178	2249
包装	184490	32	9583	3100
传媒、广电	31080	132	3159	2576
工艺品、礼品	17653	61	1736	1747
玩具	22877	178	2020	1715
印刷	27890	45	3581	2479
照明工业	27474	98	2176	2084
纸业	27641	21	2538	1861

图 3　阿里巴巴文化产品相关部门单笔交易额的分布情况

2. 模型选择

本文通过建立文化产业复杂网络来研究文化产业的产业关联，建立此类复杂网络模型的总体思路是：首先将国民经济系统中的产业集合进行一定分类，按照一定的依据分为若干个产业部门，再现实中真实的买卖数据计算各产业中不同厂商彼此间的具有一定概率可能性的厂商关联相关性，在此基础上，利用复杂网络的方法确定产业系统的结构和彼此的关联情况。

（1）国民经济系统中产业集合的确定：本文依照阿里巴巴网的产业划分资料确定。不妨记 1，2，3，…，n 作为产业集合 G 中的元素。

（2）建立产业系统产业间厂商关联相关性的描述：集合 G 的关联相关性由属于不同产业 i 和 j 的所有厂商间购买选择之间的关联相关性进行刻画。

首先我们定义产业 i 内的厂商 s 与产业 j 的所有厂商间的交易选择的相互关系（这是一个厂商对应另一个产业内多个厂商的"一对多"关系）：$r^s(i, j) = corr(u_{ij}^s, u_{ji}^s)$；其中：如果厂商 s 的全部交易的一定份额比例以上来源于产业 j 中的厂商，则 $u_{ij}^s = 1$，否则，$u_{ij}^s = 0$。如果 $r^s(i, j) = 0$，则说明的厂商 s 与产业 j 中的厂商交易选择是随机的，遵循均匀分布；$r^s(i, j) = 1$，则说明厂商 s 与产业 j 中的厂商彼此交易选择一致。接下来，如果把交易活动的分布作为基准，则产业 i 内的厂商 s 选择产业 j 的概率由该产业 i 与产业 j 的经济活动总体关联程度水平的相对规模确定，这就等于假定，如果 u_{ij}^s 是非独立的伯努利变量，记 $p(u_{ij}^s = 1) = \lambda_s$，则 $E(u_{ij}^s) = \lambda_s$。同时厂商 s 与产业 j 交易选择一致的概率 p^s 有：$p^s = E(u_{ij}^s u_{ji}^s) =$ cov $(u_{ij}^s, u_{ji}^s) + E(u_{ij}^s)E(u_{ji}^s) = r^s(i, j)\lambda_s(1 - \lambda_s) + \lambda_s^2$。最后，产业 i 内的所有厂商（共 R 个）与产业 j 的厂商关联相关性 $r(i, j)$ 可以认为是这 R 个厂商与产业 j 交易选择一致的概率 p^s 的和：$r(i, j) =$

$$\sum_{s=1}^{R} p^s = r^s(i, j)\left(1 - \sum_{s=1}^{R} \lambda_s^2\right) + \sum_{s=1}^{R} \lambda_s^2$$

如果有全部厂商交易的实际数据，则上式中各项数值均可直接计算。考虑到约简数据挖掘难度和降低计算量，借鉴莫勒尔和赛迪罗特的方法，我们可以给规模较大的厂商分配较大的权重来简化计算过程。

（3）文化产业复杂网络的构建：在完成了具有一定概率性质的产业间厂商关联相关性的描述完成后，本文选择一定的关联临界

值 α（根据柏拉图法则，α 取 0.8），利用 CONCOR（convergent correlations convergence of iterated correlation）迭代相关收敛法，构建产业复杂网络。

3. 产业关联的评价指标

（1）产业复杂网络的结构性指标

各产业之间通过这样的关联联结构成产业链，而不同的产业链相互构成了复杂网络，借鉴不确定图来描述该类复杂系统中的事物间的数据关系，其数据刻画的能力常常优于其他数据模型。借助社会网络分析的方法（SNA），本文给出产业复杂网络的结构性指标如表 1 所示：

表 1 文化产业复杂网络的结构性评价指标

指标		关联结构特征含义	计算公式及说明
关联广度指标	中心度	反映该产业节点 i 在产业网络中对其他产业关联的控制程度	$\dfrac{C_{RD}(x)}{n-1} = \dfrac{i\ 的度数}{图中最大可能度数}$
	网络密度	反映该产业网络关联关系的密集程度	$\dfrac{E}{n(n-1)} = \dfrac{产业网络中实际边数}{该网络的最大可能边数}$
关联深度指标	平均距离	反映产业网络中整体产业链的深度水平	$\dfrac{1}{n(n-1)}\sum\limits_{i=1}^{n}\sum\limits_{i\neq j}^{j} d_{ij}$，$d_{ij}$ = 该产业网络中 i 与 j 之间的路径
	最长产业链	网络中最长的路径	链长意味着链上各产业交易的频繁；链短则意味着彼此的息息相关

（2）产业复杂网络中产业前向供给关联系数（ FP_{ij} ）和后向需求关联系数（ BP_{ij} ）

企业的发展战略是在产业链上寻求最优路径，而产业融合政策则是配置产业链条，形成最有效支撑的产业网络体系。这种最优路径或者最有效支撑体系对应于网络的最可靠最大流，根据不确定图中最可靠最大流的相关定义（蔡伟等，2012），下面给出不确定复杂网络中产业关联性的定义。

定义：在不确定产业复杂网络 G 上各产业（顶点）间有有向路（或路）的相关概率为 $0 \leqslant P_{ij} \leqslant 1$，设由产业（顶点）$i$ 至产业（顶点）j 的所有有向路（或路）构成 G 所蕴含的子图 g，且 g 中存在 FV 这个最大流，则不确定产业复杂网络产业 i 与产业 j 的前向供给关联系数（FP_{ij}）：$FP_{ij} = Front\_ P_{ij}(FV) = \sum_{g_1} P_{ij}(g_1) = \prod_k x_k \cdot C_{ij}$，产业 i 与产业 j 后向需求关联系数（BP_{ij}）：$BP_{ij} = Back\_ P_{ij}(FV) = \sum_{g_2} P_{ij}(g_2) = \prod_k x_k \cdot C_{ji}$，$i, j \in G$。

其中 $x_k = \begin{cases} r(i, j), & r(i, j) \geqslant \alpha \\ 0, & r(i, j) < \alpha \text{ 或 } i = j \end{cases}$，$r(i, j)$ 表示产业 i 与 j 的厂商关联相关性，c_{ij} 表示产业 i 卖给产业 j 的实物性产品的交易份额比例，c_{ji} 表示产业 i 购买的产业 j 实物性产品的交易份额比例，g_1 表示 G 中 i 到 j 的全部通路所构成的子图，g_2 表示 G 中 j 到 i 的全部通路所构成的子图，α 为关联临界值 α。一般情况下，有向图中，$c_{ij} \neq c_{ji}$，$g_1 \neq g_2$。

产业 i 的前向供给关联系数（FP_i）：$FP_i = \dfrac{\sum_{j=1}^{|G|} FP_{ij}}{|G|}$，产业 i 的前向供给关联系数（BP_i）：$BP_i = \dfrac{\sum_{j=1}^{|G|} BP_{ij}}{|G|}$，$|G|$ 表示图 G 中节点的数目。

四、文化产业复杂网络的实例研究

1. 文化产业复杂网络的构建

下图分别构建了网络交易的 8 个文化产业部门与网络中其他产业部门间的产业复杂网络。图中各节点分别代表 46 个不同的产业部门，粗（红）线表示办公、文教，包装，传媒、广电，工艺品、礼品，玩具，印刷，照明工业，纸业等 8 个部门到其余产业部门间的最可靠最大流路径。相比传统的影响力系数与感应度系数，该模型不但提供了复杂网络的结构性评价指标与前后向关联系数，而且运用类似 CT 图谱式的文化产业的产业复杂网络来反映产业关联更显形象直观。

直观上，文化产业复杂网络的最可能最大流路径的密集程度体现了文化产业对其他产业影响的广度（其他产业受其影响的分散程度）；其路径的长短体现了文化产业对其他产业影响的深度（链长意味着链上各产业交易的频繁；链短则意味着彼此的息息相关），具体关于产业关联的评价指标如表 2 所示。

2. 文化产业与其他产业的产业关联

文化产业与其他产业的产业关联有如下特点：（1）从产业特性来看，文化产业的产业链广，涉及各个领域，网络经济的绝大部分产业与文化产业有关联。但由于文化产业的自身特性，不同产业与其关联程度迥异，如二手设备转让、代理与文化产业没有关联，而项目合作、商务服务和医药保养与文化产业只有后向需求关联而无前向供给关联。（2）从文化产业整体影响系数来看，在文化相关产业的产业复杂网络中，前向供给管理系数平均数最大为传媒、广

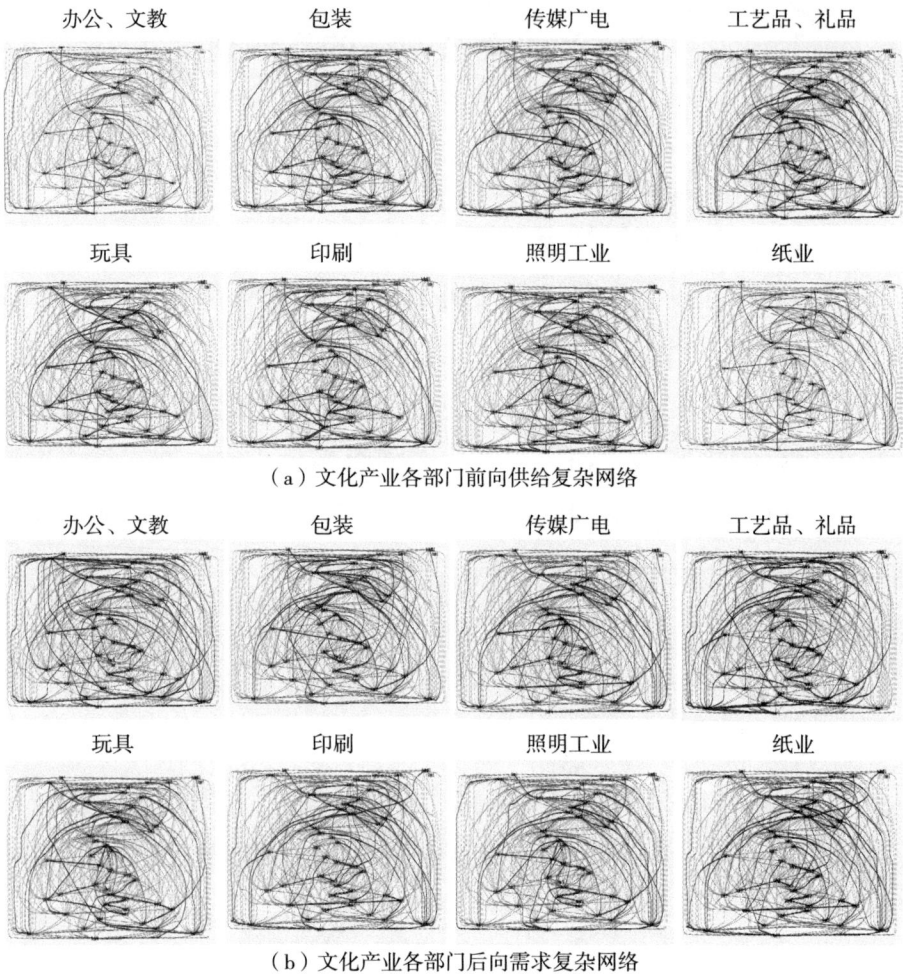

办公、文教　　包装　　传媒广电　　工艺品、礼品

玩具　　印刷　　照明工业　　纸业

（a）文化产业各部门前向供给复杂网络

办公、文教　　包装　　传媒广电　　工艺品、礼品

玩具　　印刷　　照明工业　　纸业

（b）文化产业各部门后向需求复杂网络

图 4　文化产业的产业复杂网络（UCN-With culture industry）

备注：（各节点含义：1. 安全、防护；2. 办公、文教；3. 包装；4. 传媒、广电；5. 代理；6. 工电气；7. 电子元器件；8. 二手设备转让；9. 纺织、皮革；10. 服饰配件、饰品；11. 服装；12. 工艺品、礼品；13. 化工；14. 环保；15. 机械及行业设备；16. 家纺；17. 加工；18. 家用电器；19. 家装、建材；20. 交通运输；21. 精细化学品；22. 美妆日化；23. 母婴用品；24. 内衣；25. 能源；26. 农业；27. 汽摩及配件；28. 日用百货；29. 商务服务；30. 食品、饮料；31. 数码、电脑；32. 通信产品；33. 童装；34. 玩具；35. 五金、工具；36. 箱包皮具；37. 项目合作；38. 橡塑；39. 鞋；40. 冶金矿产；41. 医药、保养；42. 仪器仪表；43. 印刷；44. 运动户外；45. 照明工业；46. 纸业）

表 2　文化产业的产业关联评价指标

指标 ＼ 行业	办公、文教	包装	传媒广电	工艺品、礼品	玩具	印刷	照明工业	纸业
前向供给关联系数 $\overline{FP}_i$	0.0842	0.1275	0.1757	0.0846	0.0800	0.1579	0.1384	0.1189
中心势	0.1111	0.1111	0.0889	0.0889	0.0889	0.1556	0.1111	0.1556
网络密度	0.0791							
平均距离	0.3379	0.3221	0.2549	0.3261	0.2584	0.2671	0.2826	0.2372
前向供给复杂网络中最长产业链前十位重要产业	服装，能源，日用百货，服饰配件、饰品，电子元器件，化工，精细化学品，五金、工具，家装、建材，电工电气							
后向需求关联系数 $\overline{BP}_i$	0.1573	0.1910	0.0247	0.2269	0.1412	0.0222	0.1536	0.0059
中心势	0.2444	0.2000	0.0222	0.2444	0.1333	0.0444	0.1111	0.0222
网络密度	0.0850							
平均距离	0.2016	0.1996	0.4051	0.1779	0.2273	0.4328	0.2411	0.5158
后向需求复杂网络中最长产业链前十位重要产业	机械及行业设备，通信产品，照明工业，电工电气，精细化学品，童装，安全、防护，数码、电脑，化工，环保							

电行业，后向需求系数最大为工艺品、礼品行业，产业研究范围由文化产业内部扩展为全网 46 个产业部门后，产业关联关系发生了动态的变化。（3）从文化产业对各产业前后向关联的对比而言，本文按系数小于 0.05、介于 0.05 与 0.25 之间和大于 0.25 对文化产业对各产业的前向供给关联系数 FP_{ij} 和后向需求关联系数 BP_{ij} 进行了分类（见图 5）：文化产业对日用百货，机械及行业设备，家纺，家用电器，家装、建材，交通运输，美妆日化，五金、工具，箱包皮具等产业影响为前后双向关联；文化产业对安全、防护，服饰配件、饰品，内衣等产业影响为前向关联；文化产业对电子元器件，纺织、皮革，化工，环保，加工，精细化学品，能源，农业，

数码、电脑，通信产品，橡塑，医药、保养，仪器仪表等产业影响为后向关联。

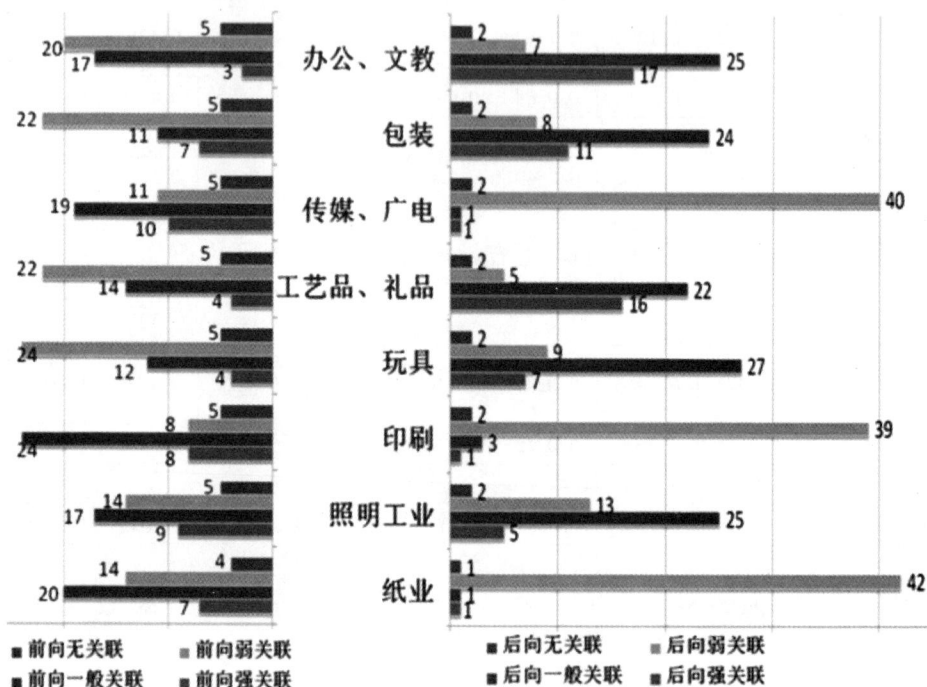

图5　文化产业对各产业的前向供给关联系数 FP_{ij} 和后向需求关联系数 BP_{ij} 的汇总结果

上述产业是文化产业发展重要的相关产业，在制定文化产业融合策略是，应着重衡量取舍，合理确定文化产业与这些产业间发展速度、规模、比例和效益的关系，促进协调发展，避免发展不匹配而导致的产业链脱节。

五、动态模拟

由于国民经济是个复杂的经济运行体，因此文化产业对整个国民经济拉动效应的测算不能简单地采取求和或加权办法；为了测算文化产业对国民经济其他产业部门的拉动效应，本文采取了动态仿真的方法。即运用上文计算所得的文化产业对国民经济各产业部门的关联系数，在 MATLAB7.5 平台上动态仿真模拟了网络文化产品交易数据变动 1% 的水平下对其他产业相关概率的影响，进而求得该网中最可靠最大流的变化，分别得出来文化产业对其余不同产业前向供给关联系数（FP）和后向需求关联系数（BP）的影响，这种影响将导致投入产出结构的变化。网络经济可以在一定程度上反映实体经济，为了将网络平台的研究结论推广到实际国民经济领域，本文运用 2007 年 122 部门投入产出表的增量数据进行模拟测算，结果可见表 3，其中表的第 1、4 列代表了网络交易平台和传统投入产出表的产业对应关系。

当年文化产业整体投入 26027 亿元（按当年生产价值计算，下同），产出增量 8220 亿元，非文化产业部门的产出增量总和为 266043 亿元。文化产业投入变动 1%，意味着其投入产出水平的变动值约为 260 亿元，表 4 的最后一行，反映出我们所关心的文化产业对国民经济的整体拉动作用：影响值合计 2115 亿元人民币，为文化产业自身增加值的 25.7%，是非文化产业部门产出增加值的 0.79%。尽管对非文化产业部门产出增量影响的相对比例不高，但从投入产出的角度讲，文化产业每增加投入 1 个单位能带动其他产业增加的 8.13 个单位，文化产业对国民经济的整体拉动效应十分明显。

表 3　文化产业对国民经济各产业部门影响的动态演化结果

阿里巴巴产业部门	文化产业对FP系数的影响	文化产业对BP系数的影响	2007年122部门投入产出表相应产业部门	文化产业对劳动者报酬的影响（亿元）	文化产业对生产税净额的影响（亿元）	文化产业对固定资产折旧的影响（亿元）	文化产业对营业盈余的影响（亿元）	文化产业对总增加值的影响（亿元）
安全、防护	0.0023	−0.0022	社会保障业	0.0177	0.0000	0.0008	0.0014	0.0199
电工电气	0.0080	0.0126	电机制造业、输配电及控制设备制造业；电线、电缆、光缆及电工器材制造业；其他电气机械及器材制造业	20.9834	14.7944	5.7009	31.5216	73.0002
电子元器件	−0.0004	0.0031	电子元器件制造业	2.5435	1.3608	1.7761	1.3238	7.0042
纺织、皮革	0.0033	0.0093	皮革,毛皮,羽毛(绒)及其制品业	7.7592	3.8330	0.9813	5.7549	18.3284
箱包皮具	0.0140	−0.0031						
服饰配件、饰品	−0.0112	−0.0001						
服装	−0.0175	−0.0113	纺织服装、鞋、帽制造业	−36.9505	−15.1651	−5.2777	−17.0512	−74.4445
内衣	0.0001	−0.0086						
童装	0.0302	−0.0080						
鞋	−0.0123	−0.0089						
化工	−0.0019	−0.0040	专用化学产品制造业；基础化学原料制造业	−3.0857	−2.7392	−2.2356	−3.4393	−11.4998
环保	−0.0021	−0.0191	环境管理业	−3.6338	−0.1518	−0.6260	−1.7040	−6.1155

续表

阿里巴巴产业部门	文化产业对FP系数的影响	文化产业对BP系数的影响	2007年122部门投入产出表相应产业部门	文化产业对劳动者报酬的影响（亿元）	文化产业对生产税净额的影响（亿元）	文化产业对固定资产折旧的影响（亿元）	文化产业对营业盈余的影响（亿元）	文化产业对总增加值的影响（亿元）
机械及行业设备	-0.0039	-0.0095	锅炉及原动机制造业；金属加工机械制造业；起重运输设备制造业；阀门、压缩机及类似机械的制造业；其他通用设备制造业；矿山、冶金、建筑专用设备制造业；化工、木材、非金属加工专用机械制造业；农林牧渔专用设备制造业；其他专用设备制造业；铁路运输设备制造业；电子计算机制造业；雷达及广播电视设备制造业；家用视听设备制造业；其他电子设备制造业	-59.2701	-32.8840	-16.7121	-56.3176	-165.1838
家纺	0.0421	-0.0086	棉、化纤纺织及印染精加工业；毛纺织和染整精加工业；麻纺织及丝绢纺织及精加工业；纺织制成品制造业；针织品、编织品及其制品制造业	61.8552	36.0899	19.6198	47.1400	164.7048
加工	0.0049	0.0228	化学纤维制造业；石墨及其他非金属矿物制品制造业；有色金属压延加工业；石油及核燃料加工业	180.6636	153.3369	89.8648	202.7685	626.6338
家用电器	-0.0030	-0.0176	家用电力和非电力器具制造业	-7.0975	-5.0178	-2.1245	-8.1481	-22.3878
家装、建材	0.0272	0.0098	水泥、石灰和石膏制造业；水泥及石膏制品制造业；砖瓦、石材及其他建筑材料制造业；玻璃及玻璃制品制造业；陶瓷制品制造业；家具制造业	84.4042	48.6270	28.8033	68.0169	229.8513

阿里巴巴产业部门	文化产业对FP系数的影响	文化产业对BP系数的影响	2007年122部门投入产出表相应产业部门	文化产业对劳动者报酬的影响（亿元）	文化产业对生产税净额的影响（亿元）	文化产业对固定资产折旧的影响（亿元）	文化产业对营业盈余的影响（亿元）	文化产业对总增加值的影响（亿元）
交通运输	-0.0018	-0.0089	铁路运输业;道路运输业;城市公共交通运输业;水上运输业;航空运输业;管道运输业;装卸搬运和其他运输服务业	-38.8916	-14.3465	-27.8991	-71.2186	-152.3557
精细化学品	0.0003	0.0034	专用化学产品制造业	1.6699	0.9480	0.6475	0.4342	3.6996
美妆日化	0.0206	0.0038	日用化学产品制造业	4.7861	3.4242	0.9722	5.5309	14.7134
母婴用品	0.0065	-0.0029	—	—	—	—	—	—
能源	-0.0052	-0.0046	电力、热力的生产和供应业;燃气生产和供应业;水的生产和供应业	-23.9240	-12.1202	-40.0169	-18.0457	-94.1067
农业	-0.0031	-0.0021	农业;林业;畜牧业、渔业、农、林、牧、渔服务业	-141.0888	-0.2481	-7.4212	0.0000	-148.7582
汽摩及配件	0.0180	-0.0022	汽车制造业;船舶及浮动装置制造业;其他交通运输设备制造业	25.6123	19.4900	9.3592	17.1042	71.5657
日用百货	0.0150	0.0008	木材加工及木、竹、藤、棕、草制品业;合成材料制造业	16.6957	8.9580	4.8177	11.3789	41.8504

续表

阿里巴巴产业部门	文化产业对FP系数的影响	文化产业对BP系数的影响	2007年122部门投入产出表相应产业部门	文化产业对劳动者报酬的影响（亿元）	文化产业对生产税净额的影响（亿元）	文化产业对固定资产折旧的影响（亿元）	文化产业对营业盈余的影响（亿元）	文化产业对总增加值的影响（亿元）
商务服务	0.0000	0.0260	仓储业;邮政业;电信和其他信息传输服务业;计算机服务业;软件业;批发零售业;住宿业、餐饮业;银行业;证券业;其他金融活动;旅游业;房地产业;租赁业;商务服务业;专业技术服务业;研究与试验发展业;科技交流和推广服务业;公共设施管理业;水利管理业;居民服务业;其他服务业	430.0721	249.1069	331.0225	731.8557	1742.0572
食品、饮料	-0.0021	-0.0171	谷物磨制业;饲料加工业;植物油加工业;制糖业;屠宰及肉类加工业;水产品加工业;其他食品加工业;方便食品制造业;液体乳及乳制品制造业;调味品、发酵制品制造业;其他食品制造业;酒精及酒的制造业;软饮料及精制茶加工业;烟草制品业	-59.5457	-62.4585	-27.0714	-47.0204	-196.0959
数码、电脑	-0.0243	0.0091	电子计算机制造业	-8.6328	-5.2922	-3.2571	-12.6003	-29.7823
通信产品	-0.0009	0.0198	通信设备制造业	9.1742	4.5396	1.9747	8.6435	24.3321
五金、工具	-0.0015	-0.0090	金属制品业;炼铁业;炼钢业;钢压延加工业;铁合金冶炼业;有色金属冶炼及合金制造业	-13.1455	-7.8084	-4.5464	-13.2786	-38.7789

阿里巴巴产业部门	文化产业对FP系数的影响	文化产业对BP系数的影响	2007年122部门投入产出表相应产业部门	文化产业对劳动者报酬的影响（亿元）	文化产业对生产税净额的影响（亿元）	文化产业对固定资产折旧的影响（亿元）	文化产业对营业盈余的影响（亿元）	文化产业对总增加值的影响（亿元）
项目合作		-0.0030	公共管理和社会组织	-22.8796	-0.1317	-3.2499	-0.1181	-26.3794
橡塑	0.0089	0.0234	塑料制品业;橡胶业	8.3463	5.8944	3.0179	11.2585	28.5172
冶金矿产	-0.0070	0.0158	煤炭开采和洗选业;石油和天然气开采业,黑色金属矿采选业;有色金属矿采选业;非金属矿及其他矿采选业	42.7910	22.1414	13.1924	43.3000	121.4248
医药,保养	-0.0011	-0.0082	医药制造业	-4.9039	-2.8631	-1.8129	-7.2086	-16.7886
仪器仪表		0.0018	仪器仪表制造业	0.1948	0.1003	0.0460	0.1734	0.5144
运动户外	-0.0102	0.0026	体育,娱乐业	-1.1769	-0.4607	-0.6316	-1.8560	-4.1252
文化产业对国民经济各产业部门的影响测算值合计(单位:亿元)				473.3428	400.79615	359.88924	903.19408	2114.96658

传统的投入产出技术通过影响力因子和感应力因子将各产业对国民经济整体运行的作用进行量化，但没有将各个行业彼此间的相互作用细化。本文采用复杂网络建模的方法，将各个产业间的相互作用细化，在表3中，我们可以发现一个十分有趣的结论，虽然总的来说文化产业的发展对国民经济运行总体上是拉动经济整体发展的，但是文化产业对其他产业的相互作用在数值表现上，是有正负向之分的。正向的可以理解为产业间彼此的共生和促进；负向的可以理解为产业间的竞争与挤出。我们可以将这种文化产业对其他产业关联系数的影响做如下的简单分类（见表4，表中记 P = FP + BP）。

表4　文化产业对其他产业关联系数的影响的分类

	P	FP	BP	行业
正向关联	+	+	+	商务服务；加工；电工电气；家装、建材；纺织、皮革；美妆日化；精细化学品；橡塑；日用百货
	+	+	−	汽摩及配件；安全、防护；母婴用品；箱包皮具；童装；家纺
	+	−	+	电子元器件；通信产品；仪器仪表；冶金矿产
负向关联	−	+	−	内衣
	−	−	+	运动户外、数码电脑
	−	−	−	农业；食品、饮料；内衣；五金、工具；交通运输；化工；环保；家用电器；机械及行业设备；能源；服饰配件、饰品；鞋；服装

表4中，正向关联中的第一类行业（商务服务；加工；电工电气；家装、建材；纺织、皮革；美妆日化；精细化学品；橡塑；日用百货）为强正向关联，文化产业的发展与此类产业的关联性高，同时随着文化产业的发展，此类产业也表现出较强的成长性，文化产业在此类产业的产业链结构中具有"承上启下"的关键作用，

与文化产业的融合，将促进该类产业的整体发展，对提升中国产业的整体水平有十分重要的意义；负向关联的最后一类行业（农业；食品、饮料；内衣；五金、工具；交通运输；化工；环保；家用电器；机械及行业设备；能源；服饰配件、饰品；鞋；服装）为强负向关联，文化产业与此类产业发展彼此的竞争与挤出效应十分突出，要使文化产业和此类产业融合后充分发挥产业功能，必须依靠外部环境的改善，促使产业结构升级。

六、结论与建议

本文利用网络交易数据，构建文化产业对其他产业影响的产业复杂网络，并基于此运用产业复杂网络的最可能最大流算法实证分析了文化产业对国民经济其他产业间影响。实证分析结果显示：文化产业对商务服务等 11 大行业有显著的正向促进效应，对农业等 13 大行业则有显著的负向挤出效应。最后，动态模拟量化的结果发现文化产业对每增加投入 1 个单位能带动其他产业增加的 8.13 个单位，表明文化产业对国民经济的整体拉动效应十分明显。结合对实物性文化产品产业链的研究。本文提出以下政策建议：

厂商层面上，尤其是本文所研究的新经济中的网络厂商，在面对消费者时，由于互联网交易的特殊性，互联网的营销受时空限制少，导致"长尾"效应突出。厂商需站在产业链的高度而不是单纯依赖于交易额的多少对网络消费者进行分类，来自文化产业链关联性强的相关产业中消费者带来的往往是长期、稳定的合作，应当予以充分重视，实现长期的合作可能；而对于处于"长尾"中的弱关联产业中的消费者，则应针对其特点进行私人定制等个性化服务，最求单笔交易利润的极大化。而厂商在彼此间组合战略联盟时，文化产业厂商可以"越界"促成与不同行业的厂商间的强强联合，厂商针对自身发展状况，充分考虑文化企业的行业关联，选择合理的越界产业，制定厂商内的发展策略，这样更容易体现出蕴含在产业关联效应下的产业链中的协同效应，实现彼此间的共赢，促进厂商的持续稳健的发展。

产业层面上，产业化是工业化的提升。对内，文化产业内部积极培养独立生产、自我协调、自我积累和自我扩张的能力，主动发展，加强自生机制的建设。对外，文化产业外部的产业关联组成完整的产业链条，文化产业对整个国民经济产业优化和调整中有十分有效的整体"拉动"作用。单靠政府财力资金的注入去外推文化产业的发展，并不是长远的可持续发展道路，产业资本特别是关联性强的相关产业的产业资本必须渗透文化产业，成为资本增值的途径。文化产业和其他产业间彼此的融合，这些产业或选择在最可能最大流路径中出现频繁的产业或选择商务服务等与文化产业关联影响为正的第三产业，而应尽量避免农业等对文化产业发展产生挤出效应的产业。文化产业有选择地和不同产业在产业链上融合，共同形成产业交叉链，推动延伸产业链，促进产业间资本、技术和管理的结合，即有利于文化产业内部革新技术，加快产业的转型升级，外部产业文化消费意识的培养，也利于分散风险，缓解市场压力。

本文中关联临界值的选择具有一定的主观性，但这并不影响同一国民经济系统中彼此关联性的相互比较，因为关联性本身就是一个相对值而不是绝对的大小。就构造的模型而应，本身就是带有一定概率性质的产业复杂网络，随着今后大数据平台的开发，数据挖掘算法的优化，这种主观性阀值的设定将会逐渐被真实数据本身的数值特征所决定，而这也是今后研究深化的方向。

环境规制对产业结构变迁的影响机制研究

（2013 年 3 月 10 日）

一、文献回顾

改革开放以来，我国虽取得了年均 GDP 增长率高达 9.8%的巨大成就，但也为这种高投资、高能耗和高排放的粗放型增长方式付出了惨重的资源和环境代价。石敏俊（2009）得出结论：2005 年我国资源、环境及生态代价占当年 GDP 的 13.5%，超过了当年 GDP 的增长率 10.6%。张红凤等（2009）也指出发达国家上百年工业化过程中分阶段出现的环境问题在我国已经集中出现。我国国民经济和社会发展"十二五"规划明确提出，要"坚持把建设资源节约型、环境友好型社会作为加快转变经济发展方式的重要着力点"。而实现这一社会目标的重要途径就是加快经济结构调整，尤其是产业结构的调整。

依据产业理论，环境规制通过施加更加严格的环境标准来改变企业的成本收益而影响企业的行为选择和产业绩效，进而影响产业

＊　本文作者为梅国平、龚海林，刊发于《经济经纬》2013 年第 2 期。

结构。目前，关于环境规制与产业结构变迁的研究主要集中在环境规制与产业转移上，因为无论是产业的转入还是转出都会影响着一国的产业结构。Xing 等（2002）认为跨国企业为了保持市场竞争力，主动避开高标准的环境规制而将企业转移至环境规制水平较低的地区。Ljungwall 等（2005）以 1987—1998 年我国分省面板数据为样本的研究结果显示，经济发展落后地区更倾向于以牺牲环境为代价来吸引境外产业。国内学者中，杨海生等（2005）指出外资为了增强其国际竞争力，通过产业转移将污染型产业或企业转移至环境标准设置较低的我国欠发达地区。近期，朱平芳等（2011）的研究结果也表明地方政府为了吸引外资企业会实行较弱的环境规制。王询（2011）研究发现环境规制对产业结构的影响存在区域差异。李春米（2011）构建计量模型分析了环境规制与产业结构之间的 Granger 因果关系。

以上研究结果表明环境规制的实施会影响一国的产业结构，但是鲜有文献系统研究环境规制影响产业结构变迁的作用机制，在我国环境规制又能否促进产业结构优化呢？具体的方式又是怎样的呢？本文基于产业经济学理论分析了环境规制如何通过进入壁垒、技术创新和国际贸易来影响产业结构的作用机制，提出了环境规制促进产业结构变迁的外延式和内涵式的发展路径，在理论分析的基础上建立计量模型，采用我国省际面板数据实证分析得出：环境规制能够促进产业结构优化升级，而我国目前还处于产业结构变迁的外延式发展阶段。

二、环境规制促进产业结构变迁的理论分析

影响产业结构的因素主要有进入壁垒、技术创新、国际贸易、消费需求等，当前政府实施的环境规制政策主要是面对生产领域颁布的，对消费需求领域影响不大，因此，本节分析环境规制如何通过进入壁垒、技术创新和国际贸易来影响产业发展和产业结构。

1. 环境规制→进入壁垒→产业结构

弗根森将进入壁垒界定为那些使新进入厂商无利可图，而已有厂商却可以将价格定在边际成本之上并且可以长期获得垄断利润的因素，一般会用企业进入来反映进入壁垒是否存在。政府为了保护环境而实施的环境规制通常会通过以下两种方式来影响企业进入：首先，要求被规制企业安装污染治理设备进行清洁生产，这必然导致企业投资的增加和必要资本量的提高，从而可能成为阻碍新企业进入的资本壁垒。其次，为了防止环境进一步恶化，同时又不损害现有经济生产规模的目标下，会制定一些对新企业施加比老企业更为严格的规制标准，这种环境规制事实上也成为一种进入壁垒阻碍了新企业的进入。因此，环境规制能够通过进入壁垒阻止新企业的加入，从而阻碍了受规制产业的发展，进一步影响着产业结构。

2. 环境规制→技术创新→产业结构

技术创新能够克服边际报酬递减规律，使得产品成本不断下降，市场扩大，产业得到不断发展壮大；同时，由于技术创新的存在，经济系统中会出现新的生产工艺、新的生产工具和新的生产数据，进一步导致产业分工的加深和产业经济的不断发展；高新技术创新的出现，使得新兴产业不断发展壮大，产业结构向高级化方向

进一步发展。

环境规制通常是通过对生产用环境资源和污染排放收取一定的费用，导致企业生产要素价格提高，使企业的生产成本增加，这样势必降低企业利润，使企业失去扩大规模的动力。同时，企业为了服从环境管制，必然会进行污染治理投资以减少污染排放，而污染治理资金很可能来自于企业的技术创新经费，从而对技术创新产生一定的阻碍作用，受规制产业也失去了持续发展的驱动力，从这个角度讲，环境规制阻碍了受规制产业的发展。另一方面，生产要素价格的变化和成本的增加，又成为企业进行技术创新的直接动力，企业只有通过技术创新以抵消由于环境规制而带来的生产成本的增加，使得产品的资源消耗弹性下降，使产品的副产出污染排放减少，从而降低成本，保证企业的生产利润不变甚至增加，因此，从这个层面讲，环境规制对技术创新具有激励效应，能使得该产业得到充分发展。所以，环境规制对受规制产业的影响取决于技术创新效应：如果激励创新效应能补偿成本效应，则该产业能得到充分发展，反之，环境规制将会阻碍该产业的发展。

进一步，随着环境规制的不断强化，企业必须不断技术创新以弥补其外部成本，随着技术创新的不断积累，企业在技术创新的过程中又会发现新的生产工艺、新的生产工具和新的生产数据，这样会进一步导致产业分工的加深，出现新的产业，新的技术，新技术创新的出现，又会使得新兴产业不断发展壮大，使得产业结构向高级化方向进一步发展。

3. 环境规制→国际贸易→产业结构

国际贸易作为一种经济行为，是影响产业结构的重要外部因素。根据传统经济学的观点，国与国之间之所以进行贸易是因为国与国之间的外生比较优势不同；于是当各个国家倾心发展那些本国具有较大外生比较优势的产业时，客观上就使本国的产业结构发生变迁。

一个国家的资源、环境问题能够影响企业的生产成本、工厂选址、贸易模式，并最终影响到贸易所得。由环境规制所引发的贸易问题，主要围绕着"污染避难所假说"以及"污染避难所效应"逐步展开。根据"污染避难所效应"，由于严格的环境规制增加了污染密集型产品的生产成本，因此为了躲避本国严格的环境标准，发达国家的污染工业将到发展中国家（环境标准低）选址；或发达国家扩大污染产品进口，以替代本国的污染产品生产。因此，理论上环境规制较低（环境禀赋较高）的国家出口污染密集型商品，相反，环境规制较高的国家则进口污染密集型商品，由于国内生产产品结构的变化，从而使得该国的产业结构也发生了变迁。其中，Levinson 等（2008）从理论上证明了环境规制与贸易流向之间存在"污染避难所效应"，从而对该国的产业结构产生影响。

总之，环境规制可以通过进入壁垒、技术创新、国际贸易影响受规制产业的发展，从而影响着一国的产业结构变迁。在环境规制较弱时，环境规制的进入壁垒效应较小，而且较弱的环境规制也有利于外资的进入，因此受规制产业会继续发展扩大（我们把这种由于简单规模扩大而不是由于技术创新引起的发展称为外延式发展），规制产业在产业中的比重继续扩大。随着环境规制的不断增强，环境规制的进入壁垒效应显现，而且环境效应差的外资引入也受到影响，因而，规制产业的发展受到限制，但是随着环境规制的增强，企业技术创新被激发，技术的不断创新，又促使规制产业继续发展壮大，所以，整个规制产业仍然可能随着环境规制的不断增强而继续发展壮大（我们把这种由于技术创新而引起的发展称为内涵式发展）；随着这种内涵式发展的不断推进，技术创新得到不断积累，在技术创新积累的过程中也会激发新的生产技术，出现新的产业，新兴产业的发展壮大会促进产业结构的优化升级，规制产业在产业中的比重逐渐降低，而新兴的环保高技术产业的比重则不断增强，从而推进产业结构向高级化方向发展。

三、计量模型的构建

模型中所有变量均采用对数形式，这是因为取对数后不但容易消除异方差，而且估计参数的经济意义更明显。

1. 环境规制对企业进入的影响

环境规制能够影响企业进入，成本费用利润率也是影响企业进入的一个重要变量，将其作为控制变量引入该模型。基本计量方程如下：

$$\ln ee_{it} = c_0 + c_1 \ln er_{it} + c_2 \ln rl_{it} + \varepsilon_{it} \tag{1}$$

2. 环境规制对技术创新的影响

较弱的环境规制可能阻碍技术进步；而较强的环境规制可能促进技术创新。因此，环境规制很有可能与技术创新之间存在正 U 型关系，为了捕捉这种效应，我们在计量模型中引入环境规制的二次项。此外，经济开放度的提高有利于引进国外的先进生产技术，应将其作为控制变量引入模型。计量模型的设定形式如下

$$\ln kj_{it} = c_0 + c_1 \ln er_{it} + c_2 (\ln er_{it})^2 + c_3 \ln kfd_{it} + \varepsilon_{it} \tag{2}$$

3. 环境规制对国际贸易的影响

较弱的环境规制可能会吸引外资进入，严厉的环境规制可能会阻碍外资进入。因此环境规制与国际贸易间可能会出现一个倒 U 型的曲线关系，因此模型中也引入环境规制的二次项，二次项的估

计参数可能为负。当地工资水平、经济开放度以及工业成本费用利润率也是影响外资进入的重要变量，将其作为控制变量引入模型。最终建立的计量模型如下：

$$\ln fdi_{it} = c_0 + c_1 \ln er_{it} + c_2 \ln er_{it}^2 + c_3 \ln gzsp_{it} +$$
$$c_4 \ln kfd_{it} + c_5 \ln rl_{it} + \varepsilon_{it} \tag{3}$$

4. 环境规制对产业结构的影响

环境规制的实施有可能阻碍规制产业的发展，也可能促进规制产业的发展，甚至产生新兴产业，整体上通过一定的机制影响着产业结构的变迁，这种影响效果是不确定的、非线性的。因此本文在建立面板计量模型时，同时引入环境规制一、二次项以捕捉环境规制对产业结构变迁的具体影响效果和影响方式。除上述模型引进的控制变量外，城市化进程也是影响产业结构的一个关键控制变量。面板模型如下

$$\ln ecjy_{it} = c_0 + c_1 \ln er_{it} + c_2 (\ln er_{it})^2 + c_3 \ln gzsp_{it} +$$
$$c_4 \ln csh_{it} + c_5 \ln kfd_{it} + c_6 \ln rl_{it} + \varepsilon_{it} \tag{4}$$

四、实证分析

1. 变量及数据的说明

环境规制强度（er）用每万元工业产值的污染治理成本（元/万元）作为衡量指标；ecjy 代表产业结构，用第二产业的劳动力占比来度量；利润率（lrl）用工业成本费用利润率表示；城市化进程（csh），用城镇人口百分比来刻画；企业进入（ee）用规模以上工业企业数来度量；技术创新（kj），以专利批准量来刻

画；kfd 是经济开放度，以商品进出口总额占 GDP 总额的比例来表示；国际贸易采用外商直接投资（FDI）来度量；gzsp 代表工资水平，以城镇集体单位职工年均名义工资来近似代替本文采用 2000—2009 年的我国除西藏外的其他 30 个省区市的省际面板数据进行实证分析，涉及的数据主要来源于《新中国六十年统计资料汇编》以及 2001—2010 年的《中国统计年鉴》《中国环境年鉴》。在计算经济开放度时，用当年的平均汇率进行了折算，同时以 2000 年为基年进行了平减计算。

2. 结果分析

四个模型的豪斯曼检验都显示固定效应模型比随机效应模型好，因此，本文只给出四个模型的固定效应模型结果。四个模型的调整 R^2 都在 0.87 以上，这表明模型的拟合度较好；F 值也显示四个模型在统计学意义上是显著的。因此可以利用四个模型的估计结果进行分析。具体估计结果如表 1 所示。

模型 1 的分析。环境规制与企业进入间存在显著的负相关，这说明我国的环境规制成为了工业企业进入的壁垒，对企业的进入有一定的必要资本量或技术标准要求，会阻碍企业的进入；控制变量工业费用成本利润率的系数为正表明利润率的提高有利于吸引新企业的加入。

表 1　模型的估计结果

解释变量	企业进入 （模型 1）	技术创新 （模型 2）	国际贸易 （模型 3）	产业结构 （模型 4）
C	8.467240***	9.470275***	2.205352***	1.400729***
lner	−0.102765**	−0.544792	0.128219*	0.041316*
$lner^2$		0.038647*	−0.008564*	−0.002816*
lngzsp			0.537895***	0.123108***

续表

解释变量	企业进入 （模型 1）	技术创新 （模型 2）	国际贸易 （模型 3）	产业结构 （模型 4）
ln*lrl*	0.226259***		0.015073*	0.026514**
ln*kfd*		0.037600*	−0.038764**	0.006278*
ln*csh*				0.099629***
调整 R²	0.923914	0.876721	0.962704	0.982230
F 值	118.1220	67.44965	242.1889	473.2078

注：表中 ***、**、* 分别表示在 1%、5%、10% 水平上显著。

模型 2 的分析。环境规制与技术创新之间存在正 U 型关系：在环境规制较弱时，随着环境规制的不断增强，技术创新不断减弱，环境规制表现为对技术创新的阻碍作用；在突破拐点后（环境规制强度对数值等于 7.0483091），随着环境规制的增强，技术也得到不断创新，环境规制表现为对技术创新的激励效应。基于前面的理论分析，可以这样解释：在早期经济发展中，技术扩散效应较小，技术创新的成本高，环境规制强度也相对较弱，技术创新的总体边际效益远小于末端治理边际效益，企业在短期为了获得较高的利润，往往更愿意将用于技术创新的资金用于末端治理，缺乏从事技术创新的动力。所以，初始较弱的环境规制对技术创新表现为阻碍作用。从长期来看，企业发现被动治理污染的长期成本较高且效果不甚理想，会尝试通过技术创新来增强单位治污支出的治理效果以弥补成本损失，若政府不断提高环境规制强度至"拐点"水平后，企业将会增加对技术研发的投入力度，以此来满足较高的环境规制要求。因此，在突破拐点水平后，环境规制表现为对技术创新的正向激励效应。模型结果还表明经济开放度的提升有利于企业生产技术创新。因此，我国应继续加大开放力度，积极引进境外的先进技术，充分发挥境外先进管理经验和先进生产技术对本地技术创新的溢出效应。

模型3的分析。环境规制与FDI间存在倒U型关系：在环境规制较弱时，不断增强的环境规制还不足以阻碍外资的进入；当环境规制强度突破拐点后（环境规制强度对数值等于7.485929），严厉的环境规制才会阻碍外资进入。控制变量的系数显示高工资并没有成为外资进入的障碍，这可能源于工资水平高的地方意味着有高素质的劳动力，而高素质的劳动力是吸引FDI的重要原因。工业成本利润率也是吸引FDI的重要砝码，而经济开放度对FDI却产生了挤出效应，这可能是经济开放度的不断提高，使国内企业面临着越来越剧烈的国际竞争。

总体模型4的综合分析。环境规制与产业结构（二次产业占比）间存在倒U型关系：在环境规制较弱时，环境规制并没有阻碍第二产业的发展，而是促进其充分发展；当环境规制强度增强到突破拐点后，第二产业比重开始出现下降，新兴产业比重上升，产业结构得到优化升级。结合前面模型结论，可以这样解释：在环境规制较弱时，环境规制的进入壁垒效应较小，而且较弱的环境规制虽然不断增强（没有突破FDI的拐点7.485929），但还不足以阻碍外资的进入，国外环境效应较差的产业仍会不断转移至我国，第二产业会继续发展扩大（外延式发展），因此，第二产业占比仍然会提高；随着环境规制的不断增强（增强至技术创新的强度拐点对数值7.0483091），环境规制的技术创新效应显现，技术的不断创新继续推动着第二产业发展壮大（内涵式发展）。当环境规制强度对数值增强至7.3359375（由模型4环境规制的一、二次项系数计算可得）后，在第二产业充分发展基础上，新技术也不断出现、进步，使得新兴产业也逐渐发展壮大；同时严厉的环境规制使得"污染避难所效应"出现，环境效应较差的第二产业转移至他国或地区，所以，第二产业的比重开始出现相应下降，产业结构向高级化方向发展。统计数据显示，我国目前的平均环境规制强度（lner=3.88855）远小于前面三个拐点值，我国目前的工业化进程还处在外延式发展时期，第二产业的发展主要是外资的进入和产业本身高利润而引起的生产规模扩张，而不是环境规制激发的内涵式发展。因此，地方政府必须加强环境规制建设，严格执行中央的环境规制政策，充分发挥环境规制促进产业结构优化升级的内涵式发展的作用机制。

五、主要结论

本文首先基于产业结构理论和产业组织理论规范研究了环境规制对产业结构变迁的影响机制，通过对影响机制的理论分析发现：在环境规制较弱时，环境规制会促进产业结构变迁外延式发展，随着环境规制的增强，环境规制会激发企业进行技术创新，推动产业结构变迁的内涵式发展，随着内涵式发展的积累，最终环境规制将促使产业结构不断优化升级，向高级化方向进展。

其次，面板模型的实证结果显示：在我国环境规制能够促进产业结构的优化升级。在环境规制强度小于7.0483091时，环境规制促进产业结构变迁表现为外延式发展；在环境规制介于7.0483091与7.3359375之间时，环境规制促进产业结构变迁表现为内涵式发展；当环境规制强度大于7.3359375时，环境规制会进一步促进产业结构优化变迁，使产业结构向高级化方向发展；从环境规制强度来看，我国目前仍处于产业结构变迁的外延式发展阶段。

我国目前的环境规制强度远小于临界值，还有很大的提升空间。政府应进一步强化环境规制力度，充分发挥环境规制对技术创新的激励效应，使我国的产业结构变迁尽快转移到内涵式发展方式上来。使得企业一方面有能力有效治理环境污染，保护环境；另一方面又能激励企业进行技术创新，提升产业绩效，不断促使产业内涵式发展壮大。但是在环境规制方式上可以灵活多变，可以根据不同产业、不同行业的特点灵活运用法律手段、行政手段和经济手段等以最经济有效的方式使企业达到环境规制要求。

资源环境约束下我国全要素生产率研究

（2014 年 7 月 15 日）

一、引　言

改革开放以来，我国经济保持了高速的增长，但这种粗放型的经济增长方式降低了经济增长的质量和可持续增长的潜力。因此，提升环境效率已经成为缓解资源供求矛盾、建立集约型经济增长方式的必然要求。2013 年初以来，我国多地区发生大范围持续雾霾天气，对经济发展和居民生活都造成了极大的影响。2014 年 3 月，国务院总理李克强在 2014 年《政府工作报告》中指出，"要像对贫困宣战一样向污染宣战"，同时明确提出在新的一年要达到二氧化硫排放量下降 3.5%，化学需氧量排放量下降 2.9%，能源强度下降 3.7%的目标。

资源和环境不仅是经济发展的依托和支撑，更是经济发展质量的刚性约束。以国内生产总值作为经济发展的衡量指标时，并没有考虑到要素投入的效率和资源环境代价。为了更科学地评价地区经

---

*　本文作者为梅国平、甘敬义、朱清贞，刊发于《当代财经》2014 年第 7 期。

济发展的效率和质量，经济学家提出将投入要素纳入到生产率分析框架中，用能更科学地反映生产总投入和总产出效率的全要素生产率来衡量区域经济发展的速度和质量。但传统的全要素生产率只考虑了资源、劳动力等生产要素，没有考虑到生产过程中的环境污染和客观存在的资源约束，因此得出的结论和政策建议往往存在一定程度的偏差性。

本文在已有研究的基础上将能源消费、二氧化硫排放、化学需氧量等资源环境因素纳入到生产率分析框架中，能客观地识别度量资源环境约束下我国全要素生产率的变动情况，这对科学研究我国经济的可持续发展具有重要的意义。

二、文献综述

随着环境污染与破坏对经济制约影响的加强，对资源环境约束下的生产效率的研究已经成为了学术热点之一。全要素生产率越高，则表明经济发展水平的质量越好。对于全要素生产率增长的测度，Hu 和 Wang（2006）最早采用规模报酬不变的 DEA（Data Envelopment Analysis，数据包络分析）模型测度方法，提出了"能源目标消费量与实际能源消费量之比"的全要素能源效率测度思路，测度了中国 29 个省份 1995—2002 年的全要素生产率。Fare 等（1994）、Krüger（2003）应用 Malmquist 指数对国家间的生产效率进行了测度。由于近年来资源消耗和环境污染的加剧，资源环境约束更多地进入了研究者的视野。这是因为经济增长在考虑资本、能源等传统生产要素投入和产出的同时，还需要考虑到经济发展往往是一个伴随着非期望产出（环境污染）不断产生的过程。国内外学者对考虑生产过程中的非期望产出的全要素生产率进行了研究。Chung 和 Fare（1997）认为忽视非期望产出的生产效率测度会导致有偏的结论，他提出的方向性距离函数（Directional Distance Function）将环境污染作为非期望产出来处理，可以对考虑非期望产出的生产效率进行测度。Zhou 和 Ang（2008）运用 DEA 模型将生产过程中的污染排放物作为非期望产出对 21 个 OECD 国家的生产效率进行了测度；Tone（2001）、Li 和 Hu（2012）等将非期望产出纳入到 SBM（Slack Based Measure）模型中，构建了包含非期望产出的 SBM-DEA 模型。国内学者也开始采用这一方法对中国区域全要素生产率进行测度（胡玉莹，2010；刘瑞翔、安同良，2012；齐亚伟，2013）。然而，已有研究中所用的 Malmquist 生产率指数一般采用两个当期 Malmquist 指数的几何平均形式，不具有循环性和传递性，无法计算期数之间累积的变化率。

关于资源环境约束下全要素生产率的空间差异与影响因素研究，目前主要集中在两个方面，一是对省级环境全要素生产率的测度分解及比较（王兵等，2010；张伟、吴文元，2011；匡远凤、彭代彦，2012）；二是对资源环境约束下区域全要素生产率的收敛性分析（吴军，2009；孙传旺等，2010；胡晓珍、杨龙，2011）。然而这些研究由于模型设定、指标体系、数据来源和测算方法的不完全相同，最终结论不尽一致。同时，绝大多数的文献都没有进一步对全要素生产率区域差异的程度和来源做进一步的分析，均忽视了空间溢出效应对资源环境约束下全要素生产率的影响。事实上，空间溢出效应是全要素生产率测算中需要考虑的重要因素，一般来说全要素生产率高的省份对周围省市空间溢出效应较为显著。因此，研究资源环境约束下的全要素生产率需进一步考虑其空间差异及溢出效应，避免因实证结果的有偏而导致政策建议无效。

本文在国内外已有研究基础上，考虑生产中的污染排放，借鉴 Tone（2001）、Li 和 Hu（2012）的模型，构建了考虑非期望产出的 SBM-DEA（Slack Based Measure-DEA，基于松弛变量测度的数据包络分析）模型，并利用 Pastor 和 Lovell（2005）提出的 Global Malmquist（GM）指数测算了分省区的全要素生产率。这样避免了传统 Malmquist 指数的线性规划可能存在的无解问题，具有更好的测量效度和信度。进而结合我国实际，分别从地理划分和经济区域划分两个空间尺度对泰尔指数进行分解，以深入揭示资源环境约束下全要素生产率空间差异的来源。考虑各省间的经济空间溢出效应，构建空间加权矩阵，采用空间面板模型对环境全要素生产率的影响因素进行实证分析。

对以上问题的研究，有助于在资源环境的约束下，科学度量各省全要素生产率及其非均衡性，并分析空间溢出对全要素生产率的影响，探索影响全要素生产率的关键因素，最终为制定科学的、差别化的区域发展调控政策提供理论支撑和建议。

三、研究设计与数据说明

（一）全要素生产率的测度及空间差异分解

1. SBM 环境技术效率测度模型

SBM 模型通过最大化各项投入（产出）改进的平均程度来测量被评价单元的无效率程度，这样有效解决了投入过度及产出不足的松弛性问题。模型假定地区生产系统有 n 个决策单元，其中，期望产出满足强可处置性，非期望产出满足弱可处置性。将投入向量、期望产出向量和非期望产出向量纳入到最优化模型中，通过目标函数得到最终效率值。目标函数效率值低于 1，则决策单元是无效率的，即决策单元在投入上存在一定程度的冗余值，需要进一步改进。

本文使用满足循环累乘性的 Global Malmquist 指数度量全要素生产率增长，避免了传统线性规划存在的无解问题。此外，本文将指数分解为效率变化和技术进步两部分。

在以上生产效率测度的基础上，本文使用泰尔指数测度我国三大地理区域（东、中、西部地区）和八大经济区域（东北综合经济区、北部沿海综合经济区、东部沿海综合经济区、南部沿海经济区、黄河中游综合经济区、长江中游综合经济区、大西南综合经济区、大西北综合经济区）全要素生产率增长的空间非均衡程度，进而对泰尔指数进行分解研究，明确区域之间的非均衡性是来自于组内差异还是组间差异。

2. 变量选取与数据说明

考虑到研究数据的可获得性，本文选择中国内地 29 个省区市（其中重庆和四川数据合并考虑，西藏自治区因为数据可得性问题不考虑）2001—2011 年的数据作为样本。

研究假定生产过程中需要三种投入要素，即资本存量、劳动力和能源。产出由人均 GDP 指标所代表的期望产出和二氧化硫（SO_2）、化学需氧量（COD）等环境污染排放物指标所代表的非期望产出组成。具体如下：

（1）资本存量。根据国内学者常用的资本存量估算方法，用固定资本形成总额构造当年资本存量，并利用 1952—2011 年的固定资本形成价格指数，将 1952—2012 年各省份资本存量折算成 2000 年为基期的资本存量，进而得到以 2000 年不变价格计算的各省份历年的资本存量。

（2）劳动力。衡量社会劳动力投入时，考虑年末社会从业人员总数和社会劳动力人口素质，从"量"和"质"两个方面综合考虑劳动力投入。将人口平均受教育年限和年末社会从业人员总数相乘，计算得到劳动力指标。

（3）能源。使用能源消耗量作为能源的投入。由于不同地区的要素禀赋和经济水平的差异很大，

各地区能源消费的差异也较大。为了更科学地度量分析，本文将电力、热力、煤炭、石油、天然气等的消费量转换成统一单位"万吨标准煤"后加总计算得到最终能源消耗量。

（4）期望产出。期望产出以 29 个省份 2001—2011 年 GDP 表示，GDP 采用的是以 2000 年的不变价格计算的各省份实际 GDP。原始数据来源于历年中国统计年鉴和各省份统计年鉴。

（5）非期望产出。本文以 SO_2 和 COD 作为生产系统中的主要污染物对象，衡量非期望产出。

（二）全要素生产率空间相关性检验及空间计量模型设定

本文分别构建了邻接空间权重矩阵、地理距离空间权重矩阵和经济权重矩阵。进行空间相关性检验最常用的方法是 Moran'sI 指数法。在计算中，Moran'sI 统计量呈渐近正态分布，取值范围在 [-1, 1]。其值为正数时，表明全要素生产率存在空间正相关；反之，则表示全要素生产率存在空间负相关；其绝对值越大，说明空间相关性越强。

考虑到传统的面板模型没有考虑地区间的空间溢出效应，本文选择空间自回归模型分析环境约束

下全要素生产率的影响因素。模型如下式（1）（2）所示：

$$y_{it} = \rho W_1 y_{it} + X\beta + \mu_{it} \tag{1}$$

$$\mu_{it} = \lambda W_2 + \varepsilon_{it}, \quad \varepsilon_{it} \sim (0, \delta_{it}^2 I) \tag{2}$$

其中，y_{it} 为解释变量，表示第 i 个地区 t 时期的 TFP 指数；X 表示解释变量的 $n \times K$ 阶矩阵；μ_{it} 为随空间变化的误差项；ε_{it} 为白噪声；W_1 和 W_2 为空间加权矩阵。

根据国内外已有研究及我国经济发展的特征，我们选择如下影响因素进行分析：（1）经济发展水平。借鉴王兵等（2010）、张伟和吴文元（2011）等人的研究，考虑到我国东中西部省区显著的经济差距，本文在模型中加入人均 GDP 的对数和人均 GDP 对数的平方项，从而分析全要素生产率与区域经济发展水平之间的关系。（2）区域要素禀赋水平。考虑到我国各地区要素禀赋水平差异较大，本文以资本/劳动比的对数、人均能源消费量代表区域要素禀赋。（3）产业结构。结合我国东中西部工业化水平的差异，采用第二产业总产值占 GDP 的份额表示产业结构。（4）能源消费结构。考虑到各省份能源结构的差异，本文用煤炭消费量占总能源消费量的比重表示能源结构。（5）外商直接投资。本文用外商直接投资额占 GDP 的比重表示外商直接投资变量，以检验"污染天堂"假说。（6）公众参与程度。环境保护的公众参与程度是衡量一地区生态文明和环境保护的重要指标，因此本文引入公众参与环境保护的程度这一变量，以各地区环境信访数量的对数值表示。（7）科技创新。考虑到全要素生产率的提高离不开生产技术进步，本文用各省份科技活动经费支出占地区 GDP 总值的比例表示，以验证"波特假说"。（8）政府的环境规制。借鉴相关研究，引入排污费收入占工业增加值的比重表示表示政府环境规制的力度。

四、资源环境约束下全要素生产率的测度

（一）资源环境约束下各省区环境效率的测度

将非期望产出考虑进生产率的分析框架中，以各省份 2001—2011 年间的投入产出数据为基础，通过非径向 SBM-DEA 模型，测得历年各省份的全局环境效率值。结果如图 1 所示。

通过非径向 SBM-DEA 模型，测得历年各省份的全局环境效率值。结果如图 1 所示。

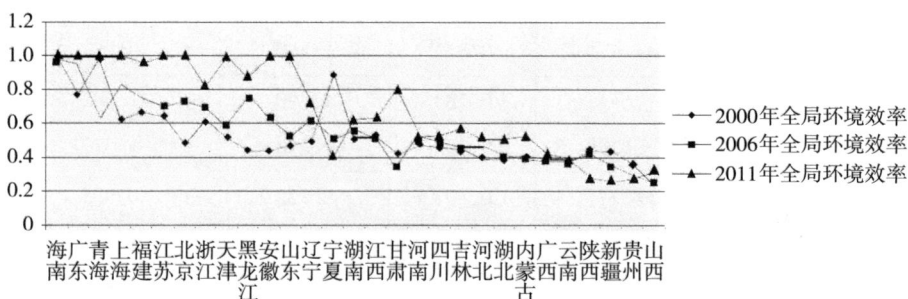

图 1 考虑非期望产出的我国各省市全局环境效率

从上图中可以看出，我国的环境效率在各省份间分布差异较大，环境无效率在各省份间普遍存在。环境效率高和低的省份在地理上表现出一定的空间相关和集聚特征。从全局环境效率的总体变化趋势来看，除了贵州、宁夏、陕西、新疆四个省份的环境技术效率恶化外，其余省份的环境技术效率都有一定程度的改善。此外，东部省份多数处于环境技术前沿面上，环境效率较好。

（二）资源环境约束下各省份全要素生产率的测度

本文利用 GM 指数，并分别按照三大地理区域和八大经济区域的空间划分，利用 2001—2011 年的数据对资源环境约束下的我国 29 个省份的全要素生产率进行测度，同时得到各省份效率变动及技术进步的程度。结果均值如表 1 所示。

表 1　环境全要素生产率及其分解（2001—2011）

地区划分	地区	效率变动	技术进步程度	全要素生产率变化
八大经济区域	东北综合经济区	0.882	1.774	1.573
	北部沿海综合经济区	1.132	1.654	1.845
	东部沿海综合经济区	0.976	1.531	1.497
	南部沿海经济区	0.987	1.275	1.256
	黄河中游综合经济区	0.653	1.359	0.967
	长江中游综合经济区	0.784	1.890	1.502
	大西南综合经济区	0.708	1.450	1.017
	大西北综合经济区	0.897	0.966	0.935
三大地理区域	东部	1.029	1.516	1.555
	中部	0.806	1.795	1.457
	西部	0.747	1.199	0.928
	总体	0.870	1.483	1.312

从表 1 可以看出：（1）十年间我国全要素生产率总体呈上升趋势，增长幅度为 31.2%，总体呈现较为明显的"增长效应"，但各地全要素生产率的增长速度差别较大。其中，东北综合经济区、北部沿海综合经济区、东部沿海综合经济区、南部沿海经济区、长江中游综合经济区的省份全要素生产率增长较快，而其他地区较慢。因此，总体上说东部省份居于"领跑者"地位，中部省份紧

接着居于"紧跟者"地位，西部省份处于"追赶者"地位。（2）从技术进步程度来看，西部地区技术进步非常缓慢。

利用泰尔指数，对我国三大地理区域和八大经济区域2001—2011年的全要素生产率差异进行分解。在三大地理区域划分标准下，2001—2011年我国全要素生产率的组内差异占据了总体差异的绝大部分，平均比例高达64.54%，而组间差异在总体差异中平均占比为35.44%。因此，地区内差异是造成总体空间差异的主要来源。而在八大经济区划分标准下，地区内差异和地区间差异对总体空间差异的影响相当。总体上说，地区内差异略大于地区间差异。

五、我国全要素生产率的影响因素分析

本部分从空间视角出发，对影响我国区域全要素生产率的因素进行研究。

（一）全要素生产率的空间相关性检验

图2是地理距离空间关联模式下的全要素生产率的Moran散点图，大多数省份分布在第一和第三象限。其余两种空间关联模式下也呈现相似的分布状态。这表明了全要素生产率的空间集聚特征明显。因此，在考察全要素生产率的影响因素时需要考虑空间集聚和溢出效应。

（二）空间计量模型结果及分析

采用广义空间面板自回归两阶段最小二乘法进行估计，同时为

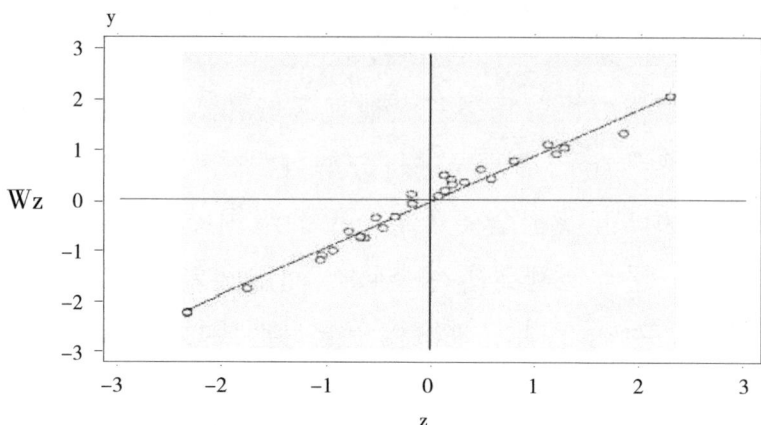

图 2　地理距离空间关联下全要素生产率的 Moran 散点图

了方便与不考虑空间关联因素的情况进行对比，我们也采用传统的面板数据估计方法进行分析。估计结果如表 2 所示。在考虑空间关联及溢出效应后，三种空间关联模式下各影响因素的回归系数显著性水平均有提高。下面我们详细分析全要素生产率的各影响因素及其效应。

表 2　全要素生产率影响因素的估计结果

变量	面板固定效应模型	广义空间自回归模型		
		邻接关联模式	地理加权关联模式	经济加权关联模式
	系数	系数	系数	系数
常数项	5.496 (4.98)***	0.026 (2.31)**	0.142 (3.00)***	1.401 (2.81)***
空间变量		0.308 (2.23)	0.388 (6.40)***	0.425 (3.43)***
人均 GDP	0.950 (4.21)***	0.288 (3.18)***	0.103 (2.91)***	0.396 (2.85)***
人均 GDP 平方	0.099 (6.97)***	0.031 (5.89)***	0.012 (5.61)***	0.038 (4.51)***

续表

变量	面板固定效应模型	广义空间自回归模型		
		邻接关联模式	地理加权关联模式	经济加权关联模式
	系数	系数	系数	系数
外商直接投资	2.489 (2.70)***	0.194 (0.26)	0.129 (0.31)	−0.816 (−1.02)
资本劳动比	−0.23 (−2.73)***	−0.129 (−2.92)***	−0.003 (−1.83)*	−0.036 (−1.73)*
人均能源消费	0.03 (2.07)**	0.015 (1.37)	0.006 (1.09)	0.036 (0.84)
产业结构	−0.013 (−4.10)***	−0.012 (−4.46)***	−0.007 (−3.65)***	−0.005 (−1.78)*
煤炭消费量比重	−0.102 (−1.16)	−0.193 (−2.92)***	−0.143 (−4.22)***	−0.186 (−2.87)***
公众参与程度	−0.018 (−1.14)	−0.029 (−1.91)*	−0.029 (−3.08)***	−0.034 (−2.54)**
科技创新	8.809 (2.20)**	2.71 (1.12)	2.292 (2.86)***	2.221 (0.84)
政府环境规制	5.796 (0.64)	−6.442 (−0.75)	−4.994 (−1.18)	1.01 (0.12)
豪斯曼检验	34.27 (0.0000)			
拟合优度	0.49	0.81	0.76	0.58
F检验	18.7 (0.000)	93.44 (0.000)	131.70 (0.000)	25.12 (0.000)
全局 Moran 指数		0.12 (0.000)	0.83 (0.000)	0.26 (0.000)
空间误差检验		15.37 (0.000)	175.81 (0.000)	17.41 (0.000)
空间滞后检验		15.16 (0.000)	174.28 (0.000)	16.72 (0.000)
样本数	319	319	319	319

注:***、**、*分别表示在1%、5%和10%的显著性水平下显著。

（1）空间变量。在三种空间关联模式下，空间溢出效应对全要素生产率均存在正向影响。这进一步说明了考虑空间关联和溢出效应有其理论根据，忽视其影响会导致测量结果有偏。

（2）经济发展水平。在三种空间关联模式下，人均地区生产总值及其平方项的系数均显著为正。然而我们也注意到在三种空间关联模式下，人均地区生产总值及其平方项的系数值都小于固定效应模型。这表明不考虑区域之间的空间溢出效应，会夸大本地区经济发展水平对全要素生产率的影响。

（3）结构因素。结构因素包括区域要素禀赋水平、产业结构和能源消费结构三部分。对于区域要素禀赋水平，在所有回归中，要素禀赋结构的回归系数均显著为负值。加入空间变量后，区域要素禀赋水平对全要素生产率的负面影响减弱，这和王兵等（2010）的研究结论一致。产业结构的回归系数均显著为负，这也和王兵等（2010）的研究结论一致。这说明，随着工业化的发展，我国全要素生产率将趋于下降。最后对于能源消费结构，反映能源消费结构的煤炭消费比重指标在考虑空间溢出效应后通过了1%的显著性水平检验，且负的影响效应程度加大。这个结论与张伟和吴文元（2011）的研究结论一致。这意味着能源自给率相对较高的省份其全要素生产率会较低。

（4）外商直接投资。在固定效应模型及邻接空间和地理距离空间两种关联模式下，外商直接投资的回归系数均为正值，而在经济空间关联模式下外商直接投资的回归系数为负，但三个系数均不显著。因此，模型结果无法验证"污染天堂"的假说。

（5）科技创新。在面板固定效应模型和地理距离空间关联模式下，以科技经费内部支出表示的科技创新的系数显著为正。这表明科技创新有利于提高全要素生产率。

（6）政府的环境规制。在四种模型中，系数值均不显著，这可能是由于排污费收入占工业增加值的比重无法准确衡量政府的环境规制水平。

六、结　语

本文研究发现：第一，当前能源的过度使用以及污染物的过度排放是我国各省份普遍存在环境无效率的原因，各省份环境效率和全要素生产率呈现地域不均衡特征，东部地区的全要素生产率显著高于中西部地区，居于"领跑者"地位；各省份全要素生产率总体呈现明显的"增长效应"；全要素生产率增长的主要推动力来自于技术进步。第二，地区内差异是空间非均衡的主要来源。第三，资源环境约束下，我国全要素生产率存在显著的正向空间溢出效应，区域经济发展水平对全要素生产率有显著的推动作用，而能源消费结构、资本/劳动比、产业结构等对全要素生产率有显著的负向影响。

结合以上的研究结论，本文提出以下几方面的政策建议：第一，未来坚持走科技含量高、经济效益好、资源消耗低、环境污染少的新型工业化道路，加快实现产业结构升级。第二，加强各省间的协调和交流，构建各省间经济、政治联系纽带，打破地区间的贸易壁垒，充分提升资本、技术在各省之间的流动溢出，从而推动全要素生产率的提高，促进区域间经济协调发展。第三，加大对高污染、高耗能、高排放行业的治理，提高生产要素的利用质量和效率，减少环境污染的排放量，优化能源消费结构。第四，完善公众参与机制，鼓励并保障公众参与环境保护的行动。

中国文化产业链与空间集聚的评估

（2014 年 10 月 14 日）

引　言

文化是一国"软实力"和国际影响力的重要体现。文化也是经济发展中重要的非物质生产要素之一，文化的积累传承与渗透需要文化产业的支撑。作为"绿色产业""朝阳产业"，文化产业对我国现阶段产业结构升级，发展高附加值、高就业、低耗能、低污染的新兴经济形态，具有重要的战略意义。我国"十二五"规划中提出将其作为国民经济的支柱产业。实现文化产业的跨越式发展，必须理清文化产业、文化产品在时间和空间上的发展轨迹，并深入到定量的角度考察我国文化产业的发展，从而更加准确地识别和把握我国不同地区文化产业的发展状况，针对实际探寻符合我国地域特征的文化产业发展策略。

伴随着文化产业的发展，大量学者进行了不同角度的研究。大部分研究以文化产业的总量数据层面上分析，对于文化产品的概

＊　本文作者为梅国平、刘珊，刊发于《统计与决策》2014 年第 19 期。

念、边界等界定并不严格，这容易造成统计数据在全面性上的欠缺，不能完全展示出文化产业的整体发展情况。另外，不同省份的文化产品的存在状况并不相同，现有研究并没有从文化产品的产业发展链与空间聚集程度上对其进行有效的区分与甄别。本文将以文化产品为主要载体，通过产业发展链与空间集聚两根主线对文化产业的发展进行综合评价，以使得本文研究结论对不同省份发展文化产业提供更好的借鉴与参考。

一、文化产业和文化产品的定义

文化，从广义来说，指人类社会历史实践过程中所创造的物质财富和精神财富的总和。从狭义来说，指社会的意识形态，以及与之相适应的制度和组织机构。文化产业这一术语产生于 20 世纪初，最初出现在霍克海默和阿多诺合著的《启蒙辩证法》中。Bourdieu（1971）将文化产业定义为"有社会象征内涵的产出部门的集合"。联合国教科文组织在《1993—2003 年文化商品和文化服务的国际流动中》，将其定义为"对本质上无形并具有文化含量的创意内容进行创作、生产、并使之商业化的产生"。我国早在宋代名著《东京梦华录》中就有对当时歌舞、杂耍、曲艺等服务行业的描绘，是我国研究文化产业的早期著作之一。国家统计局在《文化及相关产业分类（2012）》中把文化及其相关产业的定义进一步完善为"指为社会公众提供文化产品和文化相关产品的生产活动"。从本质上而言，文化产业以文化产品为载体，创意为核心，以科技为两翼，以人才为源泉，通过工业化的生产标准，满足人类的精神需求。其中文化产品是指文化产业活动所提供的产品，尽管不同国家对文化产业的定义不尽相同，但对文化产品的精神性、娱乐性、公共性、社会性、市场性和创造性等的理解基本一致。

二、文化产业链与空间集聚的统计指标体系的构建

在文化产品的行业构成分类的基础上，建立以文化产品为载体的文化产业发展的评价指标框架，本文基于对文化产品在产业链、空间集聚与本质特征的分析，结合迈克尔·波特的"砖石模型"，从三个层次构建文化产业发展的综合指标评价体系（见表1）。一是反映文化产品在空间聚集程度的分析性指标，笔者认为传统的泰尔指数主要依赖实际和基准就业来度量产业的空间集聚程度并不全面，所以在新构建的指标中还包括生产要素、需求要素、文化资源、企业发展指标和产业支持等指标，选取这些指标的缘由是因为此类指标与地域联系紧密，如文化资源指标大都是附着在地理表面不可移动的；二是反映文化产品产业链发展的指标，包括结构性指标、效率指标和产业影响指标，主要通过投入产出数据来研究不同产业的前向、后向联系；三是文化产业的规模的显示性指标，即价值性指标和非价值性指标，其中价值型指标多为基本财务数据。三级指标选取了能直接或间接对二级指标产生影响的因素，这样能够比较系统全面地通过文化产品的角度对不同地区文化产业的发展进行综合的评价。

本文文化产业的数据主要采用国家统计局公布的《文化及相关产业分类》《中国统计年鉴2012》《中国地区投入产出表2007》和文化部编写的《中国文化文物统计年鉴2010》及相关年度公报与网站数据。

表1　文化产业发展的统计指标体系（文化产品的视角）

文化产业空间聚集指标			文化产业链发展指标		
	指标	单位		指标	单位
生产要素指标	文化产业中间投入	（亿元）	结构性指标	旅游总收入	（亿元）
	文化产业从业人员数	（万人）		实物性文化产品总产值	（亿元）
	高级职称人才占文化产业人员比重	（%）		非实物性文化产品总产值	（亿元）
需求要素指标	人均GDP	（万元）		非实物性文化产品占工业总产值比重	（%）
	城镇居民人均娱乐文化服务支出占总支出比重	（%）	效率指标	文化产业投入产出综合技术效率	▲
	人均国民生产增长率	（%）		文化产业投入产出综合纯技术效率	▲
文化资源指标	世界级文化遗产或自然遗产数量	（个）		文化产业投入产出规模效率	▲
	国家级非物质文化遗产数量	（个）	产业影响力指标	文化产业影响力系数	■
	藏书数量	（万件/套）		文化产业感应度系数	■
企业发展指标	文化企业法人单位数	（个）	**文化产业发展规模指标**		
	文化产业实收资本	（亿元）	价值型指标	文化产业增加值	（亿元）
	企业创造性指数	●		文化产业营业收入	（亿元）
产业支持指标	政府文化拨款占全部财政支出比重	（%）		劳动者报酬	（万元）
	文化产业基地数目	（个）		生产税净额	（亿元）
	电子商务发展规模指数	●		固定资产折旧	（亿元）
	物流价格指数	●	非价值型指标	文化品牌认可度	●
	城市化率	（%）		文化幸福指数	●

注：●表示柔性指标，▲表示使用DEA方法测算，■表示使用投入—产出表计；其他未标记的为客观指标。

本文设定的文化产业链与空间集聚的统计指标分为硬指标和软指标两种，其中，硬指标即客观指标，主要来源于上述的官方统计数据组成。软指标主要是定性的指标，此类数据由一定的客观数据加以加工计算或根据文化产业的相关文献对某个指标所做的评价值。如反映文化产业链发展的效率指标就是通过 DEA 方法测得（具体可见蒋萍一文），产业影响力指标是根据《中国地区投入产出表 2007》运用投入产出技术而得；来源于文献的软指标有：信息产业部《2011 年电子信息产业统计公报》（如电子商务发展规模）、文化部《2011 文化发展统计分析报告》（如文化品牌认可度）、中国社科院《中国城市生活质量指数报告》（如文化幸福指数）。

由于选取指标的数据单位不同，不同指标的数量级差别较大，在测算时，必须对三级指标的所有数值首先进行无量纲化处理，以使指标具备比较分析的基础。

三、文化产业链与空间集聚的测算与解读

本文运用熵权赋值法，熵权赋值法的模型如下：

（1）计算第 j 个指标下第 i 个项目的指标值得比值 p_{ij}：

$$p_{ij} = \frac{r_{ij}}{\sum_{i=1}^{m} r_{ij}}$$

（2）计算第 j 个指标下的熵值 e_j：

$$e_j = -k \sum_{i=1}^{m} p_{ij}(-\ln p_{ij})$$

其中，$k = \dfrac{1}{\ln m}$；

（3）计算第 j 个指标下的熵权 w_j：

$$w_j = \frac{(1 - e_j)}{\sum_{j=1}^{n}(1 - e_j)}$$

（4）确定指标的综合权数 β_j：

$$\beta_j = \frac{\alpha_i w_i}{\sum_{j=1}^{m} \alpha_i w_i}$$

其中 α_i 为评估者根据指标重要性确定的权重。

表2　全国31个地区文化产业链与空间集聚的综合评估结果

地区	综合排名	空间集聚程度		产业链完备度		产业发展规模		地区	综合排名	空间集聚程度		产业链完备度		产业发展规模	
		得分	排名	得分	排名	得分	排名			得分	排名	得分	排名	得分	排名
北京	1	96	4	100	1	97	2	湖南	7	69	13	77	6	75	4
天津	17	75	9	52	16	48	20	广东	2	98	3	87	4	100	1
河北	13	74	10	48	25	57	13	广西	23	55	24	52	18	48	19
山西	19	68	15	50	22	48	21	海南	31	48	30	41	30	41	30
内蒙古	10	66	17	70	7	54	15	重庆	24	59	22	49	24	46	25
辽宁	9	76	8	51	19	65	8	四川	8	86	7	62	10	64	9
吉林	16	62	20	66	9	48	18	贵州	26	52	26	44	27	44	26
黑龙江	20	56	23	55	14	52	16	云南	21	65	18	49	23	47	24
上海	4	86	6	91	2	72	6	西藏	27	40	31	53	15	42	27
江苏	3	100	1	91	3	93	3	陕西	18	67	16	52	17	47	23
浙江	6	99	2	67	8	74	5	甘肃	29	50	29	43	28	42	28
安徽	11	71	12	57	12	59	10	青海	28	52	27	43	29	40	31
福建	12	74	11	56	13	57	12	宁夏	30	52	28	40	31	41	29
江西	22	62	21	51	21	47	22	新疆	25	53	25	46	26	50	17
山东	5	95	5	77	5	70	7	均值		69		59		57	
河南	15	64	19	58	11	55	14	方差		273.60		270.10		270.50	
湖北	14	68	14	51	20	58	11	变异系数		0.24		0.27		0.29	

根据模型首先求得指标的客观权重，然后结合相应的主观因素，得出综合权重，计算综合评价得分。从表 2 可以看出，我国 31 个省份空间集聚程度的平均得分为 69，产业链完备的平均得分为 59，产业发展规模的平均得分为 57。这说明大部分地区的文化产业空间集聚程度优于产业链的完备情况，而文化产业的整体发展规模普遍偏低。

在文化产业链与空间集聚的综合评价中，综合得分最高的依次是北京、广东和江苏，空间集聚程度得分排名依次为江苏、浙江和广东，产业链完备得分排名为北京、上海和江苏，就产业发展规模而言，广东、北京和江苏领跑全国。

1. 文化产品空间集聚程度的分项评价

产业方面的问题研究，往往需要解决工业组织方式和空间布局的问题，由于文化产业的创新性、辐射性、渗透性的特征决定了文化产业在空间的发展模式一般遵循"小而美—集群—卫星辐射—海外拓展"的发展模式。本文利用文化产业的时空数据，运用 CURE 算法，即采用随机取样和划分相结合的方法，先将随机样本划分，然后每个划分被局部聚类，最后把每个划分中产生的聚类结果用层次聚类的方法进行聚类。空间数据使用的是我国国家基础地理信息系统（NFGIS）中省会城市中心经纬度数据，完成了我国 31 个省份文化产品的空间集聚分析。

不难看出，北京作为首都，是中国政治、文化的中心，在文化产业的空间集聚中，文化底蕴深厚、先天优势明显，文化产业空间集聚上典型的"一枝独秀"。在文化产业发展中具有一定优势的其他省份分别为：江苏、广东、上海、四川、湖南、浙江和山东。这些省份普遍的优势在于有一定的文化积淀，中小企业主的商业意识浓重，物流发达，经济发展水平多处全国领先地位。随着产业链的不断完善、产品规模的扩大，文化产业中中小企业协作开始产生，这种协作鼓励了中小企业在生产方式与地理位置上的集聚，在空间"聚群"的互动效应下，文化产品以较低的成本实现商品化与品牌化，如北京"798"的产生。当一种地域性的文化聚群作用于该地区的经济发展时，国家或地方就会在政策上为这种文化产品的流通创造条件，伴随着国家政策的扶持，文化产品在空间上的集群进步深化，文化创意产品站在行业价值链的高端，传播扩散了文化价值与经济价值，给当地带来了卫星辐射的作用，这种作用体现在于优良的基础设施、多样的需求、广泛的知名度、高素质的人才市场、便捷的物流平台等等。

同时，从地区的角度而言，尽管我们有五千年的传统文化底蕴，但我国缺少如巴黎、米兰、纽约等在国际上具有一定海外影响的"文化之都"，这使得我们的中小文化企业走向世界进行海外拓展时缺少主打名片；同时也使得具有一定生产能力的制造商，虽然有了世界一流的生产能力和产品质量，但难以树立自身的具有高文化附加值、被海外消费者认可的品牌，摆脱不了廉价出口的或者为海外品牌代工的命运。文化产品的输出不但可以向全球传播价值观，也能成为财富的倍增器，文化产品在文化积淀中与世界产生了文化共鸣，由"民族"走向"世界"，那么文化产品的空间也从国内舞台发展到了海外市场。Scott（1997）认为洛杉矶复杂的地区文化和完善的产业链造就了好莱坞电影的辉煌。仅 2011 年美国海外票房收入即达 224 亿美元，而 2012 年中国海外票房收入仅惨淡的 1.69 亿美元，这种市场的拓展，这种文化产品的推崇往往意味着其他地区某种文化的消退。炫目的"美式"电影潜移默化地对他国产生影响，将"美国梦"的意识形态植入了其他的文化体系中，这种国际海外市场的占领，不但涉及经济利益，也关乎民族文化传统，正如美国前总统老布什所说："凭借文化产业的海外市场占领，可以促使世界各国对本国文化的历届，使国际上得到利益，提升国家形象"。

2. 文化产品产业链完备程度的分项评价

根据现有的文献，我们很难证明哪样产品是文化产品产业链的具体起源，但就地域性文化产业的发展而言，一个地区要使文化产品走向产业化，文化产品成为支柱产业，以工业化标准进行生产的道路，从产业链发展的角度来看，一般要经历三个阶段。Scott（2004）认为从时间上而言，第一阶段的产业化的文化产品，是以山水游览、文化遗产旅游为主导的产品，该发展阶段的文化产品地域性强、准入门槛低、创意的可模仿性差、不需要投入过多的物质性生产资料，通过吸引游客所带来的人与人间的文化交流，十分有利于当地文化资源的升级与再发展，可以迅速提高当地的形象与名声，以吸引更高层的投资者和高水平工人，为文化产品在下一阶段的升级打好基础，但该阶段的产品影响力和感应力都偏低，且技术效率低下。第二阶段的文化产品是具有一定文化含义的物化产品，如湘绣、景德镇陶瓷、北京景泰蓝、宜兴紫砂、扬州漆器等兼具一定文化价值和使用价值的实物产品。由于第一代的文化产品提升了地区的名声，纷至沓来的游客带来了文化的交流碰撞，促使人们开始有选择地购买具有当地文化特色的产品作为旅游纪念品，这些产品在当地并不一定具有很高的文化附加值，但通过文化交流，赋予了其新的价值，一旦"走出去"，身价倍增。需求促进了生产，生产带来了繁荣，繁荣提升了地区产品的文化影响力，影响力的提升激发了更多的消费需求，可以预计文化精品的出现将为繁荣我国文化消费增添异彩，该阶段产品的技术效率、影响力居中。第三阶段的文化产品是具有高附加值的非实物性文化产品，如与媒体技术相关的影视业、动漫产业，与信息技术融合的数字内容产业，与创意相关联的艺术授权产业。该发展阶段的文化产品具有高科技、高创意、高附加值、非实物的特点，是文化产业链发展的最高端形式，技术效率要求较高，产品对其他行业的影响力波及程度大。与第二代文化产品的差别就如同输出电视机与输出电视节目的区别，比如，《中国好声音》仅冠名权就卖出了6000万元人民币的高价，我国目前仅有少数文化发展前沿的地区能对外输出此类文化产品。

本文从通过DEA方法计算了我国31个省份文化产业的综合技术效率、纯技术效率和规模效率，使用了《2007中国地区投入产出表》计算我国31个省份文化产业的感应力和影响力，同时结合四项结构性指标，给出了不同地区产业链完备度的评价情况。

产业链完备度评价最高的北京为100%，图中的柱形高低代表了产业链完备程度的完成情况，我们可以发现，排名偏后的贵州、甘肃、青海、海南和宁夏几乎没有在全国有一定知名度的文化品牌，这几个省份在发展文化产业仍然是将旅游资源的开发作为文化产业启动的主要方式，正所谓"风景搭台，经济唱戏"。如何在文化产业链不甚完备的省份实现文化产业的跨越式发展或者说文化产业的跨越式发展能否实现，是一个值得深思的问题。

3. 省份分布比较——基于文化产业发展规模的得分

文本将31个省份按照空间集聚度和产业链完备度结合地区文化产业发展规模得分进行分布，得到图1。

由图1可知，我国31个省份文化产业的空间集聚和产业链完备有很大不同，位于图1右上角第Ⅰ象限的省份空间集聚和产业链完备度都很高，是我国文化产业发展的前沿，共5个省份，占全部省份的16.1%，其文化产业发展规模占全部省份的38.5%；位于图1中左上角第Ⅱ象限的7个省份，空间集聚度高，但产业链的完

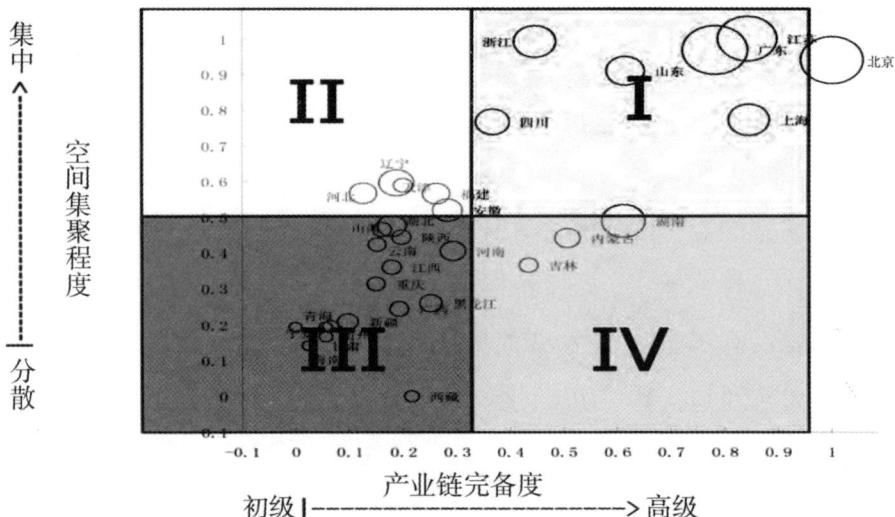

图1　31个省份基于文化发展规模的空间集聚和产业链完备

注：图中的圆圈大小代表了各地的文化产业发展规模的高低程度。

备程度较低，占全部省份的 22.6%；位于图 1 中左下角第 III 象限的省份空间集聚和产业链完备程度都偏低，共个 17 省份，占全部省份的 54.8%，其文化产业发展规模占全部省份的 26.7%；图 1 第 IV 象限中的 2 个省份，产业链发展完备但空间集聚程度偏低，占全部省份的 6.5%，其文化产业发展规模占全部省份的 8.8%。通过比较可以发现，我国 31 个省份中有超过一半的省份发展文化产业既无空间优势也无产业链优势，这 17 省份的文化产业发展规模不及全部省份的 30%，发展文化产业任重而道远。

四、结　论

本文从文化产品的角度考察了我国 31 个省份文化产业的产业链完备程度、文化产业空间集聚度和文化产业发展规模，运用

DEA 方法、投入产出技术和熵权赋值法对我国 31 个省份文化产业的发展进行了实证分析，本文的主要结论如下：

（1）我国文化产业链完备程度发展呈现出明显的地域差别，即东部省份优于中部省份，而中部省份好于西部省份，省份之间差别很大，排名靠前的分别为北京、上海、江苏和广东。这些省份文化产业链的完备或得益于本省经济的发达或得益于先天的文化资源的储备。

（2）我国文化产业在空间集聚上，除了如江苏、北京、浙江和广东此类具有传统产业集聚特色的省份外，湖南、山东和四川也形成了一定的产业集聚规模，山东旅游业和湖南传媒的异军突起，可以为其他省份借鉴和学习。

（3）我国文化产业整体发展规模不容乐观，我国 31 个省份中有超过一半的省份发展文化产业既无空间集聚也无产业链优势，这 17 省份的文化产业发展规模不及全部省份的 30%，发展文化产业必须有相应的扶持政策。

附　录：

（2011—2016 年期间）
梅国平主持的国家级科研项目和
获得的教学科研奖励清单

一、国家级科研项目

1. 国家社科基金重大招标项目："互联网+"驱动传统产业创新发展路径及模式研究（16ZDA014）

2. 国家自然科学基金（管理学部）项目：文化创意产业的产业关联效应与发展政策选择研究——基于复杂网络理论（71563021）

3. 国家自然科学基金（管理学部）项目：环境政策促进区域经济发展传导机制研究——鄱阳湖生态经济区的环境政策模拟（71063006）

4. 国家自然科学基金（管理学部主任基金）项目：文化产业发展促进区域经济发展方式转变的作用机制研究（71340010）

5. 国家软科学基金项目：加快生态文明建设的环境政策选择研究（2012GXS4D089）

460

二、教学科研奖励

1. 2014 年国家级教学成果奖二等奖：《基于校—校、校—政合作的"三层五段七化"师范生教学实践能力培养模式探索》

2. 2013 年江西省第十五次社会科学优秀成果一等奖：《环境约束下我国经济增长的内生机理分析——基于 CDE 与 FBA 的数理分析与数字校正》

3. 2015 年江西省第十六次社会科学优秀成果一等奖：《文化产业的产业关联研究——基于网络交易大数据》

后 记

时光荏苒，岁月如梭。一晃间，已在江西师大任职校长六年整，在江西师大、江西财大、吉林大学、南开大学、复旦大学学习工作三十六载余。

回望三十六载的大学时光、六年的校长任期，由衷感谢这充满智慧光芒与纯真秉性的大学校园，厚植了我的后天底蕴，丰富了我的人生内涵，提升了我的心灵宽度，累积了我的思想厚度；尤其感谢最近六年先后与我共事的傅修延、陈绵水、田延光等三位师大党委书记，以及其他合作共事的班子成员，这一份党政和谐共同奋斗的缘分友谊是那么的珍贵难得；十分感谢学校的广大干部教师，没有他们的不懈奋斗，师大就难有今天的发展；真诚感谢学校的莘莘学子，没有他们的勤勉好学，师大就难以得到社会的认可；特别感谢家人友人的包容慰藉和鼓励支持，没有他们，我就难以支撑到今天！

本书主要反映的是 2011—2016 年在江西师大任职期间，本人对区域发展、对大学治理、对经济管理的一点思考、探索和实践。书稿的成文，获益于江西师大给我的平台，受益于学友同事给我的帮助，得益于人民出版社编辑同志的辛劳。值此本书付梓之际，谨表示深深的谢意！

由于认识和水平有限，文中偏颇甚至错误之处在所难免，敬请读者批评指正。

梅国平

2017 年 2 月 11 日

责任编辑:都基隆　宫　共
封面设计:徐　晖
责任校对:吕　飞

图书在版编目(CIP)数据

瑶湖行吟/梅国平 著. —北京:人民出版社,2017.3
ISBN 978 - 7 - 01 - 017435 - 8

Ⅰ.①瑶…　Ⅱ.①梅…　Ⅲ.①社会科学-文集　Ⅳ.①C53

中国版本图书馆 CIP 数据核字(2017)第 039275 号

瑶湖行吟
YAOHU XINGYIN

梅国平　著

人民出版社 出版发行
(100706　北京市东城区隆福寺街 99 号)

北京墨阁印刷有限公司印刷　新华书店经销

2017 年 3 月第 1 版　2017 年 3 月北京第 1 次印刷
开本:710 毫米×1000 毫米 1/16　印张:29.5　插页:2　字数:370 千字

ISBN 978 - 7 - 01 - 017435 - 8　定价:76.00 元

邮购地址 100706　北京市东城区隆福寺街 99 号
人民东方图书销售中心　电话 (010)65250042　65289539